本书为北京市社会科学基金暨北京市习近平新时代中国特色社会主义思想研究中心重点项目“推动有效市场与有为政府更好结合的长效机制研究”的阶段性研究成果

DATA COMPLIANCE
PRACTICE GUIDANCE

数据合规
实务指引

朱晓娟 主 编
张 韬 副主编

法律出版社 | LAW PRESS
北京

图书在版编目(CIP)数据

数据合规实务指引 / 朱晓娟主编. -- 北京 : 法律出版社, 2024
ISBN 978 - 7 - 5197 - 8065 - 4

Ⅰ. ①数… Ⅱ. ①朱… Ⅲ. ①数据管理 - 科学技术管理法规 - 研究 - 中国 Ⅳ. ①D922.174

中国国家版本馆 CIP 数据核字(2023)第 118120 号

数据合规实务指引
SHUJU HEGUI SHIWU ZHIYIN

朱晓娟 主编

策划编辑 沈小英
责任编辑 陈 妮 王 鸿
装帧设计 鲍龙卉

出版发行 法律出版社
编辑统筹 法治与经济出版分社
责任校对 晁明慧
责任印制 吕亚莉
经　　销 新华书店

开本 710 毫米×1000 毫米 1/16
印张 25 **字数** 527 千
版本 2024 年 1 月第 1 版
印次 2024 年 1 月第 1 次印刷
印刷 天津嘉恒印务有限公司

地址:北京市丰台区莲花池西里 7 号(100073)
网址:www.lawpress.com.cn
投稿邮箱:info@lawpress.com.cn
举报盗版邮箱:jbwq@lawpress.com.cn
销售电话:010 - 83938349
客服电话:010 - 83938350
咨询电话:010 - 63939796

书号:ISBN 978 - 7 - 5197 - 8065 - 4
定价:128.00 元

凡购买本社图书,如有印装错误,我社负责退换。电话:010 - 83938349

朱晓娟

1977年生。现为中国政法大学民商经济法学院副院长、商法研究所副教授，中国法学会商法学研究会理事、副秘书长，北京市法学会电子商务法治研究会常务理事，中国政法大学应用法律研究中心研究员，北京市易准律师事务所兼职律师，最高人民检察院民事行政诉讼监督案件专家委员会委员，国家市场监督管理总局发展研究中心新零售和直播电商专家委员会专家，湖北省优化营商环境宣讲团专家库成员。

研究领域为商事主体法和电子商务法。参与《电子商务法》《公司法》《农民专业合作社法》《乡村振兴促进法》等立法修法工作。在《国家检察官学院学报》《暨南学报》《社会科学》《社会科学研究》《经济日报》《光明日报》等核心期刊、报纸上发表论文多篇。出版《电子商务法》《论合作社的法律主体性》《电子商务法学》等著作8部。主持教育部、司法部、中国法学会项目3项，参与国家社会科学基金重大项目、教育部、国家市场监管总局等科研项目多项。多次受邀为央企、国企及大型民营企业讲授数据合规相关课程，设计数据合规方案。多次获中国政法大学优秀教学奖、青年师德先进个人、优秀共产党员等荣誉称号。

张韬

北京德恒律师事务所合伙人，网络与数据研究中心主任；《电子商务法》起草组专家，《“十四五”电子商务发展规划》专家编写组成员，《“十四五”国家知识产权保护和运用规划》编制指导专家，国家级示范区、示范企业、项目评审专家，中国市场监督管理学会理事，中国法学会商法学研究会理事，中国科学技术协会财政项目评审专家，人民数据资产专家委员会专家委员，数据安全推进计划智库专家，CCIA数据安全工作委员会专家，科技部服务业重大专项区块链课题组成员，华东政法大学等多家高校兼职研究员，两家互联网仲裁院指导专家。

自2013年起，长期作为法律专家参与全国人大有关部门、国家多个部委关于电子商务、大数据、知识产权、数字经济、电子认证、合规等前沿领域立法与政策制定有关工作，立法与法律实务工作经验丰富。

从事法律及知识产权保护实务工作近20年，主办逾800件诉讼案件及非诉项目，其中部分为有影响力、代表性的典型案件及项目；长期为国家部委、知名高校、央国企、科技企业、金融机构等提供合规体系建设、数据合规、平台合规等方面专业法律顾问服务及培训。2023年被ALB、LEGALBAND、The Legal 500等权威评级机构评为15佳网络安全和数据保护律师、中国顶级律师排行榜（合规领域）、推荐律师等奖项及荣誉。

前 言

2017 年 12 月 8 日，习近平总书记在主持十九届中共中央政治局就实施国家大数据战略进行第二次集体学习时强调，“要构建以数据为关键要素的数字经济”。[①] 将数据作为关键生产要素，这一重大理论突破为做强做优做大我国数字经济指明了方向。党的十九届四中全会首次提出将数据作为生产要素参与收益分配。2020 年 3 月，《中共中央 国务院关于构建更加完善的要素市场化配置体制机制的意见》提出要“加快培育数据要素市场”。2022 年 6 月，中央全面深化改革委员会第二十六次会议审议通过了《关于构建数据基础制度更好发挥数据要素作用的意见》。习近平总书记在主持会议时强调：“数据基础制度建设事关国家发展和安全大局，要维护国家数据安全，保护个人信息和商业秘密，促进数据高效流通使用、赋能实体经济，统筹推进数据产权、流通交易、收益分配、安全治理，加快构建数据基础制度体系。”会议指出，“要建立合规高效的数据要素流通和交易制度，完善数据全流程合规和监管规则体系，建设规范的数据交易市场”。[②] 2022 年 12 月，中共中央、国务院印发《关于构建数据基础制度更好发挥数据要素作用的意见》，明确提出要“建立合规高效、场内外结合的数据要素流通和交易制度”。数据政策指引不断与时俱进，以《中华人民共和国民法典》《中华人民共和国网络安全法》《中华人民共和国数据安全法》《中华人民共和国个人信息保护法》为核心的数据法规政策

① 《习近平：审时度势精心谋划超前布局力争主动　实施国家大数据战略加快建设数字中国》，载《人民日报》2017 年 12 月 10 日，第 1 版。

② 《习近平主持召开中央全面深化改革委员会第二十六次会议强调　加快构建数据基础制度　加强和改进行政区域工作》，载《人民日报》2022 年 6 月 23 日，第 1 版。

体系也在不断健全，以保障数据安全为基点，以促进数据合法合规流通与利用、赋能实体经济为出发点，以促进数字经济发展为目标的发展理念基本形成。实现数据要素价值，促进数据安全、高效流通与利用，需要合理配置数据要素，明确各方权利义务。企业是数据治理的重要主体，对企业来说，数据合规既是要求，也是动力。

互联网时代数据合规的设计要依托“场景化”，表现为商业实践、公共政策、法律规则、法律实践四个维度的交互。四者彼此关联，互为作用，原本某一维度因应其他维度变化而生的变化，也可能反之改变其他维度。鉴于此，编者在撰写本书时试图全景式展现数据合规的图景，梳理商业实践的典型样态及其对数据合规的需求，涵盖数据合规最全最新的政策要求，阐释具体法律规则及其制度价值，提供法律规则落地应用的合规治理框架与具体策略。

在全景式“场景化”理念指导下，本书具有以下鲜明特色：

一是聚焦数据合规。在数字经济中，通常认为数据监管是相关部门合规监管的抓手，数字经济监管体系是以数据为基础的监管体系。可以说，数据合规是企业合规的大厦之基。基于此，本书聚焦数据合规的体系搭建与应用指引，以数据合规体系的科学运行支撑企业合规。

二是内容丰富、体系完整。本书对既有数据合规立法与实践的整合梳理，有助于读者了解我国内地及港澳特区以及其他国家与地区数据合规的立法与实践情况；对数据合规基础制度的体系化设计，有助于为企业数据合规建设提供程序与实体的框架式指引；以各领域和新业态相结合的二维视野为数据合规提供了翔实的可操作性指导。

三是紧跟规则步伐。在编写过程中，大量数据合规政策相继出台，相关部门规章、行业指引等规范陆续发布，本书紧跟规则变化，第一时间进行吸收与解读，并及时回应商业实践的突破与创新，大大提高了本书的实务参考价值。

四是坚持问题导向。针对企业数据合规中的痛点、难点，以问题为导向而非规则呈现的逻辑展开全书的写作，尤其是在数据合规基本原理的解读部分，重点针对企业数据合规中的核心问题展开分析，特别进行了数据全生命周期保护的全面解读，让有数据合规需求的企业“拿来即用”。

五是读者友好设计。不同行业领域、不同业态企业数据合规的需求不同，本书在对数据合规基础制度分析梳理的基础上，依据国企央企、互联网服务平台企业、电子商务企业、金融企业、网络游戏企业等细分领域以及App、直播和短视频、NFT平台、社交与社区平台等新业态分类解读数据合规要点。读者既可以概览数据合规基本原理，并转至具体行业了解数据合规要点，也可以根据企业不同业态直接获取所需信息，以提高阅读效率。

本书编者中，有从事近20年法学理论研究的资深法学专家，有自2014年起参与全国人大有关部门、国务院有关部门关于数据保护方面立法课题项目的法律实务专家，还有中国政法大学的新锐力量。编写组主要成员具有长期理论研究、大量数据合规法律实务、专业培训讲座经验，在业内具有较大影响力，希望通过对理论的研究与探讨、对实务的总结与思考，帮助读者全面提升数据合规管理意识与能力，为数据合规工作提供支持、保驾护航。

本书由主编朱晓娟副教授进行全书指导与统筹，由副主编张韬律师进行实务内容的把控，中国政法大学民商法学研究生赵栩同学协助进行统稿校正工作。各章撰写具体分工如下：田凤鹏（第一编第一章、第四章，第二编第六章）；唐嘉一（第一编第二章、第四章，第四编第十九章）；李林浩（第一编第三章、第四章）；汤媛媛（第二编第五章、第六章）；李文静（第三编第七章、第十章，第四编第二十一章）；李博（第三编第八章、第九章）；王楠（第三编第十一章、第十二章、第十三章）；邹定江（第三编第十四章、第十五章、第十六章）；王璞（第四编第十七章、第十八章、第二十章）。由于数据合规政策法规更新较快，编者能力所限，本书难免存在错误与纰漏之处，有任何问题与建议请发邮箱 shujvhegui@126.com，敬请广大读者不吝赐教指正。

目　录

第一编　数据合规立法与实践概览

第二编 数据合规基础制度

第三编 各领域数据合规

第一编　数据合规立法与实践概览

第一章　数据合规的意义

21 世纪是信息时代、智能时代，更是数据时代。2012 年以来，我国网络基础设施实现跨越提升，已建成全球规模最大、技术领先的光纤宽带和移动通信网络。当今社会，云计算、“三网融合”、物联网、移动互联网的出现使数据量正在爆炸式迅猛增长，数据表示形式千变万化，催生了大数据时代的来临。如今，部分大型企业已建立了由上千台服务器构成的完整数据中心，人们的饮食、作息、出行、爱好等都得以用数据进行量化。有调查指出，使用大数据日益成为企业超越竞争对手的有力武器。数据的分析和运用不仅提高了社会运转的效率，也便利了人们的生活。然而，数据处理也是一把“双刃剑”，我们不能忽视滥用数据的行为对个人隐私以及安宁生活的破坏性影响，同时，数据处理不当也可能对企业经营、社会安定、国家安全造成威胁。因此，数据处理活动必须合法合理，做到各方面合规。

所谓数据合规，是指企业及其员工应当在满足国际条约、国内法律、行政法规、部门规章、其他规范性文件、国家标准、团体标准以及企业规章制度等要求下从事数据的收集、存储、使用、加工、交易、公开、跨境传输等行为。强化数据合规对于国家、社会、企业以及个人均具有十分重要的意义。

第一节　数据合规对国家的意义

大数据具有“数据体量大（Volume）、创生速度快（Velocity）、数据类型多（Variety）、数据价值高（Value）、数据真实度强（Veracity）、数据相关度大（Viscosity）、数据时效性强（Volatility）、数据易变性高（Variability）”的“8V”特征。一方面,作为一种优质资源,数据具有巨大的经济价值,值得国家对其进行保护,并创造良好健康的数字经济市场运行秩序促进其发展;另一方面,数据处理活动复杂,易出现系统性风险,且数据可能涉及国家安全。以上种种都督促政府及时科学展开数据治理。

一、推进国家治理体系和治理能力现代化

党的十九届四中全会提出要坚持和完善中国特色社会主义制度,推进国家治理体系和治理能力现代化。国家治理体系是在党领导下管理国家的制度体系,包括经济、政治、文化、社会、生态文明和党的建设等各领域体制机制、法律法规安排,是一套紧密相连、相互协调的国家制度;国家治理能力则是运用国家制度管理社会各方面事务的能力,包括改革发展稳定、内政外交国防、治党治国治军等各个方面。显然,推进网络空间治理体系和治理能力现代化是国家治理体系和治理能力现代化的重要一环。①

自 2013 年"全球大数据元年"起,各国都在争抢互联网空间运行规则的制定权,抢占大数据战略资源的制高点。我国为提高在大数据时代的国际话语权,数据治理已成为国家治理层面的重要议题。2015 年 8 月,国务院颁布《促进大数据发展行动纲要》,从国家大数据发展战略全局的高度对我国大数据发展进行顶层设计。2015 年 10 月,党的第十八届中央委员会第五次全体会议通过的《中共中央关于制定国民经济和社会发展第十三个五年规划的建议》首次提出推行国家大数据战略。2017 年 12 月,中共中央政治局就实施国家大数据战略进行了第二次集体学习。2022 年 12 月 19 日,中共中央、国务院印发《关于构建数据基础制度更好发挥数据要素作用的意见》,强调构建政府、企业、社会多方协同的治理模式,明确各方主体责任和义务,完善行业自律机制,规范市场发展秩序,形成有效市场和有为政府相结合的数据要素治理格局。由此可见,"数据治理 + 治理数据"已深受党中央与国家的高度重视,加快"数字政府建设"已成为推进国家治理体系和治理能力现代化进程中的一项重大举措。《中华人民共和国网络安全法》(以下简称《网络安全法》)的实施,为我国建设、运营、维护和使用网络,以及网络安全的监督管理指明了方向,加强了对网络安全的保障。2021 年 9 月,《中华人民共和国数据安全法》(以下简称《数据安全法》)施行,这是数据领域的基础性法律,既有助于护航数字经济发展,也是开创新时代中国数据安全治理新局面的必要一环。此外,《中华人民共和国个人信息保护法》(以下简称《个人信息保护法》)为个人信息处理活动提供规则的同时也促进了个人信息的合理利用。上述法律规范均为数据合规提供了更加可视化以及详细的操作指南,极大地促进了数据治理体系的完善和相应治理能力的提升,推进了国家治理体系和治理能力的现代化。

---

① 参见颜新华:《网络安全视阈下的数据合规:基本理论、问题审视与中国方案》,载《上海法学研究》集刊 2021 年第 1 期。

二、维护国家安全

在国家安全语境下，数据因其广泛性或者涉及国家重点领域而具有情报价值。2021年7月，网络安全审查办公室针对滴滴公司海外上市进行国家安全调查。网络安全审查办公室对"滴滴出行"启动网络安全审查的公告①显示，此次审查意在防范国家数据安全风险，维护国家安全，保障公共利益。此外，2022年9月5日，国家计算机病毒应急处理中心和360公司分别发布了关于西北工业大学遭受境外网络攻击的调查报告②。调查报告显示，美国国家安全局持续对西北工业大学开展攻击窃密，窃取该校关键网络设备配置、网管数据、运维数据等核心技术数据，先后使用了41种专用网络攻击武器装备，仅后门工具"狡诈异端犯"（NSA命名）就有14款不同版本。

如前所述，我国对数据安全的保护也采取了诸多措施。其中，《数据安全法》以及《个人信息保护法》的相继出台为保护数据安全提供了核心方法以及法律指引。我国《个人信息保护法》第42条规定，"境外的组织、个人从事侵害中华人民共和国公民的个人信息权益，或者危害中华人民共和国国家安全、公共利益的个人信息处理活动的，国家网信部门可以将其列入限制或者禁止个人信息提供清单，予以公告，并采取限制或者禁止向其提供个人信息等措施"。

对于国家而言，数据安全也是国家安全的一部分，如一些涉及国家国防、军工、气象、资源、工业相关的数据对于国家安全的维护具有十分重要的意义，因此国家保护数据安全也就是维护国家安全。《数据安全法》的出台便是为了规范数据处理活动，保障数据安全，促进数据开发利用，保护个人、组织的合法权益，维护国家主权、安全和发展利益。③ 因此，强化数据合规，促使政府部门、具有公共服务职能的国有企业（以下简称国企）、中央企业（以下简称央企）的数据处理活动符合国际条约、国内法律法规规章、其他规范性文件、行业准则、商业惯例等的要求，对于维护国家安全具有重要意义。

第二节　数据合规对社会的意义

违法违规处理数据、侵犯个人隐私的行为屡禁不止，使得公众对数据处理活动存在

---

① 参见网络安全审查办公室：《网络安全审查办公室关于对"滴滴出行"启动网络安全审查的公告》，载中国网信网，http://www.cac.gov.cn/2021-07/02/c_1626811521011934.htm。

② 参见国家计算机病毒应急处理中心：《西北工业大学遭美国NSA网络攻击事件调查报告（之二）》，载国家计算机病毒应急处理中心网，https://www.cverc.org.cn/head/zhaiyao/news20220927-NPU2.htm；360公司：《西北工业大学遭受美国NSA网络攻击调查报告（之二）》，载中国青年网，http://news.youth.cn/gn/202209/t20220927_14026450.htm。

③ 《数据安全法》第1条规定："为了规范数据处理活动，保障数据安全，促进数据开发利用，保护个人、组织的合法权益，维护国家主权、安全和发展利益，制定本法。"

误解,数据处理者的社会信赖度被降低,数据利用效率也随之下降。因此,如加强数据合规,确保数据处理活动规范进行,就能够大大激发数字活力,促进数字经济的快速发展,进而促进社会经济的繁荣发展。

一、维护社会的和谐稳定

社会的和谐稳定由多方面因素决定,其中,人民的信任是尤为重要的因素之一。公众对信息产业的信任度不但影响着信息产业的发展,也关系和谐社会的构建。如果数据及个人信息被不当利用或非法泄露,社会信赖度就会随之降低,出于对数据及信息安全的担忧,人们可能会抗拒提供数据或个人信息,由此带来的数据统计不全面、不及时会阻碍社会治理工作的有序推进,大幅度降低社会治理效率。

此外,数据及个人信息的泄露以及非法利用也会滋生违法犯罪,进而导致社会秩序的紊乱。和谐社会的构建需要人们遵守秩序,依法办事,若企业及其员工在数据的处理活动中并未遵守相应的规则,社会秩序的稳定将难以维护。同时,数据泄露使得违法犯罪者能够轻易获取受害者的信息,从而实施有针对性的违法犯罪活动,长此以往,也会加剧社会矛盾与冲突,不利于构建和谐社会。

二、促进数字经济繁荣发展

随着新一轮科技革命和产业变革的加快推进,数字经济为各国经济发展提供了新动能,并且已经成为世界各国竞争的新高地。“以数据为核心发展数字经济是实现新旧动能转换、培育新业态发展的重要路径,数据作为一种新型生产要素,已成为推动我国经济高质量发展的重要资源。”①《中国互联网发展报告(2022)》②指出,截至 2021 年底,我国累计建成并开通 5G 基站 142.5 万个,建成全球最大 5G 网络;2021 年我国“5G + 工业互联网”在建项目超过 1800 个,覆盖钢铁、电力等 20 多个国民经济重点行业;我国数字经济规模增至 45.5 万亿元,总量稳居世界第二,对经济社会发展的引领支撑作用日益凸显。

网上购物、在线教育、在线娱乐、远程办公等一系列线上需求呈井喷式增长,数字经济在中国乃至世界的经济复苏中发挥了重要作用。此外,数字经济在帮助经济复苏的同时,也带来了新的机遇与岗位,保障社会经济的持续健康发展。以上种种都呼吁建立健康可持续的数字经济发展秩序,因此,数据合规必不可少。

---

① 吴学安:《数据安全意义重大 立法保护正当其时》,载中国商报网,https://zgswcn.com/article/202106/202106180922331000.html。

② 参见中国互联网协会:《〈中国互联网发展报告(2022)〉正式发布》,载中国互联网协会网 2022 年 9 月 14 日,https://www.isc.org.cn/article/13848794657714176.html。

在大数据时代下，我们不仅要保护数据安全，更应当学会利用数据，充分把握其经济价值来发展大数据产业以及信息密集型产业。数字经济的繁荣发展使得社会经济的产业结构更加合理完善，赋能传统产业转型升级，构筑国家竞争新优势。

第三节　数据合规对企业的意义

通常来讲，企业是最为常见的数据及个人信息处理者，这也导致企业成为数据及个人信息违规处理的重灾区，这对企业自身形象及经济价值有严重威胁。因此，强化数据合规，保证数据安全与规范处理对于企业有着更为深刻的意义。

一、降低企业运营风险

现实生活中，企业泄露数据或者非法利用数据的事例屡见不鲜。2021 年大众汽车方面表示，约有 330 万大众、奥迪汽车的车主和潜在客户的个人信息遭到泄露，具体信息包括姓名、地址、手机号码、邮件以及部分驾照号码、车牌号码、贷款号码等。[①] 再如因“滴滴出行”应用存在严重违法违规收集使用个人信息问题，国家互联网信息办公室（以下简称国家网信办）通知应用商店下架“滴滴出行”。[②] 此类事件的发生，往往会给企业带来天价罚款甚至更为严厉的处罚。如 2021 年亚马逊公司因违反数据隐私法规被欧盟处以创纪录的 8.88 亿美元罚款。[③] 当法律要求板上钉钉，互联网应用程序（App）下架、违规处罚等情况频发，越来越多的企业需要意识到，数据合规已经成为时代的必答题。安全与发展并重、数据与业务同行，是对现代企业运营提出的新课题。

对于关键信息基础设施的运营者、以大数据分析和人工智能为驱动的高科技公司、收集和处理大量个人信息的 TMT（Technology，Media，Telecom）行业等数字密集型企业来讲，数据合规工作更是重中之重。对于此类企业而言，数据是其生命线，企业的运营主要依靠数据的收集、存储、传输以及利用。做好数据合规工作，保护好数据的安全，规范处理数据，能够预防和降低企业运营中可能出现的风险，提高运营管理的效率，增加企业的收益。

此外，当企业面临行政处罚或刑事指控时，良好的合规体系是构成减轻或免除企业行政处罚和刑事处罚的合理理由之一。在有的国家刑事司法实践中，一个企业涉嫌犯

---

① 参见杨玉科：《汽车在线销售发出警告，330 余万名北美客户信息遭泄露》，载澎湃新闻网 2021 年 6 月 25 日，https://www.thepaper.cn/newsDetail_forward_13293921。

② 参见国家互联网信息办公室：《网络安全审查办公室关于对“滴滴出行”启动网络安全审查的公告》，载国家互联网信息办公室网，http://www.cac.gov.cn/2021-07/02/c_1626811521011934.htm。

③ 参见新浪财经：《亚马逊因违反数据隐私被欧盟处以创纪录的 8.88 亿美元罚款》，载新浪网，http://finance.sina.com.cn/7x24/2021-07-30/doc-ikqciyzk8577585.shtml。

罪后,只要具有或者承诺建立有效的合规计划,就可能得到不起诉处理,或者定罪后被宽大量刑,或者以其作为无罪抗辩事由。①

二、增强企业竞争力

随着21世纪互联网技术以及生产力的发展,越来越多的互联网信息产业以及高新技术产业应运而生。在这些产业的背后,除了有互联网技术的支撑,更为重要的是海量数据及个人信息的支撑。因此,数据合规已经日益成为此类信息密集型企业的主要工作之一。根据思科发布的2021年数据隐私基准研究报告,全球企业在隐私保护方面的支出为240万美元,亚太地区企业此项支出平均达到230万美元,其中,中国企业在隐私保护方面投资最高,平均支出为300万美元。② 显然,企业已经意识到在数据时代下数据合规的重要性,也不断在该领域发力以获得更强的竞争力。

如前所述,企业如果不能保护好数据或者非法处理数据,除了将会面临巨额处罚,长久来看,还会失去用户的信赖无法在市场上立足。但如果企业能够从保护数据以及用户个人信息入手,确保客户的隐私处于安全的领域,同时规范地处理收集的数据,将有利于提升企业的声誉。随着数据违法违规处理事件频发,人们越来越重视个人数据的安全性,并且数据的安全性也成为人们行为的重要考量因素。同时,在互联网技术日益发达的今天,数据更容易遭受泄露或者非法利用,即数据安全更容易受到挑战。显然,企业声誉是企业竞争力的重要组成部分,因为强化数据合规在提升企业声誉的同时,会给企业带来许多的附加值,如企业的业务范围会更广,进而让企业在日益激烈的竞争中持续健康发展。此外,相比大企业而言,小企业虽然没有那么多的人力与金钱投入数据合规工作,但是做好了该项工作便是企业能力的体现,会极大增强企业竞争力。

第四节　数据合规对个人的意义

数据合规中的"数据"是无数普通人的饮食、作息、出行、爱好等所形成的数据集合体。基于个人信息所进行的大数据分析和应用推动了各种新型商业模式的发展。2021年国家网信办发布共计351款人们日常使用的App违规收集使用个人信息的通报,使用者个人的信息受到超范围收取、违反必要原则非法获取等不同程度的侵害。数据泄露频发,究其根本在于数据不仅包括人格利益,还具有巨大的经济利益和经济价值。显

① 参见颜新华:《网络安全视阈下的数据合规:基本理论、问题审视与中国方案》,载《上海法学研究》集刊2021年第1期。

② 参见思科:《2021年数据隐私基准研究报告》,载新浪网,http://finance.sina.com.cn/tech/2022-03-21/doc-imcwipih9616632.shtml。

然,个人是数据合规工作的直接利益相关人,企业数据合规工作的好坏将对数据指向的个人产生直接影响。数据的不当使用不仅可能侵害个人的人格尊严等基本权利,还可能危害个人的人身安全与财产安全,强调数据合规,对社会中的每个人而言都意义重大。

一、维护人格尊严

每当我们提及数据,便会想到与其有关的一些概念,如个人信息、个人隐私。显然,数据比个人信息与个人隐私的范围更广,因为后者还强调信息的私密性。而对于数据与个人信息,程啸教授认为,信息是数据的内容,数据是信息的形式,在大数据时代,无法将数据与信息加以分离而抽象地讨论数据上的权利。就数据而言,其之所以具有经济利益或者涉及人格利益,就是因为包含着个人信息。没有个人信息的数据不是个人数据,而只是以二进制代码表现出来的比特形式。[①] 同时这也体现在《数据安全法》第3条第1款对于数据的定义,即"本法所称数据,是指任何以电子或者其他方式对信息的记录"。

根据《中华人民共和国民法典》(以下简称《民法典》)第1034条第2款的规定,个人信息是指以电子或者其他方式记录的能够单独或者与其他信息结合识别特定自然人的各种信息,包括自然人的姓名、出生日期、身份证件号码、生物识别信息、住址、电话号码、电子邮箱、健康信息、行踪信息等。显然,个人信息涉及个人生活的方方面面,也关乎着每个人的人格尊严。因此,一旦经数据处理而形成的个人信息遭到泄露或者被非法利用,将直接侵害受害者的人格尊严与基本权利。只有做好数据合规工作,加强对数据的保护,才能更好地维护人格尊严。

二、保护个人安全

如前所述,个人数据代表着个人信息,而个人信息又囊括了每个人的方方面面,只要个人数据被他人获取,则该人便成为"透明人",也为财产安全甚至人身安全遭受侵害埋下了伏笔。

2021年全国检察机关共起诉电信网络诈骗犯罪4万人。与此同时,检察机关起诉侵犯公民个人信息犯罪9800余人,同比上升64%。公民个人信息泄露成为电信网络诈骗犯罪的源头行为。犯罪分子通过非法获取的公民个人信息注册手机卡、银行卡,作为诈骗犯罪的基础工具,犯罪分子或利用这些信息对诈骗对象进行"画像",实施精准诈骗。显然,上述方式使得受害者更加轻易地相信诈骗者,诈骗成功率迅速上升,进而直

---

① 参见程啸:《论大数据时代的个人数据权利》,载《中国社会科学》2018年第3期。

接威胁个人的财产安全。

侵害财产安全只是个人信息泄露危害的一方面。个人信息中还包含了个人的住址、电话、邮件等,非法利用将会给个人的人身安全埋下隐患。显然,个人信息背后所代表的不仅是个人的精神利益以及人格尊严,也会涉及个人的人身安全与财产安全。因此,数据合规能够更好地保护数据安全,进而维护个人安全利益。

三、便利个人生活

如前所述,数字经济将传统产业与数据结合起来产生了不同的业态与领域,如在线教育、在线医疗、直播带货等。这些新型产业的发展极大地便利了人们的生活,如很多人为了节省时间从而选择网络购物替代实体购物,2021 年,我国网上零售额达 13.1 万亿元,同比增长 14.1% 。

数字经济产业的繁荣发展离不开制度的支撑与构建,数据合规将会为数字经济保驾护航,确保数据的安全,从而让信息产业能够持续健康地发展。从这个意义上来说,随着企业的数据处理行为走向合规化,人们可以清楚地知道自己的个人数据被如何处理和利用,以此为基础在必要的范围内让渡自己的数据权利以换取更为便利的科技和生活服务,从而实现大数据技术为人服务、便利人的生活的目的。

在信息时代下,数据被赋予了更多的意义:一方面,能够便利人们的生活,促进社会经济的繁荣发展;另一方面,又潜藏着威胁,违规处理可能会影响社会的和谐稳定,甚至侵害人们的人身安全与财产安全。数据合规作为调节器应运而生,其在能够保证数据安全地运行,发挥其应有作用的同时,对国家、社会、企业以及个人都具有重大的意义。

本 章 小 结

●在国家层面,数据合规可以促进数据治理体系的完善和相应治理能力的提升,进而推进国家治理体系和治理能力的现代化;强化数据合规,就是在法治轨道上保护数据安全,从而维护国家安全。

●在社会层面,数据合规能够规范数据的收集、存储、利用等,确保数据不被泄露或者非法利用,维护社会和谐稳定;加强数据合规,利用数据的经济价值来发展大数据产业以及信息密集型产业,能够使得产业结构更加全面与完善,从而促进社会经济的繁荣发展。

●在企业层面,数据合规能够让企业规范处理数据,保护数据安全,从而预防和降低可能出现的风险,确保企业安稳运行;强化数据合规,能够让企业在市场上获取更多的信任,增强企业竞争力。

●在个人层面,数据合规能够保护个人信息,避免其遭受泄露或者非法利用,进而维护个人尊严与个人安全;数据合规能够促进数据与传统行业相结合,发展如在线教育、在线医疗等新业态与领域,便利个人生活。

第二章　我国数据合规的现状及问题

近几年来,随着5G网络、区块链、云计算等技术的逐步发展使我国迈入了数据化时代。数据在一定程度上成为推动社会经济发展和生产资料的重要资源,数据的经济价值逐步显露,已成为国家基础性战略资源。然而,肆意追逐利益的行为也随之显现,数据安全事件频发,大数据"杀熟"事件,企业违规超范围收集用户信息、个人信息乃至个人隐私泄露等事件层出不穷,逐渐引起了普罗大众的担忧,也动摇了企业的可信赖度和社会形象,甚至可能会威胁社会安全、国家安全。

因此,国家逐渐重视企业数据与个人信息的合规处理问题,并颁布了一系列的法律法规以明确数据与个人信息处理问题。对于企业而言,数据监管时代已经到来,如何更好地处理数据与个人信息,做好自身的数据合规,是企业在日常运营工作中不可忽视的重要环节。

第一节　我国数据合规立法及规范现状

目前,我国的数据合规相关法律体系渐趋完备,主要以《民法典》《数据安全法》《个人信息保护法》《网络安全法》四部法律,以及其他的法律法规及规范性文件等进行规制。

一、四部"主导"法律

(一)《民法典》关于数据合规的规定

《民法典》对于数据合规的规定,主要体现在个人信息保护和隐私保护方面,《民法典》将人格权独立成编,在其中以专章形式规定"隐私权和个人信息保护",为数据合规中涉个人部分提供了制度框架和规范来源，具体来说，主要有以下几方面：

1. 系统地对隐私权、隐私进行规定

对于自然人隐私，除法律另有规定或者权利人明确同意外，任何组织或个人都不得实施侵害他人隐私权的行为。在数据合规领域，对隐私权的保护体现在针对用户不愿为他人知晓的涉及隐私的信息数据，当企业处理该类数据时，应当征得用户的同意，否则企业将涉嫌侵犯他人隐私权。

2. 厘清了个人信息的范围

根据《民法典》第 1034 条第 2 款的规定，个人信息是指以电子或者其他方式记录的能够单独或者与其他信息结合识别自然人个人身份的各种信息，包括但不限于自然人的姓名、出生日期、身份证件号码、生物识别信息、住址、电话号码等。换言之，只要能与其他信息结合识别到个人身份，即可被认定为个人信息，受到《民法典》的保护，并不限于常规理解的个人移动手机号码、生物识别信息等，这进一步扩大了个人信息保护范围。①

3. 确认了个人信息的保护必要性

《民法典》第 1038 条规定，信息处理者不得泄露或者篡改其收集、存储的个人信息；未经自然人同意，不得向他人非法提供其个人信息，但是经过加工无法识别特定个人且不能复原的除外。信息处理者应当采取技术措施和其他必要措施，确保其收集、存储的个人信息安全，防止信息泄露、篡改、丢失；发生或者可能发生个人信息泄露、篡改、丢失的，应当及时采取补救措施，按照规定告知自然人并向有关主管部门报告。

该法条明确了个人信息处理的规则与个人针对其信息享有的请求权，处理个人信息应当遵循合法、正当、必要原则，不得过度处理，且应符合法律规定的其他条件，并且自然人有权请求查阅、复制、提出异议、更正、删除个人信息。

(二)《数据安全法》②关于数据合规的规制

《数据安全法》围绕着数据安全、数据发展，以及安全保护制度等提出了一系列企业合规的要求，对于企业的数据合规起到了很大程度的指导作用。

1. 首次以法律的形式明确了数据、数据安全的概念

根据《数据安全法》第 3 条第 1 款和第 3 款的规定，数据，是指任何以电子或者其他方式对信息的记录；数据安全，是指通过采取必要措施，确保数据处于有效保护和合法利用的状态，以及具备保障持续安全状态的能力。概念先行，明确其概念后，才便于以

---

① 参见马晓萌：《我国数据合规法律保护现状及办公 python 的合规操作指引》，载微信公众号“恒都昆山律师”2022 年 5 月 19 日，https://mp.weixin.qq.com/s/RBhE4c9o1KD-7TDDKdRbFA。

② 《数据安全法》：2021 年 6 月 10 日第十三届全国人民代表大会常务委员会第二十九次会议通过，自 2021 年 9 月 1 日起施行。

相关法律法规对其进行规制。

2. 确立数据安全制度，明确数据安全保护义务

根据《数据安全法》相关规定，企业应当在数据分类分级保护制度框架下，依法依规开展相关数据处理活动。首先，要建立健全数据安全管理制度，并对企业内部的工作人员开展相关的数据安全培训，同时采取相应的技术保障措施来确保数据的安全。其次，企业在利用互联网信息处理数据信息时，需要加强网络安全保障制度的落实，将数据保护责任落实到负责人和管理机构上。最后，企业需要建立风险预防的监测机制，定期对数据开展风险评估并制作风险评估报告，当发现数据安全出现异常、漏洞等风险时，及时采取相关的措施进行补救，并按照相关规定报告给用户和主管部门。

3. 明确了违法违规数据处理活动的法律责任

《数据安全法》规定了企业数据违规所需要承担的法律责任。企业若出现违法违规进行数据处理的行为，有可能会面临警告、罚款、责令暂停相关业务、停业整顿、吊销相关业务许可证或者吊销营业执照等处罚，顶格罚款高至1千万元。同时，直接负责的主管人员和其他责任人员也可能面临罚款处罚，情节严重的，企业以及相关主管人员还需要承担刑事责任。

（三）《个人信息保护法》①关于数据合规的规制

《个人信息保护法》的实施为企业数据合规提供了行为指引。

1. 明确了个人信息处理的原则和规则，规定了个人信息处理者的义务

首先，处理个人信息应当遵循合法、正当、必要、诚信、公开、透明原则。其次，《个人信息保护法》以专章的形式规定了个人信息处理的规则，对知情同意系列规则、个人信息存储与删除、个人信息移转与公开、自动化决策等问题作出了明确规定。再次，《个人信息保护法》重点关注个人信息跨境提供行为，以专章规定了个人信息跨境传输问题。最后，《个人信息保护法》还对个人信息处理者在个人信息处理活动中应履行的义务进行了规定，包括但不限于采取安全措施防控风险、建立个人信息保护负责人、定期合规审计、进行事前个人信息保护影响评估等。

2. 厘清了敏感个人信息处理的特殊规则

《个人信息保护法》对于用户的个人敏感信息进行了专节的规定，敏感个人信息对自然人的作用不证自明，一旦被非法利用，将会对自然人的人身安全和财产安全造成巨大威胁。《个人信息保护法》在科学界定敏感个人信息的基础上，明确规定了敏感个人信息的特殊处理规则，为个人信息处理者的相应处理活动划定了行为框架。

---

① 《个人信息保护法》：2021年8月20日第十三届全国人民代表大会常务委员会第三十次会议通过，自2021年11月1日起施行。

3. 明确了个人在个人信息处理活动中的权利

《个人信息保护法》在第四章"个人在个人信息处理活动中的权利"中对个人权利作出了全面系统的安排，指出个人享有知情权、决定权、查阅复制权、请求移转权、更正补充权、删除权等系列权利，且为保护死者近亲属的合法权益，确认在特定情形下，死者近亲属为自身利益也有权行使上述权利。

4. 明确了违规处理用户信息的法律责任

《个人信息保护法》规定了信息处理者违法违规处理个人信息可能承担的法律责任，包含民事责任、行政责任和刑事责任。企业若出现违法违规进行个人信息处理的行为，给他人造成损害的，依法承担民事责任；同时，企业可能面临警告、罚款、责令暂停相关业务、停业整顿、吊销相关业务许可证甚至吊销营业执照等处罚，且直接负责的主管人员和其他责任人员也可能面临行政处罚；情节严重的，企业以及相关主管人员还需要承担刑事责任。

（四）《网络安全法》[①]关于数据合规的规制

《网络安全法》作为我国第一部系统规范网络安全的法律，是我国网络空间的"基本法"。《网络安全法》从 2017 年实施至今，为我国的网络安全奠定了法律基础。

《网络安全法》由 7 个章节、79 项条款组成，旨在监管网络安全、保护个人隐私和敏感信息，以及维护国家网络空间安全。该法明确了在我国网络运行安全和网络信息安全的要求下，网络运营者应当承担的义务。

首先，该法对关键信息基础设施运行安全作出系统全面的安排。其次，《网络安全法》还进一步完善了个人信息保护制度，对于用户的个人的信息，网络服务运营者在收集用户个人信息时，必须依法、正当地进行收集，不能违反法律法规对个人信息进行违法的使用。最后，对于监测响应机制，《网络安全法》也作出了全面的界定。从整体上而言，《网络安全法》对于我国的网络安全、数据信息等合规方面起到了规制和指引作用，保障了我国网络空间的数据安全。

二、其他法律、法规、规章

（一）《中华人民共和国刑法》（以下简称《刑法》）关于数据合规的规制

在数据的保护上，我国早在 1997 年修订的《刑法》中，针对违反国家规定，侵入他人计算机信息系统非法获取信息数据，或者对该计算机信息系统非法控制的行为，以破坏计算机信息系统罪给予规制。[②]

---

① 《网络安全法》：2016 年 11 月 7 日第十二届全国人民代表大会常务委员会第二十四次会议通过，自 2017 年 6 月 1 日起施行。

② 刘新宇主编：《数据保护——合规指引与规则解析》（第 2 版），中国法制出版社 2021 年版，第 5 页。

2005 年 2 月 28 日,《刑法修正案(五)》的修订,使公民个人信息的保护首次入刑法条文。① 但在保护范围上,仅限于公民的信用卡信息,即在第 177 条妨害信用卡管理罪的认定上,增加了"窃取、收买或者非法提供他人信用卡信息资料的,依照前款规定处罚"。

为了更好地保护公民的个人信息,2009 年 2 月 28 日,《刑法修正案(七)》增设了出售、非法提供公民个人信息罪,非法获取公民个人信息罪,非法获取计算机信息系统罪,非法控制计算机信息系统罪,利用未公开信息交易罪等罪名。② 将侵犯公民个人信息的行为和非法侵入他人计算机的行为以及内部消息的违规处理行为以刑事手段进行规制,从而加强了我国对于数据和个人信息的保护力度。

随后,为了进一步保护公民的个人信息,2015 年施行的《刑法修正案(九)》再一次对第 253 条之一进行修改,将"出售、非法提供公民个人信息罪"和"非法获取公民个人信息罪"整合为"侵犯公民个人信息罪",扩大犯罪主体和侵犯个人信息行为的范围,将特定的主体身份作为不真正身份犯在量刑上进行从重处罚,以及提高了相应的法定刑罚,并对在履行职责或者提供服务过程中获得的公民个人信息出售或者提供给他人的行为给予从重处罚。③ 与此同时,《刑法修正案(九)》增设了非法侵入计算机信息系统罪、破坏计算机信息系统罪、泄露不应公开的案件信息罪等罪名单位犯罪的规定,进一步完善我国对于数据和个人信息的刑事立法。

(二)地方性法规关于数据合规的规制

为了更好地对数据处理的行为进行规范,地方政府也相继发布了一系列的地方性法规,以更好地对当地的数据活动进行监管。自从 2019 年 6 月 26 日,天津市网信办发布《天津市数据安全管理办法(暂行)》开启了地方性法规监管的尝试后,各地方的监管部门也开始相继出台地方性法规来监管数据处理活动,如《重庆市数据条例》《上海市数据条例》《深圳经济特区数据条例》等。这些地方性法规主要是基于当地的网络环境、数据处理情况等特点进行针对性的监管,规范引导企业的数据合规工作。

(三)部门规章关于数据合规的规制

除了法律的指引和规制,国务院各部门规章的出台更能解决特定行业中的具体数据合规问题。例如,为了更加有效地对互联网上儿童信息的传播行为进行规制,加强对儿童个人信息的保护,国家网信办于 2019 年 8 月 22 日发布了《儿童个人信息网络保护

---

① 《中华人民共和国刑法修正案(五)》:2005 年 2 月 28 日第十届全国人民代表大会常务委员会第十四次会议通过,自公布之日施行。

② 《中华人民共和国刑法修正案(七)》:2009 年 2 月 28 日第十一届全国人民代表大会常务委员会第七次会议通过,自公布之日施行。

③ 《中华人民共和国刑法修正案(九)》:中华人民共和国第十二届全国人民代表大会常务委员会第十六次会议于 2015 年 8 月 29 日通过,自 2015 年 11 月 1 日起施行。

规定》,该规定于同年10月1日起施行。这是我国第一部针对儿童网络信息保护的立法。①

针对网络信息空间的治理,2019年12月15日国家网信办发布了《网络信息内容生态治理规定》,规定自2020年3月1日起实施,并规定了网络信息生产者、网络信息内容服务平台的相关义务和禁止性行为,明确了生产者和服务平台不得制作、复制、发布违法违规、低俗淫秽、恐怖活动信息等法律法规禁止的信息。该规定还明确了违规的网络生产者、网络信息服务平台的法律责任。例如,《网络信息内容生态治理规定》第34条规定,若网络生产者出现了违规行为,网络信息内容服务平台应当依法采取警示整改、限制功能、暂停更新、关闭账号等处置措施,及时清除违法信息内容,保存记录并向有关主管部门报告。

针对App软件违规超范围收集用户的个人信息、隐私条款等问题,国家网信办秘书局也联合了工业和信息化部(以下简称工信部)办公厅、公安部办公厅、国家市场监督管理总局办公厅于2019年11月28日发布了《App违法违规收集使用个人信息行为认定方法》(以下简称《违规使用认定办法》)的通知。该《违规使用认定办法》从6个方面对于App违规收集用户信息的行为进行了规定,填补了之前实践中App违规收集用户信息的立法空白,并为相关的监管部门在认定App违规收集用户信息时提供了参考的标准,也为App的运营企业进行自身的自查自纠提供了具体的指引方向,并在一定程度上提高了网络个体用户的信息安全保护意识。

针对互联网上假冒他人身份信息违规使用账号的行为,国家网信办2022年6月出台了《互联网用户账号信息管理规定》,该规定于2022年8月1日实施,并规定了互联网账户信息注册、使用的相关要求,以及禁止性行为,明确了网络信息服务提供者有建立健全平台的信息认证、账户信息核验、信息内容安全、个人信息保护等管理制度的义务。

三、国家标准

针对尚缺乏明确立法规制的相关领域,通过发布国家标准对企业的数据合规行为进行指引,可以对此领域提供国家层面的指导和要求,也更能快速、灵活地应对不断变化的企业数据合规的需要。例如,2013年2月1日实施的《信息安全技术　公共及商用服务信息系统个人信息保护指南》作为我国首个关于个人信息保护的国家标准,对我国的个人信息保护起着重要的作用。该文件首次明确了个人信息、个人信息管理者、个人敏感信息的定义,并对个人信息处理活动树立了6个基本原则(目的明确、最少够用、公

---

① 参见马晓萌:《我国数据合规法律保护现状及办公python的合规操作指引》,载微信公众号"恒都昆山律师"2022年5月19日,https://mp.weixin.qq.com/s/RBhE4c9o1KD-7TDDKdRbFA。

开告知原则等)作为企业信息处理的指导。

针对个人信息安全的管理规范,国家市场监督管理总局、国家标准化管理委员会分别于2019年2月、6月以及10月发布了《信息安全技术　个人信息安全规范(征求意见稿)》,并根据收集的意见对个人信息安全的规范内容进行修改,最终于2020年3月6日发布了《信息安全技术　个人信息安全规范》,并于2020年10月1日正式施行。该规范对个人信息的收集、保存、使用等活动做了详细的规定,并指出了用户个人对于自己的信息享有访问控制权、使用权、更正权、撤回同意权等权利,同时该规范还对个人信息的委托处理、共享转让活动以及个人信息跨境传输等涉及第三方的数据合规程序,进行了更为细致的规定。

为了更好地对网络信息技术安全进行监管和规制,全国信息安全标准化技术委员会也相继发布了《信息安全技术　网络安全信息共享指南》《信息安全技术　人脸识别数据安全要求》《信息安全技术　重要数据识别指南》《信息安全技术　移动互联网应用程序(App)生命周期安全管理指南》等一系列征求意见稿,以便后期制定出更完善的数据合规的立法规定。

总体而言,我国的数据合规法律体系正在逐渐趋于完备,但在整体上还未能达到统一,即涉及数据保护的法律法规、规章和规范性文件还处于分散的状态,缺乏系统性。[①]此外,在数据合规的实践操作中,法律的落实还存在较大差距,以及对于特定行业中具体的数据合规操作还存在立法空白,缺少参考标准。但随着《民法典》《个人信息保护法》《数据安全法》《网络安全法》等法律的施行,各部门规章、地方性法规以及国家标准的相继完善,数据保护的范围将会更为全面,保护的力度也会加强,从而更好地形成一个系统性的数据合规法律体系。

第二节　数据合规监管现状

一、行政监管主体

根据2017年施行的《网络安全法》第8条的规定,网络信息数据安全和个人信息安全保护的行政监管主体,主要是国务院电信主管部门、公安部门和其他有关机关,依照法律法规的规定,在其职责范围内负责网络安全保护和监督管理工作。随着2021年相继施行的《数据安全法》、《个人信息保护法》也延续了《网络安全法》的行政监管职权授权规定,授权由国家网信部门负责统筹协调个人信息保护和相关的监督管理工作,并由国务院有关部门、县级以上地方人民政府有关部门依照相关法律法规的规定,负责个人信息保护和监督管理工作。

---

① 刘新宇主编:《数据保护——合规指引与规则解析》,中国法制出版社2020年版,第14页。

在实际的行政执法中，关于数据合规领域的监管部门主要是国家网信办、工信部、公安部和国家市场监督管理总局（以下简称市场监管总局）这4个部门。具体到每个细分的行业，其他的行政主管部门也在一定程度上承担了数据合规的监管职责。例如，在金融行业，由中国人民银行和中国证监会对金融行业中涉及数据合规的信息进行监管；在食品行业，由市场监管总局、商务部等机关部门对该行业中的数据合规信息进行规范检查，以及教育行业中的教育部等其他行业行政部门针对其各自领域的数据合规信息活动进行规范管理。

虽然在行政监管上都有相对应的行政机关对数据合规行为进行监管，较大程度上对数据安全管理的行为产生了威慑力，促使企业对自身数据合规行为进行自查自纠，展现了我国对于数据合规的行政监管决心和力度。但在这种“多头管理[①]”的模式下，还是存在各监管部门难以达成一致意见、权责不清、职能分散的情况，从而产生了对同一行为重复监管且标准不一等效率低下的问题，同时在发生数据安全问题时，用户投诉时会遭遇投诉无门、相关部门机关相互推诿的问题。[②] 正如在2017年12月24日第十二届全国人大常委会第三十一次会议中时任副委员长王胜俊关于网络安全保护指出的问题，即“网络安全监管‘九龙治水’现象仍然存在，权责不清、各自为战、执法推诿、效率低下等问题尚未有效解决，法律赋予网信部门的统筹协调职能履行不够顺畅”[③]。

二、行政执法行为及特点

在网络的数据安全管理和用户个人信息的保护方法上，行政机关最常使用的行政执法方法就是行政检查和行政处罚，在特定行业中还采用行政强制或者行政许可的方法。[④] 在具体的行政处罚上，涉及数据违规的行为，行政机关会根据《中华人民共和国行政处罚法》（以下简称《行政处罚法》）第8条的规定，对涉事的企业、组织或者个人进行警告、罚款、没收违法所得、责令停产停业，关闭网站运营、暂扣甚至吊销营业执照等行政处罚，情节严重者还会被行政拘留。

在关于数据合规的执法监管上，我国行政执法行为还具有以专项整治活动为主“运动式”执法特点，即通过集中人力、物力和其他资源，对某一领域的重点突出的问题进行

---

① 参见刘鑫律师团队：《数据合规——强数据监管时代下的必然选择》，载微信公众号“自由鑫证”2022年3月4日，https://mp.weixin.qq.com/s/nt6APAf_rWFwUiPcTWyphA。

② 王亦君：《安全监管“九龙治水” 用户信息泄露投诉无门》，载中青在线网，http://news.cyol.com/yuanchuang/2017-12/24/content_16806903.htm。

③ 王亦君：《安全监管“九龙治水” 用户信息泄露投诉无门》，载中青在线网，http://news.cyol.com/yuanchuang/2017-12/24/content_16806903.htm。

④ 刘新宇主编：《数据保护——合规指引与规则解析》（第2版），中国法制出版社2021年版，第15页。

针对性、目的性解决和处理,从而突出行政机关对该领域整顿的决心。[①] 不可否认的是,在这种模式下,典型的违规行为将会得到有效的遏制,企业保护信息的能力得到了显著的提升,个人对于数据信息保护意识也得到了增强,但这种行政执法行为也会存在行政机关执法监管上时间的不确定性、间断性,以及会出现处罚过重的情形,难以打击过程性的数据违规侵权行为。

三、主要行政部门执法概况

(一)网信部门

网信部门在国家、中央层面指中共中央网络安全和信息化委员会办公室以及国家网信办。[②]

在执法活动上,国家网信部门针对网络安全管理和个人信息保护的问题,开展了一系列专项执法检查和行政处罚活动。例如,国家网信办每个月都会受理全国范围内网络违规和不良信息的举报,并在近几年加大了行政监管和执法力度。如在2019年国家网信办协同有关部门针对涉黄涉赌、恶意程序、违规游戏、不良学习类App开展专项整治行动,关停清理违法App 3万余个,关停下架违法违规App共33,638款,拦截恶意网站链接234万余个。2020年为了整治移动应用程序的数据违规问题,国家网信办开展为期45天的专项整治,并针对未成年在线学习数据违规的网络平台,进行依法查处。在2021年,国家网信办负责人相继约谈各大网络平台的主要负责人、总编辑,并针对近期其平台上账号屡次出现法律、法规禁止发布或者传输的信息的行为,依据《网络安全法》等法律法规,责令其立即整改,并严肃处理相关责任人。

(二)工信部门

工信部门在国家层面的机构是工业和信息化部门(以下简称工信部),主要对网络安全和信息化事务负有监管职责。工信部中设有网络安全管理局,该部门主要承担对网络安全管理的审查活动,以及对相关的电信和互联网企业的数据合规进行指导和监督,从而更好地维护网络数据安全和保护个人信息。

在执法活动上,工信部主要是对企业机构的数据安全合规行为进行评估和检查监督,在此基础上要求相关企业对存在的问题进行整改,及时消除隐患。此外,工信部会对数据违规处理的企业进行检查监督和约谈。其主要的执法行为主要有:2019年,工信部开展了信息通信领域App侵害用户权益专项整治行动,力图解决App中违规收集

---

① 参见刘鑫律师团队:《数据合规——强数据监管时代下的必然选择》,载微信公众号"自由鑫证"2022年3月4日,https://mp.weixin.qq.com/s/nt6APAf_rWFwUiPcTWyphA。

② 中国共产党中央委员会发布的《深化党和国家机构改革方案》,中国共产党第十九届中央委员会第三次全体会议通过。

个人信息、过度索权、频繁骚扰用户等侵害用户权益的问题，该活动之后持续深度推进；2020 年，针对央视新闻曝光的收集 App 侵犯用户权益问题，工信部依据《网络安全法》、《中华人民共和国电信条例》（以下简称《电信条例》）、《电信和互联网用户个人信息保护规定》等法律法规，组织第三方检测机构对手机应用软件进行检查，并对发现存在问题的企业进行了集中约谈，要求相关企业限期完成整改；2021 年，工信部发布并部署了关于开展信息通信服务感知提升行动，该行动主要是关于优化企业 App 服务信息的标准，以及建立个人信息的双保护清单等指引相关互联网企业进行数据合规的标准要求；2022 年，工信部针对以免费无线网络为名诱骗用户下载恶意 App、应用软件平台强迫捆绑下载、骚扰电话、儿童手表安全防护等问题，认真核查，依据《个人信息保护法》《网络安全法》《电信条例》《规范互联网信息服务市场秩序若干规定》《电信和互联网用户个人信息保护规定》等有关法律法规要求，进行严厉查处。

（三）公安部门

公安部门在网络安全管理和个人信息保护中获得的行政执法权主要是源于《网络安全法》第 63 条、第 64 条、第 67 条和第 75 条的规定。依据规定公安部门可以对违规的数据处理行为作出没收违法所得、罚款、拘留等行政处罚。而具体的执法主体，根据《公安机关互联网安全监督检查规定》（公安部令第 151 号）第 3 条规定，“互联网安全监督检查工作由县级以上地方人民政府公安机关网络安全保卫部门组织实施。上级公安机关应当对下级公安机关开展互联网安全监督检查工作情况进行指导和监督”。在具体的实践中，主要是由中央层级的公安部网络安全保卫局，省层级的网络安全保卫总队，设区的市层级的网络安全保卫大队，以及县层级的网络安全保卫大队对数据安全管理工作进行检查和监督。

在执法活动中，公安部门主要是以国家关键性重要信息和大数据等相关信息为重点检查对象开展活动。[①] 在具体的行政监管上，2019 年公安部联合了国家网信办、工信部、市场监管总局开展“App 违法违规收集使用个人信息专项治理”活动；随后，公安部门又深入开展“净网 2019”专项行动，集中整治 App 违法违规收集使用个人信息行为，健全完善发现、调查、查处、宣传等工作体系和行政执法规范，继续依法严厉打击侵犯公民个人信息违法犯罪行为。

在针对侵犯公民个人信息违法犯罪的行为上，公安部门自 2016 年来，组织全国各地的公安机关开展了一系列的打击侵犯公民个人信息犯罪专项行动，针对 App 超范围采集公民个人信息乱象行为，对违规运营的 App 和相关互联网企业进行集中查处，侦破相关案件 3.3 万余起，抓获犯罪嫌疑人 7.6 万余名。

---

① 刘新宇主编：《数据保护——合规指引与规则解析》，中国法制出版社 2020 年版，第 22 页。

第三节　企业数据实践合规现状

在数据合规的大趋势下，如何开展自身的数据合规活动，对于每个企业而言都是不可忽视的重要问题。虽然在法律法规上我国的数据合规体系逐渐完备，以及相关的行政执法部门也依法对企业的数据管理信息进行检查监督，但在企业内部，想要真正做到数据合规，还是存在一定问题。

一、企业数据合规意识不强

我国的数据合规起步较晚，很多企业管理者对数据合规的认识还停留在表面，如很多管理者认为数据合规只是表面上把合规工作做足即可，不用专门制定方案执行。此外，一部分企业管理者的法律意识比较淡薄，轻视企业运行中应当遵守的规则，从而形成了一些"市场潜规则"的现象，导致我国企业的数据合规未能达到法律层面所期盼的数据合规要求的标准。①

在早期信息数据处理领域法律尚未健全的时候，企业的数据合规与否大多数取决于企业自身的自律能力。② 企业的运营涉及处理用户的信息数据流程，大多数企业都会选择对自身简便的方式，在不违反法律的范围内自主处理用户的信息，并没有真正在内部建立一套科学有效的企业数据合规管理系统。在实践中，企业为了降低经营活动的成本，一般会压低在数据合规方面的投入，尤其是在法律、法规尚未有硬性要求数据合规措施的情况下，企业一般不会主动开展数据合规的风险排查，只有在被调查或者被投诉后，才会采取被动的整改措施，这就导致在数据处理中依然存在较大的风险。

二、内部：企业仍需构建完善的合规体系

构建完善的企业合规体系，在立法层面上，首先需要制定出明确的企业合规指引，使企业能够根据相关的规定制定合规方案，从而建立自身的数据合规管理体系。关于数据指引，根据《个人信息保护法》第62条的规定，国家网信部门需要逐步推进数据指引发布工作，针对不同类型的数据处理者出台相对应的数据信息处理保护规则和标准。但目前这项工作还在推进中，因此企业在数据合规理论中还缺乏全面的规范和指引。

企业内部存在的问题主要表现为：第一，部分企业自身的数据合规活动没有设立专

---

① 参见黄信瑜、周飞宇：《企业数据合规的法律治理研究》，载《齐齐哈尔大学学报（哲学社会科学版）》2022年第5期。

② 参见黄信瑜、周飞宇：《企业数据合规的法律治理研究》，载《齐齐哈尔大学学报（哲学社会科学版）》2022年第5期。

门的数据合规部门进行总体上的协调和监管，从而导致企业内部数据合规工作呈现出零散性特点；第二，企业内部对于数据合规的职责没能明确分工，从而导致各部门之间出现相互推诿，或者是重复处理等情况，从而进一步提升了内部开展数据合规工作的难度；第三，企业内部还未能制定出相对应的数据合规制度。每个行业的数据合规的处理要求都各不相同。目前在我国还未能出台统一的行业标准进行指引，因此对于企业而言，如何制定出自身的数据合规处理标准也是需要面临的问题。

在落实规定层面上，企业缺乏数据合规落实机制。对于数据的安全保管问题，企业需要意识到建立配套防护机制的重要性，并监督好机制的落实程序。但在实践中，部分企业还是存在安全管理机制不足的情况，而正是基于企业自身的安全管理漏洞，企业才会频频出现数据泄露，或者不法人员利用病毒、计算机等技术对企业内部储存的用户信息进行攻击从而窃取数据的现象。

企业的安全管理机制不足主要表现为：第一，对于制定出来的数据安全管理措施未能严格落实，缺乏执行力；第二，企业内部没能定期开展数据安全保护的宣传，导致负责管理数据安全部门的员工积极性和责任心不够，从而出现数据安全事件；第三，企业对于数据安全事故缺乏定期的应急演练，在发生了数据安全事故后，企业不知如何进行处理。该应急演练也是对企业安全管理考核的一个标准，只有通过演练，才能对企业先前制定出的预案进行检验和改进。

三、外部：外部监督机制作用有待加强

企业在进行数据合规的工作时，很少会专门设立 个数据合规监督部门或者是引入第三方机构进行监督。而这个程序的缺失，将会导致企业内部的数据违规操作行为无法被及时发现和纠正。例如，部分工作人员合规意识不强，在进行数据合规的工作时没有严格按照标准的程序进行，导致数据违规处理；部门主管机关或者人员为了谋取个人的私利，盗取公司收集到的用户个人信息贩卖给不法分子等。

在当前的数据合规背景下，企业一定要对自身的数据合规问题进行审查和整改，切不能抱有侥幸心理。只有依法依规做好自身的数据合规工作，企业才能在当前的数据信息时代更好地发展运行。

本 章 小 结

目前，我国的数据合规标准同监管部门的要求以及公众的预期还存在一定的差距，主要体现在：

●立法层面：我国的立法以《民法典》《数据安全法》《个人信息保护法》《网络安全法》4 部法律为主，其他法律、法规以及规章等规范性文件进行规制，法律体系趋于完

备。但由于我国数据合规的立法起步较晚、具体各个行业的法律指引尚未出台等原因，还存在具体领域立法指引的缺失。

●监管层面：我国主要是以行政执法为主的监管方式，以国家网信办、工信部、公安部等为主的行政机关对企业的数据合规采取专项执法检查和监督，在一定程度上规制了企业的大多数数据违规现象，但还存在“运动式执法”“九龙治水”等现象，没能实现高效监管数据合规。

●企业层面：随着近年来数据合规的监管力度不断加强，企业在自身的数据合规方面也在逐渐加强，数据处理逐渐合规化。但还是存在部分企业管理者意识不强、合规动力不足，以及在企业内部、外部缺乏建立相应的数据合规制度以及监管制度。

第三章　我国港澳地区数据合规和立法实践

第一节　我国香港特别行政区

一、基本立法[①]

《个人资料(私隐)条例》(以下简称《私隐条例》)于1996年12月正式生效。《私隐条例》是亚洲最早全面保障个人资料(私隐)的立法之一,其源自香港法律改革委员会在1994年8月发表的题为"有关保障个人资料的法律改革"的报告书。该报告书建议以《保障私隐与个人资料跨境流通指引》[②]为基础进行本地化立法,以确保充分保障个人资料,并且落实有关人权的公约责任,保持我国香港特别行政区作为国际商贸中心的地位。《私隐条例》属于原则性立法,适用于包括政府在内的公私营机构。

为应对隐私保护面临的新挑战,《私隐条例》在2012年进行了修订,增加了包括针对使用个人资料用作直接促销的新规定等。2021年《私隐条例》再一次进行修订,旨在严厉打击侵犯个人资料的"起底"行为。[③] 针对此类行为,个人资料私隐专员将有权发出停止披露的通知,要求停止或限制披露涉及"起底"内容,同时此次修订将侵犯个人资料的"起底"行为列为刑事犯

---

① 中国香港特别行政区个人资料私隐专员公署:《个人资料(私隐)条例》,载香港个人资料私隐专员公署网2022年10月1日,https://www.pcpd.org.hk/sc_chi/data_privacy_law/ordinance_at_a_Glance/ordinance.html。

② 经济合作与发展组织(OECD)《保护私隐与个人资料跨境流通指引》,1980年发布。

③ 指通过网上搜寻器、社交平台及讨论区、公共登记册、匿名爆料等方式,将目标人士或相关人士(如家人、亲友等)的个人资料搜集起来,并在互联网、社交媒体或其他公开平台(如公众地方)发布。

罪,个人资料私隐专员将有权就“起底”个案进行刑事调查和检控,以加强对“起底”个案的执法力度。

《私隐条例》对个人资料等相关概念进行了界定[①]。《私隐条例》之附表 1 的保障资料原则,列出资料使用者应如何收集、处理及使用个人资料,此外条例亦有其他条文列明更多的循规要求。以下是保障资料原则的具体内容,共 6 项[②]:

1. 收集目的及方式

资料使用者须以合法和公平的方式,收集他人的个人资料,收集目的应直接与其职能或活动有关,并须以切实可行的方法告知资料当事人收集其个人资料的目的,以及资料可能会被转移给哪些人。应基于实际需要并且在适度的范围内收集资料。

2. 准确性、储存及保留

资料使用者须采取切实可行的步骤以确保持有的个人资料准确无误,而资料的保留时间不应超过达到原来目的的实际所需。

3. 使用

个人资料的使用只限于收集时明确表达的目的或直接相关的目的,除非得到资料当事人自愿和明确的同意。

4. 保护措施

资料使用者须采取切实可行的保护措施,保障个人资料不会未经授权或意外地被查阅、处理、删除或丧失。

5. 透明度

资料使用者须采取切实可行的措施公开其处理个人资料的政策和实践方式,并说明其持有的个人资料类别和用途。

6. 查阅及更正

资料当事人有权要求查阅其个人资料,若发现有关个人资料不准确,有权要求更正。

总括来说,保障资料原则是为了确保个人资料的收集方式具有透明性及公平性,同时须尽量减少个人资料的收集;一经收集,应以安全的方式处理个人资料,而资料的保留时间不应超过达致原来目的所必需,个人资料的使用应限于或关乎原来收集目的;资料当事人有权查阅或改正自己的个人资料。

在合规情形的豁免方面,隐私权与个人尊严以及宪法权利息息相关,但是隐私权的

---

① 《个人资料(私隐)条例》第 2 条。

② 中国香港特别行政区个人资料私隐专员公署:《六项保障资料》,载香港个人资料私隐专员公署网 2022 年 10 月 1 日,https://www.pcpd.org.hk/sc_chi/data_privacy_law/6_data_protection_principles/principles.html。

行使不应有损其他权利及公共利益，因此《私隐条例》在个别情形下，对一些侵犯个人资料的情形予以豁免，如防止罪行或进行检控、保安及防卫、统计及研究、新闻活动、保障资料当事人的健康等；抑或法律或法院要求使用，或为行使或维护在我国香港特别行政区的法律权利的需要而使用。对于豁免事项，资料处理者应当承担举证责任，以免除其在不合规处理个人资料时的法律责任。

在机构设置方面，我国香港特别行政区保护个人隐私的机构是根据《私隐条例》第5条设立的个人资料私隐专员公署。第6条同时规定了私隐公署专员不得兼职。根据《私隐条例》的规定，专员可以为资料使用者提供指引、解释《私隐条例》，审核其他关于个人隐私的立法建议，受理权利主体的投诉并决定是否进行调查，若进行调查则应发布包含调查结果以及建议的调查报告，向违法处理个人信息的资料处理者发出纠正通知等。违反专员发出的执行通知即构成犯罪，会面临最高罚款5万港元及监禁两年，外加每日罚款1千港元的刑事责任，再次定罪的，会面临加重1倍的刑事责任。专员还应当进行教育或推广活动以帮助大众了解《私隐条例》。

在涉及个人资料之民事权利的保护方面，《私隐条例》在第五部分的第一分部和第二分部分别规定了个人资料权利人的查阅权和更正权。同时，对于他人为查阅或更正个人资料而提供虚假或误导性材料的，将面临第3级罚款以及监禁6个月的处罚。《私隐条例》第六部分规定了权利主体的核对同意权①，还规定了个人资料移转出我国香港特别行政区之外的各项要求，包括权利人的明确书面同意等。对于个人资料的直接促销，需要获得当事人的一般同意或选择性同意，还应当向个人资料权利人发送确认书并且履行通知义务；如果违反《私隐条例》有关个人资料用作直接促销的规定，则会面临50万港元的罚金以及3年的监禁。

在数据跨境流通方面，《私隐条例》第33条规定了资料使用者得将个人资料转移至我国香港特别行政区以外的地方的条件。为规范《私隐条例》第33条的实施，我国香港特别行政区个人资料私隐专员公署制定了《跨境资料转移指引：建议合约条文范本》，协助我国香港特别行政区的企业了解关于跨境转移资料应当遵守的义务，了解禁止资料转移的例外情形；为了符合第33条规定的“克尽职责的规定”，该指引以附表的方式为第33条规定的资料使用者提供了合约条文范本；在第四部分对资料使用者提供了一些合规建议，如检查资料转移安排、控制跨境资料流动活动、检查白名单及其他例外情况、保存个人资料的清单以及进行定期审核及视察。

二、境内企业赴我国香港特别行政区上市数据合规要求

我国香港特别行政区是国内资本市场和国外资本市场的桥梁。我国证券监督管理

---

① 资料使用者若无当事人的同意等即不得对个人资料进行核对匹配。

委员会始终赞同符合条件的内地企业赴我国香港特别行政区上市。境外上市的公司，特别是与互联网产业联系密切的公司，往往掌握用户大量隐私数据，而在信息化高速发展的时代，数据尤为重要，它是国家重要的基础战略性资源，也是一个公司企业发展壮大的资本。因而，拟上市企业的数据合规越来越重要，如滴滴公司在纽约挂牌上市，但国家网信办启动网络安全审查之后，发现“滴滴出行”有严重的违法违规收集使用个人信息的问题，而后国家网信办宣布下架滴滴旗下25款App，滴滴公司也从美国进入退市程序。

目前，我国对境外上市公司监管力度不断加强。2021年7月，中共中央办公厅、国务院办公厅印发了《关于依法从严打击证券违法活动的意见》，提出要严厉打击证券违法活动，加强证券期货监督管理机构与政府部门及有关地方的工作协同，完善证券立法机制，压实境外上市公司信息安全主体责任。

（一）遵循我国香港特别行政区法律法规

由于赴我国香港特别行政区上市逐渐成为热门，并且世界各地对网络安全审查越来越严格，自2017年开始，香港证券及期货事务监察委员会便采取前置式及积极的监管方针，以契合世界的监管趋势，加强我国香港特别行政区作为领先国际金融中心的地位。企业赴我国香港特别行政区上市，应遵循《证券及期货（在证券市场上市）规则》的要求。在保障个人资料方面，企业赴我国香港特别行政区上市还应当遵循《私隐条例》，否则将会面临不予上市等后果。

（二）遵循内地法律法规

内地企业赴我国香港特别行政区上市也要遵循内地的法律法规，如《个人信息保护法》《中华人民共和国证券法》等，特别是在网络安全领域，由于我国香港特别行政区还未出台相关立法文件，企业赴我国香港特别行政区上市仍需要遵循《网络安全法》《数据安全法》等相关规定。

具体内容如下：

第一，在网络安全运营方面，《网络安全法》第21条明确规定，国家实行网络安全等级保护制度，并且对网络运营者的安保义务提出要求。同时《网络安全法》第22条第3款规定，具有收集用户信息功能的网络产品、服务的提供者应当向用户明示并取得同意，涉及用户个人信息的，还应当遵守其他法律中关于个人信息保护的规定。《网络安全法》要求网络运营者收集、使用个人信息合法、正当、必要，同时应当做到公开透明，明示收集、使用的目的、方式等，并且要取得主体同意。

第二，在数据安全层面，同《网络安全法》一样，《数据安全法》第21条也明确规定，国家建立数据分类分级保护制度，根据数据在经济社会发展中的重要程度，以及一旦遭到篡改、破坏、泄露或非法获取、非法利用等对国家、公共利益或个人、组织合法权益造成的危害程度，对不同数据予以分级保护，国家核心数据将实行更加严格的管理制度，并且还要求重要数据的处理者应当明确数据安全负责人和管理机构，定期开展风险评估,并报送风险评估报告。该法第 24 条规定了我国的数据安全审查制度,即对影响或可能影响国家安全的数据处理活动进行国家安全审查;第 31 条明确了关键信息基础设施的运营者在境内运营收集和产生的重要数据的出境安全管理适用《网络安全法》(原则上储存于境内,确需向境外提供的应当按照规定进行安全评估[①]),其他数据处理者在境内运营中收集和产生的重要数据的出境安全管理办法遵循国家网信部门会同国务院有关部门指定的规章。因此,企业应当关注其经营过程中产生和处理的数据是否是核心数据或重要数据,实施分级分类管理。

第三,在个人信息保护层面,2021 年 11 月 1 日,我国施行了《个人信息保护法》以保护个人信息权益,规范个人信息处理活动,促进个人信息合理利用。《个人信息保护法》的出台晚于《网络安全法》和《数据安全法》,可以说这两部法律为《个人信息保护法》的出台提供了参考[②],《个人信息保护法》详细规定了个人信息主体的相关权利,并要求相关信息处理者在处理个人信息过程中遵循合法、正当、必要和诚信原则,并且处理敏感个人信息[③]应取得相应个人充分知情前提下的自愿、明确同意(法律另有规定的情形除外)。处理敏感个人信息应当额外遵循如下规则:

1. 具有特定的目的和充分的必要性,且采取严格保护措施。

2. 取得个人单独同意或法律法规另有规定应取得书面同意。

3. 告知《个人信息保护法》第 17 条第 1 款规定的事项,以及处理敏感个人信息的必要性和对个人权益的影响,法律法规另有规定的除外。

4. 处理不满 14 周岁未成年人个人信息的,应当取得其监护人的同意,且制定专门的个人信息处埋规则。

5. 法律法规的其他规定。[④]

第四,在个人信息跨境传输方面,《中华人民共和国出境入境管理法》第 89 条第 1 款规定可知"中国境外"包括所有中国境外的国家和地区,以及中国香港特别行政区、澳门特别行政区和台湾地区。因此,企业赴我国香港特别行政区上市进行个人信息跨境提供的,应当遵守《个人信息保护法》的相关规则,个人信息处理者因业务等需要确需向境外提供个人信息的,根据《个人信息保护法》第 38 条的规定,可以通过进行该法

① 《网络安全法》第 37 条规定:"关键信息基础设施的运营者在中华人民共和国境内运营中收集和产生的个人信息和重要数据应当在境内存储。因业务需要,确需向境外提供的,应当按照国家网信部门会同国务院有关部门制定的办法进行安全评估;法律、行政法规另有规定的,依照其规定。"

② 参见胡俊、李明:《企业网络安全与数据保护合规建设——从合规运营到香港上市(一)》,载微信公众号"中伦视界"2022 年 2 月 25 日,https://mp.weixin.qq.com/s/mVvWiAt5Idb3rRg1xmNK_Q。

③ 敏感个人信息,指一旦泄露或者非法使用,容易导致自然人的人格尊严受到侵害或者人身、财产安全受到危害的个人信息,包括生物识别、宗教信仰、特定身份、医疗健康、金融账户、行踪轨迹等信息,以及不满 14 周岁未成年人的个人信息。

④ 《个人信息保护法》第二章的第一节和第二节。

第40条规定的“国家网信部门组织的安全评估”以实现向境外提供个人信息的目的，对于关键信息基础设施运营者及处理个人信息达到国家网信部门规定数量的，应当进行该等安全评估。同时，个人信息处理者应当采取必要措施保障境外接收方处理个人信息的活动达到相应的标准。《个人信息保护法》第39条规定了个人信息处理者向境外提供个人信息时应当告知个人境外接收方的内容以及需要取得个人的单独同意。《个人信息保护法》第55条同时规定，“向境外提供个人信息的，个人信息处理者应当事前进行个人信息保护影响评估，并对处理结果进行记录”。因此，企业应对其保有的个人数据进行分类管理，向境外传输个人信息前可以与境外接收方签署保密协议，履行数据出境程序，完善保密和档案管理规章制度，落实安全评估、网络安全审查及数据安全审查要求等①。

“为订立、履行个人作为一方当事人的合同所必需”而获得处理个人信息的同意，是企业基于个人同意处理个人信息的重要途径之一。国家网信办、工信部、公安部、市场监管总局联合印发《常见类型移动互联网应用程序必要个人信息范围规定》，规定了常见类型的App所需要的必要个人信息的范围，如地图导航类、网约车类、网络社区类、网络支付类等。该规定可以为企业判断是否为合同所必需提供参考。②

与个人信息保护密切相关的还有在《个人信息保护法》实施当日发布的工信部《关于开展信息通信服务感知提升行动的通知》（以下简称《工信部开展通信服务感知提升行动的通知》）。《工信部开展通信服务感知提升行动的通知》要求，互联网企业应当以简洁、清晰、易懂的方式向用户提供App产品隐私政策摘要；涉及调用用户终端中相册、通讯录、位置等敏感权限的，还应当以适当方式告知用户调用该权限的目的，充分保障用户知情权。《工信部开展通信服务感知提升行动的通知》还要求各相关企业应当建立已收集个人信息清单和与第三方共享个人信息清单，要求简洁、清晰列出App已经收集到的用户个人信息的基本情况，以及与第三方共享的用户个人信息的基本情况。

为落实《网络安全法》《数据安全法》《个人信息保护法》等法律关于数据安全管理的规定，规范网络数据处理活动，保护个人、组织在网络空间的合法权益，维护国家安全和公共利益，国家网信办发布《网络数据安全管理条例（征求意见稿）》（以下简称《网安条例》）。③《网安条例》第13条规定数据处理者赴我国香港特别行政区上市，影响或者

---

① 参见吴丹君、张振君：《赴香港上市过程中的数据出境合规要点》，载观韬中茂律师事务所网2022年5月9日，http://www.guantao.com/sv_view.aspx? TypeId=218&Id=2405&Fid=t8:218:8。

② 参见胡俊、李明：《企业网络安全与数据保护合规建设——从合规运营到香港上市（二）》，载微信公众号“中伦视界”2022年3月8日，https://mp.weixin.qq.com/s/iTzhw1AFBr7xZWiyXGzynA。

③ 国家互联网信息办公室：《国家互联网信息办公室关于〈网络数据安全管理条例（征求意见稿）〉公开征求意见的通知》，载国家互联网信息办公室网，http://www.cac.gov.cn/2021-11/14/c_1638501991577898.htm。

可能影响国家安全的,则应当按照国家有关规定,申报网络安全审查。网络安全审查规定在《网络安全审查办法》中,审查流程分为以下几步:

1. 是否需要审查(第 8 条和第 9 条):当事人提交相应材料向网络安全审查办公室申报,网络安全审查办公室自收到符合该办法第 8 条规定的审查申报材料起 10 个工作日内,确定是否需要审查并书面通知当事人。

2. 初步审查(第 11 条):网络安全审查办公室认为需要开展网络安全审查的,应当自向当事人发出书面通知之日起 30 个工作日内完成初步审查,包括形成审查结论建议和将审查结论建议发送网络安全审查工作机制成员单位、相关部门征求意见;情况复杂的,可以延长 15 个工作日。

3. 网络安全审查工作机制单位或部门回复意见(第 12 条):网络安全审查工作机制成员单位和相关部门应当自收到审查结论建议之日起 15 个工作日内书面回复意见。网络安全审查工作机制成员单位、相关部门意见一致的,网络安全审查办公室以书面形式将审查结论通知当事人;意见不一致的,按照特别审查程序处理,并通知当事人。

4. 特别程序处理(第 13 条和第 14 条):按照特别审查程序处理的,网络安全审查办公室应当听取相关单位和部门意见,进行深入分析评估,再次形成审查结论建议,并征求网络安全审查工作机制成员单位和相关部门意见,按程序报中央网络安全和信息化委员会批准后,形成审查结论并书面通知当事人。特别审查程序一般应当在 90 个工作日内完成,情况复杂的可以延长。

从目前实施的相关法规来看,企业赴我国香港特别行政区上市不属于《网络安全审查办法》第 7 条规定的"赴国外上市",该类企业是否需要主动进行网络安全审查,应当根据《网络安全审查办法》第 2 条规定,判断其是否属于"关键信息基础设施运营者"及"网络平台运营者",以及上述两类主体行为是否存在"影响或可能影响国家安全"的情形。若企业不符合上述情形的,则无须主动申报网络安全审查。但为防止意外情形出现阻碍上市进程,企业依然可以《网络安全审查办法》第 10 条的规定,在公开披露文件中说明其运营不会影响或可能影响国家安全,并回复其不属于关键信息基础设施运营者。同时,企业还应当及时关注法律动态,如《网安条例》的颁布实施,以免出现网络安全不合规的情形。

《数据出境安全评估办法》于 2022 年 9 月 1 日正式施行,企业赴我国香港特别行政区上市应当满足该办法的相关规定,如数据处理者符合特定情形时应当通过所在地省级网信部门向国家网信部门申报数据出境安全评估,并上交申报书、数据出境风险自评估报告、数据处理者与境外接收方拟订立的法律文件及安全评估需要的其他材料。对于与境外接收方拟订立的法律文件,还应当明确约定数据安全保护责任义务,具体可见《数据出境安全评估办法》第 9 条。通过数据出境安全评估的结果为自评估结果出具之日起计算 2 年,有效期内若出现该办法第 14 条规定的特定情形的,应当重新进行评估;

若有效期届满,则应当在有效期届满60个工作日前重新申报评估。

第二节　我国澳门特别行政区

一、基本立法

(一)立法概况

我国澳门特别行政区关于个人资料保护的基本法律是《个人资料保护法》,它结合中国澳门特别行政区本土实际情况制定而成。该法适用于在我国澳门特别行政区全部或部分以自动化方法对个人资料的处理,以及非自动化方法对存于或将存于人手操作的资料库内的个人资料的处理;适用于对可以识别身份的人和影像进行的录像监视,以及以其他方式对这些声音和影像的取得、处理和传播,主体限定在负责处理资料的实体在我国澳门特别行政区或通过在我国澳门特别行政区设立的提供咨询和电信咨询网络服务的供应商而实施此类行为的个人资料处理者,以及适用于以公共安全为目的的对个人资料的处理。①《个人资料保护法》同《澳门民法典》和《中华人民共和国澳门特别行政区基本法》(以下简称《澳门特别行政区基本法》)共同构成了我国澳门特别行政区关于个人资料保护的法律框架。

随着全球对资料隐私和安全问题的关注日益增加,我国澳门特别行政区制定颁布了《网络安全法》。该法第1条明确了立法目的和宗旨,即建立和规范我国澳门特别行政区的网络安全体系,以保护关键基础设施运营者的资讯网络、电脑系统及电脑数据资料;第4条第1款明确了该法适用于关键基础设施的公共及私人运营者。与内地的《网络安全法》不同,其重点规制关键基础设施的运营,建立良好的管理体系,更好地配合"一带一路"倡议以及《中华人民共和国澳门特别行政区五年发展规划(2016—2020年)》有关建设智慧城市、推动产业与互联网融合的发展目标。②

我国澳门特别行政区《网络安全法》对关键基础设施的私人运营者在网络安全义务方面提出了多种要求,包括组织性义务,如设立具有能够执行网络安全内部保护措施的网络安全管理单位等;程序性、预防性及应变性义务,如制定网络安全管理制度及相关的内部操作程序、检查和记录其通信网络的运作状况等;自行评估和报告义务,如自行或由专业实体评估通信网络及电脑系统存在的风险、每年向监管机构提交网络安全报告;合作义务,如提供确保网络安全的妥善管理所需的支援与合作。对关键基础设施的公共运营者同样提出要求,如指定网络安全负责人,保持网络安全管理制度的良好运

---

① 中国澳门特别行政区《个人资料保护法》第3条。

② 黄景深、颜国定等:《认识澳门网络安全法及企业合规之路》,载微信公众号"普华永道"2019年11月14日,https://mp.weixin.qq.com/s/r8roWvq4zAcTRqZoADJZzQ。

作，检查与私人实体订立的网络安全服务合同的执行情况等。

（二）《个人资料保护法》重点内容

1. 基本原则

《个人资料保护法》第2条规定了处理个人资料的3个原则：一是以透明的方式处理；二是尊重私人生活的隐私；三是尊重法律法规所规定的基本权利、自由和保障。在该原则的基础上，个人资料处理者原则上应当取得当事人的明确同意，且应当保障当事人的咨询权、查阅权、更正权、反对权和不受自动化决定约束的权利，但是反对权的行使需要以反对理由合理为前提；在自动化决定属于为订立或执行合同所需，或在合同中有适当措施保障正当权利，或法律许可的情形下，权利主体不享有不受自动化决定约束的权利。

2. 个人资料互联的规制

个人资料的互联具有极高的商业价值，不同实体通过互联或者同一实体将目的不同的资料库中同一主体的个人信息互联，可以更加全面、准确地识别用户画像，从而帮助实体作出更加准确的个性化推荐等，进而作出更加适合市场的经营战略。但是，资料的互联也会存在风险，如互联过程中的信息泄露或被信息处理者不正当利用等。因此，《个人资料保护法》在第二章的第9条对资料的互联条件作出了明确规定，要求个人资料的互联首先须由负责处理个人资料的组织或与其共同负责的组织向公共当局即我国澳门特别行政区政府个人资料保护办公室（The Office for Personal Data Protection，GPDP）提出请求并取得其许可，且应当符合法律或章程规定的目的和正当利益，即目的性和正当利益性要求；不得导致歧视或削减资料当事人的权利、自由和保障；应当考虑需互联的资料的种类，并采取相应的适当的安全措施。

3. 敏感个人信息的处理

《个人资料保护法》对敏感个人信息作出了规定，敏感个人信息是指与世界观或政治信仰、政治社团或工会关系、宗教信仰、私人生活、种族和民族本源以及与健康和性生活有关的个人资料，包括遗传资料。《个人资料保护法》原则上禁止处理敏感个人信息，但是在保障非歧视原则以及落实该法第16条规定的安全措施（如限制访问、使用、运输等）的前提下，有以下情况之一可以处理敏感个人信息①：

（1）法律规定或具组织性质的规章性规定明确许可处理上款所指的资料；

（2）当基于重大公共利益且资料的处理对负责处理的实体行使职责及权限所必需时，经公共当局许可；

（3）资料当事人对处理给予明确许可；

（4）经资料当事人同意，由具有政治、哲学、宗教或工会性质的非牟利法人或机构

---

① 中国澳门特别行政区《个人资料保护法》第7条。

在其正当活动范围内处理资料,只要该处理仅涉及这些机构的成员或基于有关实体的宗旨与他们有定期接触的人士,且有关资料未经资料当事人同意不得告知第三人。

此外,还规定了以下几种无须当事人同意的情形:[①]

(1)保护资料当事人或其他人重大利益所必需,且资料当事人在身体上或法律上无能力作出同意;

(2)要处理的资料明显已被资料当事人公开,只要从其声明可依法推断出资料当事人同意处理有关资料;

(3)处理资料是在司法诉讼中宣告、行使或维护一权利所必需的,且只为该目的而处理资料。

4. 通知和许可合规要求

《个人资料保护法》规定了处理个人资料时的通知和许可机制。第 21 条规定,负责处理个人资料的实体或者其代表人,应当从处理开始起 8 日内以书面形式将为了实现某一个或一系列相关联的目的而进行的自动化处理通知公共当局,由公共当局判断其是否会对资料当事人的权利和自由构成影响,后作出许可或豁免通知,且该许可应当在《澳门特别行政区公报》上公布,列明处理资料的目的、内容或种类,资料当事人或当事人的类别,可被告知资料的接收者或接受者的类别,以及资料的保存期限。只有在根据法律法规为了维持资料的登记,而该登记是可供一般公众或证明有正当利益的人查询之用时,才可豁免通知。当根据该法第 7 条第 3 款第 1 项处理个人资料时,对敏感个人信息的非自动化处理,也应当作出通知。第 22 条规定了处理个人资料须经公共当局许可的情形,但法律规定或具组织性质的规章性规定予以认可的,无须获得许可即可处理。

5. 数据跨境转移合规要求

《个人资料保护法》在第五章对资料的跨境转移作出了规定。原则上在符合法律规定,且可以确保接收所转移资料当地的法律符合适当的保护程度的情况下,便可将个人资料转移到我国澳门特别行政区以外的地方,而是否达到适当的保护程度由公共当局来决定。这种途径与欧盟的"充分性保护认定决定"相似。通常采用的方法是根据互惠的原则把已经达到适当保护水平的国家或地区名单列入"白名单"。而截至目前,我国澳门特别行政区未将任何国家或地区列入"白名单"。[②]《个人资料保护法》第 20 条第 1 款为例外规定,在无法确保转入地保护程度时,当事人同意或者符合以下情形之

① 中国澳门特别行政区《个人资料保护法》第 7 条。

② 数据治理观察:《〈个人信息保护法〉与澳门特别行政区〈个人资料保护法〉主要差异》,载微信公众号"下一代互联网粤港澳大湾区中心"2021 年 11 月 16 日,https://mp.weixin.qq.com/s/5X5xYXPv7gUixtZHzpx2PQ。

一，履行通知公共当局的义务后可转出：

(1)转移是执行资料当事人和负责处理个人资料的实体间的合同所必需，或是应资料当事人要求执行订立合同的预先措施所必需的；

(2)转移是执行或订立合同所必需，而该合同是为了资料当事人的利益由负责处理个人资料的实体和第三人之间所订立或将要订立的；

(3)转移是保护重要的公共利益，或是在司法诉讼中宣告、行使或维护权利所必需的或法律所要求的；

(4)转移是保护资料当事人的重大利益所必需的；

(5)转移自作出公开登记后进行。根据法律规定或规章性规定，该登记是为公众资讯和可供一般公众或证明有正当利益的人公开查询用途的，只要在具体情况下遵守法律规定的查询条件。

在不违反《个人资料保护法》第 20 条第 1 款的情况下，若实体确保有足够的保障他人的私人生活、基本权利和自由的机制，尤其通过适当的合同条款确保这些权利的行使时，公共当局便可以许可将个人资料转移。当个人资料的转移成为维护公共安全、预防犯罪、刑事侦查和制止刑事违法行为以及保障公共卫生所必需的措施时，个人资料的转移由专门法律或适用于我国澳门特别行政区的国际法文书以及区际协定规范①。

6. 职业保密义务与合规

《个人资料保护法》第 18 条规定："负责处理个人资料的实体和在履行职务过程中知悉所处理个人资料的所有人士，均负有职业保密义务，即使相应职务终止亦然。为公共当局从事顾问或咨询工作的公务员、服务人员或技术员均负有相同的职业保密义务。上述各款的规定不排除依法提供必要资讯的义务，但载于为统计用途所组织的资料库者除外。"

从上述条文可以看出，职业保密义务的履行主体是负责处理个人资料的实体和在履行职务过程中知悉所处理个人资料的所有人士，包括为公共当局从事顾问或咨询工作的公务员、服务人员或技术员均负有相同的职业保密义务，并且该职业保密义务是终身义务，即使职务终止仍负有该义务。该条文也规定了不需依法提供必要咨询的情形。

负有职业保密义务者违反保密义务，可构成犯罪，会面临最高两年徒刑或 240 日罚金的刑事责任；在有特殊身份、以获利为目的或对他人名誉或私人生活隐私等造成严重危险的，面临加重一半的刑事责任。

7. 责任承担

《个人资料保护法》对违反本法规定的义务同时规定了民事责任、行政责任和刑事责任。民事责任主要体现为损害赔偿责任。个人资料处理者在法律规定的履行义务不

① 中国澳门特别行政区《个人资料保护法》第 20 条。

作为和履行有瑕疵时，应承担行政责任，且包括在违反第32条和第33条的所涉行为未遂时的行政责任。同时，行政责任承担后，如果制度规定的义务能履行则仍须履行。当个人资料处理者未履行资料保护义务之时，如通知许可机制下提供虚假资讯或进行不允许的修改，实施不法互联等，或是未经许可更改或毁坏个人资料，抑或是不当查阅时，会面临徒刑或罚金。行为人在被通知后还有如下情形的，还会构成加重违令罪[①]：

(1)行为人被通知后仍不中断、停止或封存个人资料的处理；

(2)无合理理由拒绝对公共当局提出的具体要求给予合作；

(3)没有进行删除、全部或部分销毁个人资料；

(4)第5条规定的保存期完结后未销毁有关个人资料。

此外，影响该领域的其他文件还有由GPDP在其官方网站上公布的一套通用授权、法律意见和案例分析，以及第2/2012号法律，关于公共场所视频监控的法律制度等。

二、主要机构[②]

(一)机构简介

GPDP是我国澳门特别行政区的个人资料保护机构，根据我国澳门特别行政区第83/2007号行政长官批示设立，在行政长官监督下独立运作。GPDP是《澳门民法典》第79条第3款及第8/2005号法律(《个人资料保护法》)所指之公共当局，并行使该等法律所赋予的职权，负责监督《个人资料保护法》的遵守和执行，审批许可申请，发布通知许可机制下的许可，受理有关个人资料保护的查询、投诉、举报并进行调查，作出处罚，以及指定保密制度，宣传推广《个人资料保护法》等。

在国际及区际交流方面，自2008年起，GPDP一直积极以观察员身份参加"亚太区私隐机构组织论坛"和"全球私隐大会"，希望通过一系列的国际及区际交流活动，与世界各地的个人资料保护机构建立密切联系，加强合作，妥善处理和共同打击跨境不法行为，以便进一步与国际社会接轨，完善我国澳门特别行政区的个人资料保护工作。2012年7月，GPDP成为"全球私隐执法网络"及"亚太区私隐机构组织"成员。

(二)执法案例[③]

谷歌为了让其用户体验GoogleMaps和GoogleEarth服务，其"街景服务"已经在我国澳门特别行政区的公共地方和已被允许的私人地方拍摄收集街景图像。谷歌声称其

---

① 中国澳门特别行政区《个人资料保护法》第40条。

② 中国澳门特别行政区政府个人资料保护办公室：《办公室简介》，载中国澳门特别行政区政府个人资料保护办公室网2022年10月15日，https://www.gpdp.gov.mo/zh_tw/company_profile.html。

③ 参见刘冬杰：《未经许可收集敏感数据　美谷歌公司被罚3万澳门元》，载央视网2012年3月9日，http://news.cntv.cn/20120309/120264.shtml。

拍摄时已经对专车印有相关标识并对路人作出提醒，同时在模糊相关图片后才对用户使用，GPDP 对此予以认可。但是我国澳门特别行政区街道狭窄，同时有些居民居住在街边，虽然采取相关措施，但不可避免地拍摄到了一些敏感个人数据，而对于这些敏感个人数据，GPDP 没有收到谷歌的相关申请，也没有对谷歌予以许可。因此，GPDP 认为谷歌收集敏感资料有违当初收集资料的原意，构成行政违法，遂要求谷歌删除在我国澳门特别行政区街道收集的敏感资料。同时，GPDP 还指出了谷歌的其他不法行为，如收集市民用无线网络传送的数据和个人数据，并将数据转移到美国。谷歌已经被 GPDP 罚款 3 万澳门元。

本章小结

●目前我国香港特别行政区针对个人数据的保护立法主要是《私隐条例》。《私隐条例》经过多次修订，对使用个人资料直接作促销的行为以及侵犯个人资料的“起底”行为等予以规制。

●《私隐条例》要求资料使用者公平且合法地收集个人资料；收集后应当根据目的准确地保留使用个人资料，除非得到资料主体的同意；资料使用者应当采取切实可行的措施保护个人资料，并且做到将该措施公开透明化。当个人资料并不准确时，资料使用者有义务予以更正。

●资料使用者不合规处理个人资料时，可以援引豁免事项，但是应当承担举证责任。

●在数据跨境流通方面，相关企业应当关注《跨境资料转移指引：建议合约条文范本》，以避免不必要的合规风险。

●境内企业赴我国香港特别行政区上市时，首先应当遵循《证券及期货（在证券市场上市）规则》的要求，在数据合规方面要注意关注《私隐条例》的相关要求；其次企业还应当注重遵守内地法律的规定，如《网络安全法》《数据安全法》《个人信息保护法》《网安条例》《数据出境安全评估办法》等。

●我国澳门特别行政区关于个人资料保护的基本法律框架为《澳门特别行政区基本法》《澳门民法典》《个人资料保护法》。在网络安全领域我国澳门特别行政区制定了《网络安全法》。

●受《个人资料保护法》规制的企业应当遵循以透明的方式处理个人资料、尊重私人生活的隐私及尊重法律法规所规定的基本权利、自由和保障的原则。同时原则上应当取得当事人的明确同意，保障当事人的咨询权、查阅权和更正权等各项权利。

●受《个人资料保护法》规制的个人资料处理者若要进行个人资料的互联，应当根据法律的程序规定向公共当局提出请求并获得许可，同时处理时应当符合目的性和正当利益性的要求,考虑互联资料的种类并给予适当的保护,维护当事人的权利和自由。处理敏感个人信息时应当注意是否符合法律规定的情形,并且确认是否已采取法律规定的安全措施。

●《个人资料保护法》要求资料跨境转移时不仅应当符合法律规定,且要确保资料接受地对个人资料的保护程度,是否达到法律要求应由公共当局来决定。无法确保转入地对个人资料的保护程度时,应当注意符合《个人资料保护法》第 20 条的规定。

●《个人资料保护法》要求负责处理个人资料的实体和在履行职务过程中知悉个人资料的所有相关主体履行职业保密义务,且该职业保密义务为终身义务,不受职务终止的影响。

第四章　国外数据立法与合规实践

第一节　欧洲数据立法与合规实践

一、欧盟

（一）立法概况

1. 基本立法

欧洲主要数据立法为2018年5月25日生效的《通用数据保护条例》（General Data Protection Regulation，GDPR）。GDPR的历史根源可以追溯到1950年的《欧洲人权公约》。该公约规定，隐私权作为人权的重要组成部分应当受到保护。计算机科技的不断发展促使欧洲于1995年出台了《个人数据保护指令》，这对欧洲数据保护产生了深远的影响。但是随着世界进入信息化时代，网络和信息化的高速发展给个人数据保护带来了新的挑战，《个人数据保护指令》并没有解决碎片化的数据保护现状，也没有消除公众对个人数据保护的担忧，且各国数据保护水平的差异造成了巨大的经济成本，并阻碍了经济的发展，因此欧盟出台了GDPR。

2. GDPR重点内容

（1）概述

GDPR共计11章。除对本法的目标、适用范围及相关定义等予以明确外，该法律还有如下部分值得注意：

在个人信息处理方面首先要遵循以下原则：合法、公正和透明原则，目的限制原则，数据最少化原则，准确性原则，储存限制原则，完整性和保密性原则，责任原则。①

---

① GDPR第5条。

(2)数据主体的权利

数据主体被赋予了如下权利,包括但不限于:

①知情权和访问权:知情权同时构成数据控制者的告知义务。数据主体提供信息时,有权知悉数据控制者的身份和联系方式、处理个人数据的目的及法律依据等。访问权也使得数据主体有权知悉其提供的个人资料的类别、处理的目的、被转移到第三国或国际组织后的相应的数据保护措施等。[①]

②更正权:当数据控制者处理的个人信息不准确时,数据主体有权要求予以更正。[②]

③删除权:数据主体有权在数据控制者就收集或处理的目的而言,不需要处理个人信息或者出现数据被非法处理等情形时,要求数据主体删除其个人数据。但是,GDPR同样规定了删除权行使的例外,也即数据控制者履行删除义务的例外,如行使言论和信息自由权、数据控制者为了履行法定义务或为了维护公共卫生领域的公共利益等情形。[③] 虽然 GDPR 将“被遗忘权”以括号说明的方式标注在“删除权”后,但应当对二者加以区分。“被遗忘权”更加侧重于已经公开的个人数据,数据主体有权基于“被遗忘权”要求数据控制者删除已经公开的个人数据,包括链接和复制件等。[④]

④限制处理权:特定情形[⑤]限制数据控制者的处理行为。[⑥]

⑤可携带权:见下文亮点制度部分。

⑥反对权:数据主体在与其有关的特定情形下,得拒绝数据控制者依据 GDPR 第 6 条第 1 款(e)和(f)对其有关的数据进行处理及画像,除非数据控制者可以证明其处理理由显著优先于数据主体的利益、权利和自由,抑或是为了确立、实施或抗辩法律要求。[⑦]

(3)数据控制者或数据处理者的一般义务

数据控制者或数据处理者的义务,系统地规定在 GDPR 第四章。其一般义务规定在第一节,包括实施适当的数据保护政策、遵守规范的认证以及记录其负责的处理活动

---

① GDPR 第 13~15 条。

② GDPR 第 16 条。

③ GDPR 第 17 条。

④ 参见李世刚、包丁裕睿、王峥编著:《GDPR:欧盟一般数据保护条例——文本和实用工具》,人民日报出版社 2018 年版,第 75~76 页。

⑤ 具体情形包括:因数据主体对数据准确性提出异议,数据控制者对数据进行核准时;数据控制者非法处理数据,而数据主体不要求删除个人数据而是要求限制该数据使用的;数据控制者基于处理目的不再需要处理该数据,而数据主体因确立、行使、抗辩法律诉求而需要该个人数据;当数据主体依 GDPR 第 21 条行使拒绝权,而数据控制者提出正当理由抗辩,审查何者更为重要的期间内。

⑥ GDPR 第 18 条。

⑦ GDPR 第 21 条。

等。具体而言，一般义务有：

首先，企业应当注意 GDPR 第 25 条规定的设计时和默认情况下的数据保护义务。设计时的数据保护义务即应用软件、产品或服务涉及个人数据处理时，开发者在开发、设计阶段就应当充分考虑当下技术条件下所能够实现的数据保护措施，以确保数据控制者或数据处理者能够履行数据保护义务，如数据控制者在确定处理方式和处理过程中，采取适当的技术和措施如匿名化，以有效的落实数据保护原则的要求。默认情况下的数据保护义务适用于收集的个人数据数量、处理范围、存储期限和可访问性，要求数据控制者采取适当的技术性或组织性措施以确保默认情况下只处理每个特定处理目的所必需的个人数据，且该义务要求默认情况下，个人数据在无人为干预的情形下无法被不特定多数自然人访问。①

其次，GDPR 要求符合其第 3 条第 2 款规定的数据处理者和数据控制者应当以书面形式指定在欧盟设立的代表，且该代表应当获得授权，以解决与数据处理，特别是与监管机构和数据主体相关的问题。

最后，除上述义务外，一般义务还包括记录数据处理活动、加强与监管部门的合作等。数据主体所拥有的权利，也涵盖了数据控制者或数据处理者的义务。例如，数据主体所拥有的知情权要求数据控制者的告知义务。在数据控制者从数据主体处收集个人数据时，应当根据 GDPR 的第 13 条和第 14 条明确是直接收集还是间接收集。

(4)数据处理者或数据控制者的特别义务

以下即为数据处理者和数据控制者应当注意的特别义务。

第一，在个人数据的安全方面，数据处理者和数据控制者应当采取适当的技术性和组织性措施来应对不同数据安全风险，包括但不限于个人数据的匿名化和加密，确保处理系统和服务的持续保密性、完整性、可用性，在发生物理或技术性事件时及时恢复个人数据的可用性和访问性能力。除此之外，还应当定期测试、评估上述措施，以确保其能符合数据处理安全性的要求。②

第二，个人数据安全方面还包括数据泄露③时的通知义务。

①对监管机构的通知义务。在个人数据泄露的情形下，原则上数据控制者在得知个人数据泄露时应在 72 小时内立即通知相关监管机构；未在 72 小时内通知的，应当说明迟延通知的原因。但个人数据泄露不太可能对自然人的权利和自由造成风险的，可以不通知相应监管机构。通知包括但不限于个人数据泄露的性质、相关数据主体及个人信息的类别和大致数量、个人数据泄露的可能后果、为解决个人泄露将采取或建议采

---

① GDPR 第 25 条和 GDPR 立法引言第 78 条。
② GDPR 第 32 条。
③ GDPR 第 4 条第 12 款。

取的措施等；如果个人数据泄露的相关信息无法同时提供，可以分阶段提供，但不得无正当理由迟延。数据控制者还应当对个人数据泄露的相关信息如事实、影响和采取的补救措施予以记录。①

②对数据主体的通知义务。若个人数据泄露事件可能使自然人的权利和自由陷入高度风险时，数据控制者应当以清晰明了的方式告知数据主体该数据泄露事件的性质，还应当向其告知数据保护官（Data Protection Officer, DPO）等相关人员的姓名和联系方式、个人数据泄露的可能后果以及将采取的应对措施等。但是，GDPR 第 34 条规定了数据控制者对个人数据主体通知义务的豁免事由，如数据控制者已经针对个人数据泄露事件影响的相关个人数据采取了适当的技术性和保护性措施，特别是使个人数据在未经授权访问时则无法识别的相关措施，如数据加密等。

第三，设立 DPO。该要求在各国隐私立法中越来越普遍。GDPR 规定数据控制者或数据处理者应当在特定情形下设立数据保护官。例如，数据处理由公务机关或公共机构实施的（除法院行使司法权的情形）；数据控制者或数据处理者的核心活动由以下两类行为构成：①按其性质、范围以及目的的要求，需要对数据主体进行定期的、大规模的、系统性的监控行为；②数据控制者或数据处理者的核心活动由大规模处理 GDPR 第 9 条规定的特殊类别的数据，或第 10 条规定的与刑事定罪和犯罪相关的个人数据处理行为构成。

在特定情形下，企业各机构、公务机关或公共机构只需任命一名数据保护官。数据保护官可以是数据控制者或数据处理者的内部工作人员，也可以由数据控制者或数据处理者通过委托合同从外部聘请。数据保护官直接对最高管理层汇报工作，同时数据处理者或数据控制者不能仅因数据保护官履行正当职责而将其解雇或给予处罚。

数据保护官应当是具有数据保护法律和实践专业知识的人员，且其应当完成 GDPR 第 39 条所规定的任务，包括但不限于配合监管部门、监督数据控制者或数据处理者对个人数据的保护状况等。

（5）数据处理者或数据控制者的认证机制

为了更好地保护个人数据，同时促进经济的发展，GDPR 鼓励一些数据处理者或数据控制者协会在充分考虑行业特点以及行业内企业发展的情况下，制定、补充或修改相应的行为准则以进行自我约束，更好地落实 GDPR 的要求。GDPR 还规定，为了监督各数据处理者或数据控制者遵守行为准则以及 GDPR，还可以由有权监督机构对符合条件的数据控制者和数据处理者予以认证，以便相对方可以更加迅速地评估其数据合规水平。认证机制作为一种行业激励机制，将有效地推动数据控制者和数据处理者进行数据合规工作，经过认证的数据处理者和数据控制者意味着更高的数据合规水平，相对

---

① GDPR 第 33 条。

来说也意味着会带来更多的交易机会等。

2022 年 5 月 13 日，卢森堡数据保护机构（CommissionNationale Pour La Protection Des Données，CNPD）通过了 GDPR 框架下的认证机制 GDPR-CARPA（General Data Protection Regulation-Certified Assurance Report-Based Processing Activities），其也被称为 GDPR 框架下的第一个国家级认证机制，CNPD 也成为迄今唯一一个根据 GDPR 制定认证计划的欧洲监管机构。GDPR-CARPA 机制的认证标准以 ISAE 3000 标准（审核），ISCQ1（审核组织的质量控制）和 ISO 17065 标准（认实体的认可）为基础。GDPR-CARPA 认证为自愿认证机制，有助于增强数据保护机构与其他数据处理实体之间的信任。

（6）跨境传输个人数据合规要求

在跨境传输个人数据方面，GDPR 立法引言第 101 条承认了跨境传输个人数据对国际贸易和国际合作的必要性，但是只有在严格遵守 GDPR 的相关规定才允许个人数据的跨境转移。

GDPR 设置了“基于充分性决定”的跨境传输规则：当欧盟委员会认为第三国、第三国的区域或特定部门、国际组织的数据保护水平足够高时，可以对其予以认可，而认可后，受 GDPR 约束的主体不需要经过额外特别授权便可以和上述地区或组织进行数据的跨境传输。①

对于没有经过欧盟委员会充分认可的国家，也并不意味着禁止与其进行个人数据的跨境传输；GDPR 第 46 条明确规定，数据处理者和数据控制者在向第三国或国际组织传输个人数据前应当确保其有适当的数据保护措施，保护数据主体行使其权利，并在权利受到侵犯时能够得到有效的法律救济。第 2 款和第 3 款规定的适当保障措施，依据是否需要监管机构的具体授权而有所不同。境外企业不一定会得到欧盟委员会的充分认可，所以在与受 GDPR 约束的主体进行业务往来时要特别注意这一部分。

对于母公司或子公司设立在欧盟境内的跨国集团、公司来说，“具有约束力的公司治理规则”（Binding Corporate Rules，BCR）②相较于无须监管机构授权即可以数据跨境传输的其他适当保障措施更具优势。欧盟委员会在其官网发布与 BCR 相关的文件和链接，指导跨国集团、公司制定企业内部 BCR，以及其制定的 BCR 如何获批，以提高跨国集团、公司内部跨境传输个人数据的效率。跨国集团、公司应当向欧盟主管数据保护机构提交 BCR 以供批准。

---

① GDPR 第 45 条规定了欧盟委员会认可时会考虑的因素，包括但不限于法治水平、尊重人权和基本自由的水平、是否具有国际承诺或签署某些国际条约，等等。

② 其性质为跨国集团、公司内部规制跨境传输个人数据相关文件，要求明确数据传输过程中跨国集团公司内部各主体的权利、义务、举证责任、赔偿责任等。

在不具有 GDPR 第五章规定的其他传输事由时，当数据处理者或数据控制者涉及跨国行政案件或者司法案件时，GDPR 明确规定，司法判决或第三方行政当局要求其转移或披露个人数据的，必须具有国际协议，如双边法律协助条约等才允许传输。

以上 GDPR 数据跨境传输的原则性要求也有例外。当域外接收个人数据的主体，既没有获得充分决定的认可，也没有采取适当保护措施的，为了不过度限制个人数据传输，GDPR 在特定情形下放宽了限制，如在数据主体对上述保护条件知情后仍明确同意转移的、出于公共利益的重要原因需要转让的、传输为履行数据主体与数据控制者之间的合同或先合同义务所必需的。

当既不符合上述原则性要求，也不符合传输放宽限制后的情形的，GDPR 规定跨境传输需要同时满足以下情形：

①数据转移具有非重复性；

②仅涉及数量有限的数据主体；

③具有重大的且明显超越数据主体的权利和自由的合法利益；

④已评估所有围绕数据转移的情况，并以此为基础提供了适当的保护措施；

⑤应当通知监管机构；

⑥除应当告知 GDPR 第 13 条和第 14 条规定的信息之外，还应当将与上述③相关的事宜告知数据主体。

(7)责任与救济

GDPR 第八章规定了数据主体以及数据控制者或数据处理者对于监管机构所享有的权利，包括但不限于投诉权、针对监管机构的司法救济权、针对数据处理者或数据控制者请求承担侵权责任的权利等，涉及民事领域和行政领域，同时还规定了一些诉讼规则，如暂停诉讼等。

参与处理数据行为的数据控制者违反 GDPR 造成损害的应当承担侵权责任；数据处理者仅在未履行 GDPR 所规定针对数据处理者的义务，或者行为超出或违反数据控制者的合法指示时，才应对处理所造成的损害负责。若数据控制者或数据处理者能够证明其不应承担责任，则可以免除责任承担。对于存在多个数据控制者或数据处理者，或数据控制者和数据处理者均参与了处理行为，并具备上述承担责任的事由时，那么他们应当承担连带责任，超过自己应当赔偿的份额的，对内可以追偿。①

除了上述规定外，GDPR 对行政罚款同样予以规定。GDPR 明确了行政罚款目的应具有劝诫性、有效性，并和违法行为等情况相匹配。在处以行政罚款时，应当考虑侵权行为的主观心态、客观严重程度、是否积极采取措施补救等。自 GDPR 于 2018 年 5 月生效以来，欧盟数据保护监管机构的权力大大增加，它首次允许监管机构对一家公司征

---

① GDPR 第 82 条。

收高达全球年销售额4%的罚款。

3. 相关制度

为了促进数据在欧盟内部的流通，加强主体对其个人数据的控制，GDPR新规定了数据主体的可携带权，即数据主体对其提供给数据控制者的个人数据，包括数据主体主动提供的信息和因使用相关设备或服务而被采集的信息，但经过分析处理的信息不属于数据主体提供的信息，通过以结构化、通用化和机器可读的形式接受个人数据，数据主体可以将该数据传输给另一个数据控制者①。但是数据可携带权的行使也应满足以下条件：

(1)数据是基于同意的情形下处理的或者为签订或履行合同所需的；

(2)处理是通过自动化方式进行的；

(3)非为公共利益或行使官方授予的权力所进行的数据处理；

(4)不得损害其他数据主体的权利和自由。

对用户精准画像，可以更好地适用自动化决策，方便企业进行推广，提高自身知名度，进而促进企业的发展等。GDPR引入了数据画像这一概念，即通过个人数据来评估与自然人相关的特征，如工作状况、经济状况、个人偏好、兴趣等。在GDPR语境下，不仅用户画像自身是"处理个人数据的活动"，而且"形成或旨在形成用户画像"的活动亦属于个人数据处理。因此，基于用户画像收集的与自然人相关的数据构成个人数据②。数据主体可以反对依据数据画像对其作出的具有法律效力或者类似重要影响的决定限制，除非该决定属于为签订或履行合同所必需，或者受到相关法律的明确授权并且该法律提供了适当的保护措施，抑或者数据主体明确同意。无论是哪种情形，数据控制者都应当采取适当措施保障数据主体的合法权益，包括其提出异议的权利。

4. 其他规定

欧盟为落实GDPR相关规定，帮助数据主体以及数据处理者或数据控制者更好地理解GDPR，还会发布相关条文的指引，如与个人数据泄露条文相关、数据保护官条款相关或是与可携带权相关的条文等。

2022年5月16日，欧盟理事会批准通过《数据治理法案》(Data Governance Act, DGA)，力图建立良好的数据环境，进一步发展无边界的数据内部市场，促进数据的重复可用性，建立横向机制以重复使用公共部门持有的某些特定类型的数据，通过数据中介服务促进数据的流动，发展"数据利他服务"，激发研究、创新和产品创造。

---

① 参见李世刚、包丁裕睿、王峥编著：《GDPR：欧盟一般数据保护条例——文本和实用工具》，人民日报出版社2018年版，第79～80页。

② 杨春宝、陈馨：《用户画像的合规使用——GDPR与〈个人信息安全规范〉的比较分析》，载微信公众号"大成律师事务所"2018年7月26日，https://mp.weixin.qq.com/s/ZHoy_yDYzJF8BYEOZVnYKA。

基于以上目的,DGA 规定了以下内容:(1)公共部门持有的可重复利用的受保护数据的类型、条件、费用等;(2)数据中介服务机制的搭建,包括中介服务提供者的告知义务、条件、主管部门、合规问题及例外;(3)数据利他主义组织的认定及登记要求、服务要求、合规要求等;(4)设立欧盟数据创新委员会已落实该法案的要求,实现该法案的目的;(5)获得数据重用权后涉及第三国判决或决定时数据的访问和传输条件;(6)审查、评估及相关处罚等。

公共部门在重复利用其所掌握的数据时,应遵循 GDPR 的要求,遵循竞争法,从而促进市场的良性竞争,保护并鼓励中小微型企业的发展;保护知识产权,还应当防止商业秘密或技术秘密的泄露;在不造成公共部门自身过重负担的前提下,设计最符合重用者利益的重复使用路径。但是 DGA 并没有触及一些关键性问题,比如并没有给出具体解决方案应对如何让企业在真正不丧失其竞争优势的前提下进行共享;另外,法案将可以开放重用的数据范围限定权交由各成员国,可能会带来范围不一致的问题;同时,DGA 不适用于大量涉及第三方知识产权的公共事业单位(图书馆、歌剧院等),但对其他公共事业单位,尤其是行业领域内企业重用数据需求很强的相关公共事业单位(如公立医院),DGA 并没有说明,这一点可能会在后续出台的指引中有所体现。①

(二)主要机构:欧洲数据保护委员会(European Data Protection Board, EDPB)

GDPR 要求每一个成员国都应至少规定一个独立的公共机构作为监管机构监督 GDPR 的实施,保障权利主体的合法权益,促进数据的自由流动,同时要求各监管机构应当积极合作,尤其是与 GDPR 新设立的 EDPB 合作。EDPB 为欧盟的机构,具有法人资格,其由监管机构和欧盟数据保护监督组织的首长以及相应代表组成。

EDPB 的职权范围包括发布指南和建议,解释以及细化落实 GDPR,就欧洲经济区个人数据保护相关事宜向欧盟委员会提供建议,并听取相应意见以确保国家监管机构适用 GDPR,特别是在具有跨境影响的决策方面的一致性。此外,EDPB 的任务是在国家当局之间在跨境案件中合作执法时充当争议解决机构,鼓励制定行为准则并建立数据保护领域的认证机制,促进国家监管机构之间的合作和友好信息交流等。

二、英国

(一)立法概况

在英国脱欧之前,其主要的数据立法为 GDPR。在其脱欧之后,英国政府对 GDPR 进行了一定程度的修订,并将之纳入英国的国内法。虽然在实质层面与 GDPR 大体一致,但通过对监管机构及和欧盟成员国之间交互方式等进行修改已表明英国脱欧的事

---

① 参见蔡鹏律师团队:《中国、欧盟政策立法的最新动态及跟进分析》,载微信公众号“数据与电商研究室”2022 年 5 月 19 日,https://mp. weixin. qq. com/s/hidlKg7HtgrfXE3GkEPRiw。

实。同时,英国于 2018 年通过了《2018 数据保护法案》(Data Protection Act 2018, DPA),该法案是对 1998 年《数据保护法案》的更新,同时保留适用 GDPR 内的一些规定。相对于 1998 年的《数据保护法案》,DPA 增加了如删除权、与 GDPR 同步监管等条款。

2022 年 5 月 10 日,英国公布《数据改革法案》(Data Reform Bill),旨在促进英国隐私立法更加独立于欧盟,该法案将用于改革英国 GDPR 和 DPA。该法案力图简化数据保护立法,创建更灵活、以结果为中心的方法来帮助企业减轻负担,同时增加行业对智能数据计划的参与度,并帮助英国创建一个世界级的数据权利制度,从而建立一个新的、有利于增长和值得信赖的英国数据保护框架,巩固英国作为科技超级大国的地位。①

除上述立法外,2003 年隐私保护和电子通信指令[Privacy and Electronic Communications (EC Directive) Regulations 2003]在英国仍然适用。欧盟成员国于 2021 年 2 月 10 日对 2017 年提出的《电子隐私条例》(E-Privacy Regulation)草案达成一致,以加强对电信服务中用户个人隐私的保护。虽然该条例在英国不适用,但是英国也可能会参考该立法进行修法或者制定新的法律。

(二)主要机构

英国信息专员办公室(Information Commissioner's Office, ICO)是英国的个人数据监管机构,负责监督和执行英国 GDPR 和 DPA。它由英国数字、文化、媒体和体育部赞助,直接向英国议会汇报工作,但其并非政府职能部门,属于公共机构。

ICO 目前已对艾可菲(EFX)、雅虎(Yahoo)、优步(Uber)和脸书(Facebook)等多家公司启动过调查程序。2018 年 10 月,ICO 还对脸书以其允许应用程序开发人员在未经充分明确和知情同意的情况下访问数据主体的信息而违反《数据保护法案》为由对其处以 50 万英镑的罚款。②

第二节 亚太地区国家数据立法与合规实践

一、美国

美国作为联邦制国家,其对个人数据保护的相关立法是通过州和联邦两方面的立法来实现的。

(一)联邦立法

2022 年 6 月 3 日,美国参、众两院联合发布了《美国数据隐私和保护法案》(草案)

① 参见黄锐奇:《英国〈数据改革法案〉的立法目的、好处及主要内容》,载微信公众号"数据保护官"2022 年 5 月 14 日,https://mp. weixin. qq. com/s/Og6KzO2D0VUJRudOZ9_spQ。

② See Cristina Criddle, *Facebook Sued over Cambridge Analytica Data Scandal*, BBC News(Oct. 28,2020), https://www. bbc. com/news/technology - 54722362.

(American Data Privacy and Protection Act，ADPPA)。ADPPA 对规制的“涵盖数据”予以定义，是指能识别或与个体联系或可能与个体联系的信息，抑或是能够识别或与一个或多个个人相联系或可能联系的电子设备，包括派生数据和唯一识别码。一些“涵盖数据”可能被认定为“敏感涵盖数据”，包括政府发放的识别码，以及一些传统的敏感数据，如身体健康情况、地理位置、财务状况、种族等信息，也有可能包括非常规类别，如电视服务相关信息、性取向信息、亲密图像等。其中，应当注意的是，17 岁之下的个人信息系敏感个人信息。ADPPA 要求所有的“涵盖敏感数据”都需要经过个人明确同意才能处理，否则不得收集或处理，也不得将其转移给第三方。

同时，ADPPA 的规制范围十分广泛。“涵盖实体”是指任何收集、处理或传输涵盖数据的实体或个人，以及受《联邦贸易委员会法》(Federal Trade Commission Act，FTC Act)约束的实体或个人、受 1934 年《通信法》(Communications Act)第二章约束的电信运营公司或是非营利组织，还指控制、受控于、与另一实体共同控制或共用品牌的任何涵盖实体或个人。ADPPA 以年度全球收入和受实体运营影响的数据主体的数量进行划分，并依据与数据主体的关系进一步划分了几种不同类型的实体，并分别赋予不同实体额外的义务或豁免权。

ADPPA 在第一章“忠诚义务”中开门见山地提出数据最小化，“涵盖实体”应当在合理必要、适当和有限的范围收集、处理或传输涵盖数据，并且受限于提供或维护个人要求的特定产品或服务所涵盖的数据，或提供、维护由涵盖实体按双方关系提供给个体的合理预期内的通信服务，或法律规定的其他目的。同时在某些情形下，忠诚义务还会限制和禁止收集、处理或传输社会保障号、生物识别信息、他人已知但未经本人同意的私密图像、基因信息，限制或禁止将个人的精确地理位置信息传输给第三方，限制或禁止传输密码，传输互联网搜索或浏览历史记录等。“涵盖实体”还应当根据自身规模、活动性质、范围、复杂程度，“涵盖数据”的敏感性、数量等制定相应政策、实践和程序，以规避与实体相关的隐私风险。

ADPPA 将由联邦贸易委员会、州检察院以及个人行使私人诉讼权的方式实施，私人诉讼权将允许个人向联邦法院提起诉讼，以寻求补偿性损害赔偿、禁令或违反 ADPPA 的罚款等。

在联邦层面，与数据合规相关的其他法律还包括①(不完全列举)计算机通信领域的《计算机欺诈与滥用法》(Computer Fraud and Abuse Act, CFAA)②、《通信法》、《电子

① See Stephen P. Mulligan，Chris D. Linebaugh, Data Protection and Privacy Law, Congressional Research Service(Oct. 12，2022)，https://crsreports. congress. gov/product/pdf/IF/IF11207.

② 防止受保护的计算机受到未经授权地访问。

通信隐私法》(Electronic Communications Privacy Act, ECPA)①;针对儿童隐私的《儿童在线隐私保护法》(Children's Online Privacy Protection Act, COPPA)②;金融领域的《金融消费者保护法》(Consumer Financial Protection Act, CFPA)③、《金融服务现代化法案》(Gramm Leach Bliley Act, GLBA)④;《公平信用报告法》(Fair Credit Reporting Act, FCRA);针对医疗健康领域的《健康保险隐私及责任法案》(Health Insurance Portability and Accountability Act, HIPAA)⑤,以及《联邦贸易委员会法》广泛授权美国联邦贸易委员会(Federal Trade Commission, FTC)应采取行动保护消费者免受不公平或欺骗性行为的侵害,并执行联邦隐私和数据保护法规。⑥

(二)各州立法

除了上文所提联邦立法外,各州通过独立自主的立法权,对本州内的个人隐私数据保护予以规制。即使实体在特定州不存在,在面临未经授权访问或获取其收集、持有或处理有关州居民的个人信息时,也应当遵循该州法律。典型的州立法有如下几部。

1.《加州消费者隐私法案》(California Consumer Privacy Act, CCPA)

CCPA 的目的是将消费者隐私的保护扩展到互联网层面。可以说,CCPA 是美国最全面的以互联网为中心的数据隐私立法。CCPA 适用于识别、涉及、描述能够合理地与特定消费者或家庭直接或间接关联或合理关联的信息,但不包括去识别化数据、公开可用信息和汇总信息。

CCPA 规定了消费者有权通过"数据主体访问请求权"访问相关企业所持有其个人信息的类别和内容。同时,CCPA 还规定了消费者拥有"选择退出权"(opt-out)。除某些例外情况,当企业收到权利主体的"选择退出申请"后,企业将不能继续出售权利主体的个人信息,除非权利主体继续授权。

CCPA 规定消费者拥有"删除权",即"被遗忘权",某些情形下消费者得要求实体删

---

① 禁止对他人储存或运输的电子通信进行未经授权的访问或拦截。

② 对网络数据处理者所收集的儿童信息予以保护,对网络数据处理者提出处理要求。

③ 规制与消费者相关的金融产品或服务,防止不公平、欺诈或滥用行为的出现。

④ 对银行、保险公司和金融服务行业公司所掌握的个人信息保护予以规制。该法规中涉及"个人非公开信息"(Non-public Personal Information, NPI),包括金融服务公司从客户那里收集来的与提供服务有关的任何信息,要求对未公开的信息进行保护,限制披露和使用,并在信息泄露时履行通知义务。See F Paul Pittman, Kyle Levenberg, Shira Shamir, Data Protection Laws and Regulations USA 2022 – 2023, ICLG(July. 8,2022), https://iclg.com/practice-areas/data-protection-laws-and-regulations/usa.

⑤ 规制医疗健康领域中个人健康信息的收集和披露。HIPAA 的隐私规则规范了此类信息的收集和披露,而安全规则中规定了如何保护这些数据。

⑥ 对银行、保险公司和金融服务行业公司所掌握的个人信息保护予以规制。该法规中涉及"个人非公开信息"(Non-public Personal Information, NPI),包括金融服务公司从客户那里收集来的与提供服务有关的任何信息,要求对未公开的信息进行保护,限制披露和使用,并在信息泄露时履行通知义务。See F Paul Pittman, Kyle Levenberg, Shira Shamir, Data Protection Laws and Regulations USA 2022 – 2023, ICLG(July. 8,2022), https://iclg.com/practice-areas/data-protection-laws-and-regulations/usa.

除其个人信息。如果数据泄露使消费者利益受损时,受害消费者可以获得有限的诉讼权,而州检察长有权代表居民提起诉讼。①

2020 年,加利福尼亚州通过《加州隐私权法》(California Privacy Rights Act, CPRA),并通过该法案修订了 CCPA,扩大了消费者所享有的权利,增加了企业的合规义务。

2. 其他州立法

弗吉尼亚州于 2021 年颁布《弗吉尼亚州消费者数据保护法》(Virginia Consumer Data Protection Act, VCDPA),成为第二个拥有全面数据隐私法的州。VCDPA 将个人信息定义为与已识别或可识别自然人相关或可合理关联的任何信息,但不包括去识别化数据和公开可用的数据。

2020 年在纽约州正式生效的《停止黑客攻击和改进电子数据安全法案》相较于《数据泄露通知法案》适用范围更广,明确要求实体制定合理保障措施并进行实施、维护,以保护私人信息的安全性、机密性和完整性。

伊利诺伊州制定颁布了《伊利诺伊州生物特征信息隐私法》(Illinois Biometric Information Privacy Act, BIPA),并且该法是唯一一部规范生物特征数据的使用的州法律,规制企业对收集或以其他方式获取生物特征信息的处理。

马萨诸塞州制定了严格的数据保护法规,要求任何实体接收、储存、维护、处理或以其他方式访问马萨诸塞州居民的与提供商品或服务有关或与就业有关的个人信息时,应当制定、实施和维护一份全面的书面信息安全计划以及一份满足 8 项核心标准的正式信息安全计划。②

(三)数据保护机构

在美国并没有联邦一级的专门负责数据保护监管机构,但是上文提到,《联邦贸易委员会法》广泛授权 FTC 应采取行动保护消费者免受不公平或欺骗性行为的侵害,并执行联邦隐私和数据保护法规。FTC 会为企业的合规提供指导,如发布关于数据透明度的指导方针,建议企业向消费者告知其收集、使用或共享个人信息的方式,告知收集敏感个人信息的原因及目的等。联邦政府或州政府的执法情形由法律特别规定。某些州立法同时也赋予了受害消费者通过私人诉权进行执法,以最大限度保护消费者的利益。③

---

① See David Harrington, *U. S. Privacy Laws: The Complete Guide*, VARONIS(Mar. 10,2023), https://www. varonis. com/blog/us-privacy-laws.

② 对银行、保险公司和金融服务行业公司所掌握的个人信息保护予以规制。该法规中涉及"个人非公开信息"(Non-public Personal Information, NPI),包括金融服务公司从客户那里收集来的与提供服务有关的任何信息,要求对未公开的信息进行保护,限制披露和使用,并在信息泄露时履行通知义务。See F Paul Pittman, Kyle Levenberg, Shira Shamir, Data Protection Laws and Regulations USA 2022 – 2023, ICLG(July. 8,2022), https://iclg. com/practice-areas/data-protection-laws-and-regulations/usa.

③ See F Paul Pittman, Kyle Levenberg, Shira Shamir, *Data Protection Laws and Regulations USA* 2022 – 2023, ICLG(July. 8,2022), https://iclg. com/practice-areas/data-protection-laws-and-regulations/usa.

（四）全球跨境隐私规则（Cross-Border Privacy Rules，CBPR）

2022 年 4 月 21 日，美国、日本、韩国、加拿大、菲律宾等联合发表声明，正式对外宣告成立 CBPR 论坛，致力于数据领域中的区际合作。基于互联磋商原则，CBPR 致力于实现减少数据保护和隐私监管方面的差别，支持数据自由流动以及有效的数据和隐私保护，为跨境隐私规则提供信息交流和合作平台。

（五）典型案例①

谷歌的“相册分类”功能可以通过识别照片内人物的面部特征，通过算法分析和模型创建并判断人脸的相似度，从而实现用户人脸分组以及便捷检索的功能，但是谷歌并未将这一功能涉及的信息收集行为告知用户。伊利诺伊州用户知悉后对谷歌以未履行告知义务为由提起集体诉讼，认为其违反了 BIPA。后谷歌与原告伊利诺伊州居民达成和解协议，决定支付 1 亿美元用于赔偿，达成和解协议后，谷歌公司于 2022 年 5 月增加了对该功能的说明页，以防止类似事件发生。

二、日本

（一）立法概况

1. 基本立法②

日本《个人信息保护法》（Act on the Protection of Personal Information，APPI）共计 8 章。除对立法目的、基本理念、适用范围、例外等内容的规定外，该法律主要分为以下两个部分：

第一，在个人信息保护的具体举措方面，该法明确了个人信息保护的基本方针，并对个人信息处理者的一般义务、假名加工信息处理者及匿名加工信息处理者的义务进行了系统全面的界定③，同时规定了对应的惩罚措施。

第二，在个人信息保护责任主体方面，日本 APPI 在确认国家、地方公共团体有义务保护个人信息的前提下，细化了国家和地方公共团体在个人信息保护层面的具体职责以及具体措施，并且十分重视国家和地方公共团体的互相协作。同时，该法对“个人信息保护委员会”（Personal Information Protection Commission Japan，PPC）的设置、组成、

---

① 樊文扬：《被指相册分类功能非法收集使用人脸数据，谷歌付一亿美元和解》，载微信公众号“隐私护卫队”2022 年 6 月 9 日，https://mp.weixin.qq.com/s/0ZDynjAWu_q_irKYRPvHyw。

② 日本于 2003 年出台的《个人信息保护法》是亚洲较早的有关个人信息的立法之一，最新修订后的法律已于 2023 年 4 月 1 日正式施行。

③ 个人信息处理者的一般义务包括但不限于使用目的特定化义务、正当使用义务、正当收集义务、收集告知义务、善管义务、泄露报告义务以及限制向第三方提供等。除上述针对个人信息处理者的一般义务规则外，该部分也对假名加工信息的制作、限制向第三方提供等做出了明确要求，并且，点明了匿名加工信息处理者等的义务，包括匿名加工信息的制作、提供，识别行为的禁止和安全管理措施等。

目的、监督权能及行权限制[①]、委员会义务等进行了科学的界定。并且，日本 APPI 对于民间团体在保护个人信息层面的角色与定位也有所涉及。

为保护个人信息，日本还出台了《个人编号法案》(My Number Act)[②]，为每位日本居民(无论是日本人还是外国人)分配了一个唯一的 12 位数字，称为个人编号。该编号被视为个人机密信息，并根据《个人编号法案》予以规制和保护。

2. 相关指南[③]

在日本 APPI 修订后，日本 PPC 发布了《个人信息保护法合规指南》(以下简称《日本合规指南》)，以帮助企业尽早适应日本《个人信息保护法》修订带来的合规压力。

(1)强制告知和报告义务(分别可见日本 APPI 第 22 条和第 3 条)

修订后的日本 APPI 要求，当出现或可能出现下列数据泄露事件时，信息处理者有义务及时向 PPC 履行披露义务，并且告知受影响的个人：

①涉及敏感个人信息；

②发生或可能发生由于未经授权的使用而可能造成财产损失的个人数据泄露；

③发生或可能发生因“不正当目的”而造成的个人数据泄露；

④涉及数据主体 1000 人以上。

报告义务进一步细化为立即报告阶段和最终报告提交阶段。前者指发现泄露事件之后，要求立即报告(如果数据处理者是公司，则必须在确认数据泄露后的 3 天到 5 天内报告)；后者指应当在确认数据泄露后的特定期限内提交最终报告，个人信息处理企业应在知晓该情况后的 30 天内(若属于上述第三种情形的为 60 天)向 PPC 报告数据泄露的概要、涉及的个人数据的数量及原因等内容。同时，《日本合规指南》进一步阐明，在截止之日，若作出合理努力后仍无法确定某些事项，则允许先行上交包含已经确定事项的报告，并应在上交之后及时确定所有事项。

(2)扩大数据主体行权范围

《日本合规指南》中强调，修改后的日本 APPI 扩大了权利主体要求停止使用、删除和停止向第三方提供其存储的个人数据的权利的行权范围。权利主体在以下情形下，也可以行使上述权利：①企业经营者不再需要使用；②发生属于强制报告的数据泄露事件；③数据主体的权利或合法利益可能受到侵犯，如企业经营者在个人多次要求之后仍不能停止发送邮件的情形。

---

① 不得妨碍言论自由、学术自由、宗教信仰自由和政治活动自由等限制。

② 《个人编号法案》独立于 APPI，于 2016 年 1 月生效。

③ See Hiroyuki Tanaka, Naoto Shimamura, *Practical Notes for Japan's Important Updates of the APPI Guidelines and Q&As*, International Association of Privacy Professionals (Jan. 10, 2022), https://iapp.org/news/a/practical-notes-for-japans-important-updates-of-the-appi-guidelines-and-qas/.

(3)个人关联信息的传输监管

当向第三方提供某人的信息,该信息不属于个人信息、假名化信息和匿名化信息时(例如,通过 Cookie 和其他在线标识符收集的某人的网站浏览历史,以及反映个人的产品购买历史、服务使用历史、兴趣和关注等信息),如果接收方很可能以个人数据的形式接收到这些信息,那么修订后的日本 APPI 将对数据提供方施加一定的义务。在这种情况下,数据提供方必须确认数据接收方已经获得数据主体同意提供此类数据。

①将所提供的信息作为个人数据接收

《日本合规指南》规定"将所提供的信息作为个人数据接收"。这是指数据接收者打算将所提供的信息用作个人数据的情况,如将接收到的信息与接收者持有的其他个人数据相关联。但是,在数据接收方并不直接将提供的信息与持有的其他个人数据联系起来的情况下,即使提供的信息可以很容易地与个人数据进行核对,也不一定属于"将提供的信息作为个人数据接收"的概念。因此,数据提供者无须确认数据接收者已获得数据主体的同意。

②预期

"预期"一词是指数据提供者预期接收者会将提供的信息作为个人数据接收或普通人通常可以预期提供的信息将会用作个人数据接收的情况。如果数据提供者和数据接收者之间的合同规定接收者不会将提供的信息用作个人数据,通常不会预期接收者会"将提供的信息作为个人数据接收"。但是,如果存在使数据提供者怀疑接收者打算将提供的信息用作个人数据的情况,则有必要确认数据接收者将如何处理提供的信息,并确定其是否预期接收者将"接收提供的信息作为个人数据"。

③获得同意时向数据主体提供的信息

当数据接收者获得同意时,需要向个人明确表明其作出同意所应当知悉的信息,包括个人数据接收者是谁、要提供哪些信息以及被当作个人信息接收后的使用目的。

④获得同意的实体

一般的规则是,应获得同意的实体是与个人有联系并使用信息的数据接收方。然而,数据提供者也可以代表接收者获得同意,条件是个人的权益以同等方式得到保护。实践中要注意显示数据接收方的具体名称。

(4)跨境传输数据之监管①

修改后的日本 APPI 加强了向日本以外的境外第三方②传输数据的规定。向境外

---

① 参见[日]弦卷充树、陈天华、崔文英:《日本个人信息处理的法律要点——日本个人信息保护法的详细解读》,载金杜律师事务所网 2022 年 5 月 20 日,https://www.kwm.com/cn/zh/insights/latest-thinking/detailed-interpretation-of-japan-s-personal-information-protection-law.html。

② 以是否将个人数据用于日本国内业务进行判断,如接受个人数据的外国企业在日本国内设有办事处或在日本国内开展经营活动,该个人数据直接用于日本国内业务。

第三方提供个人数据原则上应当取得数据主体的同意，数据输出方必须向数据主体提供相关信息：①数据传输至哪个国家或地区；②适用于境外第三方的相关境外个人信息保护制度的具体内容；③数据接收方将采取的个人信息措施。在告知数据主体相关境外个人信息保护制度的具体内容时，需关注以下内容：①该国是否存在个人信息保护制度；②是否为 PPC 给予“充分性认定”的国家或地区，是否是符合 GDPR 框架下“充分性认定”的国家或地区，是否是亚太经济合作组织的跨境隐私规则体系的成员；③是否有经济合作与发展组织隐私基本方针原则项下经营者的义务或本人的权利相关制度；④其他可能给本人权益带来重大影响的制度，如企业对政府广泛收集个人信息的行为是否有协助义务等。

根据日本 APPI 第 27 条第 1 款及第 28 条的规定，存在以下情形时无须事先取得本人同意即可提供至第三方：①以法令为依据；②基于保护人的生命、身体或财产的需要，但难以取得本人同意的；③为提高公众卫生或推进儿童的健康，但难以取得本人同意的；④为协助国家机关或地方公共团体或者受委托的主体执行法令规定的事务，但若取得本人同意将会对该事务造成障碍的；⑤个人信息处理者作为学术研究机构或类似机构，为出版或教学目的不得不提供个人数据时（可能侵犯个人权益的情况除外）；⑥个人信息处理者作为学术研究机构或类似机构，需要为学术研究目的提供个人数据（包括部分目的为学术研究目的，但可能侵犯个人权益的除外）（仅限于该个人信息处理者与该第三方合作开展学术研究的情况）；⑦该第三方为学术研究机构或类似机构，且该第三方为学术研究目的必须处理该个人数据的（包括部分目的为学术研究目的，但可能侵犯个人权益的除外）。

存在以下情形时，向境外第三方提供个人数据时，不需获得本人事先同意，可以采用 opt-out[①] 的方式：①第三方位于欧盟或英国；②第三方建立了符合日本 APPI 实行规则所规定标准的制度，可以持续采取与日本个人信息处理者应采取的措施相同的保护措施，比如第三方以适当和合理的方式处理个人数据、第三方获得国际认证，如亚太经济合作组织跨境隐私规则系统的认证。将个人数据提供给境外第三方后，数据输出方应当依据《日本合规指南》采取必要措施确保第三方持续采取相当措施，包括：第一，定期确认（至少每年一次，定期确认的频率和方法也应当应数据主体的要求而予以明晰）数据接收方为确保继续妥善处理个人数据而采取的措施的实施情况以及在数据接收方所在国家/地区的是否存在可能影响数据接收方处理个人数据的情况的制度；第二，在正确处理个人数据出现问题时将采取的措施，若难以确保该相应措施的持续实施，应当

① opt-out 方式是指个人信息处理者无须事先取得本人的同意即可向第三方提供个人信息，但若本人反对，则应停止向第三方提供个人信息的处理方式。在“opt-out”方式下，只要本人没有反对即视为同意向第三方提供。向第三方提供个人信息时可以采用“opt-out”方式，但向第三方提供敏感个人信息时除外。

停止向该境外接收方提供个人数据。

除了PPC发布关于《日本合规指南》之外，金融业信息系统中心（The Center for Financial Industry Information Systems，FISC）、日本金融服务厅（FSA）和日本银行（Bank of Japan）还合作发布了以促进金融机构信息系统的安全性为目的的《银行及相关金融机构计算机系统安全指南》。

3. 其他

除了上述提到的法律规范外，在日企业开展数据合规也可以参照日本司法机关的判决。

（二）假名化加工信息和匿名化加工信息对比

信息假名化与匿名化是信息利用与处理过程中十分重要的一环，对经过不同处理的信息也应采取不同的规制方式，日本APPI特别对匿名化信息和假名化信息进行了系统的规定。详见表4－1：

表4－1　假名化加工信息和匿名化加工信息对比

序号	项目	假名化信息	匿名化信息
1	日本APPI法条定位	第41条之二和第42条之三	第43条至第46条
2	定义	将个人信息加工为不与其他信息相对照就无法识别特定个人的信息	将个人信息加工为无法从信息中识别出特定个人且无法复原该等个人信息的信息，因此不属于个人信息
3	使用要求和安全管理要求	1. 防止因为假名化处理而删除的相关信息等泄露。 2. 在使用目的所必要的范围内处理假名加工信息。 3. 特定情形下的予以公布义务，如收集假名加工信息后将使用目的予以公布。 4. 对于用来加工假名化信息的原个人数据和信息在丧失使用必要后予以删除。 5. 假名加工信息处理者不得为识别该加工信息所涉及的本人而将该假名信息与其他信息予以对照。 6. 假名加工信息处理者不得为打电话、寄送相关法律文件而使用该假名加工信息所含有的联系方式和其他信息	1. 防止为匿名化处理而删除的相关信息等泄露。 2. 公布该匿名加工信息所含有的个人相关信息的项目。 3. 个人信息处理者制作匿名加工信息，不得为识别用于制作匿名加工信息的个人信息所涉及的本人，而收集从该个人信息中删除的记述、个人识别符或收集依照第43条第1款或第116条第1款（包括根据第116条第2款相应准用情况）的规定进行加工的方式的相关信息等，也不得将该匿名加工信息与其他信息相对照。 4. 公开为安全管理该匿名加工信息的安全管理所采取的必要且适当的措施。 5. 公开确保该匿名加工信息的制作及投诉的处理及其他该匿名加工信息的正当处理所采取的必要措施

续表

序号	项目	假名化信息	匿名化信息
4	是否可以将该信息提供给第三方	原则上不得提供,但是法律另有规定的除外 (不包含第27条第1款和第2款及第28条第1款如何规定)	可以公布,但: 1.应当事先公布被提供给第三方的匿名加工信息所含有的个人相关信息中的项目及提供的方式; 2.向第三方明示对应信息为匿名加工信息

(三)主要机构

PPC根据日本APPI于2016年1月1日成立。PPC的职责是保护个人信息,同时负责贯彻落实日本APPI和《个人编号法案》。PPC是日本法律框架中高度独立的机构之一。根据日本APPI,主席和委员会成员独立行使职权。①

PPC的职责如下②:

1.妥善处理个人信息和特定个人信息,以保护个人的权益。

2.拥有主要的咨询、执法和调查权。它还包括调查事先知情者、匿名信息控制者、处理特定个人信息的主体的权力。

3.如果上述人员怀疑即将发生侵犯任何个人利益或权利的行为,PPC将向上述人员提供建议和命令。

4.能够向外国数据保护监管机构提供信息。

5.可以在有限的情况下允许将信息用于海外刑事调查。

6.在有限的情况下将其调查权委托给相关部长。但是,这不包括其咨询或执法权力。

除了PPC之外,日本APPI还鼓励地方组成个人信息保护团体,并且符合日本APPI规定认定条件的团体还可以得到PPC的认证,可以负责受理个人信息主体的投诉,并给予相关建议、展开调查;同时,经认证的个人信息保护团体可以就落实日本APPI制定相关指引(见日本APPI第四章第五节)。如FISC作为法人基金会,与国内外金融机构、制造商、结算机构、研究机构、学者和专家的合作,丰富了其研究内容,并将在研究活动中获得的知识和信息,通过整合、分析和评估,制定了《银行及相关金融机构计算机系统安全指南》等文件,并撰写了相关研究论文。FISC与其成员机构、日本金融服务厅和日本银行合作,制定了以下指导方针,以促进金融机构信息系统的安全措施,如《FISC

---

① See *PPC,Roles and Responsibilities,Personal Information Protection Commission Japan*(Oct. 18,2022),https://www.ppc.go.jp/en/aboutus/roles/.

② See Usercentrics,*Japan Act on the Protection of Personal Information(APPI):An Overview*,*Usercentrics*(Feb. 1,2023),https://usercentrics.com/knowledge-hub/japan-act-on-protection-of-personal-privacy-appi/.

安全指南》《金融机构 FISC 系统审计指南》《应急计划制定手册》《FISC 安全政策制定指南》《金融机构实施 TLPT 指南》等。[①]

三、韩国

（一）立法概况

1. 基本立法：韩国《个人信息保护法》(2011 年出台，经过多次修订)[②]

韩国《个人信息保护法》共计 10 章，企业在合规过程中应重点关注以下章节：

第三章，即关于个人信息的处理(包括收集、利用、提供、删除等)、处理时的限制[③]以及 2020 年修正案新增的关于去标识化信息处理的特例的规定。[④]

第四章的基本内容为个人信息的安全保障条款。具体包括安全保障义务、隐私处理方针的制定与公开、隐私保护负责人的任命、个人信息保护认证、个人信息泄露通知、违反安全保障义务的处罚。

第五章规定了信息主体的权利保障，包括查阅权、更正权、删除权、停止处理权、权利行使的方法和程序以及损害赔偿请求权。2023 年通过的韩国 PIPA 修正案中增加了数据主体的可携带权及拒绝自动化决策的权利。

第六章规定了信息和通信服务或类似服务提供者处理个人信息的特例，这是 2020 年修正案新增部分，下文将详细介绍。

第八章为个人信息集体诉讼，包括集体诉讼的对象、专属管辖、诉讼代理人的选任、诉讼许可的申请、诉讼许可的条件、终局判决效力以及韩国《民事诉讼法》的补充适用。

第十章，即罚则，明确了违反相关规定后的惩罚措施，其不仅包含有期徒刑和罚金这样的刑罚，也包括罚款。2023 年对韩国 PIPA 的修订扩大了潜在的基于收入的罚款，最高可达“总收入”的 3%，但排除作为“无关收入”显示的收入。

2. 特别立法

除《个人信息保护法》外，韩国还出台了多部特别法以保护个人信息。例如，《促进

---

① See FISC, *FISC Introduction*, *The Center for Financial Industry Information Systems* (Oct. 18, 2022), https://www.fisc.or.jp/english/.

② 韩国《个人信息保护法》(Personal Information Protection Act, PIPA)经过多次修订。2023 年 2 月 27 日，韩国立法机构通过了对韩国 PIPA 的修订，直接影响着个人信息的收集和使用的各种情况，包括一般的跨境数据传输、数据处理者的数据转移、数据可携带权和自动化决策等。

③ 第一小节中也有对个人信息利用、提供等的限制，而第二小节更加侧重于敏感信息的处理限制、固有识别信息的处理限制、居民身份证号码的处理限制、影像信息处理设备的设置和运营的限制、个人处理者受委托时处理的限制、根据业务转让等转移个人信息的限制以及对个人信息经办人的监督。

④ 包括去标识化信息的处理、去标识化信息结合的限制、处理去标识化信息的安全措施义务、处理去标识化信息时的禁止义务、违反该部分规定的罚款数额以及去标识化信息处理的适用范围。

信息和通信网络使用和信息保护法》(以下简称《信息通信网络法》)、[①]《位置信息保护和使用法》、《软件促进法》、《信息安全产业促进法》、《电子政务法》、《数字签名法》、《电子文件和电子交易基本法》,等等。同时,为了更好地贯彻落实这些法律,每部法律还配套出台了执行令和执行规则,以及相关注意事项等。如果某一案件既可以适用一般法,也可以适用特别法时,按照特别法优于一般法的原则,优先适用特别法律。

3. 指南

除了立法之外,政府数据保护机构还会出台一系列与保护个人数据相关的指南,如个人信息保护委员会(Personal Information Protection Commission,PIPC)发布的《数据保护法律法规解释指南》;韩国通信委员会、金融服务委员会、韩国内政安全部等联合发布的"个人数据去识别化指南",以及韩国内政安全部针对韩国企业发布的《GDPR 指南》等。这些指南虽然不具有法律约束力,但是对于企业的数据合规具有重要指导意义。

4. 2020 年修正案新增章节:第六章——信息和通信服务或类似服务提供者处理个人信息的特例

2020 年修正案对信息和通信服务或类似服务提供者进行特别规定见表 4 – 2:

表 4 – 2　2020 年修正案对信息和通信服务或类似服务提供者进行特别规定

序号	条款	规范内容
1	第 39 条之三	对第 15 条第 1 款做了补充说明,与原第 15 条不同的是该条在告知事项以及事项变更重新告知并取得同意事项中并没有"信息主体所保留的拒绝的权利以及因拒绝个人信息收集产生的不利影响的内容"这一款,其还规定了无须取得同意即可收集和使用个人信息的特例
2	第 39 条之四	规定信息通信服务提供者在个人信息泄露情形发生时,无特殊事由应当在 24 小时之内通知和申报的义务
3	第 39 条之五	明确了信息通信服务提供者等应当将处理用户个人信息的人数限制在最低限度
4	第 39 条之六	规定了信息通信服务提供者等为了保护 1 年内未使用信息通信服务的用户的个人信息应当对其采取销毁等必要措施,同时要求在 1 年期届满的 30 日前通过总统令规定的方式将个人信息被销毁的相关事项告知用户
5	第 39 条之七	规定信息通信服务者应当为个人信息权利主体提供更加便捷的行使撤回同意权、查阅权和更正权的方式,且撤销同意后应当立即销毁个人信息,使其不能复原等

① 该法第五章明确了韩国通信委员会应当制定相关政策以及支持用户团体和其他专业组织开展青少年保护活动,防止未成年人受到有害信息的不利影响。

续表

序号	条款	规范内容
6	第39条之八	规定信息通信服务提供者应当定期通知个人信息使用明细
7	第38条之九	对损害赔偿保障的规定，为信息通信服务提供者设定了额外义务，如参保、参与税务减免优惠活动等
8	第39条之十	规定了信息通信服务提供者的信息善管义务以及泄露时应采取删除、切断信息等必要措施的义务
9	第39条之十一	对于在韩国境内无住所或营业场所且用户规模和销售额达到法定要求的，应当书面指定国内代理人代理相应事项
10	第39条之十二、之十三规定	个人信息移转国外时应当告知相应事项并取得同意，不违反法律法规，同时要确保符合相应原则①
11	第39条之十四	将根据韩国《广播法》被称为"广播事业者"等主体以及"观众"分别拟定为"信息通信服务提供者"和"用户"，扩大了本法的适用范围
12	第39条之十五	对罚款征收的特例规定

由于信息服务提供者或类似服务提供者的用户范围广泛，且能获取更多用户隐私，因此为了保障用户的合法权益，2020年修正案对该类服务提供者作出了详细规定，设置了如数据处理最小化、信息善管义务等义务。

5. 数据跨境转移②

2023年韩国PIPA关于数据跨境转移的修订旨在扩大对当前严格同意框架下数据跨境转移的适用范围。此次修订增加了几种无须数据主体同意即可进行传输的情况：(1)数据的委托转移或数据存储是为了履行与数据主体的合同"必要"，并且隐私政策中或通过电子邮件(或其他可能的方法)披露有关国家、接收方等的详细信息；(2)数据接收方已获得PIPC指定的数据安全管理系统(Information Security Management System, ISMS)或其他适当类型的认证；(3)传输的目的国已被PIPC视为满足韩国PIPA数据保护的标准，包括数据主体权利和权利救济层面；(4)韩国与其他国家之家存在明确涉及个人信息传输的条约或协议。

---

① 对于某些限制个人信息移转的国家，应当采取相应措施对其信息服务提供者进行限制，除非有条约或国际协定的豁免。

② See Kwang Hyun Ryoo, Tae Uk Kang, Kim Do-yeop, etc., *Korea Passes Extensive Amendments to Data Privacy Law*, bkl BAE KIM&LEE (Mar. 3, 2023), https://www.bkl.co.kr/law/insight/newsletter/detail?isMain=N&fieldNo=&memberNo=&memberPageIndex=1&insightPageIndex=1&insightPages=1&target=&caseNo=&infoNo=&newsletterNo=5374&expertNo=&whichOne=NEWSLETTER&searchCondition=&searchMenuType=&searchKeyword=Korea+passes+extensive+amendments+to+data+privacy+law.

(二)主要机构

1. PIPC①

(1)成立背景

信息化社会在给生产生活带来许多便利的同时,也增加了个人信息被泄露的风险。为了保护个人信息免受潜在威胁,立法者出台了韩国《个人信息保护法》,并于同年成立了 PIPC。PIPC 共有 9 名成员,由韩国总统任命或委任。

(2)三大任务

PIPC 从国家维度切实开展个人信息保护工作,加强个人信息保护委员会的领导;第一,其致力于在数字化转型下保护个人信息,加强个人信息的保护力度,提高主体隐私意识,减少人们对个人信息侵权的担忧;第二,其致力于打造自我保护的商业生态系统,帮助数据主体或企业等安全使用个人信息;第三,推动建立完善公共部门个人信息保护机制,以技术发展构建个人信息安全环境,取得在个人信息保护和适用领域的领先地位,以更好地促进国内经济发展。

(3)职能

PIPC 主要负责完善法律法规,制定和实施政策、制度和计划;同时其具有调查侵权行为,处理投诉,调解纠纷的权力;PIPC 积极与国际组织和数据保护机构交流合作,开展研究,提供教育支持;PIPC 不仅致力于推动科技发展,培养与个人信息保护的相关人员等,还致力于进行数据泄露事件的评估、对处理假名信息征收行政附加费、受理投诉、对不合规的企业处以行政罚款等。

2. 其他机构

除了 PIPC 外,韩国有关个人信息的保护机构还有广播通信委员会(Korea Communications Commission,KCC),韩国互联网与安全局(Korea Internet & Security Agency,KISA)以及金融服务委员会(Financial Services Commission,FSC)。KCC 是韩国有关通信与广播事务的最高主管机关和韩国总统直属机构,其负责执行《信息通信网络法》,有权对违法者处以罚款、附加罚款、改正等行政处罚。KISA 负责执行 KCC 和 PIPC 委派的任务。FSC 是韩国政府的最高金融监管机构,制定金融政策并指导金融监督局,其负责执行《信用信息使用和保护法》。

(三)典型案例②

美国社交媒体脸书于 2018 年 4 月至 2019 年 9 月未经同意从用户上传的视频和照

---

① See PIPC, *About PIPC*, Personal Information Protection Commission(Oct. 18, 2022), https://www. pipc. go. kr/eng/index. do.

② See Russia Today, *Facebook Imposed Face Recognition Tech on* 200,000 *South Koreans & Took Social Security info without Consent, Data Watchdog Finds*, RT News (Aug. 26, 2021), https://www. rt. com/news/533136 – facebook-face-recognition-tech-south-korea/.

片中获取信息，创建并存储了韩国20万用户的面部识别细节，还非法收集用户的社会安全号码。基于上述事实，韩国PIPC命令脸书支付64亿韩元（约3714万元人民币）的罚款。PIPC周三宣布了隐私调查的初步结果，称脸书将获取用户面部信息的功能设置为“默认同意”，用户被禁止之后在设置中撤销同意，同时因为其还具有以“非法方式”获取个人身份证号码，以及没有通知用户隐私和个人信息管理政策的变化等一系列违法行为被处以2600万韩元（约14万元人民币）罚款。PIPC命令脸书要么获得存储面部识别信息的许可，要么删除这些信息。此外，脸书还被禁止在没有法律依据的情况下适用用户的身份证号码。美国两家互联网巨头奈飞（Netflix）和谷歌也因违反韩国《个人信息保护法》而被PIPC起诉。

除上述案例外，还有一些典型判例可供公司参考。如2017年4月7日，在韩国最高法院第2016Do13263号判决中，被告虽然履行了法律规定的通知手续，但字体大小仅为1mm，因此，韩国最高法院认为，由于被告在数据主体未能清楚了解其同意内容的情况下收集了个人信息，因此，被告获得的同意是无效的。[①]

四、新加坡

（一）立法概况及机构设置

1. 基本立法：新加坡《个人数据保护法》（Personal Data Protection Act 2012，PDPA）（2012年出台，2020年修订）[②]

（1）基本介绍

新加坡PDPA包括八部分，其中企业数据合规应特别注意的有：

第一部分，明确了相关术语的定义、立法目的及法律适用情形等。

第三部分，即个人数据保护的责任的一般规则。

第四部分对个人数据收集、使用和披露作出规定，还包括数据主体同意权相关内容及数据处理者处理个人数据的目的限制等内容。

第五部分规定了个人知情权和更正权。

第六部分在数据准确性、数据保护、数据保留以及数据传输对数据处理者作出规定。第六部分6A分部对数据保管以及数据泄露通知义务等内容进行了详细规定。

第九部分，为“请勿致电登记处制度”（Do-not-call Registry，DNC Registry）（下文将详细介绍），该制度在法案中的规定包含“引言”、“实施”和“向新加坡号码发送特定信

---

① See Kwang Bae Park，Minchae Kang，*South Korea-Data Protection Overview*，OneTrust DataGuidance（Oct. 18，2022），https://www.dataguidance.com/notes/south-korea-data-protection-overview.

② 新加坡于2012年出台《个人数据保护法》（Personal Date Protection Act，PDPA），后新加坡议会通过了《2020年个人数据保护（修订）法案》。

息”三部分。紧随其后的是9A、9B、9C、9D四小部分：9A部分介绍了何为“字典攻击”“地址收集软件”，以及对二者的禁止性规定；9B部分是关于个人数据和匿名信息的犯罪行为以及惩罚措施等；9C部分是委员会处理纠纷及犯罪行为的工作机制；9D是上诉部分，该部分包含数据保护上诉委员会和上诉小组、组织或个人的上诉事由，以及上诉处理机制等。

第十部分为总则部分，该部分包含有关犯罪和处罚、法院的管辖权，以及犯罪的私了①等规定。

值得注意的是，新加坡PDPA涵盖以电子和非电子方式储存的数据，但是不适用于因个人或家庭原因处理数据的个人、以组织的雇员身份行事的个人及与收集、使用或披露个人数据有关的公共机构，也不适用于业务联系信息如个人姓名、职位或职务、业务电话号码、业务地址、业务电子邮件、业务传真号码和类似信息。

综上可以看出，PDPA为新加坡的个人数据保护提供了基准，且补充完善了某些部门法和其监管框架，如新加坡《银行法》和新加坡《保险法》。新加坡PDPA旨在承认保护个人数据的必要性以及组织出于合法以及合理目的收集、使用或披露个人数据的必要性，防止个人数据被滥用，维系组织处理个人数据时与数据主体的信任关系，以及加强新加坡作为备受信赖的商业中心的地位。

除PDPA外，新加坡还出台了下列法规以完善新加坡数据保护制度，如《2016年信息通信媒体发展管理局法案》。而且新加坡基于PDPA后续针对特定事项又出台了相应配套法律法规，如《个人数据保护（犯罪构成）条例》《个人数据保护（请勿致电登记）条例》《个人数据保护（执法）条例》《个人数据保护条例》《个人数据保护（上诉）条例》《个人数据保护（数据泄露通知）条例》，以及其他附属条例，如《个人资料保护（法定机构）通知》《个人资料保护（订明执法机构）通知》《个人资料保护（指定执法机构）通知》《个人资料保护（指定医疗机构）通知》等。每年个人数据保护委员会（Personal Data Protection Commission，PDPC）还会发布《个人数据保护文摘》，重点介绍数据保护相关文章。

新加坡同样重视与数据紧密相关的网络安全领域的建设，2016年，新加坡政府发布了《网络安全战略2016》，在该战略实施的几年内，新加坡加强了同东盟伙伴国的合作，改善了该地区的集体网络安全环境，并与其他国际合作伙伴建立了牢固的双边网络安全伙伴关系。在《网络安全战略2016》颁布两年后，新加坡《网络安全法》通过。新加坡《网络安全法》由新加坡网络安全局（Cyber Security Agency of Singapore，CSA）负责实施，其名义上隶属于总理办公室，但日常行政由通信和信息部（Ministry of

---

① 个人保护委员会在部长的批准下，可以自行设定能够私下了结本法规定的以及第九部分中部分犯罪行为，私了采用缴纳罚金的方式，且收缴罚金后不再执行后续法律程序。

Communications and Information, MCI）负责。该局提供对国家网络安全智能的集中监督，并与行业负责人合作保护新加坡的关键信息基础设施。新加坡《网络安全法》较为重视新加坡关键信息基础设施的保护，该法案的第五部分对网络安全服务提供商作出了详细规定，如未经许可不得提供经许可才可以提供的网络安全服务①、许可的条件、许可证的授予和更新以及违反该法案的罚款数额等。2021 年 10 月，新加坡政府发布了《网络安全战略 2021》，确立了新加坡政府在未来 5 年内的三大战略支柱——建立弹性基础设施②、构建安全网络空间③、加强国际网络合作④，以及两大基础支撑——构建有活力的网络安全生态圈⑤、发展强大的网络安全人才培养通道⑥。基于《网络安全战略 2016》，2021 年的新战略将国际合作推向“多边化”，加强国际伙伴合作，以实现多边秩序下的网络安全空间建设。此外，新加坡与美国在 2021 年签订了 3 份谅解备忘录，加强了同美国在国防、金融和网络安全领域的合作，深化数据共享和交换之外的网络安全合作等。⑦

（2）亮点制度

①请勿致电登记制度

法案中建立了“请勿致电登记处制度”，该制度规定在新加坡 PDPA 第九部分。“请勿致电登记处”由新加坡个人数据保护委员会运行，个人消费者可以在请勿致电登记处注册电话号码，以拒绝接受相关组织的电话、短信或传真营销。但是请勿致电登记不包括以下情形：a. 来自与消费者有持续关系的相关组织的营销信息或电话，且与消费者所购买产品或服务相关，但是消费者可以选择不接受这类信息，并且相关组织在 21 日后不得继续发送；b. 市场调研信息；c. 慈善或宗教类信息；d. 个人向个人发出的信息；e. 政府机构发出的公共信息；f. 政治信息；g. 向组织发出的信息或电话。

当然，组织自 2014 年 1 月 2 日起必须与请勿致电登记处核实，确保被致电或投放营销信息的电话号码不在请勿致电登记处登记簿中，否则将面临 10,000 新加坡元的罚款。未在新加坡注册或存在的海外组织，同样应当遵循请勿致电登记处制度的要求。若组织想要对请勿致电登记处登记簿中的个体进行广告投送，需要得到其明确同意，且

---

① 即提供渗透测试和托管安全运营中心的监控服务。

② 包括以关键基础设施为基础保护国家网络安全、确保政府系统安全有弹性和保障关键基础设施之外的实体和系统的安全。

③ 包括确保为数字经济供能的数字基础设施、设备和应用程序的安全；保护网络空间活动；为数字化健康生活供能。

④ 包括推动制定相关规范、加强能力建设和制定安全标准、共同打击跨境网络威胁。

⑤ 包括为经济发展和国家安全提供新动能、依靠创新打造世界水平的产品与服务、开拓网络安全市场。

⑥ 支持不同群体从事网络安全工作、打造积极向上的行业文化、发展带有强大专门社群的部门。

⑦ 参见虎符智库小编：《解读：2021 年新加坡网络安全战略》，载微信公众号“虎符智库”2021 年 11 月 12 日，https://mp.weixin.qq.com/s/OkTKyKaeitDUS4JsBIiYcQ。

该同意可以随时撤回。

②明确了组织的数据保护义务

新加坡 PDPA 对组织的数据保护义务进行了科学合理的设置,具体有三方面要求,见表 4 – 3:

表 4 – 3　新加坡 PDPA 相关要求

序号	数据收集	数据保管	个人的数据自主权
1	告知义务:将收集、使用和披露个人数据的目的告知被收集主体	准确性:确保收集的个人数据的准确性和完整性,特别是在可能用于作出影响个人的决定或披露给其他组织的情况下	知情权和更正权:个人有权请求组织告知其个人数据和信息在一年内的使用和披露状况,并且有权请求更正或补充其个人信息
2	征得同意:收集、使用和披露个人数据要获得被收集主体的同意,并且允许被收集主体在明确告知收集方后撤回同意	勤勉义务:合理保护收集的个人数据,防止其未经授权的访问、收集、使用、披露或类似风险	数据泄露被告知权:发生数据泄露且可能对个人造成重大不利影响或数据泄露的规模重大的,应尽快通知个人数据保护委员会以及受影响的个人
3	目的正当:收集、使用和披露个人数据的目的在正常理性人的角度看来是正当合适的	限制保留:在个人数据不再用于任何商业或法律目的时,停止保留或者妥善处理个人数据	可携带权:个人有权请求数据处理者将其拥有或控制的个人信息以常用可读方式传输给另一组织
		限制传输:根据法律法规跨境传输个人数据,同时确保保护力度符合新加坡 PDPA 的要求	

(3)数据跨境传输

新加坡 PDPA 第 26 条以及新加坡《个人数据保护条例 2021》(Personal Data Protection Regulations 2021,PDPR)对个人数据的跨境传输作出相应规制。

根据新加坡 PDPA 第 26 条,数据输出方与数据接收方应当按照法律规定建立个人数据保护标准,以确保能够对传输的个人数据提供与新加坡 PDPA 规定下同等标准的数据安全保障;组织也可以通过向 PDPC 获得书面通知豁免的方式进行数据的跨境传输。

根据新加坡 PDPR，在数据输出方采取适当措施确保新加坡境外接收方负有法律上的数据安全保障义务或特定认证的约束，以证明能够提供与新加坡 PDPA 规定下保护标准相当的保护标准，数据输出方可以将个人数据传输到新加坡境外的国家或地区。

对于法律上的数据安全保障义务的认定，有如下标准：①存在相关法律规定的数据安全保障义务；②存在特定的契约规定，根据有关契约而有义务对接收的个人数据提供与新加坡 PDPA 同等标准的安全保护，并在契约中特别明确了可将个人数据传输至具体的国家和地区；③存在具有约束力的公司数据保护政策而使数据接收方必须为相关个人数据提供与新加坡 PDPA 同等标准的数据保护，且该具有约束力的数据保护政策应当明确哪些数据接收方受到该政策约束、相关个人数据被允许输出至的特定国家和地区以及具体明确适用的特定权利和义务；④存在具有其他法律约束力的文件。

PDPR 明确，特定认证依据数据接收方身份不同而要求不同，即：①若数据接收方并非中介机构，需获得亚太经济合作组织跨境隐私规则系统的认证；②若数据接收方为数据接收中介机构，需获得亚太经济合作组织跨境隐私规则系统的认证或亚太经济合作组织流程隐私认可系统的认证。

存在以下情形时，也可以视为满足了 PDPR 关于跨境传输个人数据的要求，可以进行个人数据跨境传输：①个人同意其个人数据传输至新加坡境外的国家或地区的数据接收方；②依据新加坡 PDPA 第 15 条，视为个人作出了相关同意；③将个人数据传输给新加坡以外的国家或地区的接收方对于保护数据主体利益以及国家利益是必要的，并且数据传输方已采取适当合理的措施确保该个人数据不会超出该目的被使用或披露；④个人数据已在传输过程中；⑤个人数据在新加坡已被公开。

（二）主要机构

1. 个人数据保护委员会（Personal Data Protection Commission，PDPC）

PDPC 负责管理和执行《个人数据保护法》，是新加坡在个人数据保护方面的主要权威机构，并在国际上代表新加坡政府处理数据保护相关问题，以促进和加强个人数据保护，营造企业和消费者之间的信任环境，促进新加坡经济发展。PDPC 的目标是平衡个人数据的保护和组织出于合法目的使用数据的需要。①

2. 信息通信媒体发展管理局（Info-comm Media Development Authority，IMDA）

《2016 年信息通信媒体发展管理局法案》通过后，IMDA 成立，其隶属于通讯及新闻部，PDPC 设置于 IMDA 之下，IMDA 通过 PDPC 保护用户隐私，并为中小企业提供数

---

① See PDPC, *About Us*, Personal Data Protection Commission Singapore (Oct. 10, 2022), https://www.pdpc.gov.sg/Who-We-Are/About-Us.

字化服务等。①

（三）典型案例：2018 年新加坡保健服务集团（SingHealth）数据泄露事件

2018 年 6 月 27 日至 7 月 4 日，约有 150 万份 SingHealth 的患者个人资料、16 万名患者的门诊配药记录遭到不明身份者泄露。攻击者访问并复制了自 2015 年 5 月 1 日起至 2018 年 7 月 4 日所有前往专科、综合医疗机构就诊的患者个人信息，其中包括姓名、新加坡国民身份证号、家庭住址、出生日期、种族和性别。患者的诊断信息、检查结果和医嘱等信息没有遭到泄露。② 亚洲新闻频道报道称，攻击者的目标是新加坡总理李显龙的信息。③ 新加坡政府组建的调查委员会于 2019 年 1 月 10 日发布了该事件的调查报告。报告指出 SingHealth 的员工没有受到充分的网络安全培训，关键员工在网络攻击发起时由于畏惧没有立即采取阻止袭击的行动。由于攻击者技术高明，而系统漏洞没有尽快修复，攻击者很容易就闯入该系统。该报告指出，如果工作人员接受了充分的培训，并迅速修复漏洞，这次攻击本可以避免。④ 2019 年 1 月 15 日，PDPC 以新加坡《个人数据保护法》充分保护个人数据的指控对负责管理医疗保健数据的公司（IHis）和 SingHealth 分别处以 75 万新加坡元和 25 万新加坡元的罚款，原因是他们没有按照该法充分保护个人数据，这也是新加坡针对数据泄露开出的最大罚单。⑤ 除该典型案例外，PDPC 还会在其官网上公布一些执法决定和典型案例供企业查阅与学习，防止类似事件发生。

第三节 “一带一路”沿线国家立法与合规实践

自 2013 年提出分别建设“丝绸之路经济带”和“21 世纪海上丝绸之路”的合作倡议以来，中国与“一带一路”沿线国家的政治、经济、文化方面的联系日益紧密，中国企业

---

① See Amit Roy Choudhury, *IDA, MDA Restructuring to Create New Entities (Amended)*, The Business Times (Jan. 19, 2016), https://www.businesstimes.com.sg/startups-tech/technology/ida-mda-restructuring-create-new-entities-amended.

② See Irene Tham, *Personal info of 1.5m SingHealth Patients, Including PM Lee, Stolen in Singapore's Worst Cyber Attack*, The Straits Times (July. 20, 2018), https://www.straitstimes.com/singapore/personal-info-of-15m-singhealth-patients-including-pm-lee-stolen-in-singapores-most.

③ See Jack Kim, *Cyberattack on Singapore Health Database Steals Details of 1.5 Million, Including PM*, REYTERS (Jul. 20, 2018), https://www.reuters.com/article/us-singapore-cyberattack-idUSKBN1KA14J.

④ See Irene Tham, *COI on SingHealth Cyber Attack: 5 Key Findings*, The Straits Times (Jan. 10, 2019), https://www.straitstimes.com/tech/5-key-findings.

⑤ See Kok Yufeng, *PDPC Slaps Fines Totalling $1m on SingHealth and IHiS for Data Breach*, Tnp Straitstimes (Jan. 16, 2019), https://tnp.straitstimes.com/news/singapore/pdpc-slaps-fines-totalling-1m-singhealth-and-ihis-data-breach#:~:text=The%20Personal%20Data%20Protection%20Commission%20%28PDPC%29%20has%20imposed,own%20investigations%20after%20the%20incident%20came%20to%20light.

对“一带一路”沿线国家的投资也越来越多。在全球经济数字化趋势下，世界各国对公民隐私及数据权益保护日益重视，数据保护相关立法也日趋完善与成熟，“一带一路”沿线国家的数据保护立法对于我国企业具有十分重要的意义。

一、马来西亚

根据商务部发布的《2021 年中国—东盟经贸合作简况》，东盟已连续两年成为中国第一大贸易伙伴。其中，马来西亚是中国在东盟的前三大贸易伙伴之一；与此同时，马来西亚还是东盟对华实际投资金额最多的国家之一。同时在东盟诸多国家之中，马来西亚是较早践行数据保护的国家。

（一）数据保护法律概况①

在 2010 年前，马来西亚个人数据的监管主要由特定行业的立法来管理，银行业、金融业和医疗保健业等都有关于数据保护的特定行业立法。2010 年 5 月，马来西亚议会通过了马来西亚《个人数据保护法》（Personal Data Protection Act 2010，PDPA），该法是一部规范个人数据处理行为的综合性立法。除此之外，马来西亚数据保护法律体系还包括附属立法，这些法律涉及的问题包括任命个人数据保护专员、数据使用者的注册以及根据马来西亚 PDPA 可能征收的费用。2015 年，个人数据保护专员发布了 2015 年个人数据保护标准；2017 年，个人数据保护专员发布了 3 份特定行业业务守则（见表 4－4）。

表 4－4　马来西亚数据保护法律梳理

序号	年份	文件名称
1	2010	《个人数据保护法》（Personal Data Protection Act 2010）
2	2013	《个人数据保护条例》（Personal Data Protection Regulations 2013）
3	2013	《个人数据保护（数据使用者类别）令》［Personal Data Protection （Class of Data Users） Order 2013］
4	2013	《个人数据保护（数据使用者注册）条例》［Personal Data Protection （Registration of Data User） Regulations 2013］
5	2013	《个人数据保护（费用）条例》［Personal Data Protection （Fees） Regulations 2013］
6	2016	《个人数据保护（数据使用者类别）（修订）令》［Personal Data Protection （Class of Data Users） （Amendment） Order 2016］

---

① 参见兰迪数据合规团队：《马来西亚数据合规重点解读》，载微信公众号“兰迪律师”2022 年 7 月 11 日，https://mp.weixin.qq.com/s/lMIZ41Pu3EUBB7FJrxLX0w。

续表

序号	年份	文件名称
7	2016	《个人数据保护(复合犯罪)条例》[Personal Data Protection (Compounding of Offences) Regulations 2016]
8	2017	《2017年银行和金融部门个人数据保护业务守则》(The Personal Data Protection Code of Practice for the Banking and Financial Sector 2017),《2017年公用事业部门(电力)个人数据保护业务守则》[The Personal Data Protection Code of Practice for the Utilities Sector (Electricity) 2017]和《2017年通信类数据用户个人数据保护业务守则》(The Personal Data Protection Code of Practice for the Communications Class Data Users 2017)
9	2021	《个人数据保护(上诉法庭)条例》[The Personal Data Protection (Appeal Tribunal) Regulations 2021]

(二)具体制度

1.管辖

马来西亚PDPA适用于任何处理或控制处理马来西亚个人数据的人,此处的处理所涵盖的范围很广,包括使用、传播、收集、记录和存储个人数据。马来西亚PDPA不适用于以下情形:(1)联邦政府和州政府;(2)在马来西亚境外处理的任何个人数据,除非该个人数据计划在马来西亚进一步处理;(3)为个人事务、家庭或家庭事务(包括娱乐目的)而处理的个人数据。然而,在某些情况下可以不遵守马来西亚PDPA规定的某些数据保护原则,如为防止或侦查犯罪,为调查、逮捕或起诉罪犯,或为评估或收取任何税款或关税或其他类似的强制措施而进行的处理。

2.监管机构

根据马来西亚PDPA,个人数据保护部(Department of Personal Data Protection)是主要的执行机构,因此其也是马来西亚个人数据保护的监管机构。个人数据保护部在其网站上发布了一些指导文件和常见问题解答,涉及马来西亚PDPA及其附属立法的各种事项,从而推动和促进马来西亚PDPA的适用。

3.数据主体权利(见表4-5)

表4-5 马来西亚数据主体权利梳理

序号	类型	内容
1	知情权	数据主体对于个人数据处理的目的、原则、方式等享有知情权,数据控制者应当告知数据主体上述事项
2	访问权	数据主体有权获取被处理的个人数据,且以可理解的形式获取个人数据副本,但是特殊情况除外

续表

序号	类型	内容
3	更正权	数据主体认为其个人数据不准确、不完整、具有误导性或不是最新的,可向数据控制者提出更正要求,但特殊情况除外
4	撤回同意的权利	数据主体可以在任何时候以书面通知的方式撤回对其个人数据处理的同意
5	反对权	数据主体可随时要求数据控制者在合理期限结束时,停止处理或不再开始处理个人数据,但特殊情况除外
6	阻止可能造成损害的处理的权利	如果数据控制者处理该个人数据或为该目的或以该方式处理个人数据正在或可能对他或另一人造成重大损害或重大困扰,则资料当事人可以通过书面通知要求资料使用者停止或不开始为特定目的或以特定方式处理个人资料
7	反对为直接营销活动进行处理的权利	数据主体可随时要求数据控制者在合理期限届满时停止或不再开始处理其个人数据以用于直接营销

4. 数据控制者的主要义务(见表4－6)

表4－6　马来西亚数据控制者的主要义务梳理

序号	类型	内容
1	同意义务	数据控制者收集、使用或披露个人数据之前,必须获得数据主体的同意
2	通知义务	数据控制者应当告知数据主体个人数据处理目的、方式等
3	限制披露义务	在未经数据主体同意的情况下,数据控制者不能披露数据主体的数据,特殊情况除外
4	保护义务	数据控制者应当采取相应措施保护个人数据免遭任何丢失、误用、修改、未经授权或以外访问或披露、更改或破坏
5	记录义务	数据控制者应当记录个人数据处理行为,确保数据处理行为得到记录
6	注册义务	The Personal Data Protection (Class of Data Users) Order 2013 规定了必须在委员会注册的数据控制者类别。必须注册的行业如下:(通信)communications;(银行和金融机构)banking and financial institutions;(保险)insurance;(健康)health;(旅游和住宿)tourism and hospitalities;(运输)transportation;(教育)education;(直销)direct selling;(服务业,即经营下列业务的组织:法律、审计、会计、工程或建筑、1961年《控制供应法》所界定的零售或批发交易、私营职业介绍所)services, namely organizations, carrying on the following businesses: legal, audit, accountancy, engineering or architecture, retail or wholesale dealing as defined under the Control Supplies Act 1961, private employment agencies; real estate(房地产); utilities(公用事业); pawnbroker(典当商); money lenders(放债人)

5. 数据传输

根据马来西亚 PDPA 的规定,数据控制者不得将数据主体的任何个人数据转移到马来西亚以外的司法管辖区,但是以下情况除外:(1)数据主体已同意转移;(2)该转移对于履行数据主体与数据控制者之间的合同是必要的;(3)该转移对于订立与履行数据控制者与第三方之间的合同是必要的;(4)数据控制者已采取一切合理的预防措施并尽一切努力确保个人数据不会在其他地方以违反法律的方式处理;(5)转移是为了保护数据主体的利益;(6)符合公共利益。

二、泰国

2022 年第一季度,东盟超过欧盟,重新回归到我国第一大贸易伙伴位置。在东盟国家里,泰国是我国第三大贸易伙伴,而中国已经连续 9 年成为泰国最大贸易伙伴。据泰国中华日报报道,2022 年 3 月中国在泰国投资企业就有 3 家,总投资额 31.89 亿泰铢。因此,泰国的数据合规对于中国企业来说意义重大。

(一)数据保护法律概况①

泰国首部《个人数据保护法》(Personal Data Protection Act,PDPA)于 2022 年 6 月 1 日正式生效,该法是关于个人数据收集、使用、披露等的综合性立法,且就违法违规处理个人数据的民事责任、刑事责任以及行政责任作出明确规定。② 如非法收集、使用或披露敏感的个人数据,一经定罪可处以 500 万泰铢的罚款;若未经授权使用或披露个人数据对他人造成损害或使他人遭受仇恨、羞辱或蔑视,违法者可能面临 6 个月的监禁和/或 50 万泰铢的罚款。

在 PDPA 的基础上,泰国还发布了更进一步的立法,包括《个人数据控制者安全措施》《个人数据处理者个人数据处理活动记录的准备和保存标准和方法》《免除小型企业数据控制者记录》《专家委员会发布行政罚款和命令的标准》。此外,在 2021 年 9 月,泰国银行发布了《数据治理指南》,该指南为金融机构的数据治理合规符合公认的国际原则提供了一些有效的参考建议。

(二)具体制度

1. 管辖

泰国 PDPA 适用于收集、使用或披露自然人的个人资料的个人或法人,泰国 PDPA 涵盖的行为包括个人数据的收集、使用、披露和转让。在以下两种情况下,泰国 PDPA

① 参见兰迪数据合规团队:《泰国数据合规重点解读》,载微信公众号"兰迪律师"2022 年 7 月 4 日,https://mp.weixin.qq.com/s/M5oWZPmiZrfkEK5JY8n8Hg。

② 参见丁学明:《泰国数据合规重点解读》,载搜狐网 2022 年 7 月 4 日,https://www.sohu.com/a/563706254_121126542。

对域外实体收集、使用和披露身处泰国的数据主体的个人数据具有域外适用性:(1)如果收集、使用和披露的活动与向身处泰国的数据主体提供商品或服务有关;(2)如果收集、使用和披露的活动与监测数据主体的行为有关,而这些行为发生在泰国。此外,以下情况不适用泰国 PDPA:(1)数据处理活动仅处于个人利益或家庭活动;(2)负责维护国家安全;(3)仅出于基于职业道德或公共利益的大众传媒、美术或文学活动而使用或披露收集的个人数据的个人或法人;(4)众议院、参议院和议会,在其职责和权力下收集、使用和披露个人数据;(5)法院的审判以及官员在诉讼、法律执行、财产保管中的工作活动;(6)征信机构及其成员根据征信机构业务经营管理法律进行的数据经营活动。

2. 监管机构

根据泰国 PDPA,个人数据保护委员会(The Personal Data Protection Committee)是泰国 PDPA 的主要实施机构。

3. 数据主体权利(见表 4 – 7)

表 4 – 7　泰国数据主体权利梳理

序号	类型	内容
1	知情权	数据主体对于数据使用目的、数据保留期限等信息具有知情权,同时数据控制者需要对外披露主体分类等
2	访问权	数据主体具有访问以及获取个人信息副本的权利,但特殊情况下除外。如果数据控制者拒绝其请求,应当记录拒绝理由
3	反对权	数据主体具有反对数据控制者收集、使用和披露其个人数据的权利,但特殊情况下除外。如果数据控制者拒绝其要求,应当记录拒绝理由
4	删除权	数据主体在法定情况下可以要求删除、销毁或匿名化其个人数据。但是在特殊情况下,数据控制者有权拒绝
5	数据可移植权	数据控制者应响应数据主体要求,通过自动化工具或设备读取个人数据,或以常用的格式接收其个人数据,或向其他数据控制者发送或传输个人数据,但特殊情况除外
6	限制使用权	数据主体在法定情况下可以要求数据控制者限制使用其个人数据,若数据控制者未予以响应,数据主体可以向个人数据保护委员会投诉

4. 数据控制者义务(见表4－8)

表4－8 泰国数据控制者义务梳理

序号	类型	内容
1	通知义务	数据控制者应当在处理个人数据之前告知数据主体处理的目的、保留期限等信息
2	目的限制义务	数据控制者收集个人数据应限制在其合法目的相关的必要范围内，不能超出相应的目的
3	保护义务	数据控制者应提供适当的安全措施以防止未经授权的或个人数据的非法丢失、访问、使用、更改或披露等
4	保留限制义务	数据控制者应告知数据主体个人数据的保留期限。如果无法指定此类保留期限，则需要指定数据保留标准所依据的预期数据保留期限
5	准确性义务	数据控制者应确保个人数据准确、最新、完整以及不具有误导性
6	数据泄露通知义务	数据控制者必须毫不拖延地通知个人数据保护委员会个人数据泄露时间，并在可行的情况下，在意识到该事件后72小时内通知个人数据保护委员会。如果个人数据泄露可能导致个人权利和自由的高风险，数据控制者必须立即通知数据当事人泄露事件和补救措施，不得无故拖延
7	数据处理记录义务	数据控制者应保留个人数据处理活动的记录，以供数据主体和个人数据保护委员会检查，记录可以是书面或电子形式
8	儿童保护义务	对于不满10周岁的未成年人，数据控制者应当征得对儿童负有父母责任的人的同意
9	明确同意义务	在收集敏感的个人数据之前，数据控制者必须获得明确同意，除非适用豁免。数据控制者只能在授权的官方机构的控制下或个人数据保护委员会的进一步指引规定的情况下收集与犯罪记录有关的个人数据

5. 数据跨境传输

根据泰国PDPA的规定，若数据控制者组织跨境转移个人数据，接收方所在的国家或国际组织应具有足够的数据保护标准，并应按照个人数据保护委员会颁布的标准或规定执行，但以下情况除外：(1)为遵守法律规定；(2)已征得数据主体同意，但须告知目的地国家或国际组织的个人数据保护标准不足；(3)为履行数据主体为一方的合同所必需的，或为在签订合同前应数据主体的请求采取措施；(4)为维护数据主体的利益，遵守数据控制者与其他人或法人之间的合同；(5)为防止或者抑制对数据主体或者其他人的生命、身体或者健康的危险，在数据主体不能及时给予同意的情况下；(6)为开展涉及重大公共利益的活动所必需的。

三、印度

印度作为南亚最大的国家，一直是中国的重要贸易合作伙伴。在印度加入"一带一路"合作倡议之后，印度与中国的贸易也不断发展。其中，2020 年中印双边贸易总额为 777 亿美元，中国取代美国重新成为印度第一大贸易伙伴。

(一)数据保护法律概况

一直以来，印度并没有针对数据保护进行专门立法，其在数据保护方面主要依据的是 2000 年《信息技术法》中的第 43A 条和第 72A 条以及 2011 年《信息技术(合理安全实践和程序以及个人敏感数据或信息)条例》。但随着数字经济快速发展，数据安全问题日益突出，各国政府对于个人数据保护也逐渐重视，印度政府于 2017 年 6 月组建"数据保护专家委员会"，专门制定个人数据保护法。2018 年 7 月 27 日，印度政府公布《个人数据保护法案》并公开征求意见。2019 年 12 月 11 日，印度政府在印度议会上颁布了《个人数据保护法案》。该法案旨在为印度确立强有力的数据保护框架和设立数据保护局，赋予印度公民相关个人数据权利，以确保他们关于"隐私和个人数据保护"的基本权利。①

(二)具体制度

1. 管辖

印度《个人数据保护法案》的适用范围为印度境内外个人数据处理活动，其包括以下情形：(1)在印度境内进行的个人数据收集、披露、共享、处理活动；(2)由印度各邦、公司、公民或其他个人以及根据印度法律成立的团体进行的个人数据处理活动；(3)与在印度进行的业务、向印度数据主体提供商品或服务的活动、对印度境内数据主体画像活动有关的个人数据处理活动。《信息技术法》也适用于任何人在印度境外使用位于印度的计算机、计算机系统或计算机网络所实施的任何违法犯罪行为。

2. 监管机构

印度原本没有专门负责个人数据保护的国家级监管机构，之前的《信息技术法》由电子和信息技术部负责实施，并由其颁布相关条例及解读。《个人数据保护法案》在前者的基础上建议成立印度数据保护局，以更好地进行个人数据保护。

3. 个人数据分类②

印度《个人数据保护法案》将个人数据分为 3 类，即个人敏感数据、个人关键数据以

---

① 参见嵇绍国、王宏：《印度〈个人数据保护法案〉浅析》，载《保密科学技术》2020 年第 2 期。

② 参见 Odelia Wei：《一文读懂印度 2019 年〈个人数据保护法草案〉》，载知乎网 2019 年 12 月 20 日，https://zhuanlan.zhihu.com/p/98510880。

及个人普通数据。个人敏感数据包括:健康数据,财务数据,官方证件信息,性生活,生物数据,基因数据,跨性别身份,双性恋状态,种姓和部落,宗教、政治信仰和所属派别,其他法律认为属于敏感数据的信息。对于个人关键数据,法案并没有规定具体范围,而是将定义个人关键数据的权利赋予了政府。其他的不属于这两类的数据,则属于个人普通数据。

4. 数据主体权利(见表4-9)

表4-9 印度数据主体权利梳理

序号	类型	内容
1	核验和访问权	数据主体有权向数据受托人获取以下信息:(1)确认数据受托人是否正在处理或曾经处理数据主体的个人数据;(2)正在处理或已由数据受托人处理的数据主体的个人数据的简要摘要;(3)数据受托人就数据主体的个人数据所进行的处理活动的摘要
2	修正权	数据主体有权向数据受托人要求:(1)不准确或具误导性的个人数据的更正;(2)不完整的个人数据的完善;(3)已过时的个人数据的更新。如果数据受托人不同意作出更正、完善或更新的需要,其须以书面方式向数据主体提供拒绝申请的充分理由
3	被遗忘权	数据主体有权限制或阻止继续披露由与数据主体有关的数据受托人所提供的个人数据:(1)已达到披露的目的或不再需要披露;(2)是根据数据主体的同意作出的,而该同意已被撤回;(3)违反本法规定或议会或邦立法机关制定的任何其他法律
4	删除权	其是个人数据"被遗忘权"的补充,即当数据受托人处理目的不再需要时应当删除其个人数据的权利
5	数据可移植权	数据主体享有如下权利。(1)接收结构化的、惯常的和机器可读格式的与数据主体有关的如下个人数据:数据主体已向数据受托人提供的,由数据受托人保管的、在提供服务或商品使用的过程中产生的,构成数据主体的任何状况的一部分或数据受托人以其他形式得到的;(2)将如上个人数据以该条所规定的格式转移至任何其他数据受托人

5. 儿童个人数据的特别处理

印度《个人数据保护法案》针对儿童个人数据进行了特别规定。(1)每位数据受托人均应以保护和增进儿童的权利和最大利益的方式处理儿童的个人数据。(2)数据受托人应采取适当的年龄验证和父母同意机制以处理儿童的个人数据。(3)年龄验证机制适当性的考量因素如下:处理的个人数据量、很可能是儿童个人数据的比例、由于处理个人数据而对儿童造成伤害的可能性、机构可能规定的其他因素。(4)机构须通知下列人士作为数据受托监护人:经营针对儿童的商业网站或在线服务的数据受托人或者处理大量儿童个人数据的数据受托人。(5)数据受托监护人应被禁止对儿童进行分析、跟踪、行为监测或开展针对儿童的定向广告,以及就可能对儿童造成重大伤害的个人数据进行任何其他处理。

6. 数据跨境传输

印度《个人数据保护法案》对于数据的跨境传输进行了专章的规定,分别规定了个人数据跨境传输的限制以及条件(见表4－10)。

表4－10　印度数据传输的限制以及条件梳理

序号	类型	内容
1	个人数据跨境传输的限制	(1)数据受托人应确保在印度的服务器或数据中心存储至少一份适用本法的个人数据的副本。 (2)中央政府应告知作为关键个人数据的个人数据类别,其只能由位于印度的服务器或数据中心进行处理。 (3)尽管有第(1)款中的规定,但是中央政府可以根据国家必要性或战略利益,宣示某些类别的个人数据不受第(1)款约束。 (4)第(3)款中的任何规定均不适用于个人敏感数据
2	个人数据跨境传输的条件	(1)根据机构批准的标准合同条款或集团内部规则进行转移; (2)中央政府经与机构协商后,规定允许转移到一个特定的国家,或转移到一个国家的某个部门或特定的国际组织; (3)机构在必要的情况下批准允许的特定转移或一系列转移; (4)除满足第(1)款和第(2)款外,数据主体已同意个人数据的转移; (5)除满足第(1)款和第(2)款外,数据主体已明确同意此类个人敏感数据的转移

(三)典型案例

2021年7月14日,印度中央银行无限期禁止美国万事达卡公司向印度客户新发放信用卡、借记卡和预付费卡。其主要原因在于美国万事达卡公司违反了印度数据存储的相关规定,该规定为印度中央银行2018年4月6日颁布,即所有储存卡片和客户相关数据的外国支付运营商必须在印度境内的服务器上储存;外国支付系统运营商可以将卡的存储数据转移到印度外以畅通数据流量,但这些数据必须在24小时内删除。[①] 鉴于美国万事达卡公司在这之后遵守了规定,印度中央银行于2022年6月16日发布公告,宣布取消义务限制。

① 参见界面快报:《印度央行解除对万事达卡发展新客户的限制》,载界面新闻网2022年6月16日,https://www.jiemian.com/article/7606142.html。

第四节　其他国家数据立法与合规实践

一、加拿大

(一)立法概况及机构设置

1. 主要法律

目前,在个人信息保护问题上,加拿大并未形成体系化的法律规范。在联邦层面,发布了《个人信息保护和电子文件法》(Personal Information Protection and Electronic Documents Act,PIPEDA),在州、地区层面,除阿尔伯塔省、不列颠哥伦比亚省、魁北克省3个地区对个人信息保护有专门立法外,其他省份都普遍适用PIPEDA①(见表4-11)。

表4-11　加拿大数据合规主要法律规范梳理

序号	文件名称	适用范围	法案号
1	《个人信息保护和电子文件法》(Personal Information Protection and Electronic Documents Act, PIPEDA)	除下列三省外的加拿大全国范围	SC 2000, c 5〔1〕
2	《个人信息保护法》(Personal Information Protection Act,PIPA)	阿尔伯塔省	SA 2003,c P-6.5〔2〕
3	《个人信息保护法》(Personal Information Protection Act,PIPA)	不列颠哥伦比亚省	SBC 2003,c 63〔3〕
4	《关于私营部门个人信息保护的法案》(Act Respecting the Protection of Personal Information in the Private Sector)	魁北克省	CQLR c P-39〔4〕

注:〔1〕SC全称“Statutes of Canada”,c 5,即加拿大联邦法律2000年第5章。

〔2〕SA全称“Statutes of Alberta”,c P-6.5,即阿伯特省法律2003年第6.5章。

〔3〕SBC全称“Statutes of British Columbia”,c 63,即不列颠哥伦比亚省法律2003年63章。

〔4〕CQLR全称“Statutes of Quebec”,c P-39,即魁北克省法律第39章。

具体而言,在法律的适用范围上,PIPEDA的规范对象是加拿大境内(除阿尔伯特省、不列颠哥伦比亚省、魁北克省)所有的商业活动中对于个人信息采集、储存、使用、转移、披露等行为。阿尔伯特省PIPA、不列颠哥伦比亚省PIPA以及魁北克省《关于私营部门个人信息保护的法案》,分别适用于各自省份内企业进行商业活动中对于个人信息

---

① DLA Piper, *Law in Canada*, Global Data Protection Laws of the World(Jun. 21,2022), https://www.dlapiperdataprotection.com/index.html? c2=CA&c=CA&t=law.

收集、储存、使用、转移、披露等行为的规制。[①] 其中,“商业活动”指具有商业特征的活动,包括公司之间的购买、销售、交换以及银行间的贷款等。

PIPEDA 对于个人信息和电子文件的保护主要体现在其规定的 10 项基本原则中,具体为:保密义务原则,确定采集和使用个人信息目的原则,当事人同意原则,有限采集原则,限制使用、披露和储存原则,准确性原则,保证个人信息安全保存原则,公布使用方法原则,当事人有知情权原则以及接受申诉并核实信息原则。[②]

2. 其他规范

除了上述的主要法律外,加拿大针对特定行业对个人信息的处理活动也制定了相关的部门法进行规制。在联邦层面,1985 年颁布的《隐私法》RSC,c P - 21(Privacy Act)[③]对联邦政府机构处理个人信息的行为进行规制。在地区层面,省份及地区也相对应地颁布了适用该管辖区内公共机构、机关处理个人信息行为的法律。

在消费者信息保护的立法方面,大多数省份都有相关的消费者保护法进行适用,其中包括信息处理机构要确保信息的准确性,限制消费者个人信息的披露,以及允许消费者能够查阅自身个人信息。在金融信息保护方面,主要由 1985 年颁布的《联邦银行法》RSC 1985,C C - 44(Federal Bank Act)进行规制,该部法律主要是保护所有根据《联邦银行法》授权或要求进行的登记册、记录中包含的个人信息。与该法律相类似,魁北克省颁布了信用合作社的法律,该部法律要求信用合作社机构对其储存的客户信息要尽到安全储存和保密的义务。[④]

其他金融行业中针对个人信息的处理,相对应的监管机构或者协会也发布了该行业中数据合规相关的监管要求或者指导,包括加拿大证券管理机构(Canadian Securities Administrators,CSA)、金融机构监督办公室(Officer of the Superintendent of Financial Institutions,OSFI)、投资行业监督管理机构(Investment Industry Regulatory Organization,IROC)和加拿大共同基金经销商协会(Mutual Fund Dealers Association of Canada,MFDA)。[⑤]

---

① 参见信通院互联网法律研究中心:《亚太地区数据保护法律中有关“个人数据处理的合法性基础”的比较分析》,载微信公众号“CAICT 互联网法律研究中心”2022 年 12 月 29 日,https://mp.weixin.qq.com/s/gWvoRZEe9kQ2q2J7nyyAPw。

② 参见珍妮弗·斯道达特:《加拿大〈个人信息保护和电子文件法〉对个人隐私的保护》,林钧跃译,载中国市场信用网,http://www.cmcma.org.cn/html/201010-15/20101015085106.htm。

③ RSC 全称“Revised Statutes of Canada”,c p - 21,即加拿大联邦法律 1985 年归档中第 21 章。

④ Lyndsay Wasser,Kristen Pennington,*Data Protection Laws and Reqlations Report* 2022 - 2023 *Canada*,ICLG(Jul. 8,2022),https://iclg.com/practice-areas/data-protection-laws-and-regulations/canada.

⑤ 参见信通院互联网法律研究中心:《亚太地区数据保护法律中有关“个人数据处理的合法性基础”的比较分析》,载微信公众号“CAICT 互联网法律研究中心”2022 年 12 月 29 日,https://mp.weixin.qq.com/s/gWvoRZEe9kQ2q2J7nyyAPw。

3. 监督机构设置

联邦层面的监管机构为加拿大隐私专员办公室(Office of the Privacy Commissioner of Canada,OPC),隐私监管机构有义务针对案件进行调查,并针对调查的事实作出报告,报告包含调查的结果以及建议,且投诉人有权向联邦法院申请调查的结果。隐私监管机构在调查案件时,还可以决定对某些案件进行起诉。

(二)特别立法

魁北克省于 2021 年 9 月 22 日通过了第 64 号法案(Bill 64),其各项规定将在 2022 年至 2024 年逐步生效。[①] 该第 64 号法案将会对隐私立法进行重大改革,以及随着该法案的通过使得魁北克省现在具有了一个现代性的隐私法框架,其中在某些领域与欧盟的 GDPR 相似。该法案的亮点主要在以下方面:

1. 扩大了“个人信息”的定义。法案将个人信息的范围扩充到了任何允许间接或者直接识别个人身份的信息。

2. 加大敏感信息的保护力度。在特殊保护方面,针对敏感个人信息的使用和传输订立了更为严格的同意制度。

3. 确立企业信息保护负责人制度。法案要求每个企业组织必须确立 1 名个人信息保护负责人,由其负责确保组织内遵守隐私法。该负责人的主要义务包括批准企业组织内部的隐私政策和实施;制定隐私评估;制定个人数据信息访问权限等。一般默认企业中拥有最高权限的人为该组织的负责人。

4. 个人信息权利增加。除了现有个人享有对个人信息的更正权、撤回同意权外,还新增了个人信息解除索引权(right of information deindexed)(2023 年 9 月生效)和数据可移植性的权利(data portability)(2024 年 9 月生效)。

个人信息解除索引权指当企业在收集、储存、处理个人信息时违反了法律法规,此时受影响的个人有权要求企业停止传播个人信息,或者取消通过搜索个人姓名等技术手段获得信息的任何超链接。在实践中,个人信息解除索引权是要求企业删除链接到个人信息内容的搜索结果。与此同时,该第 64 号法案赋予了受到影响的个人在其能够停止传播或者取消链接索引的相同情况下要求重新编制索引的权利。数据可移植性权是知情权、访问权的一种延伸,指任何人有权请求持有该个人信息的企业经营者将其储存的个人信息转交给经过法律授权收集该信息的其他个人或者实体机构。在此过程

① DLA Piper, *Law in Canada*, Global Data Protection Laws of the World(Jun. 21, 2022), https://www.dlapiperdataprotection.com/index.html? c2 = CA&c = CA&t = law.

中，个人信息是以一种结构化、通用的技术格式的形式进行的转交。[①]

5. 惩罚更加严厉。对于违规处理个人信息的行为设定了更为严厉的惩罚，个人的处罚范围5000 加元至 100, 000 加元；对于企业组织的处罚范围为 15, 000 加元至 25, 000 万加元或者是该组织上一年全球收入的 4%。

总之，这些针对隐私立法的改革将会对企业组织在互联网在线收集个人隐私信息产生重大的影响，从而加强对个人数据信息的保护。

（三）典型案例

2019 年 6 月，加拿大最大信用合作社嘉鼎银行（Desjardins）公布遭遇数据泄露事件，并向加拿大隐私专员办公室和魁北克省隐私监管机构进行报告。

2020 年 12 月，加拿大隐私专员办公室调查报告指出，该数据泄露事件涉及约 420 万活跃用户的个人数据信息。报告指出嘉鼎银行的一名前员工在此前连续 26 个月内不断窃取用户数据，并在暗网或者其他网络犯罪论坛进行出售，其中包括用户姓名、出生日期、社保号码、住址、电话号、邮件地址和交易记录等。[②] 针对这起用户数据泄露事件，嘉鼎银行作为用户数据的收集和储存者，没有对相关数据采取必要的安全保护措施，违反了相关的隐私法律法规，应对该起事件负责以及在其企业内部管理上，员工安全意识不足，没有依照数据保护的原则处理用户的数据信息，给外界的不法分子窃取数据提供了很大的机会。

2019 年，加拿大律师事务所西斯肯德（Siskinds Desmeules）和昆格库格勒康德斯汀（Kugler Kandestin）代表数据泄露事件的受害者对嘉鼎银行提起集体诉讼。在 2020 年 7 月，该律所发布声明称，魁北克高级法院批准了由嘉鼎银行提出的和解协议，嘉鼎银行将向位于全国任何地区、所有受到数据泄露影响的加拿大人共支付最高约 2.009 亿美元的和解金，这也是加拿大史上最贵的数据泄露和解金。[③]

二、澳大利亚

（一）立法概况及机构设置

1. 基本法律

澳大利亚是通过联邦、州和各地区颁布法律对个人数据信息进行保护。主要的法

---

① Julie Uzan-Naulin, Jennifer Stoddart, *Canada*: *Right to Data Portability*: *True Data Portability or Simply An Updated Version of the Right of Access*? Lexpert Ranked Law Firm（Sept. 22, 2020）, https://www.mondaq.com/canada/privacy-protection/986998/right-to-data-portability-true-data-portability-or-simply-an-updated-version-of-the-right-of-access.

② 参见樊文扬：《加拿大金融业史上最贵和解：公司因泄露 420 万人数据赔 2 亿》，载微信公众号“隐私护卫队”2022 年 6 月 24 日，https://mp.weixin.qq.com/s/eadRU9PULeVoatDTxKDiUQ。

③ 参见樊文扬：《加拿大金融业史上最贵和解：公司因泄露 420 万人数据赔 2 亿》，载微信公众号“隐私护卫队”2022 年 6 月 24 日，https://mp.weixin.qq.com/s/eadRU9PULeVoatDTxKDiUQ。

律有 1988 年制定的《隐私法》[The Privacy Act 1988(Cth)①],以及澳大利亚隐私原则(Australian Privacy Principles,Apps)。② 两部法律适用于年营业额达到 300 万澳元以上的私营企业实体(包括法人、合伙企业、信托和非法人组织)以及所有的州政府和首都地区的政府机构。其中,《隐私法》主要规定了相关企业在处理个人信息活动时遵守的要求,以及在违规收集个人信息案件中,赋予隐私专员进行调查的权利,专员在调查并执行法律中的相关程序时,有权对严重和恶劣的违规行为或企业未能实施补救措施的重复违规应用程序进行民事处罚。

除了《隐私法》《隐私原则》外,澳大利亚大多数的州和地区(除了南澳大利亚州和西澳大利亚州外)都有关于自己管辖范围的数据保护立法,这些法律适用的对象是各州和地区范围内政府机构和与政府机构合作的私营企业对个人信息处理的活动。相关的法律主要有:《信息隐私法》(Information Privacy Act,2014,澳大利亚首都地区);《隐私和数据保护法》(Privacy and Data Protection Act,2014,维多利亚州);《信息隐私法》(Information Privacy Act,2009,昆士兰州);《个人信息保护法》(Personal Information Protection Act,2004,塔斯马尼亚州)等。

《隐私法》《隐私原则》适用于年营业额达到 300 万澳元以上的私营企业(包括法人、合伙企业、信托和非法人组织)以及联邦政府机构。而各州和地区(除了西澳大利亚州以外)颁布的法律则直接适用于该地区管辖内的数据处理行为,包括对个人信息的收集、储存、处理等活动。因此,在法律的适用范围上,一个私营机构可能同时受到《隐私法》和该机构所处的州和地区的法律所约束。③

2. 其他法律

除了上述的法律外,澳大利亚的联邦、州和地区针对特定行业还颁布了一系列数据保护的特别部门法④(见表 4-12)。

---

① Cth 指联邦层面颁布的法律,即联邦法。

② DLA Piper, *Law in Australia*, Global Data Protection Laws of the World(Jun. 21, 2022), https://www.dlapiperdataprotection.com/index.html? c2 = AU&c = FM&t = law.

③ 参见 owensky:《澳大利亚数据保护要求》,载微信公众号"FreeBuf"2022 年 12 月 6 日,https://mp.weixin.qq.com/s/duPwcNfn5M8tzKgTDXAT0g。

④ Lyndsay Wasser, Kristen Pennington, *Data Protection Laws and Requlations Report* 2022 - 2023 *Canada*, ICLG(Jul. 8, 2022), https://iclg.com/practice-areas/data-protection-laws-and-regulations/canada.

表 4-12 澳大利亚特定行业数据保护文件梳理

序号	适用部门	法律名称	颁布机构
1	电信行业	《1997 年电信法》 (Telecommunications Act 1997)	联邦
		《1979 年电信(拦截和接入)法》 [Telecommunications (Interception and Access) Act 1979]	
2	健康行业	《个人健康记录法案》 (My Health Records Act 2012)	
		《牙医保健法》 (Healthcare ldentifers Act 2010)	
		《健康记录和信息隐私法》 [Health Records and Information Privacy Act 2002 (NSW)]	新南威尔士州
		《健康记录法》 [Health Records Act 2001 (Vic)]	维多利亚州
3	银行、保险和养老金行业	审慎监管标准(针对外包信息以及信息安全),如下: Prudential Standard CPS 231 (Outsourcing); Prudential Standard SPS 231 (Outsourcing) (together, CPS 231); Prudential Standard CPS 234 (Information Security) (CPS 234)	澳大利亚金融审慎监督监管局 Australian Prudential Regulation Authority (APRA)
		《1959 年银行法》 (Banking Act 1959)	联邦
		《1973 年保险法》 (Insurance Act 1973)	
		《1995 年人寿保险法》 (Life Insurance Act 1995)	
		《私人健康保险(审慎监管)法》 [Privatc Hcalth Insurancc (Prudential Supervision) Act 2015]	
		《养老金工业(监管)法》 [Superannuation Industry (Supervision) Act 1993]	
4	消费行业	《竞争和消费者法》 (Competition and Consumer Act 2010)	

3. 监督机构设置

澳大利亚负责信息保护监督主要有以下6个机构：①

(1)澳大利亚信息专员办公室(The Office of the Australian Information Commissioner, OAIC)主要是根据《隐私法》相关规定对国家数据信息保护活动进行监督。

(2)澳大利亚通信和媒体管理局(Australian Communications and Media Authority, ACMA)根据《垃圾邮件法》(Spam Act)和国家版权法(DNCR Act)的相关规定,保护公民的个人数据信息。②

(3)澳大利亚竞争和消费者委员会(Australian Competition and Consumer Commission, ACCC)根据《竞争和消费者法》,保护消费者个人信息。

(4)澳大利亚金融审慎监管局根据审慎监管标准CPS 231 、SPS 231、CPS 234负责对信息的外包、个人信息的安全处理进行监督。

(5)澳大利亚总检察长部门根据《1979年电信(拦截和接入)法》,对数据隐私信息方面负有保护、监督义务。

(6)澳大利亚金融交易报告和分析中心(Australian Transaction Reports and Analysis Centre, AUSTRAC)根据《反洗钱和反恐怖主义融资法》[Anti-Money Laundering and Counter-Terrorism Financing Act 2006 (Cth)],保护相关过程中个人信息的处理。

(二)特别立法

在消费者信息保护上,澳大利亚联邦政府制定并颁布了《消费者数据权利法案》[Consumer Data Right, 2019, (Cth) CDR]。③ 该法案赋予消费者控制自己数据的权利,以及有权要求持有该个人信息的机构(目前是银行机构)向消费者认可的第三方共享消费者的数据信息,从而使消费者能获得更好的日常产品和交易服务。④

在适用上,目前是适用于银行部门间的与信用卡和借记卡、存款账户和交易有关的消费者数据。能源部门是下一个加入《消费者数据权利法案》的部门,电信、保险部门紧随其后。随着时间的推移,整个经济体的其他部门将加入《消费者数据权利法案》。《消费者数据权利法案》制度解决了竞争、消费者、隐私和保密问题。

(三)典型案例

2014年,约有5700万全球用户和司机的数据,在优步公司数据库被黑客成功窃取,

---

① Lyndsay Wasser, Kristen Pennington, *Data Protection Laws and Requlations Report* 2022 – 2023 *Canada*, ICLG(Jul. 8, 2022), https://iclg. com/practice-areas/data-protection-laws-and-regulations/canada.

② 参见owensky:《澳大利亚数据保护要求》,载微信公众号"FreeBuf"2022年12月6日, https://mp. weixin. qq. com/s/duPwcNfn5M8tzKgTDXAT0g。

③ DLA Piper, *Law in Australia*, Global Data Protection Laws of the World(Jun. 21, 2022), https://www. dlapiperdataprotection. com/index. html? c2 = AU&c = FM&t = law.

④ Consumer Data Right, *Australian Government*(Nov. 30, 2022), https://www. cdr. gov. au/.

优步公司在发现数据信息被窃取后，并没有立即通知受到影响的人，反而向黑客支付“封口费”。

2017 年该事件曝光，12 月底，优步公司向澳大利亚信息专员办公室报告该事件。澳大利亚信息专员办公室对该事件展开调查，并对该事件作出报告，确认该数据泄露关联到大约 120 万的澳大利亚用户和司机，其个人数据信息或被曝光、非法利用。之后，澳大利亚信息专员办公室以优步公司违反了澳大利亚《隐私法》和澳大利亚隐私原则，未采取有效措施致使用户数据可在未经授权的情况下被访问，也未删除或去识别化那些不再需要的基于特定目的的个人信息①为由，对优步公司进行了罚款，并要求优步公司进行整改，并在 3 个月内制定数据保留和销毁的制度，以及建立信息安全计划交由专人负责，以确保遵守上述隐私原则。

据了解，优步公司因为此次数据泄露事件已被多个国家处罚。2018 年 9 月，优步公司同意就该事件向美国支付 1.48 亿美元的和解金；数月后，优步公司被英国和荷兰监管机构罚款 90 多万英镑。

三、新西兰

（一）立法概况及机构设置

1. 基本法律②

新西兰关于数据保护的相关法律主要是《隐私法》（2020 Privacy Act）。除了《隐私法》外，《信息隐私原则》（Information Privacy Principles，IPP）也对境内的个人数据信息的保护起着重要的作用。《隐私法》和《信息隐私原则》主要规定了机构如何收集、使用、储存、传输和其他处理个人数据信息。2020 年的《隐私法》授权隐私专员办公室通过发布业务守则的方式，来规制特定行业、机构、活动中的个人信息收集要求。例如，《信用报告隐私守则》（Credit Reporting Privacy Code）；《健康信息隐私守则》（Health Information Privacy Code）；《司法部门唯一标识符守则》（Justice Sector Unique Identifier Code）等。

所有对新西兰境内个人信息的收集行为都受该《隐私法》的调整，包括其境内组织机构收集、处理个人信息的活动，以及境外组织在其境内开展业务过程中处理个人信息的活动都受该部法案的规制，无论该组织是否在新西兰境内有无实体营业场所或者是

---

① 尤一炜：《澳大利亚信息专员办公室：Uber 侵犯超百万澳洲用户隐私》，载微信公众号“隐私护卫队”2021 年 7 月 24 日，https://mp.weixin.qq.com/s/KgMwSwmsi9lkmBCCdMKmEA。

② DLA Piper，*Law in New Zealand*，Global Data Protection Laws of the World（Jun. 21，2022），https://www.dlapiperdataprotection.com/index.html? c2 = NZ&c = FM&t = law.

否从该信息收集活动中获利。[①] 但如果海外机构是以官方身份的国会议员或监察专员收集的信息，则可以不受该部法案的规制。[②]

2. 监督机构设置

数据保护的监督机构主要是隐私专员办公室（The Privacy Commissioner's Office，OPC）。

（二）相关制度

1. 扩大对个人信息的保护。在对于个人信息的定义方面，2020年《隐私法》除了其他能够识别个人的信息外，该部法案还将与死亡有关的相关信息包括在内。

2. 特殊数据处理规则。针对"数据处理者""数据控制者"，新西兰与欧盟的GDPR存在不同的解释，不同于欧盟GDPR关于"数据处理者""数据控制者"的规定，新西兰的2020年《隐私法》并没有对此作出规定，而是采取对"机构"（Agency）作出了定义并进行规制，即当A机构代表B机构收集并持有个人信息，那么该个人信息将被视为由A机构持有，而不是B机构，除非B机构也使用、处理了该信息。[③]

3. 允许延迟通知。当个人数据信息被泄露或者损毁时，储存、处理该个人信息的机构在通知负责数据保护的隐私专员办公室之后，但隐私专员办公室有合理理由认为迟延通知存在一定的必要性，可以允许机构延迟通知信息被泄露的个人或者延迟公开个人数据被泄露的事件。[④]

本章小结

●在欧盟GDPR的法律框架下，数据主体享有知情权、访问权、更正权、删除权（被遗忘权）、限制处理权、可携带权、反对权。

●数据主体享有的权利也构成了数据处理者或数据控制者的义务。数据处理者还应当履行设计时和默认情况下的数据保护等一般义务。在个人数据安全方面，数据处理者和数据控制者应特别注意采取适当的技术性和组织性措施，并进行定期测试和评

---

① 参见信通院互联网法律研究中心：《个人信息保护丨新西兰修订后〈隐私法〉正式生效》，载微信公众号"CAICT互联网法律研究中心"2020年12月25日，https://mp.weixin.qq.com/s/5Q6dvHLKTNVeIYAW-Vf2JA。

② 参见信通院互联网法律研究中心：《个人信息保护丨新西兰修订后〈隐私法〉正式生效》，载微信公众号"CAICT互联网法律研究中心"2020年12月25日，https://mp.weixin.qq.com/s/5Q6dvHLKTNVeIYAW-Vf2JA。

③ 参见owensky：《澳大利亚数据保护要求》，载微信公众号"FreeBuf"2022年12月6日，https://mp.weixin.qq.com/s/duPwcNfn5M8tzKgTDXAT0g。

④ DLA Piper, *Law in New Zealand*, Global Data Protection Laws of the World (Jun. 21, 2022), https://www.dlapiperdataprotection.com/index.html? c2 = NZ&c = FM&t = law.

估。数据泄露时,应当履行法律要求的通知义务。符合特定情形时,数据处理者和数据控制者还应当设立数据保护官。

●符合特定条件的数据处理者和数据控制者可以通过认证机制来证明自己的数据合规水平,为自己带来更多的交易机会。

●跨境传输个人数据时,应当符合 GDPR 第 46 条之规定。对于不符合 GDPR 关于数据跨境传输原则性要求的,可以重点关注 GDPR 对于例外情形下跨境传输数据的要求。

●数据主体行使可携带权时应当注意符合 GDPR 第 20 条的相关要求。

●英国在脱欧后积极进行数据立法方面的改革,目前主要立法是《2018 数据保护法案》、英国修订后的 GDPR 及 2003 年隐私保护和电子通信指令。

●在联邦层面,美国两院联合发布了 ADPPA,企业应当首先明确何为"涵盖数据""敏感涵盖数据"等概念。企业处理数据时应当遵守忠诚义务符合数据最小化的要求,还应当根据自身的规模、活动性质、范围、复杂程度,以及处理的数据的敏感性、数量等制定相应的政策、实践和程序。

●除了 ADPPA 之外,美国联邦层面还在金融、健康等不同领域进行相关立法,保护主体的隐私及数据。

●除了联邦层面的相关立法外,美国各州也在积极进行隐私和数据合规方面的立法,如 CCPA、VCDPA 和纽约的《停止黑客攻击和改进电子数据安全法案》等。

●日本除日本 APPI 这一基本法律之外,还相继出台了《个人信息保护法实施令》《个人信息保护法实施细则》以落实日本 APPI 的实施。

●日本个人信息保护委员会发布的《日本合规指南》为企业提供了具体的合规指引,明确了数据处理者的披露义务、对个人信息传输的要求、跨境传输数据的要求等。

●在日本,信息处理者应当注意日本 APPI 对假名化加工信息和匿名化加工信息的定义、使用要求、安全监管要求以及传输要求。

●韩国除了《个人信息保护法》对个人信息和数据予以保护之外,还有《信息通信网络法》《位置信息保护和使用法》《软件促进法》《信息安全产业促进法》《电子政务法》《数字签名法》《电子文件和电子交易基本法》等,企业应当予以注意。韩国同样会出台相关指南以指导企业进行合规操作,企业应当予以关注。

●韩国《个人信息保护法》在 2020 年增加了对信息和通信服务或类似服务提供者的特别规定,特定企业应当予以注意。

●新加坡对数据合规相关立法为新加坡 PDPA。该法明确了数据的定义及所保护数据的范围。除该基本法之外,新加坡还出台了《个人数据保护(犯罪构成)条例》《个人数据保护(请勿致电登记)条例》《个人数据保护(执法)条例》《个人数据保护条例》《个人数据保护(上诉)条例》《个人数据保护(数据泄露通知)条例》,以及其他附属条例,如《个人资料保护(法定机构)通知》《个人资料保护(订明执法机构)通知》《个人资料保护(指定执法机构)通知》《个人资料保护(指定医疗机构)通知》等。每年个人数据保护委员会还会发布《个人数据保护文摘》,重点介绍数据保护相关文章。

●“请勿致电登记处制度”属于新加坡个人数据保护的亮点制度,保护个人不被企业的营销电话、短信或传真骚扰,但该制度也规定了不受保护的情形。

●新加坡PDPA对个人数据保护义务进行了科学合理的要求,包括告知义务、征得同意、目的正当、准确性、勤勉义务、限制保留、限制传输、保障知情权和更正权、数据泄露时的告知义务、可携带权等。

●马来西亚的数据保护体系由马来西亚PDPA、《个人数据保护条例》、《个人数据保护(数据使用者类别)令》、《个人数据保护(数据使用者注册)条例》、《个人数据保护(费用)条例》、《个人数据保护(数据使用者类别)(修订)令》、《个人数据保护(复合犯罪)条例》构成。根据马来西亚PDPA,其监管机构为个人数据保护部,其负责推动和促进马来西亚PDPA的适用。

●泰国的首部PDPA于2022年6月1日正式生效,该法是关于个人数据收集、使用、披露等的综合性立法,且就违法违规处理个人数据的民事责任、刑事责任以及行政责任作出明确规定。在泰国PDPA的基础上,泰国还发布了更进一步的立法,包括《个人数据控制者安全措施》、《个人数据处理者个人数据处理活动记录的准备和保存标准和方法》、《免除小型企业数据控制者记录》以及《专家委员会发布行政罚款和命令的标准》。

●印度政府于2017年6月组建“数据保护专家委员会”,专门制定个人数据保护法。2019年12月11日,印度政府在印度议会上颁布了《个人数据保护法案》。该法案旨在为印度确立强有力的数据保护框架和设立数据保护局,赋予印度公民相关个人数据权利,以确保他们关于“隐私和个人数据保护”的基本权利。

●在加拿大,对于个人信息的保护,主要有联邦层面发布的PIPEDA,除阿尔伯塔省、不列颠哥伦比亚省、魁北克省3个地区对个人信息保护有专门立法外,其他省份都普遍适用PIPEDA。

●PIPEDA、魁北克省《关于私营部门个人信息保护的法案》,适用于商业活动中对个人信息收集、储存、使用、转移等行为的规制。

●在魁北克省2022年通过的第64号法案,将会对隐私立法进行重大的改革,主要的亮点体现在扩大“个人信息”的定义、加大敏感信息的保护力度、确立企业信息保护负责人制度、个人信息权利增加等。

●在澳大利亚,联邦层面上对个人数据信息保护的法律主要为《隐私法》以及“澳大利亚隐私原则”,这两部法律适用于年营业额达到300万澳元以上的私营企业实体。在各州和地区上,每个地区都有关于自己管辖范围内的数据保护立法,主要有《信息隐私法》《个人信息保护法》《隐私和数据保护法》等。

●在相关立法上，澳大利亚政府制定并颁布的《消费者数据权利法案》，根据该法案的规定，消费者有权控制自己的数据，并根据自己的需求，要求信息处理者向第三方共享数据信息。

●在新西兰，对个人数据保护的法律主要是《隐私法》《信息隐私原则》，该两部法律主要规定了机构如何收集、使用、储存、传输和其他处理个人信息。

●在相关立法上，2020 年《隐私法》扩大了对个人信息的保护，保护范围扩充到了与死亡有关的信息，并规定了特殊数据处理规则，以及允许处理个人信息的机构发生信息泄露或毁损时，在满足一定的条件下，可以延迟通知。

第二编　数据合规基础制度

第五章　组织架构搭建

组织架构是企业结合自身运营状况和发展需要，明确股东会、董事会、监事会、经理层和企业内部各层级机构设置、职责权限、人员编制、工作程序和相关要求的制度安排，其核心是完善公司治理结构、管理体制和运行机制问题。[①] 企业合规组织架构的搭建是企业合规管理制度运行的物质基础，直接关系企业合规管理体系能否高效运转。

第一节　建立数据合规部门和确立负责人的必要性

数据合规是企业为实现依法处理数据、防止数据领域的特定合规风险、保障数据安全的治理机制，是一套旨在预防、识别和应对合规风险的自我监管机制。如果说处于核心地位的合规政策属于“实体法”，那么企业建立起的合规管理体系则近似于“程序法”性质，[②]而数据合规部门正是程序的执行者。实体法的实施需要程序法的保障，而程序法要发挥作用，需要执法者高效执行。因此，组织架构科学合理，职责分工明确的合规管理部门，是企业各项合规工作的高效执行的前提，更是把控企业数据合规风险的基础。

总体上看，数据合规部门的构建，应当包括运营维稳机构、风险控制机构、检查监督机构。

---

① 参见《企业内部控制应用指引第 1 号——组织架构》第 2 条。

② 参见毛逸潇：《数据保护合规体系研究》，载《国家检察官学院学报》2022 年第 2 期。

一、法律规定部分企业应建立数据合规部门并确立负责人

目前,《网络安全法》《数据安全法》《个人信息保护法》仅对部分主体施加了确立数据合规部门以及负责人的义务。在讨论哪些主体应当承担确立数据合规部门以及负责人的法定义务之前,首先需要区分这三部法律所针对的主要对象,即网络运营者、数据处理者以及个人信息处理者。这三者看起来是不同的对象,但通过对比《网络安全法》第76条、《数据安全法》第3条、《个人信息保护法》第73条可知,网络运营者、数据处理者、个人信息处理者的概念是分别从不同的角度定义的(见表5-1),概念存在交叉部分,并且实践中企业往往同时兼具两者甚至三者的身份,如大多网络运营者同时兼具数据处理者和个人信息处理者的多重身份。

表5-1　企业在数据合规中的多重身份及义务梳理

序号	身份	定义
1	网络运营者	网络的所有者、管理者和网络服务提供者
2	数据处理者	进行数据的收集、存储、使用、加工、传输、提供、公开的主体
3	个人信息处理者	在个人信息处理活动中自主决定处理目的、处理方式的组织、个人

不同的主体负有不同的义务(见表5-2),根据《网络安全法》第21条,《数据安全法》第27条,《个人信息保护法》第51条、第52条,负有制定相关管理制度的法定义务的主体有:所有的网络运营者、数据处理者及个人信息处理者;负有建立相关管理部门的法定义务的主体有:重要数据处理者;负有指定相关负责人的法定义务的主体有:网络运营者、重要数据处理者、处理个人信息达到国家网信部门规定数量的个人信息处理者。

表5-2　企业在数据合规中的多重身份及义务梳理

序号	身份	制定管理制度	建立管理部门	指定负责人
1	网络运营者	√	未规定	仅网络安全负责人
2	数据处理者	√	仅重要数据处理者	仅重要数据处理者
3	个人信息处理者	√	未规定	仅处理个人信息达到国家网信部门规定数量的个人信息处理者

除以上法律的原则性规定外,当处理的数据涉及个人信息时,《信息安全技术　个人信息安全规范》第11.1条更为具体地描述了应当确立专门部门以及负责人的条件(见表5-3)。该条要求的个人信息保护负责人和个人信息保护工作机构可以由数据合规部门以及相应负责人兼任,以简化公司内部的机构设置、明细权责分配。《信息安

全技术　个人信息安全规范》本身是依据《网络安全法》制定,其所针对的也主要是通过计算机技术处理个人信息的行为,而数据作为个人信息的一种载体,①当承载个人信息载体的数据达到该数量标准时,同样应当遵循该规范。

表5－3　数据合规管理部门及负责人设立依据梳理

序号	文件名称	条文内容
1	《网络安全法》	第21条　国家实行网络安全等级保护制度。网络运营者应当按照网络安全等级保护制度的要求,履行下列安全保护义务,保障网络免受干扰、破坏或者未经授权的访问,防止网络数据泄露或者被窃取、篡改: (1)制定内部安全管理制度和操作规程,确定网络安全负责人,落实网络安全保护责任; …… 第76条　本法下列用语的含义: …… (3)网络运营者,是指网络的所有者、管理者和网络服务提供者
2	《数据安全法》	第27条　开展数据处理活动应当依照法律、法规的规定,建立健全全流程数据安全管理制度…… 重要数据的处理者应当明确数据安全负责人和管理机构,落实数据安全保护责任
3	《个人信息保护法》	第51条　个人信息处理者应当根据个人信息的处理目的、处理方式、个人信息的种类以及对个人权益的影响、可能存在的安全风险等,采取下列措施确保个人信息处理活动符合法律、行政法规的规定,并防止未经授权的访问以及个人信息泄露、篡改、丢失: (1)制定内部管理制度和操作规程; …… 第52条　处理个人信息达到国家网信部门规定数量的个人信息处理者应当指定个人信息保护负责人,负责对个人信息处理活动以及采取的保护措施等进行监督。 个人信息处理者应当公开个人信息保护负责人的联系方式,并将个人信息保护负责人的姓名、联系方式等报送履行个人信息保护职责的部门。 第73条　本法下列用语的含义: (1)个人信息处理者,是指在个人信息处理活动中自主决定处理目的、处理方式的组织、个人 ……

① 参见韩旭至:《信息权利范畴的模糊性使用及其后果——基于对信息、数据混用的分析》,载《华东政法大学学报》2020年第1期。

续表

序号	文件名称	条文内容
4	《信息安全技术 个人信息安全规范》	11.1 明确责任部门与人员 对个人信息控制者的要求包括： (1)应明确其法定代表人或主要负责人对个人信息安全负全面领导责任，包括为个人信息安全工作提供人力、财力、物力保障等； (2)应任命个人信息保护负责人和个人信息保护工作机构，个人信息保护负责人应由具有相关管理工作经历和个人信息保护专业知识的人员担任，参与有关个人信息处理活动的重要决策直接向组织主要负责人报告工作； (3)满足以下条件之一的组织，应设立专职的个人信息保护负责人和个人信息保护工作机构，负责个人信息安全工作： a. 主要业务涉及个人信息处理，且从业人员规模大于200人； b. 处理超过100万人的个人信息，或预计在12个月内处理超过100万人的个人信息； c. 处理超过10万人的个人敏感信息的

二、企业应自主建立数据合规部门并确立负责人

可以看出，在我国现有的法律框架下，并非所有涉及处理数据的企业都需要设立数据合规管理机构与负责人。对于上述企业以外的其他企业，可以自愿选择是否确立合规管理部门及负责人。本书建议在考虑成本的情况下设立数据合规部门，指定数据合规负责人。理由如下：

第一，无论收集数据多少及种类，企业都有义务合规处理数据，而架构科学合理，职责分工明确的合规管理部门可以极大限度地提高企业的运行效率，同时部门负责人的存在也有助于帮助合规部门更好地运行，帮助企业规范化、高效化处理数据，将企业内部数据合规相关工作落到实处。

第二，企业日常运营过程中接触到的大量员工信息、客户信息、交易信息现在大都以电子数据的形式保存，收集时一个个孤立的、看似不重要的信息，在数量以及种类不断增长、叠加后可能对信息主体权益产生严重的影响，从而到达《数据安全法》第27条第2款所规定的“重要”标准(见表5－3)。

第三，企业在不断运营、发展、扩张的过程中，所处理的数据的数量一定是不断增长的，数量极有可能在未来的某一天达到《个人信息保护法》第52条、《信息安全技术 个人信息安全规范》第11.1条所规定的强制设立的标准(见表5－3)，而数据合规部门的设立可以有效帮助预防违法违规风险。

第二节 数据合规部门的职能机构

数据合规治理与数据合规组织机构密不可分,一家数据合规完善的企业,应设置有完善高效、分工明确的治理组织机构。为使数据合规部门协调、高效、持续运作,企业合规部门应至少包括运营维稳、风险控制、检查监督 3 种职能机构(见图 5-1),具体的职能分工可以参考《中小企业合规管理体系有效性评价》(T/CASMES 19-2022)、《广州市国资委监管企业数据安全合规管理指南(试行 2021 年版)》、《企业数据合规指引》(上海市杨浦区检察院联合市信息服务业行业协会、市数据合规与安全产业发展专家工作组、区工商业联合会)。

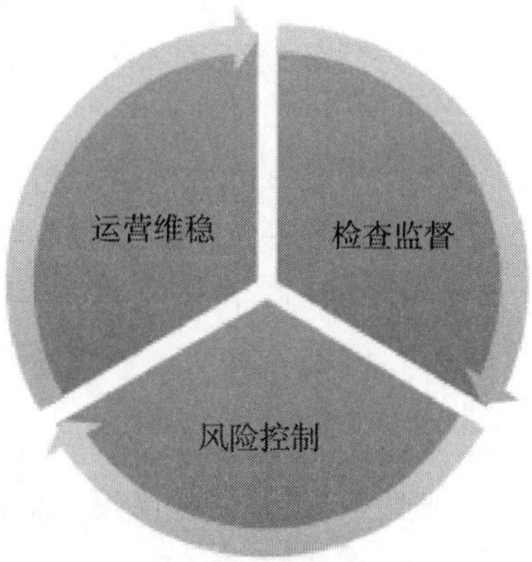

图 5-1 职能机构

一、运营维稳机构

运营维稳包括企业为实现数据合规进行的所有日常性的、持续性的工作,是企业数据合规运作最主要、最重要的工作。运营维稳机构包括领导机构及各类工作小组。

设立领导机构即数据合规负责人,由合规负责人对企业日常性的数据合规负责并履行领导职能,具体包括:设定数据合规目标;定期听取各工作小组的汇报;协调各工作小组之间的分工合作;对违规行为及时作出适当的处理并予以公示;保障运营维稳机构各工作小组开展合规工作所需要的人力、物资条件。①

设立各类工作小组,分别负责不同的工作,包括:根据数据合规目标制定企业数据管理的相关标准,如数据分类分级、权限管理等标准;制定企业数据管理的相关制度及

① 该部分职能参照《中小企业合规管理体系有效性评价》(T/CASMES 19-2022)团体标准对领导机构职能的规定设置。

规范,包括数据全生命周期管理的相关制度;负责统一规范企业数据收集、存储、使用、加工、传输、提供、公开等工作机制;联络企业各部门传递数据合规政策并对其相关人员进行操作培训;负责数据安全技术的应用及更新等工作小组。①

二、风险控制机构

风险控制机构的主要职责包括进行风险评估以及制定突发风险应急预案。

风险评估是指识别和分析与实现数据合规的风险并采取相应的措施加以控制,这一过程包括风险识别与风险分析两个部分:风险识别包括对存储、处理数据存在的技术安全风险以及收集、处理数据行为存在的法律风险进行检测,对外部因素(如政策变化、技术发展、可能对数据安全系统造成损坏的人为或自然因素)和内部因素(如数据合规相关工作人员的专业素质、企业自身数据系统安全漏洞、数据合规政策的执行情况)进行检查;风险分析则涉及评估风险的重大程度、风险发生的可能性、如何控制风险。②

风险控制机构还负责对企业日常运营中可能发生的各类数据安全事件作出相应的应急处置预案,确定处理数据安全事件的领导机构、组织和人员及其相应的职责,根据不同级别的数据安全风险可能造成的损害程度设定不同的预警以及对应的响应措施,并可以进行应对各类数据安全事件的演练。

在风险控制机构下,应当设立风险评估小组以及突发应急事件应对小组,当存在数据安全风险时,由各工作小组将风险内容、风险程度报告给各小组负责人,在负责人的指导下快速作出应对措施、突发事件处理方案,各工作小组负责人将方案传达给运营维稳领导机构,由运营维稳领导机构领导其下属的各工作小组开展具体工作。

三、检查监督机构

检查监督是指对企业内部数据合规相关工作的决策、执行、最终效果进行评价,以及对相关事项提出建议、意见并进行指导。企业应建立数据合规检查监督机构以对数据进行安全审计以及合规审计,定期或不定期地对内部数据合规工作的开展情况进行检查和评估,及时对数据合规相关工作提出建议和意见,以保证数据合规工作的开展符合领导机构的要求、督促数据合规部门内部工作人员保质保量地完成工作任务、确保部门内部各职能组织能够协同高效的运作(见表5-4)。

---

① 该部分职能参照《广州市国资委监管企业数据安全合规管理指南(试行2021年版)》第9条数据合规管理第一道防线职能设置。

② 参见徐凤菊、赵新娥、夏喆:《企业内部控制与风险管理》,东北财经大学出版社2016年版,第7页。

表 5-4　检查监督工作开展依据梳理

序号	文件名称	条文内容
1	《个人信息保护法》	第 54 条　个人信息处理者应当定期对其处理个人信息遵守法律、行政法规的情况进行合规审计。 第 58 条　提供重要互联网平台服务、用户数量巨大、业务类型复杂的个人信息处理者,应当履行下列义务: (一)按照国家规定建立健全个人信息保护合规制度体系,成立主要由外部成员组成的独立机构对个人信息保护情况进行监督
2	《信息安全技术　个人信息安全规范》	11.7　安全审计 对个人信息控制者的要求包括: (1)应对个人信息保护政策、相关规程和安全措施的有效性进行审计; (2)应建立自动化审计系统,监测记录个人信息处理活动; (3)审计过程形成的记录应能对安全事件的处置、应急响应和事后调查提供支撑; (4)应防止非授权访问、篡改或删除审计记录; (5)应及时处理审计过程中发现的个人信息违规使用、滥用等情况; (6)审计记录和留存时间应符合法律法规的要求
3	《广州市国资委监管企业数据安全合规管理指南(试行 2021 年版)》	第 13 条　内部审计部门负责定期对数据安全进行审计,可根据风险评估和审计资源铺排,在审计工作中涵盖数据安全合规的内容,并出具相关审计报告,为公司数据安全风险管理的有效性提供合理保障。 纪检监察部门负责职权范围内的违规事件的监督、执纪、问责等工作

设立独立的检查监督机构。首先,检查监督机构应当独立于企业的日常经营管理机构(如总经理)、产品或者服务研发推广机构等业务部门,这些业务部门以利润为导向进行管理将会忽视个人信息保护。[①] 其次,检查监督机构应独立于数据合规的各业务部门,为防止检查监督人员与数据合规工作的负责、执行人员之间存在利益冲突,保证检查监督活动实现其应有的效果,应当保持其独立性。最后,企业还应当为检查监督机构充分行使职权提供相应制度及物质保障。

在人员组成方面,企业可以根据自身需要采取外部人员为主,内部人员为辅的人员结构。《个人信息保护法》第 58 条仅对提供重要互联网平台服务、用户数量巨大、业务类型复杂的个人信息处理者提出了建立主要由外部成员组成的独立监督机构的要求。由多数外部人员组成的结构可以保证检查监督机构的独立性和专业性,而内部人员的存在则有利于独立的检查监督机构与企业内部其他部门之间的沟通。除以上应依法建立主要由外部成员组成的独立检查监督机构外,其他企业可以考虑自身的需求以及人

① 参见张新宝:《大型互联网平台企业个人信息保护独立监督机构研究》,载《东方法学》2022 年第 4 期。

力资源成本，适当引入外部人员，形成内外人员相结合的检查监督机构。外部成员应当符合以下条件：(1)不得与企业具有人事、经济上的利害关系；(2)资质经过外部专家协会的独立性和专业性审查；(3)津贴报酬统一并独立于企业经营状况；(4)为个人信息保护领域公认的专家，具备高级以上专业技术职称，熟悉有关个人信息法律法规、信息技术等相关理论及实践经验。[①] 内部成员应当包括企业主管法务、合规的高层管理人员。[②]

为进行规范化、高效化的管理，建议企业以建立专项制度或文件的形式将数据合规组织机构的设置及其基本权限和职责的分配确定下来，并严格依此执行，确保数据合规部门内部权责分明、运作高效。

第三节　配套管理制度

除了以上部门、组织、机构组成以及职能划分外，在员工个人层面，还应当建立相应的管理机制。企业的数据合规管理体系的运转、数据合规管理各项工作的效果与员工行为密不可分，员工管理是企业数据合规管理金字塔体系的基底，直接关系企业数据合规管理的最终效果。

一、员工培训

《个人信息保护法》《数据安全法》《网络安全法》等规定(见表5－5)，企业应当定期对相关工作人员进行安全培训，《信息安全技术　个人信息安全规范》则更为具体地提出了个人信息控制者每年至少对个人信息处理岗位上的相关人员开展一次个人信息安全专业化培训和考核(见表5－5)。

表5－5　员工培训相关规范梳理

序号	文件名称	条文内容
1	《个人信息保护法》	第51条　个人信息处理者应当根据个人信息的处理目的、处理方式、个人信息的种类以及对个人权益的影响、可能存在的安全风险等，采取下列措施确保个人信息处理活动符合法律、行政法规的规定，并防止未经授权的访问以及个人信息泄露、篡改、丢失： …… (4)合理确定个人信息处理的操作权限，并定期对从业人员进行安全教育和培训

① 参见张新宝：《大型互联网平台企业个人信息保护独立监督机构研究》，载《东方法学》2022年第4期。
② 参见张新宝：《大型互联网平台企业个人信息保护独立监督机构研究》，载《东方法学》2022年第4期。

续表

序号	文件名称	条文内容
2	《数据安全法》	第 27 条　开展数据处理活动应当依照法律、法规的规定,建立健全全流程数据安全管理制度,组织开展数据安全教育培训,采取相应的技术措施和其他必要措施,保障数据安全
3	《网络安全法》	第 34 条　除本法第二十一条的规定外,关键信息基础设施的运营者还应当履行下列安全保护义务: (1)设置专门安全管理机构和安全管理负责人,并对该负责人和关键岗位的人员进行安全背景审查; (2)定期对从业人员进行网络安全教育、技术培训和技能考核
4	《信息安全技术　个人信息安全规范》	11.6　人员管理与培训 对个人信息控制者的要求包括: …… (5)应建立相应的内部制度和政策对员工提出个人信息保护的指引和要求; (6)应定期(至少每年一次)或在个人信息保护政策发生重大变化时,对个人信息处理岗位上的相关人员开展个人信息安全专业化培训和考核,确保相关人员熟练掌握个人信息保护政策和相关规程

根据上述规定,企业应当定期对员工进行培训。在期限上,可参考以上规定将频率定为每年至少一次。

企业可在必要时对员工进行不定期培训。除定期培训外,当数据合规管理相关法律法规、政策发生重大变化时,除及时更新企业合规管理政策外,也应当及时对员工进行培训,确保员工正确、高效地理解并实施新政策。此外,若培训后实施效果不佳,或实际操作中出现新的情况,可以针对性地对员工进行相应培训。

在培训的内容上,包括数据合规管理政策以及保障数据合规的信息技术两方面,结合员工所处的不同岗位,予以专业化、有针对性地培训。

建立培训考核评价机制。为保证培训实施的效果,可以建立对培训内容的考核评价机制,以激励员工认真学习培训内容、检验员工对培训内容的掌握程度。

二、保密协议

《网络安全法》与《信息安全技术　个人信息安全规范》都对企业提出了对所收集个人信息予以保密的要求(见表 5－6)。当企业处理的数据涉及个人信息时,企业应当对个人信息严格保密,该保密措施不仅指数据加密等信息技术,还包括对人员的管理,落实到具体操作层面,即为与员工签订保密协议。

表 5－6　保密协议相关规范梳理

序号	规范文件	规范内容
1	《网络安全法》	第 40 条　网络运营者应当对其收集的用户信息严格保密，并建立健全用户信息保护制度
2	《信息安全技术　个人信息安全规范》	11.6　人员管理与培训 对个人信息控制者的要求包括： (1)应与从事个人信息处理岗位上的相关人员签署保密协议，对大量接触个人敏感信息的人员进行背景审查，以了解其犯罪记录、诚信状况等； …… (3)应要求个人信息处理岗位上的相关人员在调离岗位或终止劳动合同时，继续履行保密义务； (4)应明确可能访问个人信息的外部服务人员应遵守的个人信息安全要求，与其签署保密协议，并进行监督

员工所处岗位在日常工作中能够接触到个人信息的数据的，应当与其签署保密协议。

保密期间不限于员工在岗期间，还包括在员工离职后该个人信息泄露可能对信息主体产生影响的期间。应在保密协议中约定，在调离岗位或终止劳动合同以后，员工仍然需要遵循保密义务，直至企业允许、相关信息已被公开或保密信息的相关权利人同意时，方可终止。

签署保密协议的主体，除与企业签订正式劳动合同的员工外，还应当包括实习生，因与企业开展合作而接触到企业收集的个人信息的第三方等。

企业对员工保密情况应当予以监督，若发现员工泄露保密信息，应当及时采取措施，防止损害扩大。

本章小结

●建立数据合规部门并确立负责人可以促进企业合法、规范、高效处理数据，法律仅强制要求部分企业建立数据合规部门并确立负责人，符合法定条件的企业应当依法建立数据合规部门并确立负责人，其他企业可以自愿选择是否建立合规管理部门以及确立负责人。

●企业合规部门应至少包括运营维稳、风险控制、检查监督 3 种职能机构，运营维稳机构由领导机构及各类工作小组组成；风险控制机构由风险评估小组以及突发应急事件应对小组组成；检查监督机构由内部人员以及外部人员组成。

●企业应当每年至少一次定期对相关员工进行数据合规培训。当监管政策发生重大变化、实践中发现效果不佳等必要时,企业还应当对员工进行不定期培训。为保证培训效果,企业可以建立培训考核评价机制。

●企业应当与涉及用户个人信息岗位的员工签署保密协议。保密期间应延伸至员工离职后该个人信息泄露可能对信息主体产生影响的期间。签署保密协议的主体包括签订正式劳动合同的员工、实习生,因与企业开展合作而接触到企业收集的个人信息的第三方等。

第六章　数据全生命周期保护

根据《数据安全法》的规定，数据处理包括数据的收集、存储、使用、加工、传输、提供、公开等流程，数据合规应当体现在数据处理的各个环节，因此，企业在进行数据合规时，切忌采取单独、割裂的方式，而应当从系统化、体系化视角出发，做到数据全生命周期保护。

第一节　前提：网络安全

根据《中共中央　国务院关于构建数据基础制度更好发挥数据要素作用的意见》，“数据作为新型生产要素，是数字化、网络化、智能化的基础，已快速融入生产、分配、流通、消费和社会服务管理等各环节，深刻改变着生产方式、生活方式和社会治理方式”。“数据安全保障能力是国家竞争力的直接体现，数据安全是国家安全的重要方面，也是促进数字经济健康发展、提升国家治理能力的重要议题。”[①]对于企业而言，数据安全保障能力也深刻影响着企业的经营发展以及合法合规风险，是企业数据处理、数据保护的前提与必要环节。

一、遵循网络安全等级保护要求

数据安全风险主要表现为利用网络系统漏洞破坏数据内容的完整性、保密性和可用性，是一种数据自身安全层面的静

---

① 参见安静：《审视数据安全在国家层面的重要意义》，载微信公众号“中国信息安全”2021 年 2 月 23 日，https://mp.weixin.qq.com/s/Dnsw9ZEh67ViuDXR2wQzRg。

态风险。[1] 在互联网大数据产业爆发性增长的市场大环境下，实现数据价值的最大化往往依赖于大量多样性数据的汇聚、流动、处理和分析活动，[2]而这些活动大多依赖于信息网络。因此，网络安全是数据安全的前提和保障。

在网络安全领域，根据《网络安全法》第 21 条，我国实行网络安全等级保护制度。网络运营者应当按照网络安全等级保护制度的要求，履行网络保护义务，防止网络数据泄露或者被窃取、篡改。

（一）定级要素

根据市场监管总局、中国国家标准化管理委员会发布的《信息安全技术　网络安全等级保护基本要求》第 5.1 条第 1 款规定，网络安全等级保护对象是指网络安全等级保护工作中的对象，通常是指由计算机或者其他信息终端及相关设备组成的按照一定的规则和程序对信息进行收集、存储、传输、交换、处理的系统，主要包括基础信息网络、云计算平台/系统、大数据应用/平台/资源、物联网（IoT）、工业控制系统和采用移动互联技术的系统等。等级保护对象根据其在国家安全、经济建设、社会生活中的重要程度，遭到破坏后对国家安全、社会秩序、公共利益以及公民、法人和其他组织的合法权益的危害程度等，由低到高被划分为五个安全保护等级。

根据《信息安全技术　网络安全等级保护定级指南》第 4.2.1 条、第 4.2.2 条、第 4.2.3 条规定，等级保护对象的定级要素包括：（1）受侵害的客体，即国家安全、社会秩序、公共利益以及公民、法人和其他组织的合法权益；（2）对客体的侵害程度，通过对侵害方式、侵害后果和侵害程度综合评价归结为造成一般损害、造成严重损害与造成特别严重损害三种，定级要素与安全保护等级关系见表 6－1。

表 6－1　定级要素与安全保护等级的关系

序号	受侵害的客体	对客体的侵害程度		
		一般损害	严重损害	特别严重损害
1	公民、法人和其他组织的合法权益	第一级	第二级	第二级
2	社会秩序、公共利益	第二级	第三级	第四级
3	国家安全	第三级	第四级	第五级

（二）定级流程

根据《信息安全技术　网络安全等级保护定级指南》的规定，等级保护对象定级工

① 参见阙天舒、王子玥：《数字经济时代的全球数据安全治理与中国策略》，载《国际安全研究》2022 年第 1 期。

② 参见阙天舒、王子玥：《数字经济时代的全球数据安全治理与中国策略》，载《国际安全研究》2022 年第 1 期。

作的一般流程如图6-1所示,定级的流程包括:(1)确定定级对象,包括信息系统、通信网络设施和数据资源等;(2)初步确认等级,包括确定受侵害的客体、对客体的侵害程度以及综合判定侵害程度,由网络运营者的技术人员根据相关标准先自行初步确定,撰写定级报告;(3)专家评审,定级对象的运营、使用单位应组织信息安全专家和业务专家,对初步定级结果进行评审,出具专家评审意见;(4)主管部门核准,定级对象的运营、使用单位应将初步定级结果上报行业主管部门或上级主管部门进行审核;(5)公安机关备案审核,定级对象的运营、使用单位将初步定级结果提交公安机关进行备案审查,审查不通过,其运营使用单位应组织重新定级,审查通过后最终确定定级对象的安全保护等级。①

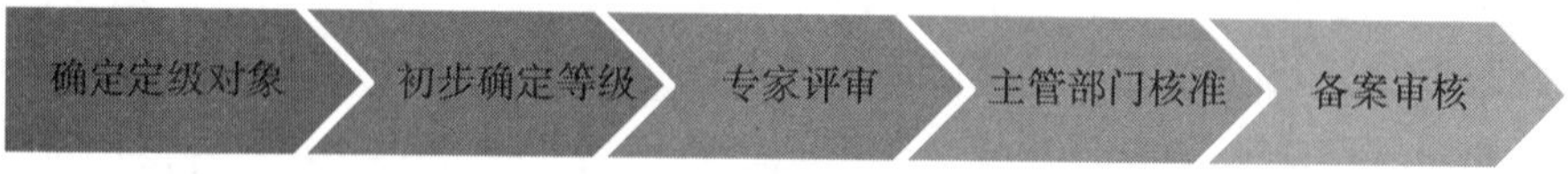

图6-1 等级保护对象定级工作一般流程

应当注意的是,图6-1为定级工作的完整流程。在实践操作中,初步定级不同的保护对象后续的流程要求不同,根据《信息安全技术 网络安全等级保护定级指南》第4.4条的规定,安全保护等级初步确定为第一级的等级保护对象,其网络运营者可依据该指南自行确定最终安全保护等级,可不进行专家评审、主管部门核准和备案审核。安全保护等级初步确定为第二级及以上的等级保护对象,其网络运营者依据该指南组织进行专家评审、主管部门核准和备案审核,最终确定其安全保护等级。根据《信息安全等级保护管理办法》第10条第3款的规定,对于拟确定为第四级以上信息系统的,运营、使用单位或者主管部门应当请国家信息安全保护等级专家评审委员会评审。

根据《信息安全等级保护管理办法》第15条的规定,已运营(运行)的第二级以上信息系统,应当在安全保护等级确定后30日内,由其运营、使用单位到所在地设区的市级以上公安机关办理备案手续。新建第二级以上信息系统,应当在投入运行后30日内,由其运营、使用单位到当地公安机关办理备案手续。隶属于中央的在京单位,其跨省或者全国统一联网运行并由主管部门统一定级的信息系统,由主管部门向公安部办理备案手续。跨省或者全国统一联网运行的信息系统在各地运行、应用的分支系统,应当向当地设区的市级以上公安机关备案。

(三)不同级别保护对象应具备的基本安全保护能力

根据《信息安全技术 网络安全等级保护基本要求》第5.2条的规定,不同级别的网络安全等级保护对象应具备的基本安全保护能力不同(见表6-2)。

---

① 参见军哥:《等保2.0网络安全保护解决方案》,载微信公众号"军哥系统集成号"2020年12月25日,https://mp.weixin.qq.com/s/H_haRorJHGUiRUo6TgTYuQ。

表 6-2　不同网络安全等级保护对象应具备的基本安全保护能力

序号	安全保护能力级别	具体要求
1	第一级安全保护能力	应能够防护免受来自个人的、拥有很少资源的威胁源发起的恶意攻击、一般的自然灾难，以及其他相当危害程度的威胁所造成的关键资源损害，在自身遭到损害后，能够恢复部分功能
2	第二级安全保护能力	应能够防护免受来自外部小型组织的、拥有少量资源的威胁源发起的恶意攻击、一般的自然灾难，以及其他相当危害程度的威胁所造成的重要资源损害，能够发现重要的安全漏洞和处置安全事件，在自身遭到损害后，能够在一段时间内恢复部分功能
3	第三级安全保护能力	应能够在统一安全策略下防护免受来自外部有组织的团体、拥有较为丰富资源的威胁源发起的恶意攻击、较为严重的自然灾难，以及其他相当危害程度的威胁所造成的主要资源损害，能够及时发现、监测攻击行为和处置安全事件，在自身遭到损害后，能够较快恢复绝大部分功能
4	第四级安全保护能力	应能够在统一安全策略下防护免受来自国家级别的、敌对组织的、拥有丰富资源的威胁源发起的恶意攻击、严重的自然灾难，以及其他相当危害程度的威胁所造成的资源损害，能够及时发现、监测发现攻击行为和安全事件，在自身遭到损害后，能够迅速恢复所有功能
5	第五级安全保护能力	因最高级别涉及重大国家安全、社会秩序、公共利益，《信息安全技术　网络安全等级保护基本要求》未将第五级保护要求公示

（四）按照等级保护要求进行安全系统建设

根据《信息安全等级保护管理办法》第 11 条的规定，信息系统的安全保护等级确定后，运营、使用单位应当按照国家信息安全等级保护管理规范和技术标准（见表 6-3），使用符合国家有关规定，满足信息系统安全保护等级需求的信息技术产品，开展信息系统安全建设或者改建工作。

表 6-3　等级保护相关技术规范

序号	文件名称
1	《计算机信息系统安全保护等级划分准则》(GB17859-1999)
2	《信息安全技术　网络安全等级保护基本要求》(GB/T 22239-2019)
3	《信息安全技术　信息系统通用安全技术要求》(GB/T20271-2006)
4	《信息安全技术　网络基础安全技术要求》(GB/T20270-2006)
5	《信息安全技术　操作系统安全技术要求》(GB/T20272-2019)
6	《信息安全技术　数据库管理系统安全技术要求》(GB/T20273-2019)

信息系统建设完成后,运营、使用单位或者其主管部门应当选择有资质的测评机构(网络安全等级保护网 http://www.djbh.net/公示了全国网络安全等级测评与检测评估机构目录),依据《信息安全等级保护管理办法》等技术标准,定期对信息系统安全等级状况开展等级测评。第三级信息系统应当每年至少进行一次等级测评,第四级信息系统应当每半年至少进行一次等级测评,第五级信息系统应当依据特殊安全需求进行等级测评。

信息系统运营、使用单位及其主管部门应当定期对信息系统安全状况、安全保护制度及措施的落实情况进行自查。第三级信息系统应当每年至少进行一次自查,第四级信息系统应当每半年至少进行一次自查,第五级信息系统应当依据特殊安全需求进行自查。

经测评或者自查,信息系统安全状况未达到安全保护等级要求的,运营、使用单位应当制定方案进行整改。

(五)等级保护相关标准的梳理

现将其他与网络安全等级保护相关的技术标准梳理如下(见表6-4):

表6-4 等级保护相关技术规范

序号	文件名称
1	《计算机信息系统安全保护等级划分准则》(GB17859-1999)
2	《信息安全技术 网络安全等级保护安全设计技术要求》(GB/T25070-2019)
3	《信息安全技术 网络安全等级保护测评要求》(GB/T28448-2019)
4	《信息安全技术 网络安全等级保护测评过程指南》(GB/T28449-2018)
5	《信息安全技术 网络安全等级保护测试评估技术指南》(GB/T36627-2018)
6	《信息安全技术 网络安全等级保护安全管理中心技术要求》(GB/T36958-2018)
7	《信息安全技术 网络安全等级保护测评机构能力要求和评估规范》(GB/T36959-2018)
8	《信息安全技术 网络安全等级保护定级指南》(GB/T 22240-2020)
9	《信息安全技术 网络安全等级保护基本要求》(GB/T 22239-2019)

二、进行数据安全检测评估与认证

常态化的数据安全检测是及时发现数据安全风险、保障数据安全的有效及必要措施。常态化的数据安全检测,一方面依赖于企业的自我检测;另一方面也需要国家有关部门制定相关评估、认证标准,并进行监督,以保证数据安全检测彻底地贯彻落实。

(一)国家促进数据安全检测评估与认证事业的发展

我国数据产业不断发展,数据已然被确立成为一种生产要素,数据相关的技术、产品、服务将源源不断地产生。面对大量的数据技术、产品、服务,要实现高效、及时的监管,需要借助专业的检测、评估机制。① 从《数据安全法》《个人信息保护法》等有关数据保护的法律以及各类行业标准、技术规范的要求,可以看出国家对数据处理行为采取审慎监管的态度。例如,《数据安全法》第18条(见表6－5)规定,国家积极鼓励数据安全检测评估、认证事业的发展,支持数据安全检测评估、认证等专业机构依法开展服务活动。

2022年6月5日,市场监管总局、国家网信办联合发布关于开展数据安全管理认证工作的公告,并发布实施了《数据安全管理认证实施规则》。根据该规则,数据安全管理认证的依据为《信息安全技术　网络数据处理安全要求》及相关标准规范;数据安全管理认证的流程包括认证委托、技术验证、现场审核、认证结果评价和批准、获证后监督。认证证书有效期为3年,证书到期需延续使用的,认证委托人应当在有效期届满前6个月内提出认证委托。当获得认证的网络运营者不再符合认证要求时,认证机构将会对认证证书予以暂停甚至撤销,并予以公布。

目前,数据安全认证的具体实施制度仍在建设之中,市场监管总局及国家网信办尚未指定专门的认证机构,数据安全认证的具体标准仍然有待明确,企业应及时关注监管动态。

(二)企业应进行数据安全管理能力认证

监管规定目前尚未强制要求企业进行数据安全管理认证,企业可自愿选择是否进行数据安全管理认证,但仍建议一些存在处理大量数据(特别是涉及个人信息、重要数据)行为的企业进行数据安全管理能力认证,主要基于以下原因:(1)"数据安全管理认证是对自身数据安全的全方位验证和保障",进行数据安全管理认证有助于企业对自身数据安全管理体系进行自查及完善,有助于提高企业自身的数据处理能力;②(2)数据安全管理认证可以增强企业的竞争优势,数据安全管理认证作为企业数据安全保护能力的背书,增强了用户以及合作伙伴对于企业的信赖,相较于其他没有相关认证的同类企业来说,获得数据安全管理认证能够成为企业的一种竞争优势;③(3)"数据安全管理能力认证可以作为一种合规性证明","证明企业在网络数据处理活动、网络数据安全

---

① 参见张平:《中华人民共和国数据安全法理解适用与案例解读》,中国法制出版社2021年版,第58页。

② 参见沈越:《数据安全管理认证的"变"与"不变"——从不同数据认证模式观察》,载微信公众号"邦信阳律师事务所"2022年6月27日,https://mp.weixin.qq.com/s/1CafItRXl0PQfWqA9aJzvQ。

③ 参见张继红:《数据认证:模式选择与应用规范》,载《中国政法大学学报》2021年第2期。

等方面,符合相关标准规范,必要时可以作为向监管机构展示合规性的一种方式”。①

企业可通过中国网络安全审查技术与认证中心下载数据安全管理认证申请书并进行数据安全认证申办(或登入数据安全认证业务管理系统 https://data.isccc.gov.cn)。

(三)企业应进行自我检测与评估

企业应对自身的数据安全管理能力进行检测及评估,以更好地预防并及时发现数据安全风险,避免因此可能出现的法律风险及导致的损失(见表6-5)。企业可参考《数据管理能力成熟度评估模型》(GB/T 36073-2018)、《信息安全技术数据安全能力成熟度模型》(GB/T 37988-2019)、《数据安全治理能力评估方法》(T/ISC-0011-2021)等标准对企业自身的数据安全管理能力进行评估并作出相应改进,以更好地防范数据安全风险。

表6-5 数据安全检测评估与认证相关规范梳理

序号	文件名称	条文内容
1	《数据安全法》	第18条 国家促进数据安全检测评估、认证等服务的发展,支持数据安全检测评估、认证等专业机构依法开展服务活动。 国家支持有关部门、行业组织、企业、教育和科研机构、有关专业机构等在数据安全风险评估、防范、处置等方面开展协作。 第30条 重要数据的处理者应当按照规定对其数据处理活动定期开展风险评估,并向有关主管部门报送风险评估报告。 风险评估报告应当包括处理的重要数据的种类、数量,开展数据处理活动的情况,面临的数据安全风险及其应对措施等
2	《企业数据合规指引》	第23条【风险评估】企业在识别数据风险内容的基础上,可根据自身经营规模、组织体系、业务内容以及市场环境,分析和评估数据风险的来源、发生的可能性、后果的严重性等,并对数据风险进行分级。 数据合规部门负责人应当根据风险评估结果对不同职级、不同工作范围的管理层与员工进行风险提示,降低管理层和员工的违法犯罪风险

三、建立数据安全应急处置制度

“凡事预则立,不预则废。”面对可能出现的突发事件,提前做好应对措施、相关预案,是防止事件不利影响迅速扩大,最大化降低损害的必要措施。《数据安全法》第23条从宏观层面上原则性规定了国家建立数据安全应急处置机制。国家网信办于2021年11月14日发布的《网安条例》对数据安全应急处置机制的具体落实作出了详细规

① 沈越:《数据安全管理认证的“变”与“不变”——从不同数据认证模式观察》,载微信公众号“邦信阳律师事务所”2022年6月27日,https://mp.weixin.qq.com/s/1CafItRXl0PQfWqA9aJzvQ。

定,2022 年 7 月 14 日,国务院办公厅发布关于印发《国务院 2022 年度立法工作计划》的通知(国办发〔2022〕24 号),通知显示 2022 年将由国家网信办制定《网络数据安全管理条例》,企业应当密切关注立法动态。

尽管国家数据安全应急处置制度仍处于建设之中,但企业仍可以参照《网安条例》以及前述第五章第二节风险控制机构,对建立企业自身的数据安全应急处置机制做好预先准备。

根据《网安条例》第 11 条的规定,数据处理者应当建立数据安全应急处置机制,发生数据安全事件时及时启动应急响应机制,采取措施防止危害扩大,消除安全隐患,具体包括以下措施:

(1)当数据安全事件损害个人、组织的合法权益时,数据处理者应当在 3 个工作日内将安全事件和风险情况、危害后果、已经采取的补救措施等以电话、短信、即时通讯工具、电子邮件等方式通知利害关系人,无法通知的可采取公告方式告知,法律、行政法规规定可以不通知的从其规定。

(2)安全事件涉嫌犯罪的,数据处理者应当按规定向公安机关报案。

(3)发生重要数据或者 10 万人以上个人信息泄露、毁损、丢失等数据安全事件时,数据处理者还应当履行以下义务:①在发生安全事件的 8 小时内向设区的市级网信部门和有关主管部门报告事件基本信息,包括涉及的数据数量、类型、可能的影响、已经或拟采取的处置措施等;②在事件处置完毕后 5 个工作日内向设区的市级网信部门和有关主管部门提交包括事件原因、危害后果、责任处理、改进措施等情况的调查评估报告。

第二节　数据收集合规

数据收集流程是企业获取数据的重要来源,根据相关法律法规,企业收集数据需要满足数据主体知情且同意、符合必要性原则、分类分级收集等要求,并及时建立、更新个人信息保护双清单。

一、应遵循"知情同意"原则

《民法典》第 111 条明确规定,自然人的个人信息受法律保护。私权的处分遵循权利主体的自由意志,数据处理者处理涉及自然人个人信息的数据,必须事先征得相关权利主体的同意。合同法律关系的核心是意思表示,合同当事人作出有效意思表示的前提,是对订立合同时的相关重要事项的知悉和表意自由。[①] 因此,收集数据涉及个人信息的,应当充分保障个人的知情权,并取得相关个人的同意。

---

① 参见唐林垚:《数据合规科技的风险规制及法理构建》,载《东方法学》2022 年第 1 期。

知情同意原则要求数据处理者向数据主体明示个人信息处理目的、方式、范围等规则,征求其授权同意。①《个人信息保护法》的大量条文表明,处理个人信息以个人信息提供者知情同意为原则(见表6-6)。根据《个人信息保护法》的相关规定(第7条、第13条),处理个人信息的,除法律、行政法规另有规定外需征得该自然人同意,公开处理信息的规则,明示处理信息的目的、方式和范围。根据《网络安全法》的第22条第3款的规定,网络产品、服务具有收集用户信息功能的,其提供者应当向用户明示并取得同意;涉及用户个人信息的,还应当遵守《网络安全法》和有关法律、行政法规关于个人信息保护的规定。

表6-6 "知情同意"原则相关规范梳理

序号	文件名称	条文内容
1	《民法典》	第111条　自然人的个人信息受法律保护。任何组织或者个人需要获取他人个人信息的,应当依法取得并确保信息安全,不得非法收集、使用、加工、传输他人个人信息,不得非法买卖、提供或者公开他人个人信息
2	《个人信息保护法》	第13条　符合下列情形之一的,个人信息处理者方可处理个人信息: (1)取得个人的同意; …… 依照本法其他有关规定,处理个人信息应当取得个人同意,但是有前款第二项至第七项规定情形的,不需取得个人同意。 第17条　个人信息处理者在处理个人信息前,应当以显著方式、清晰易懂的语言真实、准确、完整地向个人告知下列事项: (1)个人信息处理者的名称或者姓名和联系方式; (2)个人信息的处理目的、处理方式,处理的个人信息种类、保存期限; (3)个人行使本法规定权利的方式和程序; (4)法律、行政法规规定应当告知的其他事项。 前款规定事项发生变更的,应当将变更部分告知个人。 个人信息处理者通过制定个人信息处理规则的方式告知第一款规定事项的,处理规则应当公开,并且便于查阅和保存。 第18条　个人信息处理者处理个人信息,有法律、行政法规规定应当保密或者不需要告知的情形的,可以不向个人告知前条第一款规定的事项。 紧急情况下为保护自然人的生命健康和财产安全无法及时向个人告知的,个人信息处理者应当在紧急情况消除后及时告知。 第22条　个人信息处理者因合并、分立、解散、被宣告破产等原因需要转移个人信息的,应当向个人告知接收方的名称或者姓名和联系方式。接收方应当继续履行个人信息处理者的义务。接收方变更原先的处理目的、处理方式的,应当依照本法规定重新取得个人同意。

① "知情同意"原则适用于数据处理的全流程,由于实践中告知及寻求同意的行为多发生于收集阶段,因此将该原则放在此处阐述。

续表

序号	文件名称	条文内容
		第23条　个人信息处理者向其他个人信息处理者提供其处理的个人信息的,应当向个人告知接收方的名称或者姓名、联系方式、处理目的、处理方式和个人信息的种类,并取得个人的单独同意。接收方应当在上述处理目的、处理方式和个人信息的种类等范围内处理个人信息。接收方变更原先的处理目的、处理方式的,应当依照本法规定重新取得个人同意。 第30条　个人信息处理者处理敏感个人信息的,除本法第十七条第一款规定的事项外,还应当向个人告知处理敏感个人信息的必要性以及对个人权益的影响;依照本法规定可以不向个人告知的除外
3	《网络安全法》	第22条　……网络产品、服务具有收集用户信息功能的,其提供者应当向用户明示并取得同意;涉及用户个人信息的,还应当遵守本法和有关法律、行政法规关于个人信息保护的规定。 第42条　网络运营者不得泄露、篡改、毁损其收集的个人信息;未经被收集者同意,不得向他人提供个人信息。但是,经过处理无法识别特定个人且不能复原的除外。 网络运营者应当采取技术措施和其他必要措施,确保其收集的个人信息安全,防止信息泄露、毁损、丢失。在发生或者可能发生个人信息泄露、毁损、丢失的情况时,应当立即采取补救措施,按照规定及时告知用户并向有关主管部门报告

(一)告知义务

1.应当告知的情形及告知内容

《个人信息保护法》对应当告知的情形以及应当告知的内容作出了一系列规定,现梳理如下(见表6－7):

表6－7　应当告知的情形及告知内容

序号	应当告知的情形	应当告知的内容	法律依据
1	处理个人信息前以及已告知的相关事项发生变化时	(1)个人信息处理者的名称或者姓名和联系方式; (2)个人信息的处理目的、处理方式,处理的个人信息种类、保存期限; (3)个人行使《个人信息保护法》规定权利的方式和程序; (4)法律、行政法规规定应当告知的其他事项	《个人信息保护法》第17条
2	涉及敏感个人信息时	(1)上述事项; (2)处理敏感个人信息的必要性以及对个人权益的影响	《个人信息保护法》第30条

续表

序号	应当告知的情形	应当告知的内容	法律依据
3	个人信息处理者因合并、分立、解散、被宣告破产等原因需要转移个人信息的	接收方的名称或者姓名和联系方式	《个人信息保护法》第22条
4	向其他个人信息处理者提供其处理的个人信息的	接收方的名称或者姓名、联系方式、处理目的、处理方式和个人信息的种类	《个人信息保护法》第23条

2. 告知义务的豁免

《个人信息保护法》以第18条作为例外条款,规定了豁免告知义务的情形,包括:(1)有法律、行政法规规定应当保密或者不需要告知的情形的,个人信息处理者不再承担告知义务,如《中华人民共和国刑事诉讼法》第152条规定,"……公安机关依法采取技术侦查措施,有关单位和个人应当配合,并对有关情况予以保密",若公安机关要求企业提供相关数据以进行技术侦查,企业应当配合并对有关情况予以保密,此时企业不再承担对相关客户的告知义务;又如《中华人民共和国反洗钱法》(以下简称《反洗钱法》)第6条规定,"履行反洗钱义务的机构及其工作人员依法提交大额交易和可疑交易报告,受法律保护"。《金融机构反洗钱规定》对该条进行了细化,其第15条规定,"金融机构及其工作人员对依法履行反洗钱义务获得的客户身份资料和交易信息应当予以保密;非依法律规定,不得向任何单位和个人提供。金融机构及其工作人员应当对报告可疑交易、配合中国人民银行调查可疑交易活动等有关反洗钱工作信息予以保密,不得违反规定向客户和其他人员提供",即当客户的可疑交易涉嫌洗钱时,金融机构应当向监管机构报告,且对该报告事项保密,不得告知相关客户,以免妨碍反洗钱调查工作。(2)在紧急情况下,为了保护自然人的生命健康和财产安全无法及时向个人告知的,可在紧急情况消除后告知。

3. 告知方式

根据《个人信息保护法》第17条的规定,告知应当以显著、足以引起被收集者注意的方式,如弹窗;以清晰易懂的语言,避免过多专业词汇难以为被收集者理解;真实、准确、完整地向个人告知,避免相关内容阐述不清、含糊其词;以直接的方式呈现,避免多次点击,给收集者带来太大负担。

此外,根据国家网信办秘书局、工信部办公厅、公安部办公厅、市场监管总局办公厅联合发布的《违规使用认定方法》第1条、第2条的规定,以下情形可被认定为"未公开收集使用规则""未明示收集使用个人信息的目的、方式和范围"(见表6-8),企业应当避免。

表 6-8　违规告知情形

序号	违规要素	具体情形
1	未公开收集使用规则	(1)在 App 中没有隐私政策,或者隐私政策中没有收集使用个人信息规则; (2)在 App 首次运行时未通过弹窗等明显方式提示用户阅读隐私政策等收集使用规则; (3)隐私政策等收集使用规则难以访问,如进入 App 主界面后,需多于 4 次点击等操作才能访问到; (4)隐私政策等收集使用规则难以阅读,如文字过小过密、颜色过淡、模糊不清,或未提供简体中文版等
2	未明示收集使用个人信息的目的、方式和范围	(1)未逐一列出 App(包括委托的第三方或嵌入的第三方代码、插件)收集使用个人信息的目的、方式、范围等; (2)收集使用个人信息的目的、方式、范围发生变化时,未以适当方式通知用户,适当方式包括更新隐私政策等收集使用规则并提醒用户阅读等; (3)在申请打开可收集个人信息的权限,或申请收集用户身份证号、银行账号、行踪轨迹等个人敏感信息时,未同步告知用户其目的,或者目的不明确、难以理解; (4)有关收集使用规则的内容晦涩难懂、冗长烦琐,用户难以理解,如使用大量专业术语等

(二)取得同意

1. 以取得同意为原则

《个人信息保护法》通过对征得个人信息提供者的同意作原则性规定并列举可以不征得同意的例外情形的方式,确立了以取得相关主体同意为原则的个人信息处理制度。现将有关法律法规明确规定的可以不取得同意的情形整理如下(见表 6-9),除以下情形外,原则上都应当征得个人信息提供者的同意。此外,还应当注意法律对豁免取得同意义务的情形的规定包括“法律、行政法规规定的其他情形”,因此,企业应当关注立法动态,当出现新的可豁免取得同意义务的规定时,及时调整企业相关政策。

表 6－9　信息收集豁免规范梳理

序号	规范依据	豁免情形
1	《个人信息保护法》第 13 条	(1)为订立、履行个人作为一方当事人的合同所必需,或者按照依法制定的劳动规章制度和依法签订的集体合同实施人力资源管理所必需; (2)为履行法定职责或者法定义务所必需; (3)为应对突发公共卫生事件,或者紧急情况下为保护自然人的生命健康和财产安全所必需; (4)为公共利益实施新闻报道、舆论监督等行为,在合理的范围内处理个人信息; (5)依照本法规定在合理的范围内处理个人自行公开或者其他已经合法公开的个人信息; (6)法律、行政法规规定的其他情形
2	《信息安全技术　个人信息安全规范》第 5.6 条征得授权同意的例外	(1)与个人信息控制者履行法律法规规定的义务相关的; (2)与国家安全、国防安全直接相关的; (3)与公共安全、公共卫生、重大公共利益直接相关的; (4)与刑事侦查、起诉、审判和判决执行等直接相关的; (5)出于维护个人信息主体或其他个人的生命、财产等重大合法权益但又很难得到本人授权同意的; (6)所涉及的个人信息是个人信息主体自行向社会公众公开的; (7)根据个人信息主体要求签订和履行合同所必需的; 注:个人信息保护政策的主要功能为公开个人信息控制者收集、使用个人信息范围和规则,不宜将其视为合同。 (8)从合法公开披露的信息中收集个人信息的,如合法的新闻报道、政府信息公开等渠道; (9)维护所提供产品或服务的安全稳定运行所必需的,如发现、处置产品或服务的故障; (10)个人信息控制者为新闻单位,且其开展合法的新闻报道所必需的; (11)个人信息控制者为学术研究机构,出于公共利益开展统计或学术研究所必要,且其对外提供学术研究或描述的结果时,对结果中所包含的个人信息进行去标识化处理的

2. 同意与单独同意

《个人信息保护法》将取得个人信息提供者的同意作为处理个人信息的原则性前提,并在此基础上区分了一般性同意与单独同意。“单独同意”的核心是:争取同意的个人信息处理活动的范围应限于特定的业务功能,不应与其他业务功能捆绑,因此,用户勾选或点击同意整体隐私政策可以构成合法的、明示的一揽子同意,却无法构成单独同意。现将应当取得一般性同意(见表 6－10)以及取得单独同意(见表 6－11)的情形做如下梳理:

表 6－10　取得一般性同意的情形

序号	规范依据	情形
1	《个人信息保护法》第 21 条	转委托他人处理个人信息
2	《个人信息保护法》第 22 条、第 23 条	个人信息处理者向他人转移或提供个人信息，个人信息接收方变更原先的处理目的、处理方式的
3	《个人信息保护法》第 31 条	处理不满 14 周岁未成年人个人信息的，应当取得未成年人的父母或者其他监护人的同意

表 6－11　取得单独同意的情形

序号	规范依据	情形
1	《个人信息保护法》第 23 条	个人信息处理者向其他个人信息处理者提供其处理的个人信息
2	《个人信息保护法》第 25 条	公开个人信息处理者处理的个人信息
3	《个人信息保护法》第 26 条	将公共场所安装图像采集、个人身份识别设备收集的个人图像、身份识别信息用于维护公共安全以外的其他目的
4	《个人信息保护法》第 39 条	向中华人民共和国境外提供个人信息

3. 取得同意的方式

（1）依法取得书面同意

《个人信息保护法》（见表 6－12）中有两个条文要求书面形式取得同意，尽管这两条对于何种具体情形下要求书面形式并没有明确规定，对企业来说也不会构成实践操作上的困难。因为，根据《民法典》第 469 条第 2 款、第 3 款规定，“书面形式是合同书、信件、电报、电传、传真等可以有形地表现所载内容的形式。以电子数据交换、电子邮件等方式能够有形地表现所载内容，并可以随时调取查用的数据电文，视为书面形式”，书面形式已不再局限于纸质材料。并且实践中，只要属于应当征得同意的情形，为预防涉及个人信息收集的争议的发生，企业都会采取签订纸质协议书、勾选同意隐私政策或签订电子协议等方式来证明自己已经取得了个人信息提供者的同意，以书面形式征得同意不仅是法律的要求，也是企业防范法律风险的手段。

表 6－12　信息收集豁免规范梳理

序号	规范依据	豁免情形
1	《个人信息保护法》第 14 条	法律、行政法规规定处理个人信息应当取得个人单独同意或者书面同意的，从其规定
2	《个人信息保护法》第 29 条	法律、行政法规规定处理敏感个人信息应当取得书面同意的，从其规定

（2）不同业务分别取得同意

在实践中，运营者出于可操作性以及用户友好性考虑，常常会在隐私政策中约定用户以概括性同意的方式授权企业在各类业务情形下收集、使用用户的个人信息，但根据《信息安全技术　移动互联网应用程序（App）收集个人信息基本要求》第 6.4.3 条（见表 6－13），当同一 App 提供多种类型服务时，应按照服务类型制定个人信息保护政策，明示各类服务处理个人信息的目的、方式、范围，并应按照服务类型分别向用户申请处理个人信息的同意。此外，根据《中共中央　国务院关于构建数据基础制度更好发挥数据要素作用的意见》第 2 条第 6 项及《移动互联网应用程序个人信息保护管理暂行规定（征求意见稿）》第 6 条第 4 项的规定（见表 6－13），企业不应强制要求用户一揽子同意打开多个系统权限，应当在对应业务功能启动时，动态申请 App 所需的权限，以此来保障用户的权利。①

表 6－13　隐私政策相关规范梳理

序号	条文依据	合规要点
1	《信息安全技术　移动互联网应用程序（App）收集个人信息基本要求》第 6.4.3 条	b）应按照服务类型分别向用户申请处理个人信息的同意。 c）App 类型之外的其他服务类型，宜由用户自主选择启用。当用户首次使用时，宜采用增强式告知方式明示该服务类型的个人信息处理规则，并取得用户明示同意。 注 2：增强式告知通常用于帮助用户理解特定个人信息处理规则，采用专门页面或单独步骤等用户不易绕过的方式向用户告知，具体可参照个人信息告知同意相关标准

① 参见大成数据保护团队：《用户不同意一揽子隐私政策，运营者能否拒绝服务？》，载微信公众号“个人信息与数据保护实务评论”2021 年 11 月 29 日，https://mp.weixin.qq.com/s/fbBEpFXIL8xPKQYgmwfB3A。

续表

序号	条文依据	合规要点
2	《中共中央　国务院关于构建数据基础制度更好发挥数据要素作用的意见》第2条第6项	不得采取“一揽子授权”、强制同意等方式过度收集个人信息
3	《移动互联网应用程序个人信息保护管理暂行规定（征求意见稿）》第6条	①应当在App登录注册页面及App首次运行时，通过弹窗、文本链接及附件等简洁明显且易于访问的方式，向用户告知涵盖个人信息处理主体、处理目的、处理方式、处理类型、保存期限等内容的个人信息处理规则； ②应当采取非默认勾选的方式征得用户同意； ③应当在对应业务功能启动时，动态申请App所需的权限，不应强制要求用户一揽子同意打开多个系统权限，且未经用户同意，不得更改用户设置的权限状态
4	《网络安全标准实践指南—移动互联网应用程序（App）收集使用个人信息自评估指南》[1]	1.1　是否公开隐私政策等收集使用规则 a）隐私政策通过弹窗、文本链接、附件、常见问题（FAQs）等界面或形式展示。 b）隐私政策中包含收集使用个人信息规则的相关内容。 c）隐私政策文本链接有效，文本可正常显示。 d）如存在涉及收集使用儿童个人信息相关业务功能的，需制定针对儿童的个人信息保护规则。 注1：详见2019年国家互联网信息办公室令（第4号）《儿童个人信息网络保护规定》。 注2：例如收集不满十四周岁的未成年人个人信息的教育类App，需制定针对儿童的个人信息保护规则。 1.2　是否提示用户阅读隐私政策等收集使用规则 a）在App首次运行或用户注册时主动提示用户阅读隐私政策。 注：例如可采用通过弹窗、突出链接等主动方式提示用户阅读隐私政策。 b）避免使用不明显的方式展示隐私政策链接，导致用户不易发现隐私政策。 注：例如采用与背景颜色相近的字体、刻意缩小字号、弹出键盘遮挡、置于边缘等为不明显方式展示隐私政策链接。 1.3　隐私政策等收集使用规则是否易于访问 a）用户进入主功能界面后，通过4次（含）以内的点击等操作，能够访问到隐私政策。 b）尽可能在界面的固定路径展示隐私政策（或其链接），以便

续表

序号	条文依据	合规要点
		用户随时访问和获取,避免仅在注册/登录界面展示隐私政策链接,或只能以咨询客服等方式查找隐私政策等情形。 注1:例如通过"我—设置—关于"或者"我的—设置—隐私"等用户熟悉路径展示隐私政策,不频繁变更展示隐私政策的路径。 注2:在首次展示隐私政策时,宜说明查找隐私政策的方法、路径。 c)隐私政策以单独成文的形式发布,而不是作为用户协议、用户须知等文件中的一部分存在。 注:如果因展示条件等特殊原因使用用户协议、用户须知等文件描述个人信息收集使用规则,则尽可能显著标识并以连续篇幅呈现。 1.4　隐私政策等收集使用规则是否易于阅读 a)隐私政策文本文字显示方式不会造成阅读困难。 注1:例如可采取与App其他界面等同的样式。 注2:例如文本字号过小、颜色与背景色相近、行间距过密、字迹模糊、列宽大于手机屏幕等易造成阅读困难。 b)提供简体中文版隐私政策。 c)隐私政策内容使用标准化的数字、图示,采用通用的语言习惯,避免误用概念、术语或存在有歧义的语句等。 3.5　是否以默认选择同意隐私政策等非明示方式征求用户同意 a)在首次运行、用户注册等时,可通过弹窗、突出链接等明示方式提醒用户阅读隐私政策后征求用户同意,不采用默认勾选隐私政策等非明示方式。 b)通过设置"下一步""注册""登录即代表同意"等方式征求用户同意的情形,除以显著方式展示隐私政策等收集使用规则外,还需明确执行上述动作与同意隐私政策之间的逻辑关系,以达到主动提醒用户主动阅读隐私政策后征求用户同意的效果。 注:隐私政策等收集使用规则未发生变化时无须反复征求用户同意。如App更新后,隐私政策无变化时,无须再次征求用户同意隐私政策

注:〔1〕因该文件供企业自我评估使用,在此列举完整条文内容以供企业理解监管要点,企业依此进行自评并视需要采纳。

(3)取得明确同意

企业在收集用户信息时,应当尊重用户的自主选择权,采用使用户在充分知情的情况下明确作出同意的方式征求用户的同意。首先应当以简洁、明显、易于访问、易于阅读的方式呈现隐私政策,且隐私政策最好单独设置,而不是作为用户协议、用户须知等文件中的一部分存在,如果因展示条件等特殊原因使用用户协议、用户须知等文件描述个人信息收集使用规则,则尽可能显著标识并以连续篇幅呈现。在取得同意时应通过弹窗、文本链接及附件等明示的方式提示用户隐私政策,征得用户的同意,不得采用默认勾选同意或以“下一步”“注册”“登录”即代表同意等方式,在用户首次使用时,还应当显著提示用户。

(4)违反同意原则的行为类型

《违规使用认定方法》第 3 条还从反面列举了可以被认定为“未经用户同意收集使用个人信息”的方式,企业应当避免,包括:①征得用户同意前就开始收集个人信息或打开可收集个人信息的权限;②用户明确表示不同意后,仍收集个人信息或打开可收集个人信息的权限,或频繁征求用户同意、干扰用户正常使用;③实际收集的个人信息或打开的可收集个人信息权限超出用户授权范围;④以默认选择同意隐私政策等非明示方式征求用户同意;⑤未经用户同意更改其设置的可收集个人信息权限状态,如 App 更新时自动将用户设置的权限恢复到默认状态;⑥利用用户个人信息和算法定向推送信息,未提供非定向推送信息的选项;⑦以欺诈、诱骗等不正当方式误导用户同意收集个人信息或打开可收集个人信息的权限,如故意欺瞒、掩饰收集使用个人信息的真实目的;⑧未向用户提供撤回同意收集个人信息的途径、方式;⑨违反其所声明的收集使用规则,收集使用个人信息。

4. 提供撤销同意的途径

根据《个人信息保护法》第 15 条及第 16 条的规定,基于个人同意而处理个人信息的,个人有权撤回其同意,个人撤回同意的,不影响撤回前基于个人同意已进行的个人信息处理活动的效力。除非相关信息是提供产品或者服务所必需的,个人信息处理者不得以个人不同意其处理个人信息或者撤回同意为由拒绝提供产品和服务。在具体操作层面,企业应当提供便捷的撤回同意的方式,如在营业网点提供相关服务、在 App 界面中设置相关功能选项等,不得以设置复杂的程序障碍实质剥夺用户撤回同意的权利。

二、应遵循必要性原则

处理数据必要性原则即只处理满足个人信息主体授权同意的目的所需的最少个人信息类型和数量。① 根据《网络安全法》第 41 条的规定,网络运营者收集、使用个人信息,应当遵循必要的原则,不得收集与其提供的服务无关的个人信息。《个人信息保护法》第 5 条也明确提及了个人信息收集之必要性是收集个人信息的基本原则之一(见表 6－14)。

---

① 国家市场监督管理总局、国家标准化管理委员会《信息安全技术　个人信息安全规范》,GB/T 35273－2020,第 5.2 条。

(一)必要性原则的内涵

"必要"是一个非常抽象的描述,难以明确统一适用标准,为此,国家市场监督管理总局国家标准化管理委员会发布的《信息安全技术　个人信息安全规范》第5.2条从3个角度对"必要"进行了界定:第一,收集的个人信息的类型应与实现产品或服务的业务功能有直接关联,直接关联是指没有上述个人信息的参与,产品或服务的功能无法实现;第二,自动采集个人信息的频率应是实现产品或服务的业务功能所必需的最低频率;第三,间接获取个人信息的数量应是实现产品或服务的业务功能所必需的最少数量(见表6-14)。

(二)应用必要性原则的具体情形

《违规使用认定方法》第4条则从反面划定了"违反必要原则,收集与其提供的服务无关的个人信息"的6种行为,包括:(1)与现有业务功能无关;(2)因用户不同意拒绝提供业务功能;(3)新增业务功能收集的个人信息超出用户原有同意范围;(4)收集个人信息的频度等超出业务功能实际需要;(5)仅以改善服务质量、提升用户体验、定向推送信息、研发新产品等为由,强制要求用户同意收集个人信息;(6)要求用户一次性同意打开多个可收集个人信息的权限,用户不同意则无法使用(见表6-14)。从而进一步划定了必要信息的范围。

国家网信办秘书局、工信部办公厅、公安部办公厅、市场监管总局办公厅印发的《常见类型移动互联网应用程序必要个人信息范围规定》第3条(见表6-14),将必要个人信息定义为保障App基本功能服务正常运行所必需的个人信息,缺少该信息App即无法实现基本功能服务。同时第4条还规定,App不得因用户不同意提供非必要个人信息,而拒绝用户使用其基本功能服务。与《个人信息保护法》的相关规定一致,若用户不同意提供必要个人信息,App可拒绝提供服务。该规定列举了包括地图、网约车、网络社区、网络支付等39类App的必要个人信息范围,且均为穷尽式的列举,为审查判断收集个人信息是否符合必要原则提供了统一、明确、精准的适用标准,同时限度明确的必要信息范围也更加有利于规制企业收集个人信息的行为,以更好地保护个人信息主体的合法权益。

表 6－14　“必要性”原则相关规范梳理

序号	规范文件	规范内容
1	《网络安全法》	第 41 条　网络运营者收集、使用个人信息，应当遵循合法、正当、必要的原则，公开收集、使用规则，明示收集、使用信息的目的、方式和范围，并经被收集者同意。 网络运营者不得收集与其提供的服务无关的个人信息，不得违反法律、行政法规的规定和双方的约定收集、使用个人信息，并应当依照法律、行政法规的规定和与用户的约定，处理其保存的个人信息
2	《个人信息保护法》	第 5 条　处理个人信息应当遵循合法、正当、必要和诚信原则，不得通过误导、欺诈、胁迫等方式处理个人信息
3	《信息安全技术　个人信息安全规范》	5.2　收集个人信息的最小必要 对个人信息控制者的要求包括： a）收集的个人信息的类型应与实现产品或服务的业务功能有直接关联；直接关联是指没有上述个人信息的参与，产品或服务的功能无法实现； b）自动采集个人信息的频率应是实现产品或服务的业务功能所必需的最低频率； c）间接获取个人信息的数量应是实现产品或服务的业务功能所必需的最少数量
4	《违规使用认定方法》	四、以下行为可被认定为“违反必要原则，收集与其提供的服务无关的个人信息” 1. 收集的个人信息类型或打开的可收集个人信息权限与现有业务功能无关； 2. 因用户不同意收集非必要个人信息或打开非必要权限，拒绝提供业务功能； 3. App 新增业务功能申请收集的个人信息超出用户原有同意范围，若用户不同意，则拒绝提供原有业务功能，新增业务功能取代原有业务功能的除外； 4. 收集个人信息的频度等超出业务功能实际需要； 5. 仅以改善服务质量、提升用户体验、定向推送信息、研发新产品等为由，强制要求用户同意收集个人信息； 6. 要求用户一次性同意打开多个可收集个人信息的权限，用户不同意则无法使用
5	《常见类型移动互联网应用程序必要个人信息范围规定》	第 3 条　本规定所称必要个人信息，是指保障 App 基本功能服务正常运行所必需的个人信息，缺少该信息 App 即无法实现基本功能服务。具体是指消费侧用户个人信息，不包括服务供给侧用户个人信息

三、应遵循分类分级保护原则

《数据安全法》第三章数据安全制度搭建起了我国数据分类分级保护制度的基本框架。分类分级保护制度是指根据数据在经济社会发展中的重要程度以及一旦遭到篡改、破坏、泄露或者非法获取、非法利用，对国家安全、公共利益或者个人、组织合法权益造成的危害程度，对数据进行分类分级保护。分类分级保护制度要求企业做到如下几点：

1. 对数据进行多层次的分类分级保护

数据分类分级保护在国家、地区、部门、行业、领域等层面都有所体现。区分不同类型的数据进行不同等级的保护，建立重要数据目录，对重要数据进行重点保护；而对国家核心数据，即关系国家安全、国民经济命脉、重要民生、重大公共利益的数据，实行更加严格的管理制度。① 根据不同的行业、部门的特点对数据进行区分保护，正在实行的行业数据分类分级的国家标准如《工业数据分类分级指南（试行）》《基础电信企业数据分类分级方法》《个人金融信息保护技术规范》《证券期货业数据分类分级指引》《金融数据安全　数据安全分级指南》等。② 在地区层面，我国首个省级公共数据分类分级地方标准浙江省《数字化改革　公共数据分类分级指南》也早已实行。③

2. 涉及个人信息的分类分级保护

企业收集的数据大多涉及自然人的个人信息，《个人信息保护法》（第二章　个人信息处理规则　第二节　敏感个人信息的处理规则）对收集、处理个人信息行为的规制同样贯彻着分类分级保护原则。《个人信息保护法》在个人信息中区分出敏感个人信息，并对其施以了更加严格的管控规则。根据《个人信息保护法》第28条的规定，敏感个人信息即“一旦泄露或者非法使用，容易导致自然人的人格尊严受到侵害或者人身、财产安全受到危害的个人信息，包括生物识别、宗教信仰、特定身份、医疗健康、金融账户、行踪轨迹等信息，以及不满十四周岁未成年人的个人信息”。收集、处理敏感个人信息的基本原则为，只有在具有特定目的和充分的必要性，并采取严格保护措施的情形下才可以处理敏感个人信息。处理敏感个人信息在适用个人信息处理规则的一般规则外，还需要遵循一些特殊规定，如取得个人的单独同意或法律法规要求的书面同意，告知处理敏感个人信息的必要性以及对个人权益的影响，处理不满14周岁的未成年人个人信息应当取得父母或其他监护人的同意并制定专门的个人信息处理规则。《个人信

---

① 《中华人民共和国数据安全法》第21条第2款。

② 参见张平：《中华人民共和国数据安全法理解适用与案例解读》，中国法制出版社2021年版，第75页。

③ 参见张平：《中华人民共和国数据安全法理解适用与案例解读》，中国法制出版社2021年版，第75页。

息保护法》将个人信息区分为一般的个人信息以及敏感个人信息,并施以了不同的保护措施,其贯彻的也是分类分级保护原则。

企业在对数据进行收集、处理的过程中,也应当贯彻分类分级保护原则,对于不同类型的数据要施以不同的保护措施,如涉及国家秘密、个人信息、商业秘密等信息时,应当施加严格的保密措施;对涉及个人信息的数据还要区分一般个人信息以及敏感个人信息;而对经过匿名化处理的、无法识别特定个人的信息,则可以适当放宽保护措施,具体应根据企业所收集、处理的数据类型而定。

四、应建立双清单制度

2021 年 11 月 1 日,工信部发布《关于开展信息通信服务感知提升行动的通知》,提出要建立个人信息保护“双清单”,即企业需要建立已收集个人信息清单和第三方共享个人信息清单。

一是针对各类 App 在用户不知情的情况下,违规、过度收集用户个人信息,侵害用户的个人信息权益的现象,要求企业建立已收集个人信息清单,列明 App[包括内嵌第三方软件开发工具包(Software Development Kit,SDK)]已经收集到的用户个人信息基本情况,包括信息种类、使用目的、使用场景等。这既可以更好地保障用户的知情权,也可以促使企业及时自查在数据收集方面是否存在问题,同时也便于相关部门对企业数据收集行为进行监管。二是针对企业对所收集的用户数据的利用和共享“黑箱化”的问题,由于企业不公开对数据的利用和共享规则,导致用户根本不知道自己的信息数据将被如何使用以及共享到何处,既侵犯用户的知情权,也存在侵犯用户个人信息权益的巨大风险。[①] 因此,该通知要求企业建立第三方共享个人信息清单,列明 App 与第三方共享的用户个人信息基本情况,包括与第三方共享的个人信息种类、使用目的、使用场景和共享方式等。

工信部发布的《首批设立“双清单”、提升客服热线响应能力、优化隐私政策和权限调用展示方式的互联网企业名单》显示,截至 2021 年 11 月 1 日,全国已有 39 家企业建立“双清单”制度,其中包括腾讯、快手、字节跳动、阿里巴巴等大型互联网企业,为“双清单”制度的全面落实起到了良好的示范作用。企业收集的涉及个人信息的数据,也应当建立已收集个人信息清单和第三方共享个人信息清单,以简洁、清晰的方式呈现出已收集的用户信息,并为用户提供便捷的查阅方式,同时,还需要根据企业实际运营过程中对用户数据的处理情况,及时自查更新,以保证企业对用户数据收集、利用、共享行为合法合规。

---

① 参见张晓旋:《扎牢数据保护“篱笆”》,载《经济日报》2022 年 1 月 11 日,第 5 版。

第三节 数据存储合规

数据存储合规是数据合规的应有之义。数据存储是数据处理的重要一环,也是收集环节之后面临的关键问题,主要包含两个方面:存储及删除。因此,以下将从数据存储制度与数据删除制度两方面梳理数据存储合规要点。

一、数据存储制度

数据存储是数据合规的重点规制方面,目前,我国已搭建了由《网络安全法》《数据安全法》《个人信息保护法》《关键信息基础设施安全保护条例》等法律法规构成的系统规范体系,对境内存储、保密存储、存储保存、容灾备份、委托存储问题进行系统规定。

(一)部分数据处理者应当遵循境内①存储规则

为了强化数据安全管理,保护国家主权、安全和发展利益,数据本地化存储已成为立法与实践关注的重点问题,数据本地化存储情形正在不断明确,向境外传输的程序也在不断完善。以下将对数据境内存储规则中的相关风险点进行提示。

1.应当严格遵循境内存储规则的情形

根据相关法律法规规定,下列情形应当严格遵循境内存储的规定,应将所处理信息及数据存储在境内:

(1)国家机关处理个人信息

国家机关作为收集数据的重要主体,其收集的数据具有全局性与广泛性,往往关系国家安全与民众的切身利益,因此法律对其存储位置有特别的要求。根据《个人信息保护法》第36条的规定,只要是国家机关收集的,任何个人信息都应当保存在境内。

(2)关键信息基础设施运营者处理个人信息与重要数据

关键信息基础设施②,是指公共通信和信息服务、能源、交通、水利、金融、公共服务、电子政务、国防科技工业等重要行业和领域的,以及其他一旦遭到破坏、丧失功能或者数据泄露,可能严重危害国家安全、国计民生、公共利益的重要网络设施、信息系统等。正因为关键信息基础设施运营者所收集数据的重要性以及遭到泄露等可能造成的危害,《个人信息保护法》第40条规定其应当将在中华人民共和国境内收集和产生的个人信息存储在境内,《网络安全法》第37条也规定其在中华人民共和国境内运营中收集

---

① 《中华人民共和国出境入境管理法》第89条中规定:"出境,是指由中国内地前往其他国家或者地区,由中国内地前往香港特别行政区、澳门特别行政区,由中国大陆前往台湾地区。"

② 《关键信息基础设施安全保护条例》第2条规定:"本条例所称关键信息基础设施,是指公共通信和信息服务、能源、交通、水利、金融、公共服务、电子政务、国防科技工业等重要行业和领域的,以及其他一旦遭到破坏、丧失功能或者数据泄露,可能严重危害国家安全、国计民生、公共利益的重要网络设施、信息系统等。"

和产生的个人信息和重要数据应当在境内存储。

如工业和信息化领域。该领域主要包括机械、汽车、民用船舶、民用航空工业等装备工业，通信业，电子信息制造业，软件业等，处理的数据可能对国家安全以及经济发展至关重要。对此，工信部发布《工业和信息化领域数据安全管理办法（试行）》规范工业和信息化领域数据处理活动。其第 21 条第 1 款规定工业和信息化领域数据处理者在中华人民共和国境内收集和产生的重要数据和核心数据，法律、行政法规有境内存储要求的，应当在境内存储。

（3）处理个人信息达到一定数量的个人信息处理者

对于一般的个人信息处理者来说，其收集和产生的个人信息并没有国家机关和关键信息基础设施运营者那么重要以及全面，故原则上法律在“数据本地化存储”方面没有特殊要求。但是对于处理个人信息达到一定数量的个人信息处理者，法律有特别的规定。《个人信息保护法》第 40 条规定，处理个人信息达到国家网信部门规定数量的个人信息处理者，应当将在中华人民共和国境内收集和产生的个人信息存储在境内。对此，《数据出境安全评估办法》对其进行了具体规定，前者指的是处理 100 万人以上个人信息的数据处理者。①

2. 向境外提供的程序

根据《个人信息保护法》第 36 条、第 40 条的规定，国家机关、关键信息基础设施运营者和处理个人信息达到国家网信部门规定数量的个人信息处理者，确有需要向境外提供的，必须通过国家网信部门组织的安全评估，除非法律、行政法规和国家网信部门规定可以不进行安全评估（见表 6 - 15）。具体内容参见本章第七节数据的跨境传输部分。

表 6 - 15　企业数据出境相关规范梳理

序号	规范名称	条文内容
1	《网络安全法》	第 37 条　关键信息基础设施的运营者在中华人民共和国境内运营中收集和产生的个人信息和重要数据应当在境内存储。因业务需要，确需向境外提供的，应当按照国家网信部门会同国务院有关部门制定的办法进行安全评估；法律、行政法规另有规定的，依照其规定

① 《数据出境安全评估办法》第 4 条规定：“数据处理者向境外提供数据，有下列情形之一的，应当通过所在地省级网信部门向国家网信部门申报数据出境安全评估：……（二）关键信息基础设施运营者和处理 100 万人以上个人信息的数据处理者向境外提供个人信息……”

续表

序号	规范名称	条文内容
2	《个人信息保护法》	第36条　国家机关处理的个人信息应当在中华人民共和国境内存储;确需向境外提供的,应当进行安全评估。安全评估可以要求有关部门提供支持与协助。 第40条　关键信息基础设施运营者和处理个人信息达到国家网信部门规定数量的个人信息处理者,应当将在中华人民共和国境内收集和产生的个人信息存储在境内。确需向境外提供的,应当通过国家网信部门组织的安全评估;法律、行政法规和国家网信部门规定可以不进行安全评估的,从其规定
3	《工业和信息化领域数据安全管理办法(试行)》	第21条第1款　工业和信息化领域数据处理者在中华人民共和国境内收集和产生的重要数据和核心数据,法律、行政法规有境内存储要求的,应当在境内存储,确需向境外提供的,应当依法依规进行数据出境安全评估

(二)对处理的数据应当保密

数据作为形式载体往往承载着大量的信息,可能涉及个人隐私、商业秘密等,数据处理者存储数据应当根据数据的种类,严格遵循等级保护制度的相关规定,从物理和技术层面做好双重保密工作,加强数据处理系统、数据传输网络、数据存储环境等安全防护,采取加密、访问控制等手段,以防止信息和数据泄露,侵害相关主体的合法权益,从而导致企业自身陷入违法违规的风险、损害企业的商誉。对此,《数据安全法》第38条和《网络安全法》第40条分别进行了规定,同时《网安条例》也要求数据处理者应当采取措施使得数据免遭泄露(见表6-16)。

表6-16　数据保密相关规范梳理

序号	名称	法条
1	《数据安全法》	第38条　国家机关为履行法定职责的需要收集、使用数据,应当在其履行法定职责的范围内依照法律、行政法规规定的条件和程序进行;对在履行职责中知悉的个人隐私、个人信息、商业秘密、保密商务信息等数据应当依法予以保密,不得泄露或者非法向他人提供
2	《网络安全法》	第40条　网络运营者应当对其收集的用户信息严格保密,并建立健全用户信息保护制度。 第42条　网络运营者不得泄露、篡改、毁损其收集的个人信息;未经被收集者同意,不得向他人提供个人信息。但是,经过处理无法识别特定个人且不能复原的除外。 网络运营者应当采取技术措施和其他必要措施,确保其收集的个人信息安全,防止信息泄露、毁损、丢失。在发生或者可能发生个人信息泄露、毁损、丢失的情况时,应当立即采取补救措施,按照规定及时告知用户并向有关主管部门报告

续表

序号	名称	法条
3	《网安条例》	第9条　数据处理者应当采取备份、加密、访问控制等必要措施,保障数据免遭泄露、窃取、篡改、毁损、丢失、非法使用,应对数据安全事件,防范针对和利用数据的违法犯罪活动,维护数据的完整性、保密性、可用性。 数据处理者应当按照网络安全等级保护的要求,加强数据处理系统、数据传输网络、数据存储环境等安全防护,处理重要数据的系统原则上应当满足三级以上网络安全等级保护和关键信息基础设施安全保护要求,处理核心数据的系统依照有关规定从严保护。 数据处理者应当使用密码对重要数据和核心数据进行保护

(三)不得篡改、毁损存储的数据,并且应提供行权渠道

存储数据的机关、企业以及个人除了保证数据不遭受泄露以外,还应当保证数据的完整性,确保数据不被恶意篡改或者毁损。《网络安全法》第42条第1款规定网络运营者不得泄露、篡改、毁损其收集的个人信息;未经被收集者同意,不得向他人提供个人信息。但是,经过处理无法识别特定个人且不能复原的除外。

在此基础上,《个人信息保护法》第46条规定了信息主体的信息更正权。当信息主体发现其个人信息不准确或者不完整时,有权请求个人信息处理者更正、补充,以此来保证个人数据的完整性。基于上述规定,企业也应当提供通畅的反映渠道,以确保可以及时有效回应个人诉求。

(四)对数据进行容灾备份

容灾,是指在相隔较远的异地建立两套或多套功能相同的IT系统,互相之间可以进行健康状态监视和功能切换,当一处系统因意外(如火灾、地震等)停止工作时,整个应用系统可以切换到另一处,使得该系统功能可以继续正常工作。备份是指为防止系统出现操作失误或系统故障导致数据丢失,而将全系统或部分数据集合从应用主机的硬盘或阵列复制到其他的存储介质的过程。容灾和备份实际上是两个概念,容灾是为了在遭遇灾害时能保证信息系统正常运行,帮助企业实现业务连续性的目标,备份是为了应对灾难来临时造成的数据丢失问题。但是现在市场一般都推行容灾备份一体化产品,其作为存储制度的重要后备措施,帮助企业应对人为误操作、软件错误、病毒入侵等"软"性灾害以及硬件故障、自然灾害等"硬"性灾害。

目前,《网络安全法》第34条第3项要求关键信息基础设施运营者应当对重要系统和数据库进行容灾备份。《工业和信息化领域数据安全管理办法(试行)》第15条规定对于该领域的核心数据,还应当实施异地容灾备份,给核心数据再加上一份保险(见表6-17)。然而,从未雨绸缪的角度来说,容灾备份是保证企业数据安全的重要措施,除法律法规明确规定应当进行容灾备份的企业外,建议剩余企业量体裁衣,依照自身情况采取相应的容灾备份措施以保障数据存储安全。

表 6－17 数据容灾备份相关规范梳理

序号	名称	法条
1	《网络安全法》	第 34 条 除该法第 21 条的规定外，关键信息基础设施的运营者还应当履行下列安全保护义务： (1)设置专门安全管理机构和安全管理负责人，并对该负责人和关键岗位的人员进行安全背景审查； (2)定期对从业人员进行网络安全教育、技术培训和技能考核； (3)对重要系统和数据库进行容灾备份； (4)制定网络安全事件应急预案，并定期进行演练； (5)法律、行政法规规定的其他义务
2	《工业和信息化领域数据安全管理办法(试行)》	第 15 条 工业和信息化领域数据处理者应当按照法律、行政法规规定和用户约定的方式、期限进行数据存储。存储重要数据和核心数据的，应当采用校验技术、密码技术等措施进行安全存储，并实施数据容灾备份和存储介质安全管理，定期开展数据恢复测试

(五) 委托其他机构存储数据

目前，我国并未禁止委托他人处理数据，《数据安全法》第 40 条规定国家机关可以委托他人建设、维护电子政务系统，存储、加工政务数据。《个人信息保护法》第 21 条规定个人信息处理者可以委托他人处理个人信息。但是，当数据与个人信息处理者委托其他机构处理数据时，委托方与受托方均应当遵守法律法规的相关规定。

对此，《数据安全法》与《个人信息保护法》对委托情形下委托人的监督义务与受托人的安全保护义务均进行了规定(见表 6－18)。

表 6－18 委托其他机构存储数据相关规范梳理

名称	法条
《个人信息保护法》	第 21 条 个人信息处理者委托处理个人信息的，应当与受托人约定委托处理的目的、期限、处理方式、个人信息的种类、保护措施以及双方的权利和义务等，并对受托人的个人信息处理活动进行监督。 受托人应当按照约定处理个人信息，不得超出约定的处理目的、处理方式等处理个人信息；委托合同不生效、无效、被撤销或者终止的，受托人应当将个人信息返还个人信息处理者或者予以删除，不得保留。 未经个人信息处理者同意，受托人不得转委托他人处理个人信息。 第 55 条 有下列情形之一的，个人信息处理者应当事前进行个人信息保护影响评估，并对处理情况进行记录：……(3)委托处理个人信息、向其他个人信息处理者提供个人信息、公开个人信息

对委托人来说：(1)委托方委托他人处理信息时，应当事前进行个人信息保护影响

评估;(2)个人信息处理者应当与受托人订立委托合同,明确委托目的、委托期限、处理方式、待处理个人信息的种类、受托人应采取的保护措施等;(3)委托方应当持续监督受托方的个人信息处理行为;(4)国家机关委托他人处理政务数据时,应当经过严格的批准程序。

对受托人来说:(1)合规处理信息义务。受托人应当遵循数据合规全生命周期流程的要求,不得超出约定的处理目的、处理方式等处理个人信息。(2)及时删除或返还个人信息义务。当委托合同不生效、无效、被撤销或者终止时,受托人应当及时删除或者返还个人信息义务。

二、数据删除制度

在我国法律框架下,更多地将信息主体在此制度项下享有的权利称为“删除权”。我国的《民法典》《网络安全法》《个人信息保护法》均对删除权进行了规定(见表6-19)。

表6-19 删除权行使的具体情形及例外法律规范梳理

序号	名称	法条
1	《民法典》	第1037条 自然人可以依法向信息处理者查阅或者复制其个人信息;发现信息有错误的,有权提出异议并请求及时采取更正等必要措施。自然人发现信息处理者违反法律、行政法规的规定或者双方的约定处理其个人信息的,有权请求信息处理者及时删除
2	《网络安全法》	第43条 个人发现网络运营者违反法律、行政法规的规定或者双方的约定收集、使用其个人信息的,有权要求网络运营者删除其个人信息;发现网络运营者收集、存储的其个人信息有错误的,有权要求网络运营者予以更正。网络运营者应当采取措施予以删除或者更正
3	《个人信息保护法》	第4条 个人信息是以电子或者其他方式记录的与已识别或者可识别的自然人有关的各种信息,不包括匿名化处理后的信息 个人信息的处理包括个人信息的收集、存储、使用、加工、传输、提供、公开、删除等。 第47条 有下列情形之一的,个人信息处理者应当主动删除个人信息;个人信息处理者未删除的,个人有权请求删除:(1)处理目的已实现、无法实现或者为实现处理目的不再必要;(2)个人信息处理者停止提供产品或者服务,或者保存期限已届满;(3)个人撤回同意;(4)个人信息处理者违反法律、行政法规或者违反约定处理个人信息;(5)法律、行政法规规定的其他情形。 法律、行政法规规定的保存期限未届满,或者删除个人信息从技术上难以实现的,个人信息处理者应当停止除存储和采取必要的安全保护措施之外的处理

(一)删除权的基本含义

删除权是指在符合法律规定或者当事人约定的情形下,信息主体可以请求信息处理者及时删除相关个人信息的权利。该权利旨在保障信息主体对其个人信息的自主决定。① 删除权可以确保个人的信息不被随意存储,从而从源头上切断个人信息泄露或者被非法利用等的可能性,对于保障个人信息安全意义重大。

(二)删除权行使的具体情形及例外

1. 具体情形

《民法典》和《网络安全法》对删除权进行了基本规定,《个人信息保护法》第 47 条第 1 款在此基础上细化了行使删除权的情形,即:(1)处理目的已实现、无法实现或者为实现处理目的不再必要;(2)个人信息处理者停止提供产品或者服务,或者保存期限已届满;(3)个人撤回同意;(4)个人信息处理者违反法律、行政法规或者违反约定处理个人信息;(5)法律、行政法规规定的其他情形。当符合上述情形时,不仅信息主体享有请求信息处理者删除个人信息的权利,个人信息处理者也负有相应的删除义务。

此外,死者个人信息删除问题也值得关注。我国大部分互联网平台通常通过在用户协议与隐私政策中设定条款以申明用户账号的所有权属于企业,但并未对过世用户及数据制定特殊规则,导致用户去世后亲属对其账户处理存在困难。②《个人信息保护法》第 49 条对死者近亲属对死者个人信息的删除权进行了规定,即自然人死亡的,其近亲属为了自身的合法、正当利益,可以对死者的相关个人信息行使本章规定的查阅、复制、更正、删除等权利;死者生前另有安排的除外。企业应当遵守《个人信息保护法》的相关规定,为逝者近亲属行使删除权作出相应的制度安排。

2. 例外

删除权也存在例外情形,即法律上不能删除及客观上不能删除。根据《个人信息保护法》第 47 条第 2 款,即使满足以上 5 种情形,只要"法律、行政法规规定的保存期限未届满"或"删除个人信息从技术上难以实现",信息处理者仍可不删除相关个人信息。

前者如《电子商务法》第 31 条要求商品和服务信息、交易信息保存期限应当自交易完成之日起不少于 3 年。在该保存期限内,即使出现了《个人信息保护法》第 47 条第 1 款的情形,处理者仍然需要存储个人信息。后者如一旦将个人信息添加到区块链中,就很难再修改或删除。③

---

① 参见王利明:《论个人信息删除权》,载《东方法学》2022 年第 1 期。

② 参见潘永建、沙莎、左嘉玮:《被遗忘权的中外法律与合规实践》,载微信公众号"通力律师"2020 年 5 月 5 日,https://mp. weixin. qq. com/s/xD5RzJpenqOB-sqUOCz00Q。

③ 参见潘永建、沙莎、左嘉玮:《被遗忘权的中外法律与合规实践》,载微信公众号"通力律师"2020 年 5 月 5 日,https://mp. weixin. qq. com/s/xD5RzJpenqOB-sqUOCz00Q。

(三)删除权的行使

1. 行使方式

权利主体有权直接向个人信息处理者请求行使删除权,企业应当设置渠道以便利权利人行使删除权,当个人信息处理者拒绝个人行权请求时,个人有权向人民法院提起诉讼。

(1)个人信息处理者应当设置便捷的个人行权申请受理及处理机制。从法条规定可以看出,当《个人信息保护法》第 47 条规定之情形发生时,信息处理者应当主动删除个人信息,然而实践中,信息处理者可能并不知悉已经发生了应当删除的事由。[①] 因此,企业应当设置渠道以畅通权利人的行权渠道,并在拒绝删除时说明合理理由。

(2)"向个人信息处理者主张权利被拒绝"是权利主体向人民法院提起诉讼的前置条件。也就是说,权利主体应当先向个人信息处理者主张权利,当被拒绝时,再向人民法院提起诉讼。根据《个人信息保护法》第 50 条的规定[②],本着保护个人信息权益,规范个人信息处理活动的立法宗旨,"拒绝"应当作广义解释,个人信息处理者拒绝删除个人信息、不存在行权机制、在合理期限内未对权利主体进行回复、虽回复已删除但后台仍存有相关信息等情形均应当属于"个人信息处理者拒绝个人行使权利的请求"的情形。

2. 删除时限

对于删除的时限,《个人信息保护法》并没有明确规定,在具体操作时,有相关具体规定的应当严格遵守,若无相关具体规定的,可以参考《违规使用认定方法》第 6 条第 3 项规定的 15 个工作日。此外,《网安条例》第 23 条第 1 款第 3 项同样规定处理反馈期限最长为 15 个工作日。尽管该征求意见稿尚未实施,但从上述两规定可知,15 个工作日应当是具有一定合理性依据的期限。

3. 其他要求

除时限外,企业应用户的请求删除其个人信息时,仍需要注意以下问题,否则也可能陷入违规风险。

根据《违规使用认定方法》第 6 条,以下行为可被认定为"未按法律规定提供删除或更正个人信息功能":(1)未提供有效的更正、删除个人信息及注销用户账号功能;(2)为更正、删除个人信息或注销用户账号设置不必要或不合理条件;(3)更正、删除个人信息或注销用户账号等用户操作已执行完毕,但 App 后台并未完成的;(4)未建立并公布个人信息安全投诉、举报渠道,或未在承诺时限内(承诺时限不得超过 15 个工作日,无承诺时限的,以 15 个工作日为限)受理并处理的(见表 6 - 20)。

---

① 参见王利明:《论个人信息删除权》,载《东方法学》2022 年第 1 期。

② 《个人信息保护法》第 50 条规定:"个人信息处理者应当建立便捷的个人行使权利的申请受理和处理机制。拒绝个人行使权利的请求的,应当说明理由。个人信息处理者拒绝个人行使权利的请求的,个人可以依法向人民法院提起诉讼。"

表6－20　删除权的行使相关规范梳理

序号	名称	法条
1	《违规使用认定方法》	6. 以下行为可被认定为“未按法律规定提供删除或更正个人信息功能”或“未公布投诉、举报方式等信息” (1)未提供有效的更正、删除个人信息及注销用户账号功能； (2)为更正、删除个人信息或注销用户账号设置不必要或不合理条件； (3)虽提供了更正、删除个人信息及注销用户账号功能，但未及时响应用户相应操作，需人工处理的，未在承诺时限内（承诺时限不得超过15个工作日，无承诺时限的，以15个工作日为限）完成核查和处理； (4)更正、删除个人信息或注销用户账号等用户操作已执行完毕，但App后台并未完成的； (5)未建立并公布个人信息安全投诉、举报渠道，或未在承诺时限内（承诺时限不得超过15个工作日，无承诺时限的，以15个工作日为限）受理并处理的
2	《电子商务法》	第31条　电子商务平台经营者应当记录、保存平台上发布的商品和服务信息、交易信息，并确保信息的完整性、保密性、可用性。商品和服务信息、交易信息保存时间自交易完成之日起不少于三年；法律、行政法规另有规定的，依照其规定
3	《网安条例》	第22条　有下列情况之一的，数据处理者应当在十五个工作日内删除个人信息或者进行匿名化处理： (1)已实现个人信息处理目的或者实现处理目的不再必要； (2)达到与用户约定或者个人信息处理规则明确的存储期限； (3)终止服务或者个人注销账号； (4)因使用自动化采集技术等，无法避免采集到的非必要个人信息或者未经个人同意的个人信息。 删除个人信息从技术上难以实现，或者因业务复杂等原因，在十五个工作日内删除个人信息确有困难的，数据处理者不得开展除存储和采取必要的安全保护措施之外的处理，并应当向个人作出合理解释。法律、行政法规另有规定的从其规定。 第23条　个人提出查阅、复制、更正、补充、限制处理、删除其个人信息的合理请求的，数据处理者应当履行以下义务： (1)提供便捷的支持个人结构化查询本人被收集的个人信息类型、数量等的方法和途径，不得以时间、位置等因素对个人的合理请求进行限制； (2)提供便捷的支持个人复制、更正、补充、限制处理、删除其个人信息、撤回授权同意以及注销账号的功能，且不得设置不合理条件； (3)收到个人复制、更正、补充、限制处理、删除本人个人信息、撤回授权同意或者注销账号申请的，应当在十五个工作日内处理并反馈。法律、行政法规另有规定的从其规定

（四）删除权与个人信息的匿名化处理

数据删除与"个人信息的匿名化处理"之间的关系也值得关注。根据《个人信息保护法》第 4 条第 1 款的规定，个人信息是以电子或者其他方式记录的与已识别或者可识别的自然人有关的各种信息，不包括匿名化处理后的信息。而根据其第 73 条第 4 项的规定，匿名化是指个人信息经过处理无法识别特定自然人且不能复原的过程，即当个人信息经过匿名化处理，无法通过该数据与自然人产生联系，且该处理过程无法复原时，所产生的数据就不再属于个人信息的范畴，也无须再遵循个人信息删除制度。

第四节　数据使用与加工

数据的使用与加工是实现数据价值的重要环节之一。对企业来说，数据使用与加工合规是判断其是否做好数据合规工作的关键。

对于数据使用与加工的规制，《民法典》《数据安全法》《个人信息保护法》均只有原则性的规定，没有具体的规则要求。《工业和信息化领域数据安全管理办法（试行）》第 16 条也对数据的使用加工进行了规定。《网安条例》则对数据的使用进行了更加具体的规定（见表 6－21）。

表 6－21　数据使用与加工相关规范梳理

序号	文件名称	条文内容
1	《民法典》	第 111 条　自然人的个人信息受法律保护。任何组织或者个人需要获取他人个人信息的，应当依法取得并确保信息安全，不得非法收集、使用、加工、传输他人个人信息，不得非法买卖、提供或者公开他人个人信息
2	《个人信息保护法》	第 27 条　个人信息处理者可以在合理的范围内处理个人自行公开或者其他已经合法公开的个人信息；个人明确拒绝的除外。个人信息处理者处理已公开的个人信息，对个人权益有重大影响的，应当依照本法规定取得个人同意
3	《数据安全法》	第 32 条第 2 款　法律、行政法规对收集、使用数据的目的、范围有规定的，应当在法律、行政法规规定的目的和范围内收集、使用数据。 第 38 条　国家机关为履行法定职责的需要收集、使用数据，应当在其履行法定职责的范围内依照法律、行政法规规定的条件和程序进行；对在履行职责中知悉的个人隐私、个人信息、商业秘密、保密商务信息等数据应当依法予以保密，不得泄露或者非法向他人提供

续表

序号	文件名称	条文内容
4	《工业和信息化领域数据安全管理办法（试行）》	第16条　工业和信息化领域数据处理者利用数据进行自动化决策的，应当保证决策的透明度和结果公平合理。使用、加工重要数据和核心数据的，还应当加强访问控制。 工业和信息化领域数据处理者提供数据处理服务，涉及经营电信业务的，应当按照相关法律、行政法规规定取得电信业务经营许可
5	《网安条例》	第8条　任何个人和组织开展数据处理活动应当遵守法律、行政法规，尊重社会公德和伦理，不得从事以下活动： （1）危害国家安全、荣誉和利益，泄露国家秘密和工作秘密； （2）侵害他人名誉权、隐私权、著作权和其他合法权益等； （3）通过窃取或者以其他非法方式获取数据； （4）非法出售或者非法向他人提供数据； （5）制作、发布、复制、传播违法信息； （6）法律、行政法规禁止的其他行为。 任何个人和组织知道或者应当知道他人从事前款活动的，不得为其提供技术支持、工具、程序和广告推广、支付结算等服务。 第20条　数据处理者处理个人信息，应当制定个人信息处理规则并严格遵守。个人信息处理规则应当集中公开展示、易于访问并置于醒目位置，内容明确具体、简明通俗，系统全面地向个人说明个人信息处理情况。 个人信息处理规则应当包括但不限于以下内容： 依据产品或者服务的功能明确所需的个人信息，以清单形式列明每项功能处理个人信息的目的、用途、方式、种类、频次或者时机、保存地点等，以及拒绝处理个人信息对个人的影响

一、目的与范围限制

《数据安全法》第32条指出，数据处理者在使用与加工数据时，应当受到目的与范围的限制，不得超出规定的目的与范围使用与加工数据。

即使是已经公开的个人信息，也应当满足合目的与合范围的要求。《个人信息保护法》第27条规定个人信息处理者可以在合理的范围内使用与加工个人自行公开或者其他已经合法公开的个人信息，除非个人明确拒绝。并且，若处理已公开的个人信息对个人权益有重大影响的，应当取得个人同意。

《网安条例》第20条规定，数据处理者在处理个人信息时应当制定并严格遵守个人信息处理规则。个人信息处理规则应当包括如下内容，即依据产品或者服务的功能明确所需的个人信息，以清单形式列明每项功能处理个人信息的目的、用途、方式、种类、频次或者时机、保存地点等，以及拒绝处理个人信息对个人的影响。

二、访问控制

数据访问是数据存储与利用的前端环节,搭建完善的数据访问控制机制,可以有效控制数据不当访问带来的泄露风险,保障数据存储安全。

企业应当设置合理的数据访问控制机制,以达到数据安全与数据利用效率的平衡。以 SaaS(软件运营服务)为例,SaaS 在促进企业数字化运营、协同企业办公、提高企业运行效率的同时,也加大了企业数据泄露风险。企业频繁通过 SaaS 进行日常业务处理,数据与个人信息在多个主体之间流转,如果数据访问不设门槛,可能会出现严重的数据安全风险。容易造成数据泄露的情形包括数据访问权限缺乏时效管理、企业员工个人信息在全企业共享、重要文件对所有人开放或仅极少数人可见、离职员工恶意使用等未对数据访问设置门槛或者设置不合理门槛的行为。再以工业和信息化领域数据保护为例,《工业和信息化领域数据安全管理办法(试行)》对该领域数据的使用与加工有特别的规定,即该办法第 16 条第 1 款规定使用、加工重要数据和核心数据的,还应当加强访问控制。此举可以避免不法分子接触到数据,从而不当地使用与加工数据。

数据访问控制机制的建立应当从如下角度入手:(1)在物理层面,企业应当对核心服务器等关键设施设备设置物理防护,如钥匙、安全密码等,并由数据合规负责人负责定期或不定期更换密码;(2)在制度完善层面,企业风险控制部门应当出台企业员工数据访问权限规则,明确不同职位、职级员工的访问权限,同时加强内部员工培训,以增强员工保密与安全意识;(3)在技术层面,企业应当定期或不定期开展系统维护以及防火墙测试等以从源头控制不法分子通过计算机等侵入企业数据存储系统。

第五节　数据交易制度

数据交易指数据提供方通过交易平台为数据使用方提供有偿数据共享服务。[①] 在大数据时代下,数据的经济价值已不言而喻,2020 年中共中央、国务院颁布了《关于构建更加完善的要素市场化配置体制机制的意见》,提出要加快培育数据要素市场。2021 年年底发布的《"十四五"数字经济发展规划》提到:数字经济发展速度之快、辐射范围之广、影响程度之深前所未有,正推动生产方式、生活方式和治理方式深刻变革,成为重组全球要素资源、重塑全球经济结构、改变全球竞争格局的关键力量。2022 年 12 月 19 日,中共中央、国务院印发《关于构建数据基础制度更好发挥数据要素作用的意见》,指出要完善和规范数据流通规则,构建促进使用和流通、场内场外相结合的交易制度体系,规范引导场外交易,培养壮大场内交易;有序发展数据跨境流通和交易,建立数据来

---

① 闫桂勋、刘蓓等:《数据共享安全框架研究》,载《信息安全研究》2019 年第 4 期。

源可确认、使用范围可界定、流通过程可追溯、安全风险可防范的数据可信流通体系。

据经济观察报消息，自2021年至今，北京、上海、重庆等多地筹建或已建成数据交易中心，目前全国已有超过30个数据交易中心。[①]

市场呼唤制度，在数据交易如此繁荣发展的环境下，也亟须数据交易的制度来进行规制，从而确保数据交易能够持续健康发展。由于我国的数据交易仍处于政府大力推动倡导阶段，因此《数据安全法》虽然对数据交易进行了原则性规定，但并未对数据交易进行具体规定，同时我国目前也没有制定数据交易方面的法律制度。《数据安全法》第19条规定国家建立健全数据交易管理制度，规范数据交易行为，培育数据交易市场。这是数据交易制度的总方针，为之后制定具体的法律制度提供了实体法的依据。该法第33条对数据交易中介机构的行为进行规制的同时规定了违反该条的法律责任，即从事数据交易中介服务的机构提供服务，应当要求数据提供方说明数据来源，审核交易双方的身份，并留存审核、交易记录。

虽然没有全国范围内的法律制度，但是行业内也制定了一些具体的规则。2022年5月27日，贵阳大数据交易所数据交易规则发布活动在贵阳市举行，发布会发布了全国首套数据交易规则体系。其针对数据流通交易过程中数据确权难、定价难，市场交易主体互信难、入场难、监管难等一系列痛点难点问题，进一步规范贵阳大数据交易所的运行机制。《数据要素流通交易规则（试行）》探索解决"数据确权难"，开展数据确权登记服务，明确数据使用权和收益权，流通交易数据使用权。《数据产品成本评估指引1.0》《数据产品交易价格评估指引1.0》《数据资产价值评估指引1.0》探索解决"数据定价难"推进数据资产化和资本化。《数据交易合规性审查指南》《数据交易安全评估指南》《数据商准入及运行管理指南》，保障场内交易合法性，严守安全底线，解决"数据监管难"，引导规范数据流通交易。

此外，上海市与深圳市分别发布《上海市数据条例》与《深圳经济特区数据条例》，探索数据相关权利和范围并鼓励数据交易。与此相对应，上海数据交易所发布了一些指引与规范进行配套制度建设，如《上海数据交易所交易凭证申请指引（试行）》《上海数据交易所数据产品交易结算指引（试行）》《上海数据交易所数据交易安全规范（试行）》《上海数据交易所数据交易合规管理规范（试行）》等。

一、交易流程

根据上海数据交易所信息，数据交易全流程分为交易前、交易中与交易后。交易前的服务为质量评估（全方位、多维度评估数据产品质量，出具专用质量评估报告）、合规

---

① 参见宋笛：《多地数据交易所上马，数据要素将会如何交易？》，载经济观察网，http://www.eeo.com.cn/2022/0507/533511.shtml。

评估(多角度、深层次评估数据产品合规性,出具专业合规评估报告)与资产评估(高效化、智能化评估数据产品价值,出具专有资产评估报告)。交易中服务为联合查询、联合识别与联合建模。交易后服务为交易核验与相应纠纷解决。

二、交易场所

根据《上海市数据条例》第 56 条的规定,市场主体可以通过依法设立的数据交易所进行数据交易,也可以依法自行交易,即既可以选择设立的上海数据交易所、贵阳大数据交易所等进行交易,也可以私下自行交易。《深圳经济特区数据条例》也有类似规定,其第 65 条规定,市人民政府应当推动建立数据交易平台,引导市场主体通过数据交易平台进行数据交易。市场主体可以通过依法设立的数据交易平台进行数据交易,也可以由交易双方依法自行交易。但值得注意的是,场外交易是数据交易的高频风险点,这些交易可能没有经过平台的审查和监管,可能导致数据的来源不明,买卖双方无法得到法律保护,从而面临一系列的风险。①

三、交易价格

数据是驱动数字经济迅速发展的核心要素,数据交易则是利用数据经济价值的重要制度。"在要素市场中,价格是集中反映要素在社会化生产中价值贡献度和供需关系的核心指标。"②在数据交易中,如何定价是至关重要的。《上海市数据条例》第 57 条规定,从事数据交易活动的市场主体可以依法自主定价。市相关主管部门应当组织相关行业协会等制订数据交易价格评估导则,构建交易价格评估指标。此外,有学者指出,在明确数据一级(数据资源市场)、二级(数据产品和服务市场)市场体系的基础上,针对性地建立数据价格形成机制;搭建数据资产评估计价公共服务平台,为数据资源化资产化资本化全链条提供共性服务。③

四、禁止交易的情形

除交易市场内部规则对禁止交易情形的规定外,企业可以通过上海与深圳两市发布的相关条例对此问题有初步认识,一般来说,未经授权侵犯他人个人信息相关权益、侵犯社会利益、国家利益的数据产品或服务不得被交易。

---

① 参见张韬、郭子訸:《全国首笔个人数据合规流转场内交易项目》,载微信公众号"电商法律圈"2023 年 4 月 28 日,https://mp.weixin.qq.com/s/c8Wse5d2EL0duQQsWK8lYA。

② 王建冬:《全国统一数据大市场下创新数据价格形成机制的政策思考》,载《价格理论与实践》,中国知网 2023 年 4 月 21 日网络首发。

③ 王建冬:《全国统一数据大市场下创新数据价格形成机制的政策思考》,载《价格理论与实践》,中国知网 2023 年 4 月 21 日网络首发。

《上海市数据条例》第55条规定了禁止交易的情形，即：(1)危害国家安全、公共利益，侵害个人隐私的；(2)未经合法权利人授权同意的；(3)法律、法规规定禁止交易的其他情形。《深圳经济特区数据条例》第67条也有相应规定：(1)交易的数据产品和服务包含个人数据未依法获得授权的；(2)交易的数据产品和服务包含未经依法开放的公共数据的；(3)法律、法规规定禁止交易的其他情形。

总的来说，企业在进行数据交易活动时，应当：(1)尽量选择由政府推动设立、服务流程完善、内部制度明确的数据交易市场进行交易，自行交易时应当对交易方审慎尽职调查；(2)购买方应当对出卖方数据权属问题以及交易标的进行事先调查，避免出现权属不明或法律禁止交易的情况；(3)交易方可以依法自主定价，同时也应当关注相关行业协会制订的数据交易价格评估导则等。

第六节　数据的公开制度

数据公开是指数据收集者将其拥有的数据按照法定的程序和规则对外进行公开，从而保障人们的知情权。根据数据不同类型，数据公开有不同流程，数据公开主要分为个人信息公开和政务数据公开。

一、个人信息公开

个人信息具有可识别性，可以识别至具体自然人，因此法律对其保护比较严格，对其公开必须依法进行。对此，《民法典》第111条和《个人信息保护法》第10条确定了个人信息公开的基本原则：任何组织、个人不得非法买卖、提供或者公开他人个人信息。然而，个人信息并非绝对不能公开，当满足下列条件时，个人信息处理者可以公开个人信息。

(一)取得个人的单独同意

个人信息具有很强的人身性，因此被公开人的具体意愿也是必须考量的因素。一般情况下，个人信息处理者应该以不公开为原则，未取得个人单独同意时，个人信息处理者不得公开其处理的个人信息。

(二)事前进行个人信息保护影响评估(Priracy Impact Assessment，PIA)

《个人信息保护法》第55条规定，公开个人信息时，个人信息处理者应当事前进行个人信息保护影响评估，并对处理情况进行记录。

1. 应当进行个人信息保护影响评估的情形

根据《个人信息保护法》第55条的规定，主要包括：(1)处理敏感个人信息；(2)利用个人信息进行自动化决策；(3)委托处理个人信息、向其他个人信息处理者提供个人信息、公开个人信息；(4)向境外提供个人信息；(5)其他对个人权益有重大影响的个人信息处理活动。

2. 个人信息保护影响评估的具体内容

《个人信息保护法》第56条对评估内容进行了具体规定:(1)个人信息的处理目的、处理方式等是否合法、正当、必要;(2)对个人权益的影响及安全风险;(3)所采取的保护措施是否合法、有效并与风险程度相适应。然而,这些内容都具有一定的笼统性与模糊性,企业可以参看《信息安全技术　个人信息安全影响评估指南》(GB/T 39335－2020)。该指南对评估实施流程进行了具体规定,主要包括评估必要性分析、评估准备工作、数据映射分析、风险源识别、个人权益影响分析、安全风险综合分析。

个人信息安全影响评估可用于合规差距分析,也可以用于合规之上,进一步提升自身安全风险管理能力和安全水平的目的。启动个人信息安全影响评估的必要性,取决于组织的个人信息安全目标,组织可根据实际的需求选取需要启动评估的业务场景。评估准备工作包括组建评估团队、制订评估计划、确定评估对象、确定评估范围等。组织在针对个人信息处理过程进行全面的调研后,形成清晰的数据清单及数据映射图表,进行数据映射分析时需要结合个人信息处理的具体场景。风险源识别是为了分析个人信息处理活动面临哪些威胁源,是否缺乏足够的安全措施,导致存在脆弱性而引发安全事件。个人权益影响分析指分析特定的个人信息处理活动是否会对个人信息主体合法权益产生影响,以及可能产生何种影响。个人权益影响概括可分为"限制个人自主决定权""引发差别性待遇""个人名誉受损或遭受精神压力""人身财产受损"四个维度。在完成针对特定个人信息处理活动影响评估之后,综合针对所有相关个人信息处理活动的评估结果、确定对整个评估对象的风险等级,落实责任相关方,形成整改措施和建议。最后的评估报告的内容通常包括:个人信息保护专员的审批页面、评估报告适用范围、实施评估及撰写报告的人员信息、参考的法律、法规和标准、个人信息影响评估对象(明确涉及的个人敏感信息)评估内容、涉及的相关方等,以及个人权益影响分析结果,安全保护措施分析结果、安全事件发生的可能性分析结果、风险判定的准则、合规性分析结果、风险分析过程及结果、风险处置建议等(见表6－22)。

表6－22　个人信息公开相关规范梳理

序号	文件名称	条文内容
1	《民法典》	第111条　自然人的个人信息受法律保护。任何组织或者个人需要获取他人个人信息的,应当依法取得并确保信息安全,不得非法收集、使用、加工、传输他人个人信息,不得非法买卖、提供或者公开他人个人信息

续表

序号	文件名称	条文内容
2	《个人信息保护法》	第10条　任何组织、个人不得非法收集、使用、加工、传输他人个人信息,不得非法买卖、提供或者公开他人个人信息;不得从事危害国家安全、公共利益的个人信息处理活动。 第25条　个人信息处理者不得公开其处理的个人信息,取得个人单独同意的除外。 第55条　有下列情形之一的,个人信息处理者应当事前进行个人信息保护影响评估,并对处理情况进行记录: (1)处理敏感个人信息; (2)利用个人信息进行自动化决策; (3)委托处理个人信息、向其他个人信息处理者提供个人信息、公开个人信息; (4)向境外提供个人信息; (5)其他对个人权益有重大影响的个人信息处理活动。 第56条　个人信息保护影响评估应当包括下列内容: (1)个人信息的处理目的、处理方式等是否合法、正当、必要; (2)对个人权益的影响及安全风险; (3)所采取的保护措施是否合法、有效并与风险程度相适应。 个人信息保护影响评估报告和处理情况记录应当至少保存三年

二、政务数据公开

政务数据公开与阳光政府建设息息相关,政务数据公开的主体是国家机关,其背后的逻辑是保护普通民众的知情权。

(一)以公开、公正、公平、便民为原则

《数据安全法》第41条规定国家机关应当遵循公正、公平、便民的原则,按照规定及时、准确地公开政务数据,依法不予公开的除外。该条构成了政务数据公开的总原则,其与该法第42条结合,共同搭建了政务数据公开制度的法律框架。

1.公开是指原则上政务数据应当公开,依法规定不公开的除外。

2.公正、公平既强调政务数据公开的方式方法应当客观公正,也强调所达到的效果应当公正公平。公开时,应当做到及时、准确、全面,[①]不刻意隐瞒或诱导大众误读数据。

3.便民着重强调政务数据公开的方式。一方面,应明确政务数据开放目录,充分保障大众知情权;另一方面,应当构建一个互联互通、安全可控的政务数据开放平台来进行政务数据公开。

(二)建立完善的政务数据公开规则

《中华人民共和国政府信息公开条例》(以下简称《政府信息公开条例》)对政务数

---

① 参见金鸿浩:《立法赋能政务数据公开与安全利用》,载《检察风云》2020年第19期。

据的公开进行了系统规定。该条例将政府公开的信息分为主动公开和依申请公开两类，分别配套不同的制度规定，并且还规定了政府信息公开的监督和保障措施。同时由于政务数据不公开是例外，因此需要对依法不公开的数据加以明确规定，这直接表现在《政府信息公开条例》的第 14 条、第 15 条和第 16 条。

从公开数据本身的角度来看，政务数据公开呈现出其与传统政府信息公开的区别，即所开放的不仅是数据本身，还应开放尽可能全面的相关信息数据。① 此外，政务数据公开的内容应主要以公共信息资源为重点。国务院在 2015 年发布的《促进大数据发展行动纲要》中指出要求“优先推动信用、交通、医疗、卫生、就业、社保、地理、文化、教育、科技、资源、农业、环境、安监、金融、质量、统计、气象、海洋、企业登记监管等民生保障服务相关领域的政府数据集向社会开放”。该要求也在《安全生产监管监察部门信息公开办法》第 9 条、《医疗事故处理条例》第 3 条、《食品经营许可管理办法》第 3 条中有所体现（见表 6－23）。

表 6－23　政务数据公开相关规范梳理

序号	文件名称	条文内容
1	《数据安全法》	第 41 条　国家机关应当遵循公正、公平、便民的原则，按照规定及时、准确地公开政务数据。依法不予公开的除外。 第 42 条　国家制定政务数据开放目录，构建统一规范、互联互通、安全可控的政务数据开放平台，推动政务数据开放利用
2	《政府信息公开条例》	第 14 条　依法确定为国家秘密的政府信息，法律、行政法规禁止公开的政府信息，以及公开后可能危及国家安全、公共安全、经济安全、社会稳定的政府信息，不予公开。 第 15 条　涉及商业秘密、个人隐私等公开会对第三方合法权益造成损害的政府信息，行政机关不得公开。但是，第三方同意公开或者行政机关认为不公开会对公共利益造成重大影响的，予以公开。 第 16 条　行政机关的内部事务信息，包括人事管理、后勤管理、内部工作流程等方面的信息，可以不予公开。 行政机关在履行行政管理职能过程中形成的讨论记录、过程稿、磋商信函、请示报告等过程性信息以及行政执法案卷信息，可以不予公开。法律、法规、规章规定上述信息应当公开的，从其规定

---

① 参见翁列恩、李幼芸：《政务大数据的开放与共享：条件、障碍与基本准则研究》，载《经济社会体制比较》2016 年第 2 期。

续表

序号	文件名称	条文内容
3	《安全生产监管监察部门信息公开办法》	第9条　安全生产监管监察部门应当遵循依法、公正、公开、便民的原则,及时、准确地公开信息,但危及国家安全、公共安全、经济安全和社会稳定的信息除外。 安全生产监管监察部门发现影响或者可能影响社会稳定、扰乱安全生产秩序的虚假或者不完整信息的,应当按照实事求是和审慎处理的原则,在职责范围内发布准确的信息予以澄清,及时回应社会关切,正确引导社会舆论
4	《医疗事故处理条例》	第3条　处理医疗事故,应当遵循公开、公平、公正、及时、便民的原则,坚持实事求是的科学态度,做到事实清楚、定性准确、责任明确、处理恰当
5	《食品经营许可管理办法》	第3条　食品经营许可应当遵循依法、公开、公平、公正、便民、高效的原则

第七节　数据的跨境传输

一、概念界定

数据跨境传输也被称为"数据跨境流动"或者"数据的国际流动",对于该概念的界定主要在于界定"数据"、"跨境"与"流动"的含义。"跨境"一词主要有两种理解,一种是指跨越边境或者国界,另一种则是跨越司法管辖域。国际上大多对"流动"采取扩大解释,即既包含数据单纯的流向域外,也包含在域外对本国数据的存储、使用、加工、传输等活动。故数据跨境传输的含义为"以电子或其他方式记录的信息跨越司法管辖域或条约规制域的读取、存储和处理活动"。①

二、我国数据跨境传输制度的演进

我国关于数据跨境传输的法律最早可以追溯至1988年《中华人民共和国保守国家秘密法》(以下简称《保守国家秘密法》),该法第26条规定禁止含有国家秘密的数据流出中国。在这之后,该领域的法律建设缓慢,制度并未得到完善。党的十八大以后,由于数字经济的发展,数据跨境传输领域被更加重视,相关政策以及制度也愈加完善。数据跨境传输制度主要有两个演进方向:

一是国家越发重视,规范性文件的效力层级不断提高,科学性不断增强。数据跨境

① 蔡翠红、郭威:《中美跨境数据流动政策比较分析》,载《太平洋学报》2022年第3期。

传输制度体系既有国务院制定的部门性法律法规和管理条例，也有全国人大制定的法律。随着全国人大几部关键法律的颁布，我国的数据跨境传输制度覆盖面更广，体系也更加完善，构建了我国数据跨境传输的框架。目前已形成以《中华人民共和国国家安全法》（以下简称《国家安全法》）、《网络安全法》、《数据安全法》、《个人信息保护法》为主，同时辅助《征信业管理条例》、《人口健康信息管理办法（试行）》、《地图管理条例》、《数据出境安全评估办法》、《个人信息出境标准合同办法》、《网络预约出租汽车经营服务管理暂行办法》、《中华人民共和国人类遗传资源管理条例》（以下简称《人类遗传资源管理条例》）、《人类遗传资源管理条例实施细则（征求意见稿）》等规范性文件的完善规范体系。

二是从国内规范到国际规范。党的十八届五中全会强调，要着力提升我国在国际交往中的制度性话语权，积极参与国际规则的制定。在跨境数据规制领域，中国开始向国际社会推介自己的政策主张。① 如2017年的《网络空间国际合作战略》、2018年的《中华人民共和国国际刑事司法协助法》以及2020年的《全球数据安全倡议》，其中《全球数据安全倡议》指出各国应要求企业严格遵守所在国法律，不得要求本国企业将境外产生、获取的数据存储在境内。中国一直秉持人类命运共同体的理念，不断在数据跨境传输方面寻求国际合作，促进多边主义的发展。

三、企业在数据跨境传输中的合规要点

我国数据跨境传输制度的框架主要由《国家安全法》《网络安全法》《数据安全法》《个人信息保护法》构成，另外再辅助一些条例、办法加以细化和完善。

（一）履行告知义务，征得个人的单独同意

根据《个人信息保护法》第39条的规定，企业向我国境外提供个人信息时，应当：（1）履行告知义务：告知个人境外接收方的名称或者姓名、联系方式、处理目的、处理方式、个人信息的种类以及个人向境外接收方行使《个人信息保护法》规定权利的方式和程序等事项；（2）取得个人的单独同意。

（二）满足"出境合法化"四项条件之一②

根据《个人信息保护法》第38条的规定，个人信息处理者因业务等需求确实需要向境外提供个人信息的，应当满足如下条件之一：（1）通过国家网信部门组织的安全评估；（2）按照国家网信部门的规定经专业机构进行个人信息保护认证；（3）按照国家网信部门制定的标准合同与境外接收方订立合同，约定双方的权利和义务；（4）法律、行政法规或者国家网信部门规定的其他条件。

---

① 参见蔡翠红、郭威：《中美跨境数据流动政策比较分析》，载《太平洋学报》2022年第3期。

② 遵循数据及个人信息境内存储规则的处理主体，则必须通过国家网信部门组织的安全评估。

值得注意的是，如本章第三节“数据存储合规”所说，根据《网络安全法》《个人信息保护法》的相关规定，国家机关处理个人信息、关键信息基础设施运营者处理个人信息和重要数据以及处理个人信息达到一定数量的个人信息处理者，原则上应遵循境内存储原则，确实需要向境外提供的，则应当依法依规进行数据出境安全评估。也就是说，对于上述主体，数据合法出境必须通过国家网信部门组织的安全评估。

1. 通过安全评估

国家网信办于2022年7月7日发布《数据出境安全评估办法》，该办法规定了应当通过所在地省级网信部门向国家网信部门申报数据出境安全评估的情形，要求数据处理者在申报数据出境安全评估前需开展数据出境风险自评估、重点评估的事项，申报数据出境安全评估应当提供的材料，处理申报的期限，数据处理者与境外接收方订立的法律文件中应约定数据安全保护责任义务的具体内容。

（1）评估事项

《数据出境安全评估办法》第8条规定数据出境安全评估主要包括以下事项：①数据出境的目的、范围、方式等的合法性、正当性、必要性；②境外接收方所在国家或者地区的数据安全保护政策法规和网络安全环境对出境数据安全的影响；境外接收方的数据保护水平是否达到中华人民共和国法律、行政法规的规定和强制性国家标准的要求；③出境数据的规模、范围、种类、敏感程度，出境中和出境后遭到篡改、破坏、泄露、丢失、转移或者被非法获取、非法利用等的风险；④数据安全和个人信息权益是否能够得到充分有效保障；⑤数据处理者与境外接收方拟订立的法律文件中是否充分约定了数据安全保护责任义务；⑥遵守中国法律、行政法规、部门规章情况；⑦国家网信部门认为需要评估的其他事项。

（2）申报材料

《数据出境安全评估办法》第6条规定，数据处理者申报数据出境安全评估，应当提交以下材料：①申报书；②数据出境风险自评估报告；③数据处理者与境外接收方拟订立的法律文件；④安全评估工作需要的其他材料。

（3）处理期限

《数据出境安全评估办法》第7条的规定，省级网信部门应当自收到申报材料之日起5个工作日内完成完备性查验。申报材料齐全的，将申报材料报送国家网信部门；申报材料不齐全的，应当退回数据处理者并一次性告知需要补充的材料。国家网信部门应当自收到申报材料之日起7个工作日内，确定是否受理并书面通知数据处理者。

2022年12月16日，全国信息安全标准化技术委员会秘书处发布《网络安全标准实践指南——个人信息跨境处理活动安全认证规范V2.0》（以下简称《个人信息跨境处理活动认证技术规范》），该规范对个人信息处理者和境外接收方之间的协议、双方个人信息的组织管理都提出了要求，并规定了个人信息跨境处理规则以及个人信息保护影响评估的要素。此外,还分别从个人信息主体权利以及个人信息处理者和境外接收方的责任义务两个方面作出了规定以保护个人信息主体的合法权益。

2. 进行个人信息保护认证

2022 年 6 月 24 日,全国信息安全标准化技术委员会发布了《个人信息跨境处理活动认证技术规范》,数据跨境认证操作规范日益明确。应明确该认证属于"自愿认证",认证成功的企业在满足"知情同意"等条件后,可以在认证范围内进行个人信息的跨境处理活动。以下将对该规范进行梳理,以便企业适用。

(1)适用对象

《个人信息跨境处理活动认证技术规范》适用于如下场景:一是跨国公司或者同一经济、事业实体下属子公司或关联公司之间的个人信息跨境处理活动;二是《个人信息保护法》第 3 条第 2 款适用的个人信息处理活动,即以向境内自然人提供产品或者服务为目的,分析、评估境内自然人的行为或法律、行政法规规定的其他情形,在我国境外处理我国境内自然人个人信息的活动。

可以看出,场景一针对的对象是具有内部性、关联性的主体之间的数据处理活动,此时各方关系稳定、公司架构较为一致,容易达成认证所需要的各类条件。场景二则针对在境外处理我国境内个人信息的处理者,虽然,此种场景下缺乏境内个人信息处理者,也就并不存在境内个人信息处理者向境外传输个人信息的行为,但是仍旧存在境外个人信息处理者处理境内个人信息的行为,因此,该规范也适用于此种情形。

(2)认证主体

针对场景一,由于存在多方主体,《个人信息跨境处理活动认证技术规范》第 2 条规定,由涉及主体中的境内一方申请认证,并承担法律责任。境内个人信息处理者则是监管的主要抓手。

针对场景二,则需要由境外个人信息处理者在我国境内设置的专门机构或者是指定代表申请认证,并承担法律责任。

(3)基本原则

《个人信息跨境处理活动认证技术规范》在《个人信息保护法》的指引下,延续了《个人信息保护法》的精神,强调应当在跨境处理个人信息时,坚持合法、正当、必要和诚信原则,公开、透明原则,信息质量原则,同等保护原则,责任明确原则以及自愿认证原则。

(4)基本要求

一是开展个人信息跨境处理活动的个人信息处理者(境内传输方)应当与境外接收方订立具有法律约束力和执行力的文件。针对场景二,此时并无境内传输方,有实务专家指出,"一种可能的方案是,由境外个人信息处理者与其在境内设置的专门机构或指定代表签署协议。此种方案下,是把境内的机构或代表拟制成为境内的个人信息处理者,成为监管抓手和协议义务主体,并承担相应的法律责任”①。

二是境内传输方与境外接收方均应当制定个人信息保护负责人、设立个人信息保护机构。合格的个人信息保护负责人除拥有专业技能外,还应当具有决策权,即具有管辖权限与资源调配权限。建议企业结合本编第一章“组织架构搭建”部分内容,妥善安置个人信息保护负责人以及个人信息保护机构。

三是境内传输方与境外接收方应遵循统一的个人信息跨境处理规则,明确个人信息跨境传输各项事由、个人信息主体权益以及后续责任承担问题。

四是境内传输方应当事前进行个人信息保护影响评估②。

五是境内传输方与境外接收方均应采取措施保障个人信息主体合法权益,包括但不限于知情权与查阅权、撤回同意权、信息更正权、要求处理方解释说明权、投诉与举报权以及诉权;同时,境内外双方均应严格履行《个人信息保护法》以及配套法律法规等规定的个人信息保护义务,尤其应当注意的是,境内外双方均应承诺接受我国认证机构对个人信息跨境处理活动的监督,包括但不限于答复问询、例行检查等,同时境内外双方均应承诺遵守我国个人信息保护法有关法律、行政法规,并接受中华人民共和国司法管辖。

3. 订立标准合同

如前所述,“按照国家网信部门制定的标准合同与境外接收方订立合同,约定双方的权利和义务”是一般情况下,数据出境合法化的渠道之一。

为了规范个人信息出境活动,保护个人信息权益,促进个人信息跨境安全、自由流动,国家网信办在《个人信息保护法》的基础上发布了《个人信息出境标准合同办法》。

《个人信息标准合同办法》明确了个人信息处理者在何种情况下可以通过签订标准合同的方式向境外提供个人信息以及该标准合同的内容等。标准合同应包括如下内容:(1)个人信息处理者和境外接收方的基本信息,包括但不限于名称、地址、联系人姓名、联系方式职务等;(2)个人信息出境的目的、范围、类型、敏感程度、数量、方式、保存期限、存储地点等;(3)个人信息处理者和境外接收方保护个人信息的责任与义务,以及为防范个人信息出境可能带来安全风险所采取的技术和管理措施等;(4)境外接收方所在国家或者地区的个人信息保护政策法规对合同履行的影响;(5)个人信息主体的权利,以及保障个人信息主体权利的途径和方式;(6)救济、合同解除、违约责任、争议解决等。

(三)事前进行个人信息保护影响评估

根据《个人信息保护法》第55条的规定,个人信息处理者向境外提供个人信息时,

---

① 陈际红、陈琙、陈煜烺:《关于〈个人信息跨境处理活动安全认证规范〉十三个焦点问题的理解》,载中伦律师事务所网,https://www.zhonglun.com/Content/2022/06-27/1757128924.html。

② 详见本节(三)“事前进行个人信息保护影响评估”与本章第六节“数据公开制度”第一部分。

应当事前进行个人信息保护影响评估,并对处理情况进行记录。

个人信息保护影响评估的具体合规要点,已在本章第六节“数据的公开制度”第一部分提及。

(四)及时关注限制清单,降低违法风险

《个人信息保护法》第42条规定,境外的组织、个人从事侵害中华人民共和国公民的个人信息权益,或者危害中华人民共和国国家安全、公共利益的个人信息处理活动的,国家网信部门可以将其列入限制或者禁止个人信息提供清单,予以公告,并采取限制或者禁止向其提供个人信息等措施。第43条则规定了数据跨境传输方面的对等措施制度。企业应当及时关注此类公告,及时对数据接收方进行尽职调查,并对其所在国家的相关法规政策进行分析研究。

(五)特殊情况下应当征得主管机关批准

根据《个人信息保护法》第41条的规定,个人信息处理者必须经过中华人民共和国主管机关批准,否则不得向外国司法或者执法机构提供存储于中华人民共和国境内的个人信息。

此外,其他由国务院制定的管理条例、办法等则从某个具体的方面进行规定,从而使数据跨境传输制度更加完善和全面。《网络预约出租汽车经营服务管理暂行办法》第27条规定网约车平台采集的个人信息和生成的业务数据应在中国境内存储。《人类遗传资源管理条例》第7条规定不得向境外提供任何境内人类遗传数据。《人类遗传资源管理条例实施细则(征求意见稿)》在第11条和第12条对《人类遗传资源管理条例》第7条进行了细化规定,同时该细则的第四节对人类遗传资源出境、对外提供行政许可与备案范围与要求进行了系统规定,具体可以参照本书第三编第七章医疗健康企业数据合规部分(见表6-24)。

表6-24　数据跨境传输相关规范梳理

序号	文件名称	条文内容
1	《征信业管理条例》	第20条　信息使用者应当按照与个人信息主体约定的用途使用个人信息,不得用作约定以外的用途,不得未经个人信息主体同意向第三方提供
2	《人口健康信息管理办法(试行)》	第10条　责任单位应当结合服务和管理工作需要,及时更新与维护人口健康信息,确保信息处于最新、连续、有效状态。 不得将人口健康信息在境外的服务器中存储,不得托管、租赁在境外的服务器
3	《地图管理条例》	第34条第1款　互联网地图服务单位应当将存放地图数据的服务器设在中华人民共和国境内,并制定互联网地图数据安全管理制度和保障措施

续表

序号	文件名称	条文内容
4	《网络预约出租汽车经营服务管理暂行办法》	第27条第1款　网约车平台公司应当遵守国家网络和信息安全有关规定，所采集的个人信息和生成的业务数据，应当在中国内地存储和使用，保存期限不少于2年，除法律法规另有规定外，上述信息和数据不得外流
5	《个人信息保护法》	第38条第1款　个人信息处理者因业务等需要，确需向中华人民共和国境外提供个人信息的，应当具备下列条件之一： (1)依照本法第四十条的规定通过国家网信部门组织的安全评估； (2)按照国家网信部门的规定经专业机构进行个人信息保护认证； (3)按照国家网信部门制定的标准合同与境外接收方订立合同，约定双方的权利和义务； (4)法律、行政法规或者国家网信部门规定的其他条件。 第39条　个人信息处理者向中华人民共和国境外提供个人信息的，应当向个人告知境外接收方的名称或者姓名、联系方式、处理目的、处理方式、个人信息的种类以及个人向境外接收方行使本法规定权利的方式和程序等事项，并取得个人的单独同意。 第43条　任何国家或者地区在个人信息保护方面对中华人民共和国采取歧视性的禁止、限制或者其他类似措施的，中华人民共和国可以根据实际情况对该国家或者地区对等采取措施
6	《数据出境安全评估办法》	第4条　数据处理者向境外提供数据，有下列情形之一的，应当通过所在地省级网信部门向国家网信部门申报数据出境安全评估： (1)数据处理者向境外提供重要数据； (2)关键信息基础设施运营者和处理100万人以上个人信息的数据处理者向境外提供个人信息； (3)自上年1月1日起累计向境外提供10万人个人信息或者1万人敏感个人信息的数据处理者向境外提供个人信息； (4)国家网信部门规定的其他需要申报数据出境安全评估的情形。 第8条　数据出境安全评估重点评估数据出境活动可能对国家安全、公共利益、个人或者组织合法权益带来的风险，主要包括以下事项： (1)数据出境的目的、范围、方式等的合法性、正当性、必要性； (2)境外接收方所在国家或者地区的数据安全保护政策法规和网络安全环境对出境数据安全的影响；境外接收方的数据保护水平是否达到中华人民共和国法律、行政法规的规定和强制性国家标准的要求； (3)出境数据的规模、范围、种类、敏感程度，出境中和出境后遭到篡改、破坏、泄露、丢失、转移或者被非法获取、非法利用等的风险； (4)数据安全和个人信息权益是否能够得到充分有效保障； (5)数据处理者与境外接收方拟订立的法律文件中是否充分约定了数据安全保护责任义务； (6)遵守中国法律、行政法规、部门规章情况； (7)国家网信部门认为需要评估的其他事项

续表

序号	文件名称	条文内容
7	《个人信息出境标准合同办法》	第4条第1款　个人信息处理者通过订立标准合同的方式向境外提供个人信息的,应当同时符合下列情形: (1)非关键信息基础设施运营者; (2)处理个人信息不满100万人的; (3)自上年1月1日起累计向境外提供个人信息不满10万人的; (4)自上年1月1日起累计向境外提供敏感个人信息不满1万人的

本章小结

●网络安全是数据安全的前提和保障。企业应当遵循网络等级保护要求,依据《信息安全技术　网络安全等级保护定级指南》规定的流程进行定级,按照确定的等级开展相应的信息系统安全建设或者改建工作。

●数据安全认证的具体实施制度目前仍在建设之中,监管尚未强制要求企业进行数据安全管理认证,企业可自愿选择是否进行数据安全管理认证,企业可通过中国网络安全审查技术与认证中心下载数据安全管理认证申请书并进行数据安全认证申办(或登入数据安全管理认证业务管理系统 https://dsm.isccc.gov.cn)。

●数据处理者应当建立数据安全应急处置机制,在发生数据安全事件时及时启动相应的应急响应机制,针对网络安全事件的类型、危险程度采取相应的措施防止危害扩大,具体措施包括:通知权益受损人、向公安机关报案、报告网信部门等。

●收集个人信息时应当遵循知情同意原则,除法定无须告知的情形,应当根据对应的场景告知法律明确要求告知的信息。除法定无须同意的情形,都应当征得相关个人的同意,法律规定需要取得单独同意的,应当单独提出。应尊重用户的自主选择权,不得采取默示同意的形式,不同业务分别取得同意。此外,取得同意后还应当提供撤销同意的途径。

●收集个人信息应当遵循必要性原则,仅收集保障基本功能服务正常运行所必需的个人信息,不得因用户不同意提供非必要个人信息,而拒绝用户使用其基本功能服务。必要个人信息的界定可参考《常见类型移动互联网应用程序必要个人信息范围规定》。

●企业应当遵循分类分级保护原则,区分国家核心数据、重要数据和其他数据,采取不同程度的保护措施,部分行业如金融、基础电信还制定了数据分类分级保护的国家标准,企业应当遵循。对于企业收集到的个人信息,区分一般个人信息、敏感个人信息分别采取对应的保护措施。

●企业应当建立已收集个人信息清单和第三方共享个人信息清单。已收集个人信息清单应列明信息种类、使用目的、使用场景等基本情况;第三方共享个人信息清单应列明与第三方共享的个人信息种类、使用目的、使用场景和共享方式等基本情况。

●数据存储合规包括数据存储制度与数据删除制度两方面合规。在数据存储制度方面,部分类型数据应当在境内存储,数据处理者对知悉的数据应当保密,对于存储的数据不得篡改与毁损,同时要对重要系统和数据库进行容灾备份;在数据删除制度层面,应当注意可以行使删除权的情形与例外规定,删除权行使的具体方式、时限、要求,以及删除权与个人信息匿名化处理的关系等。

●数据的使用与加工应当在法律、行政法规规定的目的与范围内进行,同时应当建设科学灵活完善的访问控制机制,避免数据被不当获取与利用。

●在数字经济的快速发展下,数据交易也越发重要。数据交易要特别注意一些行业规则以及地方性法规的规定,确保数据交易的规范进行。数据交易需要考虑交易价格、交易场所、禁止交易的情形等规定。

●数据公开制度包括个人信息公开与政务数据公开。在个人信息公开方面,个人信息处理者在公开个人信息前应当进行个人信息保护影响评估,同时还要尊重被公开人的意愿;政务数据以公开为原则,不公开为例外,国家机关应当遵循公正、公平、便民的原则,按照规定及时、准确地公开政务数据。

●数据跨境传输制度的演进分为两个方面:一是国家越发重视,规范性文件的效力层级不断提高,科学性不断增强;二是从国内规范到国际规范,国际性不断展现。企业在数据跨境传输时,应当重点关注:是否履行告知义务、是否获得信息主体的单独同意、是否符合“出境合法化”四项条件之一、是否事前进行个人信息保护影响评估、是否属于应当遵守数据境内存储原则的特殊主体、是否属于需要经过特殊批准情形。

第三编　各领域数据合规

第七章　国企、央企数据合规

国有企业(以下简称国企),指国务院和地方人民政府分别代表国家履行出资人职责的国有独资企业、国有独资公司以及国有资本控股公司,包括中央和地方国有资产监督管理机构和其他部门所监管的企业本级及其逐级投资形成的企业。[①] 中央企业(以下简称央企),是指国务院国有资产监督管理委员会(以下简称国务院国资委)履行出资人职责的国家出资企业,[②]在关系国家安全和国民经济命脉的主要行业和关键领域占据支配地位,是国民经济的重要支柱。

对于国企、央企而言,数据合规所代表的意义十分深远。一方面,其所具有的政治属性[③]要求其为社会创造经济价值的同时,必须承担党和国家赋予的历史使命,在企业的经营管理中体现国家意志。[④]《数据安全法》[⑤]、国务院国资委办公厅《关

---

① 参见《财政部关于印发〈国有企业境外投资财务管理办法〉的通知》,财资〔2017〕24 号,2017 年 6 月 12 日发布。

② 参见《国资委关于印发〈中央企业合规管理指引(试行)〉的通知》,国资发法规〔2018〕106 号,2018 年 11 月 2 日发布。

③ 参见欧黎:《坚持党管数据 保障数据安全》,载《旗帜》2021 年第 8 期。

④ 高海军:《坚守政治属性,发挥国企力量》,载微信公众号"航空工业新航微时空"2017 年 11 月 17 日,https://mp.weixin.qq.com/s?src=11&timestamp=1683853883&ver=4523&signature=D9ImqvYHQIAhmQDGi3cjMdDQK50biUM6iLSb5wJMqYsEd6VffzU5exOaE5rUuZ4KW4QkUGG0yeJwVD5IdagokbZEBn*bJ*uvIU3EevBPOSzAtc-zi2dichqGgg*KLPmv&new=1。

⑤ 《数据安全法》第 4 条规定:"维护数据安全,应当坚持总体国家安全观,建立健全数据安全治理体系,提高数据安全保障能力。"

于加快推进国有企业数字化转型工作的通知》[①]、《关于进一步深化法治央企建设的意见》[②]等都对国企、央企推进数字化转型工作、建立健全数据安全治理体系、提升数字化管理能力等提出了严格的要求。另一方面,数据合规也是顺应时代发展趋势和"走出去"对国企、央企的要求。参见本书第一编第四章"国外数据立法与合规实践"的相关内容,数据合规管理受到了世界各国的重视。为进一步增强国企、央企"走出去"的核心竞争力,国企、央企开展数据合规管理有其必要性。[③]

第一节　国企、央企数据合规管理的基本遵循

正如上文所介绍的,国企、央企在企业性质方面相较于其他企业具有特殊性,即具有其他企业所不具备的政治属性,表现在与政党、政治制度和政府有着天然的联系。"国企、央企是具有鲜明政治属性的市场主体,也是政治属性与经济属性的统一体,这是由建设中国特色社会主义和发展社会主义市场经济共同决定的。"[④]具体体现如下:

政党方面,我国的国企、央企在产生和发展的过程中,党的领导都起到了重要作用,这是国企、央企健康发展的"根"和"魂"。政治制度方面,我国的根本制度是社会主义制度,社会主义经济制度的基础是生产资料的社会主义公有制,而国企是生产资料社会主义公有制的主要实现形式。政府方面,国企、央企发展在一定程度上受到政府的约束和影响,各级政府设有管理国企的专门部门,即国有资产监督管理委员会;[⑤]此外,国企、央企也时常成为政府履行宏观调控等职能的重要抓手。

这种特殊的政治属性也对国企、央企的数据合规管理提出了特殊的要求,具体体现

---

① 《国务院国资委办公厅关于加快推进国有企业数字化转型工作的通知》,国资委 2020 年 8 月 21 日发布。指出:"为贯彻落实习近平总书记关于推动数字经济和实体经济融合发展的重要指示精神,落实党中央、国务院关于推动新一代信息技术与制造业深度融合,打造数字经济新优势等决策部署,促进国有企业数字化、网络化、智能化发展,增强竞争力、创新力、控制力、影响力、抗风险能力,提升产业基础能力和产业链现代化水平,现就加快推进国有企业数字化转型工作的有关事项通知如下:……"

② 《国资委关于印发〈关于进一步深化法治央企建设的意见〉的通知》,国资发法规规〔2021〕80 号,2021 年 10 月 17 日发布。指出:"(十三)着力提升数字化管理能力。运用区块链、大数据、云计算、人工智能等新一代信息技术,推动法务管理从信息化向数字化升级,探索智能化应用场景,有效提高管理效能。深化合同管理、案件管理、合规管理等重点领域信息化、数字化建设,将法律审核嵌入重大决策、重要业务管理流程,通过大数据等手段,实现法律合规风险在线识别、分析、评估、防控。推动法务管理系统向各级子企业和重要项目延伸,2025 年实现上下贯通、全面覆盖。推动法务管理系统与财务、产权、投资等系统的互联互通,做好与国资国企在线监管系统的对接,促进业务数据相互融合、风险防范共同响应。"

③ 参见张鸿霞、周婷婷:《大数据时代强化央企数据安全合规管理的新思考》,载《国有资产管理》2021 年第 10 期。

④ 郭浩:《筑牢国有企业政治属性》,载中国纪检监察报数字报刊网 2022 年 10 月 15 日,https://jjjcb.ccdi.gov.cn/epaper/index.html?guid=1408384330736074754。

⑤ 参见陈赟:《浅谈我国国有企业的政治属性》,载《中国盐业》2020 年第 17 期。

为国企、央企数据合规管理的基本遵循，本节将对其进行详细介绍。

一、坚持党管数据

正如上文所介绍的，国企、央企具有政治属性的体现之一，就是其与政党的天然联系，也即国企、央企在经营管理中需要时刻注意将自身置于党的领导下。实践证明，坚持党的领导是国企、央企取得一系列成就的关键因素和根本保证。“党的领导是国企、央企的独特政治资源，是企业核心竞争力的有机组成部分。”①正是依靠党领导国企、央企的独特优势，国企、央企才能由小到大、由弱到强，在自身获得长足发展的过程中，也为促进国民经济健康发展作出了重要贡献。

而党对国企、央企的领导不是抽象的，而是具体的，需要将党的领导落地做实在各项具体工作中，在数据合规管理中也不例外。国企、央企要努力将自身政治优势转化为在数据合规管理方面的核心能力和企业发展优势。2022 年 8 月 23 日国务院国资委发布了《中央企业合规管理办法》，对于国企、央企开展合规管理工作具有参考意义。该管理办法在第二章“组织与职责”②中首次对党委（党组）在推进中央企业合规管理中的作用加以规定。国企、央企数据合规管理作为合规管理的一部分，也应当参考该管理办法，发挥党委（党组）在数据合规管理中把方向、管大局、促落实的领导作用，坚持党管数据的基本遵循。

国企、央企坚持党管数据，一方面，要发挥党建引领作用，国企、央企内各级党委党组织作为政治核心积极参与法治与数据合规管理建设，以党建引领助推党管数据。③另一方面，要推行党管规则并确保党管安全，国企、央企应在各级党委（党组）中心的领导下落实法律法规及外部监管要求，并以更加严格的管理制度保障数据安全，明确数据安全负责人和管理机构，切实落实数据安全保护责任。

二、遵循专门规范

在开展数据合规管理的依据方面，考虑企业性质，国企、央企除需要遵循《个人信息保护法》《数据安全法》《网络安全法》等数据合规相关的基础性法律法规之外，还须遵守国务院国资委针对国企、央企发布的专门规范。但当前国务院国资委并未出台国企、央企数据合规方面的针对性规范，数据合规的相关内容散见于国务院国资委发布的通

---

① 陈赟：《浅谈我国国有企业的政治属性》，载《中国盐业》2020 年第 17 期。

② 国务院国有资产监督管理委员会发布的《中央企业合规管理办法》，国务院国有资产监督管理委员会令第42 号，2022 年8 月23 日发布。第7 条规定：“中央企业党委（党组）发挥把方向、管大局、促落实的领导作用，推动合规要求在本企业得到严格遵循和落实，不断提升依法合规经营管理水平。”

③ 参见刘炜、周治成：《探索数据合规时代脉搏，筑牢央企投身数字经济的法治基础》，载人民政协网，http://www.rmzxb.com.cn/c/2022-02-17/3051309.shtml。

知、意见及合规管理指引中，国企、央企在开展数据合规管理工作过程中应当对此加以关注。

表7－1为国企、央企应遵循的专门规范中所涉及的数据合规相关内容的梳理：

表7－1　专门规范数据合规相关内容梳理

序号	须遵守的主体	文件名称	发布部门及发布时间	条文内容
1	国企须遵守	国务院国资委办公厅《关于加快推进国有企业数字化转型工作的通知》	国务院国资委办公厅2020年8月21日	为贯彻落实习近平总书记关于推动数字经济和实体经济融合发展的重要指示精神，落实党中央、国务院关于推动新一代信息技术与制造业深度融合，打造数字经济新优势等决策部署，促进国有企业数字化、网络化、智能化发展，增强竞争力、创新力、控制力、影响力、抗风险能力，提升产业基础能力和产业链现代化水平，现就加快推进国有企业数字化转型工作的有关事项通知如下：一、提高认识，深刻理解数字化转型的重要意义；二、加强对标，着力夯实数字化转型基础；三、把握方向，加快推进产业数字化创新；四、技术赋能，全面推进数字产业化发展；五、突出重点，打造行业数字化转型示范样板；六、统筹部署，多措并举确保转型工作顺利实施
2	国企须遵守	《中共中央、国务院关于构建数据基础制度更好发挥数据要素作用的意见》	中国共产党中央委员会、国务院2022年12月2日	(五)推动建立企业数据确权授权机制。……但须约定并严格遵守使用限制要求
3	央企须遵守	《中央企业合规管理指引(试行)》	国务院国资委2018年11月2日	第3条　国资委负责指导监督中央企业合规管理工作。 第24条　强化合规管理信息化建设，通过信息化手段优化管理流程，记录和保存相关信息。运用大数据等工具，加强对经营管理行为依法合规情况的实时在线监控和风险分析，实现信息集成与共享

续表

序号	须遵守的主体	文件名称	发布部门及发布时间	条文内容
4	央企须遵守	《关于进一步深化法治央企建设的意见》	国务院国资委 2021年10月17日	(13)着力提升数字化管理能力。运用区块链、大数据、云计算、人工智能等新一代信息技术,推动法务管理从信息化向数字化升级,探索智能化应用场景,有效提高管理效能。深化合同管理、案件管理、合规管理等重点领域信息化、数字化建设,将法律审核嵌入重大决策、重要业务管理流程,通过大数据等手段,实现法律合规风险在线识别、分析、评估、防控。推动法务管理系统向各级子企业和重要项目延伸,2025年实现上下贯通、全面覆盖。推动法务管理系统与财务、产权、投资等系统的互联互通,做好与国资国企在线监管系统的对接,促进业务数据相互融合、风险防范共同响应
5	央企须遵守	《中央企业合规管理办法》	国务院国资委 2022年8月23日	第18条　中央企业应当针对反垄断、反商业贿赂、生态环保、安全生产、劳动用工……专业化。 第33条　中央企业应当加强合规管理信息化建设,结合实际将合规制度、典型案例、合规培训、违规行为记录等纳入信息系统。 第34条　中央企业应当定期梳理业务流程,查找合规风险点,运用信息化手段将合规要求和防控措施嵌入流程,针对关键节点加强合规审查,强化过程管控。 第35条　中央企业应当加强合规管理信息系统与财务、投资、采购等其他信息系统的互联互通,实现数据共用共享。 第36条　中央企业应当利用大数据等技术,加强对重点领域、关键节点的实时动态监测,实现合规风险即时预警、快速处置
6	央企须遵守	《工业和信息化领域数据安全管理办法(试行)》	工业和信息化部2022年12月8日	第37条　中央企业应当督促指导所属企业,在重要数据和核心数据目录备案……工作中履行属地管理要求,还应当全面梳理汇总企业集团本部、所属公司的数据安全相关情况,并及时报送工业和信息化部

此外,省属或市属国企也应当关注所属的省市国有资产监督管理机构所颁布的合规管理指引。2018 年 11 月国务院国资委印发《中央企业合规管理指引(试行)》,要求在央企全面推行合规管理工作;同时要求地方国有资产监督管理机构参照本指引,积极推进所出资企业合规管理工作。[①] 随后各地积极响应,陆续根据本地实际情况制定了相应的合规管理指引。截至 2022 年 6 月,已有 30 多个省、市颁布了省属或市属企业合规管理工作指引,涉及企业应当对此加以关注,尤其需要注意其中是否存在数据合规的相关内容,并在数据合规管理工作中加以贯彻落实。

三、承担社会责任

2022 年 3 月 21 日,国家发展改革委创新和高技术发展司发布关于对“数据基础制度观点”征集意见的公告,其中《数据基础制度若干观点》第 15 条规定引导开放国企、央企具有公共属性的数据要素,即积极引导国企、央企承担数据方面的社会责任,相关内容将在本章第三节加以详述。

四、强调保密工作

国企、央企关系国家安全和国民经济命脉,在经营管理中产生并掌握的大量数据中,可能涉及重要数据甚至国家核心数据,且国企、央企当前不断推进数字化转型的进程,既获得了数字化赋能提质增效的众多机遇,也面临信息安全的重大风险和严峻挑战。这都对国企、央企数据安全和保密工作提出了更高的要求,因此国企、央企应以更加严格的管理制度保障数据安全,在数据合规中强调保密工作。

国企、央企保密工作是指为维护国家和企业的安全和利益,利用一切必要手段和措施,将涉密信息控制在一定知悉范围和时间内,防止涉密信息泄露或被非法利用的活动。“从具体工作内容来看,国企、央企保密工作是指围绕保护国家秘密、商业秘密和工作秘密信息而开展的专门活动,包括保密工作责任制、保密制度建设、保密宣传教育培训、涉密人员管理、定密管理、涉密载体管理、信息系统和信息设备保密管理、涉密场所及保密要害部门部位管理、涉密采购管理、涉密会议和活动保密管理、涉外保密管理、涉密科研项目保密管理、宣传报道和信息公开保密审查、违反保密法律法规行为查处等。”[②]

党的十八大以来,以习近平同志为核心的党中央高度重视保密工作,作出了加强和

---

① 《国资委关于印发〈中央企业合规管理指引(试行)〉的通知》,国资发法规〔2018〕106 号,第 29 条规定:“地方国有资产监督管理机构可以参照本指引,积极推进所出资企业合规管理工作。”

② 刘俊、方立等:《中央企业数字化转型中的保密管理风险及应对思考》,载《保密科学技术》2021 年第 11 期。

改进保密工作的新决策、新部署，印发了“十三五”时期国家保密事业发展规划。习近平总书记多次就做好保密工作作出重要指示，为全面推进各项保密工作、筑牢保密防线提供了根本遵循。2014 年由习近平总书记担任主席的中国共产党中央国家安全委员会成立，第一次会议提出了总体国家安全观。党的十九大将坚持总体国家安全观纳入新时代坚持和发展中国特色社会主义的基本方略，并写入党章。党的二十大再一次强调贯彻总体国家安全观。

当前新形势下，作为国企、央企，更要从全局出发，“以高度的政治责任感，充分认识新时代新形势下保密工作的重要意义，认识到面临的复杂严峻的新形势及其长期性、复杂性、艰巨性的新特点，将保密工作作为企业总体发展战略的重要组成部分，全面落实党中央关于加强保密工作的重要指示精神”，①并在数据合规工作中认真加以落实。

第二节　国企、央企数据合规管理措施

当前我国数据领域的基础性法律法规已经出台并施行；②国务院国资委和地方国有资产监督管理机构也出台了合规管理指引，指导国企、央企逐步建立企业合规管理体系。在此背景下，为保障数据安全和规范数据处理活动，数据合规作为专项重点领域的合规强化工作箭在弦上。

2021 年 12 月 20 日，广州市人民政府国有资产监督管理委员会发布了《广州市国资委监管企业数据安全合规管理指南（试行 2021 年版）》，作为地方国资监管部门首部针对数据合规专项领域的合规操作指南，该部指南具有标志性的意义，是推动地方国有资产监督管理委员会监管企业加强数据安全合规管理的有益探索，更是指引企业尤其国企、央企规范数据处理活动的积极实践。③ 本节将参考该部指南对国企、央企数据合规管理措施展开讲述。

一、合规欲启，体系先行

根据上文，在国务院国资委和地方国有资产监督管理机构出台的合规管理指引的指导下，国企、央企落实企业内各部门和相关人员的合规管理职责；并在全面推进合规

---

① 赵越：《浅析加强中央企业保密管理的方案措施》，载《办公室业务》2020 年第 10 期。

② 参见本书第一编第二章第一节“我国数据合规立法及规范现状”的相关内容。

③ 参见冯清清、盛宇涵：《三大亮点，读懂广州市国资委发布的首部地方国企数据合规指南》，载微信公众号“广悦数据合规研究院”2021 年 12 月 28 日，https://mp. weixin. qq. com/s? __biz = Mzg3NDU0MDg3Nw = = &mid = 2247488363&idx = 1&sn = 9e059c05ab7ba93c348798135f4079a4&chksm = cece6949f9b9e05fa6b7797ae7261184d222417ede1c78329f048ae332f32af18cac2b05ac96&scene = 21#wechat_redirect。

管理的基础上,突出重点领域、重点环节和重点人员[①]以防范各类合规风险;在合规管理运行中建设各项合规管理制度和机制,逐步建立企业合规管理体系。因此,为避免重复建设,国企、央企在开展数据合规管理时,应将其纳入企业既有的合规管理体系中,对其进行专项深化管理。[②]

(一)细化合规管理职责

国企、央企可通过建立专项制度或文件的形式,在原有合规管理组织体系与合规职责范围内,进一步细化及明确各层级合规管理机构及相关部门的数据合规管理职责。可参考《广州市国资委监管企业数据安全合规管理指南(试行 2021 年版)》在企业内部设立数据合规管理的三道防线,具体在下文“三道防线,职责明晰”部分加以详述。

(二)把握合规管理重点

国企、央企在数据合规管理中也应突出重点领域、重点环节和重点人员。重点领域方面,国企、央企可根据相关标准[③]对企业既有数据进行全面分类分级,并通过技术手段落实合规管理要求,定期对新增数据进行梳理,确保所有数据分类及分级管控;同时可编制本企业重大数据合规事项清单并提交党委会审议,对清单中重大事项着重加以关注。重点环节方面,国企、央企在推进数据全生命周期管理的前提下,也应关注数据出境等特殊场景下的合规风险。重点人员方面,国企、央企应着重关注数据合规责任部门、人事部门等人员的数据合规培训工作,以提升其在工作中的数据合规意识和素养。

(三)建立合规管理制度和机制

因为数据合规涉及流程复杂、场景多元,国企、央企需要开展多项具体合规管理制度和机制的建设,以此实现对数据全生命周期和多元场景的管理。国企、央企可参考《广州市国资委监管企业数据安全合规管理指南(试行 2021 年版)》第三章“制度规范建设”和第四章“数据安全合规管理措施”的有关规定,在企业内部加以落实,详见表 7 - 2 数据合规管理制度/流程内容梳理:

---

① 《中央企业合规管理指引(试行)》第 13 条明确合规管理的重点领域包括市场交易、安全环保、产品质量、劳动用工、财务税收、知识产权、商业伙伴和其他需要重点关注的领域。第 14 条明确合规管理的重点环节包括制度制定、经营决策、生产运营和其他需要重点关注的环节。第 15 条明确合规管理的重点人员包括管理人员、重要风险岗位人员、海外人员和其他需要重点关注的人员。

② 参见广州市国资委政策法规处(董事会工作处):《关于〈广州市国资委监管企业数据安全合规管理指南(试行 2021 年版)〉的政策解读》,载中国政府网 2021 年 12 月 20 日,http://gzw.gz.gov.cn/gk/zcjd/content/post_7977167.html。

③ 此标准是指国企、央企所属行业相关标准,无明确标准的企业可自行建立相关分类及分级标准。同时应根据相关法律法规或行业标准的变化,及时更新企业内部数据分类分级的相关标准。

表7－2　数据合规管理制度/流程内容梳理

序号	制度名称/流程名称		条文内容
1	多重机制开展制度规范建设	重大数据安全合规审批清单	第15条第1款　监管企业重大数据安全合规事项实施清单管理。由数据安全合规管理的责任部门牵头编制本企业重大数据安全合规事项清单，提交党委会审议通过后，由董事会合规委员会或承担合规管理职责的专业委员会负责审批清单涉及的重大数据合规事项
		数据分类分级管理	第16条第1款　监管企业应建立数据分类分级管控标准和管控要求。企业应优先根据所属行业相关标准对核心业务数据进行分类分级，无明确标准的企业可自行建立相关分类及分级标准。其中数据分级标准应参考及遵循国家数据安全等相关法律法规
		数据处理权限管理	第17条　监管企业应规范数据处理的权限管理，建立适当的用户权限管理机制，根据岗位设置相关账户权限，明确相关数据所涉及的账户管理流程，减少数据滥用情况，提高数据安全合规水平
		数据安全风险合规评估及审计	第18条　数据安全风险较高的监管企业，应建立数据安全合规评估及审计机制，应自行或委托有相关信息安全检查评估资质的机构，每年至少进行一次全面的网络安全监测和风险评估，定期或不定期对企业整体数据使用情况、数据全生命周期安全及合规性、基础安全等情况进行评估及审计，并对发现的问题及时整改
		数据安全应急响应机制	第19条　数据安全风险较高的监管企业，应建立数据安全应急响应机制，明确数据安全事故管理和应急响应职责，制定各类数据安全事故的处置流程及应急预案，并定期进行演练，对各类安全事件进行及时响应和处置，降低企业因数据安全事故而引发的损失
		重大数据安全合规风险事件报告制度	第20条　数据安全风险较高的监管企业，应建立重大数据安全合规风险事件报告制度，对影响或可能影响国家安全的数据处理活动，发现数据安全威胁时，应按规定向公安机关、国家安全机关报告，可能关系到重大经营风险的应同步及时向市国资委报告，并积极采取措施防止危害，减少损失

续表

序号	制度名称/流程名称		条文内容
2	数据全生命周期管理	数据采集	第 26 条　规范数据采集的管理，明确数据采集渠道，确定数据格式标准，制定各类数据采集流程及方式，定期开展数据采集合规性审查，确保数据采集合法合规
		数据传输	第 27 条　加强数据传输安全管理，划分企业网络系统安全域，区分域内、域间等不同数据传输场景，明确数据传输安全策略和操作规程
		数据出境	第 28 条　监管企业应梳理数据出境情况的业务，建立企业内部数据出境合规审查的流程及规范，针对境外并购、赴境外上市等情况，应充分评估数据出境的相关风险，按相关规定进行内部审核审批，并根据法律法规要求，履行监管机构数据出境的审查申报。非经相关部门批准，不得向外国司法或执法机构提供存储于中华人民共和国境内的数据。监管企业境外分支机构在当地设立服务器，并通过该服务器储存及使用监管企业数据的，应按数据出境的管理要求实施数据安全管理。境外分支机构通过远程访问使用数据的，应加强访问权限控制及数据传输安全管理，确保数据安全
		数据存储	第 29 条　规范并加强数据储存的管理，加强对数据储存介质的管理，包括提升对服务器及离线储存介质的物理安全及加密管理，规范带数据储存功能的可移动设备的管控，加强对本地数据储存系统平台接入移动储存介质的管控，实施对储存在第三方云平台数据的风险评估，对数据下载到本地终端行为进行审核及日志记录等管控措施，提升数据储存的安全性
		数据使用	第 30 条　规范数据使用的管理，根据不同类别、级别的数据，明确不同场景的数据使用审批流程，制定数据脱敏处理规则，提升数据使用的安全性；建立数据开发利用的相关流程及规范，完善数据开发利用的风险评估机制。 具有数据交易相关业务的监管企业，应按国家相关法律法规的相关要求进行交易，法律法规尚未规定的，应进行充分的风险评估，确保数据安全
		数据开放及共享	第 31 条　加强数据开放及共享的管理，根据数据使用目的、共享对象，明确数据可进行开放及共享的范围，建立数据共享的申请及授权审批的流程及权限设置，明确数据共享过程的传输方式

续表

序号	制度名称/流程名称		条文内容
		共享数据	第32条　针对企业向外部单位共享数据的情况，监管企业应充分评估相关数据安全风险，涉及重大敏感的数据提供要按审批权限逐级审批。并在相关合同中明确数据安全及保密义务，明确相关违约责任，必要时可单独签订保密协议。相关事项结束后，应进行内部总结汇报，对数据共享情况进行说明，加强数据共享的管理。监管企业应尽量依托国资国企信息安全"云"监管平台，积极支持配合国资国企一体化网络安全信息大数据平台的建立，促进数据安全信息联动和能力共享
		数据销毁	第34条　规范数据销毁的过程管理，建立数据销毁的申请审批机制及流程，规范数据销毁过程的监督及记录，明确存储介质销毁策略及操作规范，委托第三方进行数据销毁的，应委托具有相关资质的单位，确保数据销毁的安全可靠

二、三道防线，职责明晰

在开展数据合规管理工作前，国企、央企可在既有合规管理组织体系合规职责范围内，进一步细化及明确企业内各层级合规管理机构及相关部门的数据合规管理职责。可结合国企、央企自身实际情况，在企业内部设立数据合规管理的三道防线，并明确其主要职责，联动技术、法律和监管部门，为国企、央企的数据合规管理提供组织保障。

第一道防线是企业内承担数据管理、信息系统管理或IT技术等相关职能的部门及各业务部门，简称数据管理职能部门。其主要职责包括：制定企业数据管理的相关标准、相关制度及规范；统一规范数据全流程机制；相关技术应用与更新；数据管理能力建设及其他规章制度规定的数据管理工作。第二道防线是合规管理牵头部门。① 其主要职责包括：企业数据合规审计；数据合规评估与检查；提供合规咨询与支持及合规委员会或合规管理负责人交办的其他工作。第三道防线是纪检、审计部门。其主要职责包括：出具数据合规审计报告；违规事件监督、执纪、问责等。②

从一线数据管理职能部门到合规牵头部门、审计纪检部门，所组成的三道防线共同

① 《中央企业合规管理指引（试行）》第10条规定："法律事务机构或其他相关机构为合规管理牵头部门，组织、协调和监督合规管理工作，为其他部门提供合规支持。"

② 参见广州市国资委政策法规处（董事会工作处）：《关于〈广州市国资委监管企业数据安全合规管理指南（试行2021年版）〉的政策解读》，载中国政府网2021年12月20日，http://gzw.gz.gov.cn/gk/zcjd/content/post_7977167.html。

为国企、央企数据合规管理提供组织保障。国企、央企可参考《广州市国资委监管企业数据安全合规管理指南(试行2021年版)》第二章“管理职责”,具体内容见表7－3三层防线部门职责梳理:

表7－3　三层防线部门职责梳理

序号	三道防线	主要部门	主要职责	条文内容
1	第一道防线	数据管理职能部门	制定企业数据管理的相关标准、相关制度及规范;统一规范数据全流程机制;相关技术应用与更新;数据管理能力建设	第9条　监管企业承担数据管理、信息系统管理或IT技术等部门和其他各职能部门分别作为各业务范围内数据安全合规管理的责任部门,作为数据安全合规管理的第一道防线,主要职责包括: (1)制定企业数据管理的相关标准,包括数据分类分级、权限管理等工作; (2)制定企业数据管理的相关制度及规范,包括数据全生命周期管理的相关制度; (3)负责统一规范企业数据收集、存储、使用、加工、传输、提供、公开等工作机制; (4)负责数据安全技术的应用及更新; (5)负责数据管理能力建设; (6)其他规章制度规定的数据管理工作
2	第二道防线	合规管理牵头部门	企业数据合规审计;数据合规评估与检查;提供合规咨询与支持	第11条　监管企业合规管理牵头部门作为数据合规管理第二道防线,在数据安全合规管理方面的职责包括: (1)参与对企业涉及数据安全事项的合规审查; (2)对数据安全合规管理的情况进行评估与检查; (3)组织或协助数据安全合规责任部门、人事部门开展数据安全合规培训,为公司其他部门提供数据安全合规咨询与支持; (4)合规委员会或合规管理负责人交办的其他工作
3	第三道防线	纪检、审计部门	出具数据合规审计报告;违规事件监督、执纪、问责	第13条　内部审计部门负责定期对数据安全进行审计,可根据风险评估和审计资源铺排,在审计工作中涵盖数据安全合规的内容,并出具相关审计报告,为公司数据安全风险管理的有效性提供合理保障。 纪检监察部门负责职权范围内的违规事件的监督、执纪、问责等工作

三、合规要求，嵌入业务

对于合规工作的开展，“可落地”是一个重要评价指标。纸面上的合规对企业后续发展的意义十分有限，且其成效对于投入的合规成本而言不成比例，也是对企业资源的一种浪费。因此，国企、央企在开展数据合规管理工作的过程中，需要强调数据合规工作的实操性，在关键场景中落地数据合规措施，即将数据合规要求嵌入企业具体的业务流程中。参考《广州市国资委监管企业数据安全合规管理指南（试行2021年版）》，关键场景包括如下两方面。

（一）如何开展数据共享

在数据对外共享的情形下，国企、央企通常需要与第三方签订数据合作协议或在相关合同中明确数据合规条款。主要包括两种情形，一种是第三方为企业提供数据服务，另一种是第三方受托处理个人信息。第三方为企业提供数据服务时，企业应结合实际情况在合同中明确服务标准、数据备份和恢复、数据泄露预防、业务连续性计划等内容，[①]其中“业务连续性计划”促使双方提前梳理数据、数据库及信息网络的连续性，避免突发事件导致企业运营严重受灾。第三方受托处理个人信息时，企业应结合实际情况在合同中明确委托处理的目的、期限、处理方式、个人信息种类、保护措施以及双方的权利和义务等内容，并对合作方的个人信息处理活动进行监督。[②]

此外，对于数据合作以外的日常业务合同，国企、央企也应关注其中的数据合规问题，尤其是对于合作方能接触到企业非公开数据的合作项目，更应加强合同管理，通过制定相应的示范文本在相关合同中明确数据合规相关条款。

除了合同条款，在数据共享的场景下国企、央企也应在共享前、共享时、共享后都注重数据合规。共享前应充分评估相关数据合规风险，涉及重大敏感的数据提供要按审批权限逐级审批。共享时应注重合同约束，在相关合同中明确数据安全及保密义务，明确相关违约责任，必要时可单独签订保密协议。共享后应进行内部总结汇报，对数据共享情况进行说明，加强数据共享的管理。

（二）如何与商业伙伴开展数据合作

在与商业伙伴的数据合作中，国企、央企也要加强及规范与商业伙伴合作中的数据合规管理，参考《广州市国资委监管企业数据安全合规管理指南（试行2021年版）》第

---

① 《广州市国资委监管企业数据安全合规管理指南（试行2021年版）》第37条第2款规定：“对于为企业提供数据服务的合作方，企业应结合实际情况将服务标准、数据备份和恢复、数据泄露预防、业务连续性计划等内容在合同中进行明确。”

② 《广州市国资委监管企业数据安全合规管理指南（试行2021年版）》第37条第3款规定：“涉及委托处理个人信息的合作方，企业应结合实际情况将委托处理的目的、期限、处理方式、个人信息种类、保护措施以及双方的权利和义务等内容在合同中进行明确，并对合作方的个人信息处理活动进行监督。”

五章“与商业伙伴合作中的数据保护”,从合作方准入、日常合作管理及数据安全评估3个角度提出合规管理要求,详见表7-4数据合作合规管理要求梳理:

表7-4　数据合作合规管理要求梳理

序号	不同角度	条文内容
1	总体要求	第35条　监管企业应加强及规范与商业伙伴合作中的数据安全管理,明确合作方准入、日常管理、数据安全评估、变更及退出等环节的合规管理要求
2	合作方准入	第36条　监管企业应明确信息系统开发及运维、数据储存、数据处理等数据服务相关合作方的准入标准,并在合作方选择时进行资格审查。同等条件下应优先采购境内安全可信的网络产品和数据服务。必要时,应对数据服务的合作方进行数据安全合规方面的尽职调查
3	日常合作管理	第37条　对于合作方能接触到企业非公开数据的合作项目,监管企业应加强合同管理,通过制定相应的示范文本在相关合同中明确数据安全合规相关条款。 对于为企业提供数据服务的合作方,企业应结合实际情况将服务标准、数据备份和恢复、数据泄露预防、业务连续性计划等内容在合同中进行明确。 涉及委托处理个人信息的合作方,企业应结合实际情况将委托处理的目的、期限、处理方式、个人信息种类、保护措施以及双方的权利和义务等内容在合同中进行明确,并对合作方的个人信息处理活动进行监督。 第38条　监管企业应明确与合作方对接部门的数据安全管理责任。涉及公司资料及数据分享的,应按实现合作目的最小数据获取原则,对部分非必要数据进行脱敏,并对数据分享过程进行记录。 涉及合作方提供驻场服务,链接企业信息系统,或直接接触重要数据的,相关项目负责人应采取适当措施对其合作方的工作进行管控,确保数据安全
4	数据安全评估	第39条　监管企业应建立数据服务合作方定期的数据安全监测、检测和评估机制,明确数据安全监测、检测和评估的范围及具体内容,并将相关评估结果与合作方的变更及退出进行挂钩,发现合作方存在数据滥用、盗卖数据、预留“后门”等违法违规行为的,应及时终止合作并永久禁止合作,并按合同约定进行索赔。确保合作方数据安全合规

第三节　政府与企业的数据合作模式

为加快培育数据要素市场、更好发展数据经济,近年来政府与企业也在数据方面展开了合作。一方面,推动政务数据开放共享,根据《促进大数据发展行动纲要》,中共中央、国务院《关于构建更加完善的要素市场化配置体制机制的意见》,《政务信息系统整合共享实施方案》,《公共信息资源开放试点工作方案》等要求,紧紧围绕政府治理和公共服务的改革需要，以最大限度地利企便民，让企业和群众少跑腿、好办事、不添堵为目标，加快推进政务数据开放共享，具体参见本书第三编第十章“政府政务数据合规”的相关内容。另一方面，注重提升社会数据资源价值，加强数据资源整合和安全保护，并引导开放国企、央企具有公共属性的数据要素。

国家发展改革委创新和高技术发展司于2022年3月21日发布关于对“数据基础制度观点”征集意见的公告，其附件内容涉及数据产权制度、数据要素流通交易制度、数据要素收益分配制度以及数据要素安全治理制度4个方面，共28条。其中第15条规定“建议支持数据处理者依法依规采取开放、共享、交换、交易等场外和场内方式流通数据，引导大型央企国企、大型互联网企业将具有公共属性的数据要素开放至数据交易市场”，对国企、央企提出了公共属性数据要素开放的建议。这是由于国企、央企具有一定公共管理和服务职能，其收集并掌握的数据具有“公共属性”并涉及公共利益，有开放的法理基础及必要性；[①]同时，这也是新形势下数据价值释放的重要措施。

在国企、央企响应国家政策，推行公共属性数据开放之前，首先应理顺一些问题，包括公共属性数据的识别、公共属性数据开放涉及的权益保护等，本节将详细对此加以介绍，为国企、央企对公共属性数据开放奠定基础。

一、公共属性数据的识别

考虑到法律层面并未对“公共属性数据”进行明确界定，本书认为应当参照“公共数据”的概念对其进行识别。学理上认为，公共数据不能从掌握主体角度划分，而应该界定为涉及公共利益、具有公共产品属性的数据。[②]

实践中“公共数据”主要存在于地方性法规的探索，如《上海市数据条例》[③]《浙江省公共数据条例》《广东省公共数据管理办法》[④]等地方性法规对“公共数据”的界定均

---

① 参见朱幸：《关于国有企业公共属性数据开放及交易的法律解构及规制建议》，载微信公众号“重庆智识 LAWYER”2022年4月3日，https://mp.weixin.qq.com/s?src=11&timestamp=1683858076&ver=4523&signature=CEsJHjEeg4jTxyVX9snVFHMjygTwgTePPdHqCopTV-WZa46ZgZ5gdDofkJED0Dcyz8aryW7qlvX6IHcBE2MznE*boQoK4GPRqHwurOJcWUsZLg4koDgG3Zxq6oMYJd5r&new=1。

② 参见王晓冬：《把握本质、因数施策，务实推进数据要素高效配置》，载微信公众号“清华中国电子数据治理工程研究院”2022年4月26日，https://mp.weixin.qq.com/s?src=11&timestamp=1683858269&ver=4523&signature=Ht7*LAOVcpemQunod8dKuhHtnReeIoAcItc-2aYyqUiuDvdkpnnRbicn4nPh1cEWdBRemfzvlRrOpsUc1cm6BpVINl9pInP*Qj3MioXJzWhyrNiwKkECUn137jbCDgFL&new=1。

③ 《上海市数据条例》，上海市人民代表大会常务委员会公告〔15届〕第94号，2021年11月25日发布。第2条规定：“……（四）公共数据，是指本市国家机关、事业单位，经依法授权具有管理公共事务职能的组织，以及供水、供电、供气、公共交通等提供公共服务的组织（以下统称公共管理和服务机构），在履行公共管理和服务职责过程中收集和产生的数据。”

④ 《广东省公共数据管理办法》，广东省人民政府令第290号，2021年10月18日发布。第3条第1项规定：“本办法下列用语的含义：（一）公共数据，是指公共管理和服务机构依法履行职责、提供公共服务过程中制作或者获取的，以电子或者非电子形式对信息的记录。”

大同小异。以全国首部以公共数据为主题的地方性法规《浙江省公共数据条例》第 3 条规定为例:“本条例所称公共数据,是指本省国家机关、法律法规规章授权的具有管理公共事务职能的组织以及供水、供电、供气、公共交通等公共服务运营单位,在依法履行职责或者提供公共服务过程中收集、产生的数据。根据本省应用需求,税务、海关、金融监督管理等国家有关部门派驻浙江管理机构提供的数据,属于本条例所称公共数据。”① 由此可知,公共数据是一个包含国家机关、授权政务部门以及公共服务组织等主体的广泛数据类型概念。

尤其值得关注的是,重庆市于 2022 年 3 月 30 日通过的《重庆市数据条例》将公共数据进一步区别为政务数据和公共服务数据。政务数据是指国家机关和法律、法规授权的具有管理公共事务职能的组织为履行法定职责收集、制作的数据;公共服务数据,是指医疗、教育、供水、供电、供气、通信、文旅、体育、环境保护、交通运输等公共企业事业单位在提供公共服务过程中收集、制作的涉及公共利益的数据。② 这无疑是一次更为深入的地方性立法探索。

在借鉴学理和实践中对“公共数据”定义的基础上,国企、央企对“公共属性数据”的识别可把握以下 3 个要点:一是主体要素,涉及供水、供电、供气、通信、文旅、体育、环境保护、交通运输等公益类国企、央企,是持有公共属性数据的主要主体。二是行为要素,通过公共服务职能的行使,收集并掌握之数据,属于公共属性之数据。三是客体要素,收集并掌握之数据涉及公共属性,如区域性电气使用情况,地区性交通运输实时数据等。③

此外,在对公共属性数据进行识别后,国企、央企仍要注意,识别出的公共属性数据本质上可能与其他属性的数据有混同,因而需要特殊保护。因此,国企、央企在开放公

---

① 《浙江省公共数据条例》,浙江省第十三届人民代表大会第六次会议公告第 3 号,2022 年 1 月 21 日发布。第 3 条规定:“本条例所称公共数据,是指本省国家机关、法律法规规章授权的具有管理公共事务职能的组织以及供水、供电、供气、公共交通等公共服务运营单位(以下统称公共管理和服务机构),在依法履行职责或者提供公共服务过程中收集、产生的数据。根据本省应用需求,税务、海关、金融监督管理等国家有关部门派驻浙江管理机构提供的数据,属于本条例所称公共数据。”

② 《重庆市数据条例》,重庆市人民代表大会常务委员会公告〔5 届〕第 177 号,2022 年 3 月 30 日发布。第 3 条规定:“……(四)政务数据,是指国家机关和法律、法规授权的具有管理公共事务职能的组织(以下称政务部门)为履行法定职责收集、制作的数据。(五)公共服务数据,是指医疗、教育、供水、供电、供气、通信、文旅、体育、环境保护、交通运输等公共企业事业单位(以下称公共服务组织)在提供公共服务过程中收集、制作的涉及公共利益的数据。(六)公共数据共享,是指政务部门、公共服务组织因履行法定职责或者提供公共服务需要,依法获取其他政务部门、公共服务组织公共数据的行为。(七)公共数据开放,是指向自然人、法人或者非法人组织依法提供公共数据的公共服务行为。政务数据和公共服务数据统称公共数据。”

③ 参见朱幸:《关于国有企业公共属性数据开放及交易的法律解构及规制建议》,载微信公众号“重庆智识 LAWYER”2022 年 4 月 3 日,https://mp. weixin. qq. com/s? src = 11&timestamp = 1683858076&ver = 4523&signature = CEsJHjEeg4jTxyVX9snVFHMjygTwgTePPdHqCopTV-WZa46ZgZ5gdDofkJED0Dcyz8aryW7qlvX6IHcBE2MznE * boQoK4GPRqHwurOJcWUsZLg4koDgG3Zxq6oMYJd5r&new = 1。

共属性数据前应注意以下特别规制要求：

1. 判断是否涉及《数据安全法》中规定的国家核心数据、重要数据。国企、央企“需结合各行业、地方确定的数据目录实施重点保护，开放前应加以评估以避免触犯相关安全保护要求。其中，工业、通信、金融、医疗等重点行业有特定细化要求”，①相关行业内的国企、央企可参见本书其他章节的内容。

2. 判断是否涉及个人信息（数据）保护。若识别出的公共属性数据属于个人信息（数据），国企、央企要按《个人信息保护法》等规范完善知情告知及授权同意的前置程序，或规定完成去标识化、去匿名化处理，开放前应加以评估以避免侵犯个人信息，具体可参见本书第二编第二章第六节中“个人信息公开”的相关内容。

3. 判断是否涉及企业、个人其他权益保护。如该公共属性数据是否属于企业员工的职务作品或涉及其他企业的商业秘密，对该数据的开放是否会侵犯其他企业或个人的知识产权等。在开放前国企、央企应进行必要评估以避免产生上述合规风险。

二、公共属性数据开放的合规建议

本书所称的公共属性数据开放，是指国企、央企向自然人、法人或者非法人组织依法提供公共属性数据的公共服务行为。根据上文，具有公共属性的数据一般涉及公共利益，在对其进行开放的过程中，不可避免地会遭受来自网络安全、数据安全和侵害个人信息权益等各方面风险的挑战。因此国企、央企在公共属性数据开放时更应关注其风险规制，注意提升开放中的合法合规性。

地方性法规对于“公共数据开放”的规定，公共属性数据开放应当遵循依法规范、需求导向、安全有序的原则，并依据上述原则对国企、央企开放公共属性数据提出以下合规建议，以供参考。

1. 依法规范原则要求国企、央企在公共属性数据开放时，遵循法律、法规、规章以及国家规定的要求，法律、法规、规章以及国家规定要求开放或者规定可以开放的，应当开放；未明确开放的，应当安全有序开放；禁止开放的，不得开放。国企、央企可参照所属地方制定的“公共数据开放办法”②中对公共数据开放主体③提出的相关要求，如公共数据开放渠道要求、编制本单位公共数据目录和公共数据开放清单义务、建立本单位公共

---

① 朱幸：《关于国有企业公共属性数据开放及交易的法律解构及规制建议》，载微信公众号“重庆智识LAWYER”2022 年 4 月 3 日，https://mp.weixin.qq.com/s?src=11&timestamp=1683858076&ver=4523&signature=CEsJHjEeg4jTxyVX9snVFHMjygTwgTePPdHqCopTV-WZa46ZgZ5gdDofkJED0Dcyz8aryW7qlvX6IHcBE2MznE*boQoK4GPRqHwurOJcWUsZLg4koDgG3Zxq6oMYJd5r&new=1。

② 如《浙江省公共数据开放与安全管理暂行办法》，浙江省人民政府令第 381 号，2020 年 6 月 12 日发布；《山东省公共数据开放办法》，山东省人民政府令第 344 号，2022 年 1 月 31 日发布。

③ 参见《浙江省公共数据开放与安全管理暂行办法》第 4 条；另称公共数据提供单位，参见《山东省公共数据开放办法》第 2 条。

数据安全保护制度义务等。

2. 需求导向原则要求国企、央企在公共属性数据开放时，应当及时回应公民、法人和其他组织对公共属性数据的开放需求，同时可根据需求确定公共属性数据重点和优先开放的具体范围，并有重点地进行开放。如国企、央企参考地方性法规的规定①，根据本地区经济社会发展情况，重点和优先开放与数字经济、公共服务、公共安全、社会治理、民生保障等领域密切相关的市场监管、卫生健康、自然资源、生态环境、就业、教育、交通、气象等数据，以及行政许可、行政处罚、企业公共信用信息等数据。国企、央企在确定重点和优先开放的数据范围时，应当征求社会公众、行业组织、企业、行业主管部门的意见。

3. 安全有序原则要求国企、央企在公共属性数据开放时注重数据安全管理。国企、央企应当落实有关公共数据安全的法律、法规和国家标准以及网络安全等级保护制度，采取相应的技术措施和其他必要措施，保障公共属性数据安全。可按照国家和所在地区有关标准和要求，对开放的公共属性数据进行清洗、脱敏、脱密、格式转换等处理，并及时更新、维护，以降低数据安全合规风险。

本章小结

●对于国企、央企而言，一方面，其所具有的政治属性要求其承担党和国家赋予的历史使命，如在经营管理中体现国家在数据合规方面的意志；另一方面，数据合规也是增强其“走出去”核心竞争力的要求，因此国企、央企开展数据合规管理有其必要性。

●国企、央企与政党、政治制度和政府有着天然的联系，可总结为国企、央企的政治属性。这种特殊的政治属性也对国企、央企的数据合规管理有着特殊的要求，具体体现在国企、央企在数据合规管理中应坚持党管数据、遵循专门规范、承担社会责任、强调保密工作等。

●当前我国数据领域的基础性法律法规已经出台并施行；国务院国资委和地方国有资产监督管理机构也出台了合规管理指引。在此背景下，可参考地方国资监管部门首部针对数据合规专项领域的合规操作指南《广州市国资委监管企业数据安全合规管理指南（试行 2021 年版）》，对国企、央企数据合规管理措施展开思考。

●国企、央企可在原有合规管理组织体系与合规职责范围内，进一步细化及明确各

---

① 参见《山东省公共数据开放办法》第 9 条规定：“公共数据提供单位应当根据本地区经济社会发展情况，重点和优先开放与数字经济、公共服务、公共安全、社会治理、民生保障等领域密切相关的市场监管、卫生健康、自然资源、生态环境、就业、教育、交通、气象等数据，以及行政许可、行政处罚、企业公共信用信息等数据。公共数据提供单位确定重点和优先开放的数据范围，应当征求社会公众、行业组织、企业、行业主管部门的意见。”

层级合规管理机构及相关部门的数据合规管理职责。可结合自身实际情况，在企业内部设立数据合规管理的三道防线，并明确其主要职责，联动技术、法律和监管部门，为国企、央企的数据合规管理提供组织保障。

●由于国企、央企具有一定公共管理和服务职能，其收集并掌握的数据具有"公共属性"并涉及公共利益，国企、央企推行公共属性的数据要素开放有其法理基础及必要性；这也是新形势下数据价值释放的重要措施。

●国企、央企对"公共属性数据"的识别可把握以下3个要点：一是主体要素，涉及供水、供电、供气、通信、文旅、体育、环境保护、交通运输等公益类国企、央企，是持有公共属性数据的主要主体。二是行为要素，通过公共服务职能的行使，收集并掌握之数据，属于公共属性之数据。三是客体要素，收集并掌握之数据涉及公共属性，如区域性电气使用情况，地区性交通运输实时数据等。

第八章　互联网服务平台企业数据合规

据第51次《中国互联网络发展状况统计报告》[①]显示，截至2022年12月，我国网民规模达10.67亿，互联网普及率达75.6%。可见，互联网已经成为人们日常生活中不可或缺的工具，而互联网服务平台企业作为服务我国网民的重要平台企业，更是在全民上网的时代扮演着重要角色。但应当注意，互联网服务平台在给人们日常生活带来便利的同时，也在无形中掌握了大量的用户数据。因此，为维护社会经济秩序、保障互联网服务产业行稳致远地发展，互联网服务平台企业应当做好数据合规治理。

第一节　隐私政策与用户协议

互联网服务平台企业在隐私政策与用户协议等平台规则的数据合规标准上与电子商务平台并无二致，均应在隐私政策的编制程序、易读性与易访问性、隐私政策的内容、发布和可视化、隐私政策的修订，以及用户协议的内容（尤其是账号注册及适用规则、双方权利义务）等方面实现数据合规。详见本编第九章“电子商务企业数据合规”项下第二节“隐私政策与用户协议”相关内容。

---

① 《CNNIC发布第51次〈中国互联网络发展状况统计报告〉》，载中国互联网络信息中心网，https://cnnic.cn/n4/2023/0302/c199-10755.html。

第二节　Cookie 使用机制

一、Cookie[1] 概述

众所周知，超文本传输协议（HyperText Transfer Protocol，HTTP 协议）是“无状态”的，对服务器来说，每次的请求都是全新的请求。“无状态”指用户的每次请求都是独立的，其执行情况和结果与曾经的请求和未来的请求均无直接关系，不会受到曾经的请求响应情况所影响，亦不会直接影响未来的请求响应情况。“状态”可以理解为客户端和服务器在某次会话中产生的数据，那么“无状态”就可以理解为这些数据不会被保留。但是，会话中产生的数据又是我们需要保存的，也就是说要“保持状态”，为实现这样的功能，Cookie 便应运而生。

Cookie 是保存在浏览器上的键值对[2]，具体是指以非常小的文件形式存储于互联网用户硬盘上的一段仅该本地设备可读取且加密的文本信息[3]，它是服务器发送出来并存储在浏览器上的一组键值对，下次访问服务器时浏览器会自动携带这些键值对，以便服务器提取有用信息。[4]

Cookie 的具体作用在于当用户使用浏览器访问网站时，浏览器会从网站服务器获取一段自动生成的数据，这段数据会保存在用户的本地设备，当用户再次访问同样的地址后，Cookie 便可识别用户身份并记录用户的操作历史。比如在某购物平台上添加商品进入购物车，Cookie 则会记录下用户的操作历史，发送到用户本地，用户再次访问该平台时，购物车里仍然有上次添加的商品。[5] 图 8－1（Cookie 工作机制）为用户在互联网服务平台发出请求时的 Cookie 工作机制，仅供参考：

---

① Cookie，它的名字源自一种叫 Fortune Cookie 的饼干，这种饼干里面有一张写着精辟句子的小纸条。在浏览器中，Cookie 是服务器让浏览器帮忙携带信息的手段，就像饼干里的纸条，浏览器会储存它，并且在后续的 HTTP 请求中再次发送给服务器。

② 键值对，计算机术语，即可以根据一个键值获得对应的一个值，键可以理解为数据的名称，值就是数据，键由字符串构成，值可以是字符串、布尔值、数字、数组、对象等。

③ 这些文本信息包括但不限于用户的 ID、密码、姓名、性别、年龄、地域、浏览过的网页、访问次数、访问时间、网页停留时间等。

④ 参见 Load 晴天：《Cookie》，载博客园博客 2019 年 5 月 20 日，https://www.cnblogs.com/lxfpy/p/10894318.html。

⑤ 黄春林主编：《网络与数据法律实务——法律适用及合规落地》，人民法院出版社 2019 年版，第 109 页。

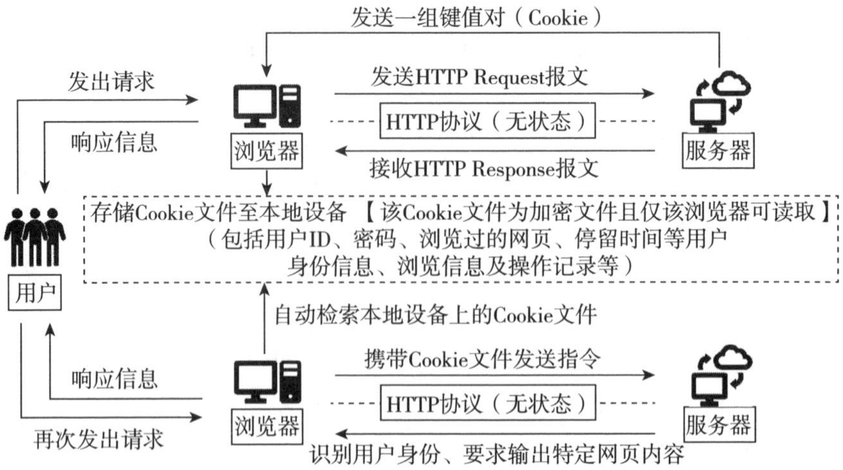

图 8－1　Cookie 工作机制

二、Cookie 同意规则

在国内司法实践中，对 Cookie 的性质认定存在认识上的分歧。2013 年的“Cookie 第一案”[①]即反映了此种争议。原告诉称，其在使用百度搜索引擎搜索“减肥”“丰胸”等关键词并浏览相关内容后，在某些网站就会相应地出现与关键词高度相关的广告。原告认为百度公司未经其知情和选择，即记录和跟踪了所搜索的关键词，将其兴趣爱好等特点等显露在相关网站上，并对浏览的网页进行广告投放，侵害了其隐私权。

一审法院认定 Cookie 是个人隐私，而二审法院认为，其虽具有隐私性质，但不属于个人信息。二审法院认为：网络用户通过使用搜索引擎形成的检索关键词记录，虽然反映了网络用户的网络活动轨迹及上网偏好，具有隐私属性，但这种网络活动轨迹及上网偏好一旦与网络用户身份相分离，便无法确定具体的信息归属主体，不再属于个人信息范畴。

关于该案的判断学术界存在很多的争论。二审法院认定，Cookie 与网络用户身份的分离使得 Cookie 缺乏直接指向个人的可能性，但更多的学者质疑，与 Cookie 同步收集的信息包括服务器的使用情况、IP 地址、访问日期和时间、设备信息等，是否有可能与 Cookie 相结合，能够指向特定用户。[②]

该案也在一定程度上确立了互联网服务平台收集用户数据时，应当遵循用户同意

---

① 参见江苏省南京市中级人民法院民事判决书，(2014)宁民终字第 5028 号。

② 宁宣凤、吴涵、黄若：《Cookie 与个人信息保护》，载《上海法学研究》集刊 2020 年第 13 卷；王融：《反转的法律天平——我国 cookie 隐私第一案判决》，载《现代电信科技》2015 年第 5 期。

的规则，且二审法院在该案中确立的用户同意规则为“默示同意”，法院认为百度公司提供的隐私权保护声明及退出机制，已足以保障用户权利。此外，法院还参考国家指导性标准《信息安全技术 公共及商用服务信息系统个人信息保护指南》(GB/Z28828－2012)，认为非敏感的个人信息的收集、使用仅需要适用默示原则，何况百度公司收集的信息仅是网络碎片化信息，并不属于个人信息，因此更不需要适用明示同意原则。①

此外，《App违法违规收集使用个人信息自评估指南》虽然明确了Cookie技术应当获得用户的同意，但是并未说明是否需要获得用户的明示同意。② 因此，在我国现行法律规范的视角下，Cookie同意规则的法律最低要求是“明示告知＋默示同意”规则，即互联网服务平台企业若想对用户信息自由利用，应当满足“信息收集—知情同意—自由利用”的模式。从规则公开方面来看，互联网服务平台企业已向用户公开了涉及个人信息、非个人信息收集规定的法律声明及隐私权政策；从取得用户同意方面来看，互联网服务平台企业在其用户注册账号时通过服务协议、法律声明及隐私权政策的形式取得了授权许可。③

需要强调的是，尽管互联网服务平台企业在Cookie同意规则上已经满足了我国现行法规定的合规要求，也仍需时刻关注我国立法动向，根据新法的要求及时作出应对举措。对于存在海外业务的互联网服务平台企业，应当在我国Cookie同意规则基础上满足业务所涉国的相关规则，使用Cookie时应获取用户明示的、积极的、主动的同意，还要向用户提供Cookie使用的持续期限和第三方如何访问Cookie信息等，避免在对接海外业务时出现合规问题。

三、互联网服务平台企业Cookie使用的合规要求

(一)Cookie使用合规的法律判断标准④

互联网服务平台企业应当依法收集、使用Cookie数据。具体而言，互联网服务平台企业应当满足如下要求：

1. 保障用户知情权

互联网服务平台企业所收集用户Cookie信息的公开性，是保障用户知情权的重要标准。“公开”是指公开所收集Cookie信息的方式、渠道、范围、内容、目的，收集后的Cookie信息如何保障不被泄露，对所收集Cookie信息的使用的方式、权限、是否长期保

---

① 王融：《反转的法律天平——我国cookie隐私第一案判决》，载《现代电信科技》2015年第5期。

② 黄春林主编：《网络与数据法律实务——法律适用及合规落地》，人民法院出版社2019年版，第111页。

③ 参见郭秉贵：《大数据时代信息自由利用与隐私权保护的困境与出路——以“中国Cookie隐私第一案”为分析对象》，载《深圳社会科学》2021年第4期。

④ 参见李若柳：《Cookie的合理使用法律问题研究》，载《贸大法律评论》2017年第2卷。

存等,充分保障用户的知情权。

2. 保障用户自决权

互联网服务平台企业使用 Cookie 时,应符合用户自决要求,即用户可以自己决定其 Cookie 信息是否被收集、何时被收集等,并可对位置、健康数据、通信录等是否单独被收集进行选择。最重要的是,用户可以自主决定将储存在本地及云端的 Cookie 进行删除,以保障用户对自己个人信息的绝对控制权。

3. 履行信息安全保障义务

根据《网络安全法》第 42 条至第 49 条的规定,充分揭示了互联网服务平台企业在收集、使用用户 Cookie 信息时应当履行的保障用户信息安全的义务。互联网服务平台企业应充分保障用户 Cookie 信息安全的义务内容,包括采取技术或其他必要措施防止其收集的用户信息泄露、篡改、毁损;不得非法出售用户信息;未经用户同意,不得向他人提供用户信息;用户若发现互联网服务平台企业有违反上述规定的行为,有权请求其对信息进行删除等。

(二)Cookie 使用的合规自查[①]

互联网服务平台企业在使用 Cookie 时,应就收集和使用 Cookie 数据的行为进行自我评估和审查。具体而言,互联网服务平台企业应当做到以下四点。

1. 考察 Cookie 的使用情况和必要性分析

当互联网服务平台企业欲使用 Cookie 时,应确认自身所使用的 Cookie 种类、性质、与用户其他信息关联度等特点,并据此注意检查 Cookie 的使用是否是实现某项功能所必须,是否一定需要用户同意等,同时考察是否有任何非侵入的替代方案,如通过邮箱识别用户身份、使用隐私沙盒替代 Cookie 等。

2. 评估各类 Cookie 对用户隐私的影响

虽然目前并未在法律规定层面明确需要将 Cookie 进一步分类,但从企业合规的角度出发,对用户行为介入越深的 Cookie 可能越会对用户隐私造成更大的影响,从而给企业带来更大的合规风险,因此需要优先级更高的同意获取等合规措施。

3. 评估各类 Cookie 需要符合的"同意"要求

针对不同种类 Cookie,评估取得同意的不同要求。例如,第一方缓存的使用不需要获取数据主体的知情同意,但所有第三方缓存和持久缓存的使用均需获得数据主体的知情同意。[②] 此外,还应针对每一类 Cookie 评估合理的获取同意方式。例如,对于具有主页等主体交互页面的网站,采用弹窗等相应技术实现直接向用户要求同意的方式会

---

① 宁宣凤、吴涵、黄若:《Cookie 与个人信息保护》,载《上海法学研究》集刊 2020 年第 13 卷。

② EU advisory body on data protection-Working Party 29: Opinion 04/2012 on cookie consent exemptions. 转引自宁宣凤、吴涵、黄若:《Cookie 与个人信息保护》,载《上海法学研究》集刊 2020 年第 13 卷。

较为有效;而对于一些注册界面为用户交互页面的网站,通过使用条款或隐私政策进行告知也不失为一种方式,尽管在进行更新时仍可能需要通过其他方式进行告知的补充,但也能极大地减少用户同意的成本。

此外,对于一些持续性、深入性使用 Cookie 的网站而言,由于 Cookie 对于用户行为的介入较深,使用目的包括个性化推荐等对用户体验可能造成较大影响,因此为用户提供 Cookie 设置界面和按钮,甚至通过单独的跳转页面实现告知和用户同意,能够为网站提供更多的合规保障。

4. 采用通俗化语言向用户进行知情同意告知

以通俗易懂、不含晦涩技术术语的语言进行告知,在数据保护领域的立法中成为一个越来越普遍的规则。由于用户的技术水平通常有限,过于复杂和技术化的表述将使得告知流于形式,因此,为保证对用户的告知满足充分知情同意的要求,网站在专门的 Cookie 政策或提示中应注意将语言通俗化,避免普通用户的理解障碍,影响用户同意的效力。

第三节　平台数据内容审查

在当今社会,互联网服务平台对我国居民生活起着至关重要的作用,其为我国居民提供了重要的信息渠道,实现了数据开放共享。居民可以利用互联网服务平台进行特定信息的检索、查询等,真正实现“足不出户便知天下事”。正因为互联网服务平台上的信息之广、数据之多,互联网服务平台企业应当做好平台数据内容的主动审查,避免出现合规问题。

一、平台数据内容审查的规范基础

(一)《数据安全法》相关规范

根据《数据安全法》的规定,互联网服务平台企业应当履行数据安全保护义务,做好平台运营中的风险监测、风险评估等工作,形成常态化的监管机制,对出现侵害数据安全的行为及时采取相关措施,做好平台数据内容的主动审查,维护数据安全。具体见表 8 - 1《数据安全法》相关规范梳理。

表 8－1 《数据安全法》相关规范梳理

序号	条款	条文内容
1	第 27 条	开展数据处理活动应当依照法律、法规的规定，建立健全全流程数据安全管理制度，组织开展数据安全教育培训，采取相应的技术措施和其他必要措施，保障数据安全。利用互联网等信息网络开展数据处理活动，应当在网络安全等级保护制度的基础上，履行上述数据安全保护义务。 重要数据的处理者应当明确数据安全负责人和管理机构，落实数据安全保护责任
2	第 29 条	开展数据处理活动应当加强风险监测，发现数据安全缺陷、漏洞等风险时，应当立即采取补救措施；发生数据安全事件时，应当立即采取处置措施，按照规定及时告知用户并向有关主管部门报告
3	第 30 条	重要数据的处理者应当按照规定对其数据处理活动定期开展风险评估，并向有关主管部门报送风险评估报告。 风险评估报告应当包括处理的重要数据的种类、数量，开展数据处理活动的情况，面临的数据安全风险及其应对措施等

（二）《网络安全法》相关规范

《网络安全法》第 47 条规定："网络运营者应当加强对其用户发布的信息的管理，发现法律、行政法规禁止发布或者传输的信息的，应当立即停止传输该信息，采取消除等处置措施，防止信息扩散，保存有关记录，并向有关主管部门报告。"

本条是关于网络运营者对用户发布信息的安全管理义务的规定。网络空间是现实社会的映射，任何人利用网络发布信息或者从事其他活动，都应当对其行为负责，必须遵守宪法、法律，遵守公共秩序，尊重社会公德，不得从事危害国家安全、破坏社会秩序、侵犯他人合法权益等活动。网络运营者作为用户发布信息的平台，应当履行法律规定的义务，建立用户发布信息管理制度，加强对其用户发布的公开信息的管理，对法律、行政法规禁止发布或者传输的信息，应当依法采取必要的处置措施。

依照本条规定，网络运营者发现用户发布法律、行政法规禁止发布或者传输的信息的，一是应当立即停止传输该信息，阻止违法信息通过其所提供的网络服务传播给他人；二是应当采取消除等处置措施，防止信息扩散，减小违法信息的影响和危害；三是应当保存有关记录，为依法追究信息发布者的责任提供依据；四是应当根据违法信息的内容和性质，向有关主管部门报告。①

（三）其他相关规范

1.《互联网信息服务算法推荐管理规定》

《互联网信息服务算法推荐管理规定》第 9 条第 2 款规定："发现违法信息的，应当

① 杨合庆主编：《〈中华人民共和国网络安全法〉解读》，中国法制出版社 2017 年版，第 102～104 页。

立即停止传输,采取消除等处置措施,防止信息扩散,保存有关记录,并向网信部门和有关部门报告。发现不良信息的,应当按照网络信息内容生态治理有关规定予以处置。”

2.《网络信息内容生态治理规定》(见表8-2)

表8-2　《网络信息内容生态治理规定》相关规范梳理

序号	条款	条文内容
1	第8条	网络信息内容服务平台应当履行信息内容管理主体责任,加强本平台网络信息内容生态治理,培育积极健康、向上向善的网络文化
2	第9条	网络信息内容服务平台应当建立网络信息内容生态治理机制,制定本平台网络信息内容生态治理细则,健全用户注册、账号管理、信息发布审核、跟帖评论审核、版面页面生态管理、实时巡查、应急处置和网络谣言、黑色产业链信息处置等制度。 网络信息内容服务平台应当设立网络信息内容生态治理负责人,配备与业务范围和服务规模相适应的专业人员,加强培训考核,提升从业人员素质
3	第14条	网络信息内容服务平台应当加强对本平台设置的广告位和在本平台展示的广告内容的审核巡查,对发布违法广告的,应当依法予以处理

3.《互联网平台落实主体责任指南(征求意见稿)》(见表8-3)

表8-3　《互联网平台落实主体责任指南(征求意见稿)》相关规范梳理

序号	条款	条文内容
1	第11条	互联网平台经营者应当根据相关法律、法规,落实网络用户实名制,建立针对平台内用户行为的有效管理制度,确保用户行为合法、合规、遵守社会公德。互联网平台经营者对于存在违法违规行为的平台内用户,应当采取包括终止服务或者限制提供服务等必要措施避免相关行为重复发生。互联网平台经营者应当及时将相关用户违法违规的行为报告给主管部门,并协助有关部门进行调查和追责
2	第12条	互联网平台经营者应当根据平台自身的特点,建立有效的内容管理制度,避免违法违规信息在平台上的传播。互联网平台经营者发现违反法律法规、违背社会公序良俗、对网络生态造成不良影响的信息,应当视情节采取警示、限制发布、停止传输、信息消除、暂停更新直至关闭账号等措施,并保存有关记录,向监管部门报告。平台应该设置方便快捷的链接,方便用户对平台上涉嫌违法违规的内容进行举报和投诉,及时做出回应并采取必要措施。互联网平台经营者不得通过发布、删除信息以及其他干预信息呈现的手段侵害他人合法权益或者谋取非法利益。用户有上述行为的,互联网平台经营者应当及时采取相关措施,并向监管部门报告

二、平台数据内容审查的合规要求

(一)平台数据内容审查的维度

为营造风清气正的网络空间,互联网服务平台企业在为国民生活提供便利的同时,应当对平台数据内容进行常态化合规审查。就平台内容数据合规而言，应当从平台内容侵害数据安全与他人个人信息两个方面展开。

1. 平台内容是否侵害数据安全

互联网服务平台企业在内容审核过程中，应当关注用户发布的内容是否侵害数据安全，即平台用户是否发布保密数据，未公开的商业数据，涉及国家利益、社会公共利益的重要数据、敏感数据，泄露、篡改相关数据等，互联网服务平台企业针对发布该等数据的用户应当及时采取措施，充分落实平台企业主体责任，立即停止传输该等信息，采取消除等处置措施，防止信息扩散，保存有关记录，对涉嫌发布侵害数据安全的用户账号采取相关措施，包括冻结、封号等。

2. 平台内容是否侵犯他人个人信息

互联网服务平台企业在平台数据内容审核过程中，除应关注上述数据安全的相关内容外，还应着重审查平台用户发布的信息是否侵犯了他人的个人信息，即是否泄露、公开、共享他人未公开信息，是否违法提供披露个人信息，发布内容是否侵害他人隐私等。互联网服务平台企业针对该等内容，应当及时、妥善处理，做好平台内容数据合规，避免出现法律风险。

（二）平台数据内容审查合规建议

结合前述相关规范，互联网服务平台企业应当重点建立平台数据内容生态治理机制，做好本平台数据内容合规的治理细则，健全平台管理制度，重点建立和完善信息发布审核的生态管理、实时巡查、应急处置等制度，建立并完善平台数据内容违法违规审查与处理机制。具体而言，互联网服务平台企业应当：

1. 建立健全实名认证制度

根据《网络安全法》第 24 条①的规定，互联网服务平台企业应对双边市场的用户均进行实名认证。平台在与用户签订协议或者提供服务时，以协议条款的形式列明，要求用户保证其所提供身份信息的真实性，并明确禁止“一号多用”或“转号”的行为。在进行用户信息收集时，应明确用户信息必须填写范围，以确保用户提供的真实身份信息的有效性，可根据所提供信息确定具体的特定个人，还应当采用新技术手段，采用多层次的手段确保落实账户实名制管理制度。在对注册用户信息的管理上，互联网论坛社区服务提供者还需要注意对板块发起者和管理者实施真实身份信息备案、定期核验等，以充分履行平台企业的信息管理义务。②

---

① 《网络安全法》第 24 条第 1 款规定：“网络运营者为用户办理网络接入、域名注册服务，办理固定电话、移动电话等入网手续，或者为用户提供信息发布、即时通讯等服务，在与用户签订协议或者确认提供服务时，应当要求用户提供真实身份信息。用户不提供真实身份信息的，网络运营者不得为其提供相关服务。”

② 吴丹君、陈枫：《网络短视频新规发布，平台内容审核机制合规汇总》，载微信公众号“大数据法律研究”2019 年 1 月 10 日，https://mp.weixin.qq.com/s/QFNwIR7ZUAeF3KRvFJDfOA。

2. 建立健全平台信息发布审核制度

互联网服务平台企业应当建立系统的平台内容审核制度，包括实施细则和实施流程。对在平台上发布的文字、符号、图片、音视频及其标题、名称、评论、弹幕、表情包等各类信息，先经过人工或自动的敏感词库和敏感图像识别技术筛选、屏蔽后发布；完善应急处置管理制度，对违法违规信息内容，及时视情况采取警示、限制功能、暂停更新、关闭账号等处置措施，保存相关记录并向有关主管部门报告。

3. 建立健全信息内容审查的人员管理制度

根据《互联网论坛社区服务管理规定》以及国家互联网信息办公室新修订并于2022年12月15日起施行的《互联网跟帖评论服务管理规定》等规定，网络信息内容的审查人员应当符合相应的资质要求，并履行相应的审查义务。具体而言包括：(1)配备与服务规模相适应的审核编辑队伍，提高审核编辑人员专业素养；(2)审查人员不得为谋取不正当利益或基于错误价值取向，通过有选择地删除、推荐跟帖评论等方式干预舆论；(3)审查人员不得利用软件、雇用商业机构及人员等方式散布信息，干扰跟帖评论正常秩序，误导公众舆论；(4)审查人员不得通过发布、转载、删除信息或者干预呈现结果等手段，谋取不正当利益。①

第四节　平台投诉举报机制

建设清朗空间，实现平台数据内容的全方位合规不能仅仅依靠互联网服务平台企业的单独力量，更应注重平台用户的主体作用。为维护平台内交易秩序和安全，响应互联网服务平台各方主体的需求，互联网服务平台企业应当依照法律规定，向平台内用户提供个人信息在平台内受侵害时的救济途径，建立平台内投诉、举报信息反馈机制，做好平台数据内容的被动审查，避免出现合规问题。

一、平台投诉举报机制的规范基础

（一）《网络安全法》相关规范

《网络安全法》第49条第1款规定："网络运营者应当建立网络信息安全投诉、举报制度，公布投诉、举报方式等信息，及时受理并处理有关网络信息安全的投诉和举报。"

该条款是关于网络信息安全投诉、举报和网络运营者配合监督检查的义务的规定。维护网络信息安全需要全社会的共同努力，需要充分发挥广大网民的作用。对危害网络信息安全的行为，公民有监督的权利，网络运营者有接受监督的义务。

---

① 黄春林主编：《网络与数据法律实务——法律适用及合规落地》，人民法院出版社2019年版，第47页。

为了维护公民对网络信息安全的监督权利，发挥社会监督在保障网络信息安全方面的重要作用，该条款对网络运营者提出了相关的义务性要求。第一，网络运营者应当建立网络信息安全投诉、举报制度，明确受理、处理投诉、举报的机构、人员及其职责、范围及方式、程序及操作规程等事项。第二，网络运营者应当以合理方式公布投诉、举报方式等信息，方便投诉举报人。第三，网络运营者应当及时受理投诉，举报，无正当理由不得拒绝。第四，网络运营者应当按照内部操作规程及时处理投诉和举报，并告知投诉举报人处理结果。

依照第 47 条、第 48 条的规定①，网络运营者受理用户的投诉、举报，属于法律、行政法规禁止发布或者传输的信息的，应当立即停止传输该信息，采取消除等处置措施，防止信息扩散，保存有关记录，并向有关主管部门报告。用户向网络运营者投诉、举报他人利用其网络发布违法信息、实施侵权行为，网络运营者收到投诉、举报后，不及时依法采取相关措施的，依法应承担相应的责任。②

(二) 互联网服务平台的"避风港原则"与"红旗原则"

《民法典》"侵权责任编"为了平衡网络侵权中的不同利益关系，在法律上建立了"避风港原则"和"红旗原则"，并规定了网络服务提供者的责任，具体见表 8－4《民法典》"侵权责任编"相关规范梳理。

表 8－4 《民法典》"侵权责任编"相关规范梳理

序号	条款	条文内容
1	第 1194 条	网络用户、网络服务提供者利用网络侵害他人民事权益的，应当承担侵权责任。法律另有规定的，依照其规定
2	第 1195 条	网络用户利用网络服务实施侵权行为的，权利人有权通知网络服务提供者采取删除、屏蔽、断开链接等必要措施。通知应当包括构成侵权的初步证据及权利人的真实身份信息。 网络服务提供者接到通知后，应当及时将该通知转送相关网络用户，并根据构成侵权的初步证据和服务类型采取必要措施；未及时采取必要措施的，对损害的扩大部分与该网络用户承担连带责任。 权利人因错误通知造成网络用户或者网络服务提供者损害的，应当承担侵权责任。法律另有规定的，依照其规定

---

① 《网络安全法》第 47 条规定："网络运营者应当加强对其用户发布的信息的管理，发现法律、行政法规禁止发布或者传输的信息的，应当立即停止传输该信息，采取消除等处置措施，防止信息扩散，保存有关记录，并向有关主管部门报告。"第 48 条规定："任何个人和组织发送的电子信息、提供的应用软件，不得设置恶意程序，不得含有法律、行政法规禁止发布或者传输的信息。电子信息发送服务提供者和应用软件下载服务提供者，应当履行安全管理义务，知道其用户有前款规定行为的，应当停止提供服务，采取消除等处置措施，保存有关记录，并向有关主管部门报告。"

② 杨合庆主编：《〈中华人民共和国网络安全法〉解读》，中国法制出版社 2017 年版，第 106～107 页。

续表

序号	条款	条文内容
3	第 1196 条	网络用户接到转送的通知后，可以向网络服务提供者提交不存在侵权行为的声明。声明应当包括不存在侵权行为的初步证据及网络用户的真实身份信息。 网络服务提供者接到声明后，应当将该声明转送发出通知的权利人，并告知其可以向有关部门投诉或者向人民法院提起诉讼。网络服务提供者在转送声明到达权利人后的合理期限内，未收到权利人已经投诉或者提起诉讼通知的，应当及时终止所采取的措施
4	第 1197 条	网络服务提供者知道或者应当知道网络用户利用其网络服务侵害他人民事权益，未采取必要措施的，与该网络用户承担连带责任

"避风港原则"是指网络服务提供者只有在知道侵权行为或侵权内容的存在后才有义务采取措施，如删除、屏蔽或是断开链接等。如果在明确知道侵权事实后，仍不及时采取相关措施，则需要承担责任。

"红旗原则"是指当侵权事实显而易见，像"红旗一样飘扬"时，网络服务提供者不能假装看不见，或者以不知道侵权为由推脱责任，即在按常理和应尽的基本审慎义务的情况下，网络服务提供者应当知道侵权行为的存在却不删除链接，即使权利人没有发出删除通知，网络服务提供者也应当承担侵权责任。

《民法典》确立的"避风港原则"和"红旗原则"，规范了网络用户、网络平台服务提供者、权利人三方的行为，在一定程度上平衡了各方利益。①

结合上述规范，互联网服务平台企业应当畅通平台用户及社会公众向平台沟通反馈的渠道，建立完善的投诉和处理机制，在收到权利人的侵权通知后，应当及时将通知转送平台内相关用户并采取删除、屏蔽、断开链接、终止服务等必要措施；接到侵权通知的用户应当向平台提交不侵权的证明或者初步证据，平台有义务将该不侵权声明转送给权利人，在转送声明到达权利人后的合理期限内，平台未收到权利人已经投诉或者提起诉讼通知的，应当及时终止所采取的措施。

① 吕忠梅：《网络侵权的"避风港原则"和"红旗原则"》，载人民政协网，http://www.rmzxb.com.cn/c/2021-07-11/2901605.shtml。

(三)其他相关规范(见表8-5)

表8-5 其他相关规范梳理

序号	文件名称	条款	条文内容
1	《互联网跟帖评论服务管理规定》	第13条	跟帖评论服务提供者应当建立健全跟帖评论违法和不良信息公众投诉举报和跟帖评论服务使用者申诉制度,设置便捷投诉举报和申诉入口,及时受理和处置跟帖评论相关投诉举报和申诉。 跟帖评论服务使用者对被处置的跟帖评论信息存在异议的,有权向跟帖评论服务提供者提出申诉,跟帖评论服务提供者应当按照用户服务协议进行核查处理。 任何组织和个人发现违反本规定行为的,可以向网信部门投诉举报。网信部门收到投诉举报后,应当及时依法处理
2	《互联网论坛社区服务管理规定》	第11条	互联网论坛社区服务提供者应当建立健全公众投诉、举报制度,在显著位置公布投诉、举报方式,主动接受公众监督,及时处理公众投诉、举报。国家和地方互联网信息办公室依据职责,对举报受理落实情况进行监督检查
3	《互联网群组信息服务管理规定》	第12条第1款	互联网群组信息服务提供者和使用者应当接受社会公众和行业组织的监督,建立健全投诉举报渠道,设置便捷举报入口,及时处理投诉举报。国家和地方互联网信息办公室依据职责,对举报受理落实情况进行监督检查
4	《网络信息内容生态治理规定》	第16条	网络信息内容服务平台应当在显著位置设置便捷的投诉举报入口,公布投诉举报方式,及时受理处置公众投诉举报并反馈处理结果
5	《微博客信息服务管理规定》	第14条	微博客服务提供者应当自觉接受社会监督,设置便捷的投诉举报入口,及时处理公众投诉举报
6	《互联网平台落实主体责任指南(征求意见稿)》	第12条	互联网平台经营者应当根据平台自身的特点,建立有效的内容管理制度,避免违法违规信息在平台上的传播。互联网平台经营者发现违反法律法规、违背社会公序良俗、对网络生态造成不良影响的信息,应当视情节采取警示、限制发布、停止传输、信息消除、暂停更新直至关闭账号等措施,并保存有关记录,向监管部门报告。平台应该设置方便快捷的链接,方便用户对平台上涉嫌违法违规的内容进行举报和投诉,及时做出回应并采取必要措施。 互联网平台经营者不得通过发布、删除信息以及其他干预信息呈现的手段侵害他人合法权益或者谋取非法利益。用户有上述行为的,互联网平台经营者应当及时采取相关措施,并向监管部门报告

二、平台投诉举报机制合规建议

结合前述相关规范的要求，互联网服务平台企业应当做好平台数据内容的被动审查，建立并完善投诉举报制度。具体合规建议如下。

1. 建立健全违法违规信息公众投诉举报制度

互联网服务平台企业首先应当在制度层面进行违法违规信息公众投诉举报制度建设，专门制定平台内容投诉举报的治理规则，明确投诉举报主体、事项、确立相关问题受理主体，规定对投诉举报问题调查处理的程序及要求，确立对投诉举报人的权益保护措施，规定对不当投诉举报的提示与制约等。

2. 在显著位置公布投诉举报方式，设置便捷投诉举报入口

互联网服务平台企业应当在互联网服务界面显著位置公布投诉举报方式，可以搭建在线举报平台、设立专门的投诉举报热线，亦可通过专用邮箱、信箱的方式实现投诉举报信息接收功能。

互联网服务平台企业应当在互联网服务界面设置投诉举报入口，确保相关权利人和社会公众能够通过界面直观地进入投诉举报页面。投诉举报页面内容的设计应当包括投诉主体、投诉事项、投诉内容、相关诉求等。同时，互联网服务平台企业应该赋予投诉举报主体就相关投诉举报内容是否进行公开的选择权，即使投诉举报主体及平台均认为该投诉举报信息确有必要进行公开，也应对主体信息进行匿名化技术处理，充分保障投诉举报人的合法权益。

3. 及时处理和处置公众的投诉举报

互联网服务平台企业所设置的投诉举报机制不能流于表面，而应当让其发挥实质作用。这就要求互联网服务平台企业及时对投诉举报人反馈的问题进行及时调查，无论最终调查结果如何，均应向投诉举报人给予调查结果反馈，并且根据个案具体情况考虑是否将反馈结果在平台投诉举报相关页面进行公开。如果平台企业不能做到及时处理和处置公众的投诉举报，则会严重影响投诉举报人对平台数据内容不合规行为投诉举报的积极性。此外，互联网服务平台企业应当将投诉举报的处理与处置确立为平台定期评估的项目之一，以确保平台能够充分尽到被动审查义务，实现全面合规。

总而言之，投诉举报机制作为互联网服务平台企业数据内容合规审查的最后一道防线，应当充分发挥其实质作用，通过平台用户和社会公众的监督最大化降低互联网服务平台企业的数据合规风险。

本章小结

●互联网服务平台企业作为服务我国网民的重要平台企业，扮演着重要角色。但

应当注意,互联网服务平台在给人们日常生活带来便利的同时,也在无形中掌握了大量的用户数据。因此,互联网服务平台企业应当有效开展数据合规治理。

●互联网服务企业在应用作为互联网时代服务网络用户的重要技术——Cookie 技术时,应当满足用户知情同意的要求,保障用户知情权、自决权,同时应充分履行信息安全保障义务。此外,互联网服务企业还应做好 Cookie 使用的合规自查,着重关注 Cookie 的使用情况、必要性、影响力、知情同意要求等方面。

●互联网服务平台企业应当充分履行数据安全保护义务,按照《数据安全法》《网络安全法》《互联网信息服务算法推荐管理规定》《网络信息内容生态治理规定》《互联网平台落实主体责任指南(征求意见稿)》等相关规定,建立健全实名认证制度、平台信息发布审核制度、信息内容审查的人员管理制度等,在平台数据内容审查方面做好数据合规。

●互联网服务平台企业应当建立投诉举报信息反馈机制,按照《网络安全法》《民法典》《互联网平台落实主体责任指南(征求意见稿)》等相关规定,建立健全违法违规信息公众投诉举报制度,在显著位置公布投诉举报方式并设置便捷投诉举报入口,及时处理和处置公众的投诉举报等。

第九章　电子商务企业数据合规

在当今社会，电子商务已成为我国经济发展的重要的产业，淘宝、京东等综合电商；抖音、快手等直播电商；小红书、拼多多等社交电商；美团、饿了么等外卖电商；去哪儿、携程等旅游电商；天猫国际、考拉海购等跨境购物电商，各类电商层出不穷。

电商企业在我国各类企业中所占比重居于高位并呈现不断增长的趋势，各实体企业也在逐步开发电商模式，电商之地位于我国经济发展而言可谓举足轻重。

第一节　电商数据收集、处理规则①

电商数据作为新型生产要素，深刻改变着生产方式、生活方式②，在数字经济时代发挥着重要作用。所谓“电商数据”，即基于互联网等信息网络设施销售商品或者提供服务的经营活动所产生的包括交易前、交易中、交易后各阶段的全周期数据。③ 这些数据包括用户的ID信息、购物车信息、浏览信息、购物习惯、搜索内容、用户地址等。应当注意的是，电商企业对用户相关数据收集之广泛、处理之细致，使得电商企业掌握着第一手、精细化的电商数据，其对用户的消费倾向了如指掌，易通

---

① 《数据安全法》第3条第2款规定：“数据处理，包括数据的收集、存储、使用、加工、传输、提供、公开等。”笔者认为，电商企业在电商数据收集上的特殊性值得单独论述，故此处的“处理”为不包含“收集”的狭义的“处理”。

② 参见《中共中央、国务院关于构建数据基础制度更好发挥数据要素作用的意见》，2022年12月2日发布。

③ 肖潇：《数字时代电子商务数据流通：合规方案、法律模式与规范路径》，载《中国流通经济》2022年第2期。

过技术手段对目标用户进行用户画像、个性化推荐甚至进行“杀熟”行为。为进一步维护电商用户的合法权益，促进中国电子商务产业发展行稳致远，应在一般数据的收集、处理规则基础之上，结合电商企业、电商平台的特殊性，对电商数据的收集、处理规则进行更为专业化、细致化地规范。

一、电商数据的收集规则

收集电商数据是电商企业与用户进行电子商务交易行为的首要活动，电商企业应当严格遵循法律法规的相关规定，合法、正当、合理收集电商数据，避免因违规收集、过度收集电商数据等行为而承担民事责任、行政责任，甚至刑事责任。

在我国现行法中，很多法律均规定任何组织或者个人不得非法收集数据，电商企业在收集作为数据下位概念的电商数据时，也应遵循合法、正当、合理收集数据等一般规则。此外，还应结合电商平台的独特地位，根据电子商务数据主体关系的不同，在以下两个方面做到更高水平、更高标准、更高要求的数据收集合规。

（一）平台/平台内经营者对用户数据收集的要求

其一，在用户数据收集目的方面，目的不能过于空泛，应当特别具体、明确、清晰。典型反面例子为在隐私政策中将收集数据的目的表述为“充分发挥数据价值”。

其二，在用户静态数据或动态行为数据留痕方面，需要符合信息保护规则。电子商务平台若基于自身业务目的收集用户数据应履行告知义务；若非基于自身业务目的，则除告知外还需要额外获得用户的同意和授权。

（二）平台对平台内经营者的数据收集的要求

在电子商务活动中，平台内经营者以平台为中心开展经营活动，也会产生平台内经营者自身的身份信息、状态信息等静态数据以及与电商消费者之间的交易行为信息等动态数据。平台/平台内经营者对用户数据的收集规则注重的是用户隐私利益的保护，而平台对平台内经营者数据的收集则更侧重于平台内经营者商业利益的保护。因此，在平台拟获取平台内经营者的经营数据时，双方可基于平台与平台内经营者的协议对数据的获取方式、目的、范围进行明确约定，如果格式文本未对这些问题进行明确约定，平台内经营者有权请求与平台协商，针对涉及平台内经营者商业利益的数据收集进行补充约定。①

总而言之，电商企业在收集电商数据时，应当重点关注有无用户数据收集规则，规则呈现形式及内容详尽程度是否符合当前个人信息保护相关法律法规要求以及监管实践，是否针对不同的应用场景满足相应的授权同意要求以及已取得用户授权同意，是否

---

① 参见肖潇：《数字时代电子商务数据流通：合规方案、法律模式与规范路径》，载《中国流通经济》2002年第2期。

遵循最小必要原则收集用户数据等问题。电商企业应根据电商的类型特质，结合自身的商业模式和业务特点制定相关的数据收集规则，包括数据采集办法和流程、数据采集渠道及外部数据源鉴定方式、保证用户数据不被泄露的技术设计、制定用户数据收集的量化评估标准等，以确保规则内容和呈现形式的合规性、获取用户授权同意的合规性等。①

二、电商数据的处理规则②

我国多部现行法律、行政法规、规章等对数据处理的一般规则进行了抽象化、概括式的规范，电商企业在处理电商数据时，应当遵循规范要求的合法、正当、必要等一般性数据处理规则。此外，还应当结合其自身的特点、经营模式等，对电商数据的数据使用、数据管理、数据存储、获取上游数据、向下游提供数据等方面进行更为细致化、严格化的合规治理。

（一）电商企业使用电商数据的要求

电商企业在使用电商数据时应做好数据合规自查，格外注意市场营销场景下用户画像的使用限制及个性化展示的数据合规要求。电商企业应向用户提供不针对用户个性化特征的选项并允许用户随时退出，对超出明示目的的数据使用要特别告知并就其拟使用的数据另行征得用户的授权同意。

（二）电商企业管理电商数据的要求

电商企业应根据自身特点（可区分为综合电商、社交电商、外卖电商、直播电商、旅游电商、跨境购物电商等），制定个性化的数据管理内部规则和风险应对措施，核查其是否做好电商数据防泄露措施；是否制定数据安全事件应急预案；是否做好应急事件发生后告知用户、风险管控以及报告主管机关的应对措施等（社交电商应尤为注意。在社交电商模式下，电商平台具有社交属性，使得平台积累了极大的流量和庞大的用户群体，一旦在数据管理过程中发生数据安全事件，影响范围会极其广泛）。③

（三）电商企业存储电商数据的要求

《电子商务法》第 62 条规定："在电子商务争议处理中，电子商务经营者应当提供

---

① 参见陈际红、蔡鹏等：《新型电商的数据合规路径》，载微信公众号"中伦视界"2020 年 12 月 4 日，https://mp.weixin.qq.com/s/wTLs8z_Fa58S-iDxIlzIcg；中国信通院、中国互联网协会等《数据安全治理能力评估方法》，T/ISC－0011－2021，2021 年 4 月 27 日发布。

② 《数据安全法》第 3 条第 2 款规定："数据处理，包括数据的收集、存储、使用、加工、传输、提供、公开等。"电商数据作为数据的下位概念，电商数据的处理也应包括电商数据的收集、存储、使用、加工、传输、提供、公开等。如前文注释所述，笔者认为电商数据在收集上的特殊性值得单独论述，故而此处的"处理"为不包含"收集"的狭义的处理。

③ 参见陈际红、蔡鹏等：《新型电商的数据合规路径》，载微信公众号"中伦视界"2020 年 12 月 4 日，https://mp.weixin.qq.com/s/wTLs8z_Fa58S-iDxIlzIcg。

原始合同和交易记录。因电子商务经营者丢失、伪造、篡改、销毁、隐匿或者拒绝提供前述资料，致使人民法院、仲裁机构或者有关机关无法查明事实的，电子商务经营者应当承担相应的法律责任。”由此观之，若电商企业在交易行为中未对有关数据进行妥善存储，一旦发生争议则会处于相对被动的地位。因此，电商企业应当在内部建立完善的电商数据存储机制，建立数据存储指引，明确哪些数据需要依法存储、存储期限、数据调取权限和数据提供审批流程等内容，确保电商数据存储安全。

结合《电子商务法》第 62 条、《民法典》及《中华人民共和国民事诉讼法》（以下简称《民事诉讼法》）有关诉讼时效的规定，电商企业所存储的“原始合同和交易记录”等电商数据应至少保留 3 年。此处亦与《网络交易监督管理办法》第 31 条的规定①相一致，电商企业在电商交易活动中掌握着电商消费者的大量信息，消费者在后期维权的过程中处于相对弱势的地位，基于公平因素的考量，为避免合规风险，电商企业宜按 3 年诉讼时效期间进行数据保留。

此外，电商企业还应根据《网络交易监督管理办法》第 31 条的规定，对平台内经营者的静态数据与动态数据至少进行为期 3 年的存储。

（四）电商企业获取上游数据的要求

很多电商企业会出于精准营销等目的从第三方渠道获取用户数据，电商企业在从第三方渠道获取上游数据时，应当做好数据合规自查，签署好双方约定的数据合作协议，并在协议中特别强调上游数据的合规性。此外，电商企业还可以请求第三方独立机构进行评估测评，以做好获取上游数据的合规审查。

（五）电商企业向下游提供数据的要求

部分电商企业因其自身的特质和发展模式，不得不向其下游（包括但不限于下游经销商、物流、支付等合作方）提供电商数据。如此一来，电商企业对该等电商数据的监管能力将大打折扣，这更要求电商企业做好相关数据合规。

电商企业应就其向下游提供数据的事实与理由向用户明确说明提供用户数据的目的、类型、方式、范围、存储期限、存储地点，并征得用户的单独同意或者书面同意；留存好用户同意相应证明及向下游提供用户数据的记录；要求接收数据方出具相关数据使用合规的具体说明及承诺，同时应以合同等形式与数据接收方约定好处理数据的目的、范围、处理方式、数据安全保护措施等；电商企业还应当对数据接收方的数据处理活动进行监督，当存在安全隐患时应及时与下游的数据接收方进行有效沟通。

（六）电商企业终止经营后数据处理要求

没有任何事物是一成不变的，电商企业亦如此。无论是入驻电商平台的企业还是

---

① 《网络交易监督管理办法》第 31 条规定：“网络交易平台经营者对平台内经营者身份信息的保存时间自其退出平台之日起不少于三年；对商品或者服务信息，支付记录、物流快递、退换货以及售后等交易信息的保存时间自交易完成之日起不少于三年。法律、行政法规另有规定的，依照其规定。”

自建网站电商企业，在其决定退出市场终止经营时，应当依法对电商数据进行数据备份和处理工作，避免电商数据的泄露、丢失等风险。

具体而言，电商企业应当明确识别需要备份的电商数据，并做好分类分级工作；从技术和法律角度做好安全性的评估；开展必要数据处理工作；书面通知电商数据相关合作方，做好电商数据上下游终止合作的数据合规工作；编制电商企业退出市场终止经营的数据处理相关行为情况记录表等。①

第二节 隐私政策与用户协议

一、隐私政策的内涵、性质及合规要求

（一）隐私政策的内涵及性质

1. 隐私政策的内涵

隐私政策也被称为隐私声明或隐私保护协议，是电商平台关于保护消费者个人信息安全的规则，是平台关于合法处理消费者个人信息的相应承诺，也是平台保护用户个人信息的最低标准。② 除“隐私政策”外，“法律声明及隐私政策”“隐私保护指引”“用户服务协议及隐私保护政策”“隐私权政策”“个人信息保护政策”等皆代表相同含义。隐私政策可以反映出电商平台在个人信息各个处理环节的具体操作流程和规范，因此可以作为评判电商平台个人信息处理行为是否合法合规的重要参考。③ 隐私政策多以一个文本链接的形式存在，它像一把自带免责属性的尚方宝剑，为电商企业数据合规保驾护航。④

2. 隐私政策的性质

理论界对电商平台规则中的“隐私政策”的性质众说纷纭。总体来说，隐私政策具有多元属性。

首先，隐私政策具有“合同”属性。“隐私政策的性质已经不再是一种声明，而是建立在双方合意基础上的协议。”⑤可以将平台发布隐私政策和用户对隐私政策的同意分别看作要约与承诺。用户授权同意平台采集、利用其个人信息并享受平台提供的服务，而平台则需要按照隐私政策条款内容保护用户个人信息并提供电商服务。

---

① 参见黄春林主编：《网络与数据法律实务——法律适用及合规落地》，人民法院出版社 2019 年版，第 185 页。

② 何培育、王潇睿：《智能手机用户隐私安全保障机制研究——基于第三方应用程序“隐私条款”的分析》，载《情报理论与实践》2018 年第 10 期。

③ 李卓卓、马越、李明珍：《数据生命周期视角中的个人隐私信息保护——对移动 App 服务协议的内容分析》，载《情报理论与实践》2016 年第 12 期。

④ 参见李延舜：《隐私政策在企业数据合规实践中的功能定位》，载《江汉论坛》2020 年第 10 期。

⑤ 谈咏梅、钱小平：《我国网站隐私保护政策完善之建议》，载《现代情报》2006 年第 1 期。

其次,隐私政策具有“告知与社会承诺”的属性。电商平台处理数据应当公开透明,数据主体不可能主动获取详细透明的企业数据处理行为,电商企业需承担信息披露的法定义务。因为“与买方占有相关信息的情况相比,当卖方占有相关信息时,社会对信息披露义务的需求更强烈”①。唯有让公众知情,消费者才能放心地交由电商企业收集、处理其个人数据,在此意义上,隐私政策正是电商企业收集、利用个人数据“告知”义务的体现。此外,“告知”同时与“社会承诺”紧密相连,电商企业要想行稳致远地发展,必须取得消费者的信任,而经由隐私政策完成的“告知”正是获取消费者信任的最佳途径。

最后,隐私政策是电商平台自我规制的重要手段,是平台保护消费者个人信息的自律措施,也是平台保护用户隐私应达到的最低标准。在兼备多元属性的前提下,隐私政策发挥着告知、制约和监督功能,隐私政策告知消费者其所享有的个人信息权利以及平台将如何处理其个人信息;隐私政策明确了平台的个人信息安全保障义务,以规制个人信息的不当收集、使用或其他侵害信息主体权利的行为;隐私政策也可作为评判电商平台个人信息保护水平和社会公信力的重要标准。②

(二)电商平台隐私政策的合规要求

“成功的隐私保护不是通过证明他人享有统治权和同意权来衡量的,而是在实际生活中预防实质损害,例如,防止数据泄露,以让人信赖的方式保护那些处于岌岌可危状态的信息……此外,此种做法已经将隐私从一个遵循法规的活动转向风险评估的步骤,要求企业在做出有关产品设计、市场准入和政策发展的决策时嵌入隐私。”③可见,隐私政策是平台数据合规风险评估的重要指标。一个电商平台如果没有隐私政策,其在形式要件上就不符合数据合规的要求。

尽管在实践中,很少有人阅读隐私政策条款,但电商平台仍必须要制定隐私政策,并且要尽可能地将隐私政策写全、写好。一旦电商平台与用户发生相关纠纷,其能够证明电商平台是善意的,符合了形式合规的要求。即使电商平台因为某些行为遭受处罚,也大概率会相较于没有隐私政策、隐私政策过于草率的平台所遭受的处罚小。

在制定隐私政策时,电商企业应当保持最低立场和基本立场。最低立场即电商企业应当基于其制定的隐私政策做好法律风险的防控,确保自身不因隐私政策相关问题遭受行政处罚,其法定代表人、董事、高级管理人员等不因隐私政策相关问题遭受行政

---

① [美]斯蒂文·沙维尔:《法律经济分析的基础理论》,赵海怡等译,中国人民大学出版社2012年版,第302页。

② 梁栋:《电子商务消费者个人信息保护的规范路径——基于6类12家电商平台隐私政策的实证研究》,载《大连理工大学学报(社会科学版)》2022年第3期。

③ [美]肯尼斯·A.班贝格、[美]迪尔德丽·K.穆丽根:《书本上的隐私和实践中的隐私》,魏凌译,载张民安主编:《隐私权的性质和功能》,中山大学出版社2018年版,第253页。

甚至刑事处罚,这也是数据合规层面的最低标准。基本立场即电商企业应在制定隐私政策的过程中更加注重消费者体验以及电商企业的社会形象,以高标准规范自己的隐私使用政策,形成良好的社会效果,使企业与市场形成良性互动。① 本篇就电商平台隐私政策的数据合规要求,主要论述“最低立场”,即强调电商平台在隐私政策的合法性标准。

电商平台制定隐私政策应清晰、准确、完整地描述电商企业的用户数据处理行为,并以便于用户阅读、理解的方式,向数据主体展现可能会对其个人权益产生影响的重点内容。根据市场监管总局、国家标准化管理委员会发布的《信息安全技术　互联网平台及产品服务隐私协议要求(征求意见稿)》的要求,应主要从隐私政策的编制程序、隐私政策的易读性与易访问性、隐私政策的内容、隐私政策的发布和可视化、隐私政策的修订等方面着手。②

1. 隐私政策编制程序的合规要求

电商平台在编制隐私政策时,应当根据相关法律法规、国家标准、团体标准等要求,明确参与隐私政策编制的责任部门或者负责人,确定职责分工;明确实现各服务类型所需收集的必要数据的范围,以及非必要数据之外的所打算收集使用的个人数据的范围,确保满足合法、正当、必要的要求。③ 对于涉及可能对数据主体权益产生重大影响的行为(包括但不限于处理敏感数据、利用用户数据进行自动化决策、委托处理用户数据、向其他组织或者个人提供用户数据、公开用户数据等)应当事先进行安全影响评估,以保障数据主体的合法权益。

此外,电商平台还应当针对不同服务类型分别建立和维护用户数据处理情况描述表,记录处理的用户数据类型、保存位置、流转需求、所涉及系统和责任主体等情况;应当建立数据主体权利响应机制,畅通数据主体撤回同意及注销账户的渠道。电商平台应当在以上编制程序的基础之上,梳理有关信息,编制隐私政策。

同时应当注意,当平台规则发生变化(如上线新服务类型、数据收集和使用的目的发生变化)时,应当及时更新隐私政策,并主动向数据主体展示,同时说明更新理由,保障历史版本可查。

---

① 参见张平:《数据合规的全球立法及实践》,载微信公众号“北大法宝”2022 年 1 月 17 日,https://mp.weixin.qq.com/s/aT6TgwrB95vYFWbQe46rDQ。

② 参见国家市场监督管理总局、国家标准化管理委员会《信息安全技术 互联网平台及产品服务隐私协议要求(征求意见稿)》,2022 年 5 月 20 日发布。

③ 此项程序可参见国家互联网信息办公室秘书局、工业和信息化部办公厅、公安部办公厅、国家市场监督管理总局办公厅发布的《关于印发〈常见类型移动互联网应用程序必要个人信息范围规定〉的通知》,国信办秘字〔2021〕14 号,2021 年 3 月 12 日发布。

2. 隐私政策易读性与易访问性的合规要求

电商平台制定的隐私政策应当易于阅读，采用清晰易懂、符合通用习惯的语言，使用标准化数字、图示等，避免使用有歧义、晦涩难懂、模棱两可的语言。不得在文本文字显示方式（包括但不限于字号、暗色、行间距等）上“动手脚”从而造成阅读困难，不得出现文字过小、过密、颜色过淡、冗长烦琐等问题；应当尽量避免出现使用大量专业术语影响用户阅读的情形；应当向用户提供简体中文版本。

此外，电商平台的隐私政策应当符合易访问性的要求。具体而言，平台网页端隐私政策查询时的用户点击次数应当不多于 1 次，平台客户端隐私政策查询时的用户点击次数应当不多于 4 次，且应充分保证隐私政策链接位置突出、无遮挡，应避免出现隐私政策链接无效、文本无法正常显示等情形。网页端隐私政策通常应置于页面底部，客户端隐私政策通常应置于“我的——设置”或者“我的——关于”的子栏目，在该等位置便于用户查询。①

3. 隐私政策内容的合规要求

隐私政策应至少包括适用范围、摘要、收集使用个人信息规则、保障个人信息安全的规则、保障个人信息主体权利的规则、个人信息跨境流动的规则、隐私政策更新的规则等，并提供电商平台的联系方式。

（1）适用范围合规要求

在适用范围上，隐私政策发布主体应当涵盖隐私政策所适用的产品或服务范围（通常包括特别注意，即该隐私政策不适用于平台上介入的第三方主体向用户提供相关服务的隐私政策）、生效及更新时间等。

（2）摘要合规要求

在摘要上，电商平台隐私政策应当简明扼要，做好要点摘录，使数据主体快速了解隐私政策的主要组成部分、用户数据处理者所作声明的核心要旨。隐私政策的摘要可以置于完整隐私政策开始的部分，或以单独文件展示，隐私政策的摘要通常包括：隐私政策适用范围；收集和使用用户数据的种类和场景；电商平台如何使用 Cookies 和第三方服务；数据主体行使权利的主要途径；电商平台保护及保存用户数据的方式；向第三方提供数据的主要场景；隐私政策的更新；未成年用户数据保护；平台联系方式；等等。

（3）收集使用个人信息规则合规要求

在收集使用个人信息规则上，电商平台应当详细列举收集和使用用户数据的服务类型及具体的业务功能，不应使用概括性语言；应根据不同服务类型，分别列出各业务功能所收集的必要个人信息类型和非必要个人信息类型；不应使用概括性语言综述所

① 刘新宇主编：《数据保护——合规指引与规则解析》（第 2 版），中国法制出版社 2021 年版，第 243 页。

收集的个人信息;应当统一集中展示服务或产品中所嵌入的各第三方代码或插件(如SDK)的名称,各第三方代码或插件所收集的全部个人信息类型,以及所处理个人信息的目的、方式、种类、频次、时机等处理个人信息的规则。

同时,电商平台应说明个人信息在使用过程中涉及的地理区域,如个人信息存储和备份的地域,个人信息传输过程中涉及的地域范围等,如果个人信息存在跨境传输情况,需单独列出或重点标识。

此外,平台应根据个人信息的使用情况,注明不同类型个人信息预计的保存时间或个人信息存储期限的确定方法以及需要删除或销毁的截止日期;如确需改变信息收集和使用的目的,应当说明会征得个人信息主体的同意。

如果需要共享、转让个人信息,电商平台应详细描述需要共享、转让的个人信息类型和原因、个人信息的接收方、对接收方的约束和管理准则、接收方使用个人信息的目的、个人信息共享、转让过程中的安全措施及共享、转让个人信息是否会对个人信息主体带来高危风险,并将以上内容形成“个人信息对外提供清单”;电商平台应说明是否需要公开披露个人信息,并详细描述需要公开披露的个人信息类型、原因、是否会对个人信息主体带来高危风险。

与此同时,电商平台应说明何种情况下电商平台会不经过个人信息主体同意,共享、转让和公开披露数据,如响应执法机关和政府机构的要求、进行个人信息安全审计、保护个人信息主体避免遭受欺诈和严重人身伤害等。

(4)保障个人信息安全规则合规要求

在保障个人信息安全的规则上,电商平台应说明其对个人信息进行安全保护的措施,包括但不限于:个人信息完整性保护措施,个人信息传输、存储和备份过程的加密措施,个人信息访问、使用的授权和审计机制,个人信息的保留和删除机制等;应描述提供个人信息后可能存在的安全风险;应表明在发生个人信息安全事件后,电商平台将承担法律责任;应表明在发生个人信息安全事件后,将及时告知个人信息主体。

(5)保障个人信息主体权利规则合规要求

在保障个人信息主体权利的规则上,电商平台应当说明个人信息主体对其个人信息拥有何种权利,内容包括但不限于:个人信息收集、使用和公开披露时允许个人信息主体选择的个人信息范围;个人信息主体所具备的查阅、复制、更正、补充、删除等控制权限;个人信息主体可以选择的通信和广告偏好;个人信息主体不再使用服务后撤回同意和注销账户的渠道;个人信息主体进行投诉举报、维权的有效渠道;等等。

对于需要自行配置或操作(如对所使用的软件、浏览器、移动终端等进行配置和操作)以达到查阅、复制、更正、补充、删除、撤回同意等目的,电商平台应对配置和操作的过程进行详细说明,说明方式易于个人信息主体理解,必要时提供技术支持的渠道(如客服电话、在线客服等)。

如果为个人信息主体提供隐私偏好设置，电商平台需说明具体的设置方法；如果个人信息主体行使权利的过程产生费用，需明确说明收费的原因和依据；如果个人信息主体提出行使权利的需求后需要较长时间才能响应，需明确说明响应的时间节点，以及无法短时间内响应的原因；如果个人信息主体行使权利的过程需要再次验证身份，需明确说明验证身份的原因，并采取适当的控制措施，避免验证身份过程中造成的个人信息泄露；如果电商平台拒绝个人信息主体对个人信息进行查阅、复制、更正、补充、删除、撤回同意等要求，需明确说明拒绝的原因和依据。

(6)个人信息跨境流动规则合规要求

电商平台如果因业务需求、政府和司法监管要求存在跨境信息传输情况，则需详细说明需要进行跨境传输的数据类型，以及平台应当遵守的跨境传输标准、协议和法律机制。

(7)隐私政策更新规则合规要求

在隐私政策更新的规则上，电商平台应向用户说明涉及用户权益重大影响的隐私政策更新情形、涉及用户权益重大影响的隐私政策更新程序(包括对更新内容公开征求意见的平台、时限、对公众意见采纳情况的发布等)；应当说明使用何种方式及时通知个人信息主体(通常情况下采取的通知方式如：个人信息主体在登录信息系统以及在信息系统版本更新后使用该系统时需要弹出窗口，个人信息主体使用信息系统时直接向个人信息主体推送通知，向个人信息主体发送邮件、短信等)。

4. 隐私政策发布和可视化的合规要求

电商平台在发布隐私政策时，应当在收集个人信息前，主动提示个人信息主体阅读隐私政策，如在个人信息主体首次开启产品或服务，或首次注册账户时通过弹窗的形式提示阅读；当产品或服务涉及多种服务类型时，电商平台应仅将隐私政策用于向个人信息主体告知产品或服务个人信息处理总况，不应通过要求个人信息主体同意隐私政策的形式一次性获得个人信息主体对多种服务类型的同意。

当个人信息主体逐步开启不同服务类型时，应再次主动提示个人信息主体阅读隐私政策的相关部分内容；不应以更新隐私政策的方式强制要求个人信息主体同意收集更多的个人信息或削减个人信息主体的各项权利，宜通过交互式选择界面体现隐私政策的摘要内容，提升隐私政策的可视化程度并保障个人信息主体自主选择的权利。

5. 隐私政策修订的合规要求

电商平台对不涉及对用户权益重大影响的隐私政策内容进行修订时，应及时更新隐私政策并及时通知个人信息主体。对涉及对用户权益重大影响的隐私政策内容的修订，电商平台应在其官方网站、个人信息保护相关行业协会互联网平台面向社会公开征求意见，征求意见时长不得少于30个工作日，确保用户能够便捷充分表达意见；充分采纳公众意见，修改完善平台规则、隐私政策，并以易于用户访问的方式公布意见采纳情况,说明未采纳的理由,接受社会监督;大型平台[①]应就隐私政策的修订内容征求主要由外部成员组成的独立机构的意见和建议;日活跃用户超过1亿的大型平台的平台规则、隐私政策制定或者对用户权益有重大影响的修订,应当经国家网信部门认定的第三方机构评估,并报省级及以上网信部门和电信主管部门同意。

二、用户协议的内涵、性质及合规要求

(一)用户协议的内涵及性质

1.用户协议的内涵

用户协议也称用户服务协议,是电商平台为更好地向用户提供产品和服务,在消费者注册成为电商平台用户、使用电商平台提供的产品及服务之前,向消费者明示平台相关规则的格式协议,是电商平台与消费者之间的基本合同,是确立双方权利义务的基本规范。[②] 用户协议通常包含限制责任条款或者免责条款,此等条款通常以加粗形式提请用户注意。用户协议作为用户和平台之间最直接的法律联系,其可以充分反映出电商平台与消费者之间的权利义务关系,是电商企业平台数据合规的重要参考。

2.用户协议的性质

用户协议在定性上毋庸置疑——服务协议属性。用户协议是平台与消费者之间的合同,是建立在双方合意基础上的协议,是电商平台向用户提供产品和服务环节中不可缺少的重要组成部分,电商平台的用户协议中往往在开头部分就向用户表明,接受该用户协议是成功注册、登录、使用该电商平台的首要前提。在用户协议中,电商平台也均预先规定了电商平台与用户的权利义务关系,并且往往在该等权利义务关系的约定中嵌入电商平台免责条款。也有电商平台在制作用户协议时,规定了违约责任、争议解决方式、协议终止等相关事项,这与《民法典》合同编的相关规定保持一致。在此意义上,用户协议的合同属性更为凸显。当然,用户协议的这种合同属性是建立在其服务属性基础之上的。电商平台之所以要与用户"签署"用户协议,根本目的在于向用户提供产品或者服务,即促成与用户之间的交易,这便充分说明了用户协议的服务属性。

值得注意的是,用户协议如何在关键条款上对用户进行说明阐释、提请注意并确保用户知情同意,以便于电商平台在用户发生纠纷时向法院请求完全确认合同效力,仍然是各电商企业在用户协议制定中的重大议题。

(二)电商平台用户协议的合规要求

用户协议是电商平台与消费者之间的基本合同,是确立双方权利义务的基本规范。

---

① 大型平台是指用户超过五千万、处理大量个人信息和重要数据、具有强大社会动员能力和市场支配地位的平台。

② 黄春林主编:《网络与数据法律实务——法律适用及合规落地》,人民法院出版社2019年版,第184~185页。

但是,由于网络环境的特殊性,消费者无法有效参与合同订立谈判。因此,为尽可能地防止用户协议通过格式条款损害消费者的利益,避免企业损害消费者的知情权和选择权,电商平台应当依据《电子商务法》、《中华人民共和国消费者权益保护法》(以下简称《消费者权益保护法》)、《信息技术安全 个人信息安全规范》等相关规定,在用户协议的制定、发布程序、修订以及用户协议的内容等方面实现数据合规。①

因为电商平台用户协议和隐私政策在数据合规的要求上存在较高一致性,无论是隐私政策还是用户协议,在形式上均需要实现独立性、易读性、易访问性,均需在制定程序、发布与可视化、修订等方面实现近乎一致的合规要求。在内容上也均需符合国家法律法规和监管要求,明确处理用户数据的目的、用途、范围、保存时限、到期处理方式等。因此,本部分仅阐明相较于隐私政策而言,在用户协议中更为突出的数据合规要求。

用户协议在内容上相较于隐私政策而言,在"账号注册及使用规则"与"双方权利义务"两个方面最为突出。

1. 账号注册与使用规则方面

电商平台应明确向用户告知注册及使用账号的主体资格、平台所要向用户收集的相关数据、用户注册及使用账号的规范等内容,对核心内容应以黑体或加粗或加下画线或多种方式并用的形式,提请用户注意。明确向用户说明相关数据的使用要求。例如:收集用户的手机号码仅用于用户注册,满足注册实名认证的要求;收集用户账号及口令信息仅用于标识网上购物用户和保障账号信息安全;收集用户收货相关信息仅用于识别和联系收货人、送达货物;收集用户的订单价格、下单时间、订单商户、订单编号、订单状态等交易信息仅用于实现网上购物的订单交易和处理用户纠纷,满足《电子商务法》的相关要求;收集支付账号及支付状态等第三方支付信息仅用于实现网上购物的订单支付功能(此类信息通常由网上购物业务功能调用第三方服务间接获取)。②

此外,平台在用户协议的制定中,通常会在"账号注册与使用规则"部分加入类似于"账号借用""安全义务"等内容,并且此类内容通常会被平台标注为黑体等特别提示性文字。其目的在于,通过用户协议的方式向用户事先声明如若平台发现相关用户在账号的使用过程中存在不符合相关规范的行为,平台有权自行采取措施,包括但不限于:拒绝提供相应服务、冻结或收回注册账号或终止服务协议。如若用户的此类行为给平台造成经济损失,平台亦有权依据用户协议向用户提出赔偿请求。

---

① 参见黄春林主编:《网络与数据法律实务——法律适用及合规落地》,人民法院出版社 2019 年版,第 184～185 页。

② 黄春林主编:《网络与数据法律实务——法律适用及合规落地》,人民法院出版社 2019 年版,第 179 页。

2. 双方权利义务方面

电商平台应当特别注意，不在用户协议中设置不合理条款，即电商平台不应在用户协议中出现免除自身责任、加重用户责任、排除用户主要权利的条款。免除自身责任系电商平台免除其依照法律规定应当负有的强制性法定义务；加重用户责任，系指电商平台要求用户在法律规定的义务范围之外承担责任或损失；排除用户的主要权利，系指电商平台排除用户依照法律规定或者依照协议的性质通常应当享有的主要权利。[①] 比如：电商平台不得在用户协议中列明"您已同意并明确知悉：您需对您本人在使用本网站所提供的服务时的一切行为、行动（不论是否故意）负全部责任"。

另外，在用户协议的形式合规层面，建议电商企业建立用户协议的形式审查机制，包括但不限于：建立用户协议的定期审查机制；建立用户协议的制定、修订及发布程序指引；为用户提供查阅，下载的便捷方式及指引；建立版本管理及证据留痕机制等。

第三节　平台对第三方供应商审查

本节所述的"第三方供应商"，即在平台对用户数据收集程序中作为第三方向平台提供数据的任何组织或者个人，包括电商平台获取上游数据的业务合作企业、SDK 提供者等。本节所述的"平台对第三方供应商审查"主要指电商平台在间接收集数据的过程中对第三方数据提供者的审查。

一、平台对业务合作方数据提供的合规审查

潜在用户的数量及其相关信息直接影响平台的营销策略和实际营收。实践中，很多企业出于个性化推荐、精准营销等目的，会选择从第三方渠道获取更多潜在用户数据，此第三方渠道大多为电商企业同其他组织或者个人形成良性的业务合作关系，通过数据交易的形式从其业务合作方获取相关数据。此时，平台就负有保证其从业务合作方间接收集数据符合数据合规要求的义务，因此，平台应当对其业务合作方提供的数据进行合规审查。

1. 电商平台应就其业务合作方提供的数据进行识别与分类分级，建立一套第三方数据识别与分类分级机制——"分级管理、分层合规"，制定识别分级合规手册，有利于后续采取针对性的审查及动态管理体系。

以敏感信息为例：电商平台在获取业务合作方提供的数据时，应当及时对敏感数据、非敏感数据进行识别与区分，对敏感数据再次分级，划分为极敏感数据、敏感数据、

① 刘新宇主编：《数据保护——合规指引与规则解析》（第 2 版），中国法制出版社 2021 年版，第 245 ~ 246 页。

较敏感数据、低敏感数据等，根据级别定位，划分各级别的子类及范围。

2. 电商平台在通过业务合作方间接收集数据的过程中，应根据前期进行的识别与分类分级工作，差别化地采取合规审查模式。具体而言：电商平台可以要求业务合作方就数据的合法性作出充分的说明与承诺。需要特别注意的是，电商平台运营涉及较多与第三方合作的问题，因此签订相关数据协议是数据合规的必要举措，并且应在相关数据协议中厘清双方在数据保护及合规处理方面的责任与义务。在必要时，电商企业还可以请求第三方独立机构进行评估测评，以做好业务合作方数据的合规审查。

3. 电商平台在获取业务合作方提供的数据时，还应做好内部合规，建立完善的网络安全合规体系，通过采取相关技术措施并制定内部管理制度，依法留存用户数据，加强内部合规培训，有针对性地对获取的用户数据采取匿名化、去标识化等数据处理措施，建立用户数据使用审计制度。同时，根据用户信息获取的频率，建立动态的审查措施。[①]

二、电商平台对第三方 SDK 提供者的合规审查

SDK 是简单的为某个程序设计语言提供应用程序接口的一些文件，是辅助开发某一类应用软件的相关文档、范例和工具的集合。平台若要建立 App，就离不开对 SDK 的利用。在某些情况下，接入应用的 SDK 是以自己的名义向 App 用户提供服务的，比如 App 用户通过激活一个 SDK 接口而调用或者启动了该用户已安装的另一个 App 的服务功能，[②]因此平台获取某些用户数据在一定程度上也离不开 SDK 的提供。故电商平台为实现自身的数据合规需求，也应对第三方 SDK 提供者进行合规审查。需要注意的是，本部分所讲的合规审查仅限于电商平台对第三方 SDK 提供者进行的数据合规审查，并非 SDK 本身要达到哪些数据合规的要求。至于 SDK 本身需要达到的合规标准，请参见本书第四编第十七章“App 数据保护”项下第二节“SDK 的使用与数据合规风险”的相关内容。

首先，电商平台应当遵循合法、正当、必要的原则选择 SDK，建立 SDK 安全规范。平台应当使用提供者基本信息明确、沟通反馈渠道有效的第三方 SDK。其次，针对 SDK 的引入、使用、运维到退出全生命周期中可能面临的安全风险进行全面分析，制定 SDK 安全规范，降低因引入 SDK 带来的安全风险。[③] 至于平台具体如何选用第三方

---

① 参见黄春林主编：《网络与数据法律实务——法律适用及合规落地》，人民法院出版社 2019 年版，第 185 页。

② 中国信息通信研究院安全研究所、北京市环球律师事务所《软件开发包（SDK）安全与合规报告（2020 年）》，2020 年 9 月发布，第 22 页。

③ 中国信息通信研究院安全研究所、深圳市腾讯计算机系统有限公司《软件开发包（SDK）安全研究报告（2021 年）》，2021 年 12 月发布，第 23 页。

SDK,应当参考如下标准。[①]

(一)基本安全要求

电商平台所选择的SDK应当:确保分发过程具备有效的完整性校验机制,避免提供的代码、资源文件遭篡改;确保分发包、Demo(Demonstration)包[②]内不包含病毒、木马等恶意程序;避免调试信息函数输出通信日志、关键变量等敏感信息;避免分发包、Demo包内残留内网统一资源定位符(Uniform Resource Locator,URL)、测试账号、测试数据等测试信息;避免嵌入与业务功能无关的插件、代码,或在分发包中私自打包提供其他SDK产品;SDK申请系统权限应遵循最小必要原则,避免索要非实现业务功能所必需的权限。

(二)数据存储安全要求

电商平台所选择的SDK应当:对存储于最终用户设备上的含有个人信息、重要数据的文件进行加密(如库表加密、文件加密等),避免被宿主应用、其他App、恶意程序等非法访问、篡改;宜对与宿主App或其他本地程序共同处理、使用的数据进行加密处理,并约定安全有效的解密方案,确保数据的合法授权访问;应对存储于最终用户设备上的数字证书文件进行加密,避免数字证书泄露或遭非法篡改;应对存储于最终用户设备上的备份数据进行加密,避免备份数据泄露;应避免使用不安全的加密算法(如RC4、AES、ECB或OFB[③]工作模式等),避免加密算法破解;应限制存储于最终用户设备上的配置信息、用户偏好等轻量数据读写权限,避免文件遭最终用户设备上的其他程序访问、篡改;宜限制敏感数据、重要数据本地存储时间,确保到期数据自动删除;应避免本地存储去标识化数据与原始标识的对应关系信息,防止相关信息泄露导致去标识化失效;应避免本地存储明文的鉴权信息(如账号名、密码等),宜采用加随机盐的哈希方式存储相关数据,避免用户个人敏感信息泄露。

(三)数据交互安全要求

电商平台在选用SDK时,应考查SDK与平台App、服务端数据交互是否满足如下安全要求:应采用安全的传输协议确保SDK与服务端数据交互的机密性、完整性、可用性;涉及个人信息、重要数据传输的场景,应采用HTTPS等加密传输协议或对相关数据单独加密,确保敏感数据加密传输;使用HTTPS传输协议时,宜开启SDK与服务端的双向验证机制,确保服务端身份真实性;使用HTTPS自定义证书时,应对服务端主机名进行校验,验证服务端主机身份;应使用安全的加密算法、密钥生成机制等,提高数据加

---

① 中国互联网协会《移动互联网应用程序SDK安全规范(征求意见稿)》,2021年11月10日发布。

② 分发包是软件的最终发布版本,包含软件的安装程序、文档和所有必要的文件;Demo包主要用于演示软件的功能和用法,通常是软件的早期版本,只包含软件的一部分功能或者是只包含演示程序和示例代码。

③ RC4:Rivest Cipher 4, Ron Rivest流加密算法;AES:Advanced Encryption Standard,高级加密标准;ECB:Electronic CodeBook,电子密码本模式;OFB:Output Feedback,输出反馈模式。

密传输的安全性。

(四)重要组件安全要求

电商平台选用的 SDK 使用系统功能组件应满足如下安全要求:应在使用组件调用系统功能时确保其配置安全性,避免出现配置不合理导致的安全风险;应在使用组件调用系统功能时遵循最小必要原则,避免调用与实现业务功能无关的功能;调用网页视图(WebView)应确保其配置安全性,避免出现配置不合理导致的安全风险;宜在调用 Intent 组件①时验证接收方合法性并对参数进行过滤,避免出现越权调用、隐式调用等风险;宜在调用 Intent 组件时增加异常捕获机制,避免出现程序崩溃等风险。

(五)代码及资源文件安全要求

首先,电商平台选用的 SDK 代码及资源文件安全需满足下列要求:宜采用代码混淆、加固等手段提高逆向分析的难度,降低关键函数、逻辑等泄露风险;宜对本地存储的 so 文件②进行加固或混淆处理,避免敏感信息泄露;宜对本地存储的 h5 资源文件③进行加密处理,避免资源文件遭篡改。

同时,电商平台如采用资源文件热更新技术,宜对文件解压文件名进行限制,避免更新的资源文件被非法获取;宜对本地存储的 so 文件进行地址空间随机化,降低缓冲区溢出攻击风险;宜对本地存储的 so 文件进行编译器堆栈保护,避免栈溢出时系统不对程序进行保护;宜对本地存储的密钥、证书进行加密,避免本地密钥、证书泄露或遭篡改;宜避免代码内存在硬编码或强耦合的 URL 地址,避免链接遭篡改。

其次,平台在通过第三方 SDK 获取用户数据时,应按照相关法律法规的要求,向用户告知所接入的第三方 SDK 的名称或类型,第三方 SDK 收集的个人信息类型、收集目的及使用方式、申请的敏感权限、申请目的及使用方式等,并征得用户同意。建议在停用某第三方 SDK 后,及时从 App 中移除该第三方 SDK 的代码和调用该第三方 SDK 的代码,存在通过本 App 共享或收集个人信息的,应敦促第三方 SDK 提供者按照合作协议约束,删除从本 App 共享或收集的个人信息或做匿名化处理。④

最后,平台应当完善与第三方 SDK 提供者的合作协议,明确双方在个人信息保护方面分别应采取的措施、承担的责任和义务等。动态监测 SDK 安全性,对集成后的第三方 SDK 进行持续动态监测或定期进行安全评估。对于已经发现的第三方 SDK 安全

---

① “Intent”是一种机制,用于在 Android 应用程序中传递消息和数据,而“Intent 组件”是使用 Intent 机制进行组件之间通信和交互的一种方式。

② so 文件(共享对象文件,Shared Object File)是在 Linux 和 Android 操作系统中使用的共享对象文件或动态链接库文件,用于实现更高效的内存使用和代码复用。

③ h5 资源文件通常指基于 HTML、CSS 和 JavaScript 等 Web 技术开发的 Web 应用程序或网页文件中包含的图片、音频、视频等资源文件。

④ 中国信息通信研究院安全研究所、深圳市腾讯计算机系统有限公司《软件开发包(SDK)安全研究报告(2021 年)》,2021 年 12 月发布,第 23 ~24 页。

漏洞及时修复，或者采用其他替代方案，并从官方渠道及时更新 SDK。对于已经发现存在恶意行为的第三方 SDK，及时停止使用。①

第四节　电子商务中的消费者信息保护

消费者信息即在电商平台中留痕的、与消费者进行电子商务交易行为（如购物、消费等）相关的、可以直接或间接识别特定消费者的数据信息，这类信息具有消费者个人身份信息和交易平台商品信息的双重属性。

首先，就消费者个人身份信息的属性而言，消费者信息具有较强的主体可识别性。在当今社会环境下，"实名制"已成为国家和政府对各行各业的重要要求，实名注册用户账号也已成为消费者通过电子商务购买商品或者接受服务的首要前提。在用户经历实名注册程序并通过电商平台选购商品或者接收服务的过程中，电商平台便会掌握大量的消费者数据信息，包括消费者的 ID 信息、真实姓名、收货地址、联系方式等，这些信息单独或者与其他信息相结合便足以识别特定消费者，对消费者个人而言具有较强的指向性。

其次，就消费者的交易平台商品信息而言，消费者信息具有较大的经济价值。此类消费者数据信息往往具有较强的财产属性，其蕴含了大量的消费习惯、消费偏好、市场需求、消费群体等具有商业价值的信息。电商企业往往可以运用技术手段对此类消费者信息进行数据分析与处理，计算出特定消费者的需求和偏好，实施精准营销战略和个性化推荐服务。如此一来，电商平台便可以通过较小成本实现精准广告投放、精准货物存储等目的，获取更大的经济价值。因此，此类消费者信息所蕴含的经济价值不容小觑。

正因为这些消费者信息具有较强的主体可识别性和较大的经济价值，电商企业必须对电子商务中的消费者信息尽到充分的保护义务，在法律层面上做好消费者信息保护的数据合规审查。

一、《消费者权益保护法》中的消费者信息保护

《消费者权益保护法》作为保护消费者合法权益、维护社会秩序的重要法律，充分考虑消费者信息所蕴含的巨大经济价值以及实践中消费者信息屡屡被滥用、泄露等问题，以立法的形式明确规定了电商经营者收集、使用消费者信息的规则。

《消费者权益保护法》第 29 条第 1 款规定："经营者收集、使用消费者个人信息，应

---

① 中国信息通信研究院安全研究所、深圳市腾讯计算机系统有限公司《软件开发包（SDK）安全研究报告（2021 年）》，2021 年 12 月发布，第 24 页。

当遵循合法、正当、必要的原则,明示收集、使用信息的目的、方式和范围,并经消费者同意。经营者收集、使用消费者个人信息,应当公开其收集、使用规则,不得违反法律、法规的规定和双方的约定收集、使用信息。"尽管该规定为原则性规定,但也充分表明电商平台在收集、使用消费者信息时要经过消费者的明确同意,避免电商平台要求消费者通过"一揽子"授权的方式获取其个人信息,这样的规定加强了对消费者信息的保护力度。

《消费者权益保护法》第 29 条第 2 款规定:"经营者及其工作人员对收集的消费者个人信息必须严格保密,不得泄露、出售或者非法向他人提供。经营者应当采取技术措施和其他必要措施,确保信息安全,防止消费者个人信息泄露、丢失。在发生或者可能发生信息泄露、丢失的情况时,应当立即采取补救措施。"该规定表明电商平台具有保护消费者信息不被泄露的义务。一方面,电商平台在收集消费者信息时,应当积极采用技术手段,防止在收集过程中造成数据泄露,一旦发生消费者信息安全事件,应当及时采取有效措施,避免损失进一步扩大;另一方面,电商平台应当在处理消费者信息的过程中,在内部做好相应的信息处理规范,加强数据合规建设,防止发生消费者信息安全事件,做好消费者信息使用的数据合规审查,一旦出现问题,积极主动且及时地采取相应措施,并充分履行向消费者的告知义务。

《消费者权益保护法》第 29 条第 3 款规定:"经营者未经消费者同意或者请求,或者消费者明确表示拒绝的,不得向其发送商业性信息。"这使得电商平台对消费者进行商业性推送也有了法律层面的明确规定,该款规定重视消费者的生活安宁,赋予了消费者对商业性信息推送的拒绝权,非经消费者明确同意不能向消费者发送具有商业性质的手机短信、邮件等,避免消费者受到众多垃圾信息的轰炸,这也是《消费者权益保护法》对电商企业提出的重要合规要求。

除了上述规范,《消费者权益保护法》第 14 条"消费者在购买、使用商品和接受服务时,享有人格尊严、民族风俗习惯得到尊重的权利,享有个人信息依法得到保护的权利",也对消费者信息保护进行了原则性的规定,强调消费者享有个人信息依法得到保护的权利。

《消费者权益保护法》对于电商企业侵害消费者信息行为应受到何种处罚也分别在第 50 条和第 56 条作了相关规定,具体内容如下。

《消费者权益保护法》第 50 条规定:"经营者侵害消费者的人格尊严、侵犯消费者人身自由或者侵害消费者个人信息依法得到保护的权利的,应当停止侵害、恢复名誉、消除影响、赔礼道歉,并赔偿损失。"

《消费者权益保护法》第 56 条规定:"经营者有下列情形之一,除承担相应的民事责任外,其他有关法律、法规对处罚机关和处罚方式有规定的,依照法律、法规的规定执行;法律、法规未作规定的,由工商行政管理部门或者其他有关行政部门责令改正,可以根据情节单处或者并处警告、没收违法所得、处以违法所得一倍以上十倍以下的罚款,没有违法所得的，处以五十万元以下的罚款；情节严重的，责令停业整顿、吊销营业执照……（九）侵害消费者人格尊严、侵犯消费者人身自由或者侵害消费者个人信息依法得到保护的权利的……”

二、《电子商务法》中的消费者信息保护

我国《电子商务法》是电子商务领域的综合性、基础性的法律，《电子商务法》的出台，对充分规范电子商务行为、保障电子商务各方主体的合法权益等具有重要意义，尤其在消费者个人信息保护层面，《电子商务法》从多角度对消费者信息保护作出了或抽象、或具体的规定。就电商企业而言，应当充分落实《电子商务法》的相关规定，依法进行电子商务活动，履行保护消费者个人信息的法律责任。

（一）消费者信息的收集、使用

《电子商务法》第 23 条规定：“电子商务经营者收集、使用其用户的个人信息，应当遵守法律、行政法规有关个人信息保护的规定。”该规定的实际意义是与《网络安全法》衔接。我国《网络安全法》对于个人信息的收集、使用作出了相关规定，电子商务经营者在具体场景下收集、使用用户信息时，应当做好用户知情同意工作，明示目的，合法、合理、有限、有效地进行。

（二）向消费者进行个性化推荐

个性化推荐在电子商务场景下十分普遍，电商企业利用其掌握的用户信息，通过大量数据分析电子商务消费者的兴趣爱好，有针对性地进行商品、服务的推送以及搜索结果的展示。

通常与个性化推荐相关的场景还包括“数据杀熟”。所谓“数据杀熟”，即具有信息优势的经营者对消费者的一种差别定价行为，经营者依据大数据手段收集消费者信息，并对消费者的价格耐受度、消费偏好、消费习惯、家庭构成等信息进行收集与定性分析，利用忠诚客户的路径依赖以及消费者与经营者之间的信息不对称，就同一商品或服务向老用户索取高于新用户的价格。① 一些电商企业为谋求利益，不顾法律规定，利用用户画像等方式，对消费者信息进行分析与处理，从而对特定消费者“精准杀熟”，以获取更高的经济利益。“数据杀熟”行为是对消费者信息的非法使用，也是对消费者合法权益的侵害，这甚至会影响整个电子商务行业行稳致远地进步与发展。因此，电商企业作为消费者信息的收集与处理者，必须依法做好合规治理，严防出现“数据杀熟”行为，尽到充分保护消费者信息的义务。

对此，《电子商务法》第 18 条第 1 款规定：“电子商务经营者根据消费者的兴趣爱

---

① 邹开亮、刘佳明：《大数据“杀熟”的法律规制困境与出路——仅从〈消费者权益保护法〉的角度考量》，载《价格理论与实践》2018 年第 8 期。

好、消费习惯等特征向其提供商品或者服务的搜索结果的,应当同时向该消费者提供不针对其个人特征的选项,尊重和平等保护消费者合法权益。"①

(三)电商企业主管部门有关消费者信息方面的权利义务

《电子商务法》第25条规定:"有关主管部门依照法律、行政法规的规定要求电子商务经营者提供有关电子商务数据信息的,电子商务经营者应当提供。有关主管部门应当采取必要措施保护电子商务经营者提供的数据信息的安全,并对其中的个人信息、隐私和商业秘密严格保密,不得泄露、出售或者非法向他人提供。"

(四)消费者就其个人信息的相关权利

《电子商务法》第24条规定:"电子商务经营者应当明示用户信息查询、更正、删除以及用户注销的方式、程序,不得对用户信息查询、更正、删除以及用户注销设置不合理条件。电子商务经营者收到用户信息查询或者更正、删除的申请的,应当在核实身份后及时提供查询或者更正、删除用户信息。用户注销的,电子商务经营者应当立即删除该用户的信息;依照法律、行政法规的规定或者双方约定保存的,依照其规定。"该条一方面对《网络安全法》中未提及的"用户信息查询权"进行了丰富;另一方面也对相关电商企业对用户行使该权利的方式、程序等提出了明确要求。

(五)消费者信息的保存期限

《电子商务法》第31条规定:"电子商务平台经营者应当记录、保存平台上发布的商品和服务信息、交易信息,并确保信息的完整性、保密性、可用性。商品和服务信息、交易信息保存时间自交易完成之日起不少于三年;法律、行政法规另有规定的,依照其规定。"此条规定的期限相较于《网络安全法》中规定的"六个月"有着巨大差异,这或许是立法者基于电子商务的特殊性进行综合考量的结果。

值得注意的是,《电子商务法》第24条中规定的"用户注销"的权利是在用户提出该注销请求后,平台应当"立即"注销,注销后应当立即"删除"用户信息。而根据《电子商务法》第31条的规定,平台应当保存相关信息不少于3年。② 此时就需要充分发挥《电子商务法》第24条第2款中"但书"条款的作用,平台应当遵循第31条之规定,履行至少对消费者在平台上的商品服务信息和交易信息为期3年的保存义务。于是,企业在合规治理中就会出现这样一个现象:用户向电商企业提出注销账户后,电商企业立即

---

① 此外,2021年6月29日通过的《深圳经济特区数据条例》第69条、第95条;2021年7月2日国家市场监督管理总局发布的《价格违法行为行政处罚规定(修订征求意见稿)》第5条、第14条,均对"数据杀熟"行为进行了相关规制,尤其在处罚层面,《深圳经济特区数据条例》规定最高可以处罚"数据杀熟"企业5000万元人民币的罚款。"数据杀熟"行为除了存在消费者信息保护方面的合规风险,还存在反垄断、侵犯消费者知情权、侵犯消费者公平交易权等法律风险,具体可参见《反垄断法》第17条,《消费者权益保护法》第8条、第10条,《价格法》第13条等规定。

② 参见吴伟光主编:《网络、电子商务与数据法》,清华大学出版社2020年版,第162页。

予以注销,并在平台向用户的展示页面上删除用户相关记录,后台保存该用户相关信息至少 3 年,一方面避免发生纠纷时无证据可查,另一方面也在法律层面符合用户数据存储的合规要求。

三、电商企业对消费者信息保护的其他合规审查

电商企业在对消费者信息保护层面进行合规审查时,除了要关注前述法律规定的实质合规,还应当在程序合规上,尽到充分审查义务。具体而言:

1. 通过内部评估或者第三独立机构评估测评等方式,对消费者信息的收集、分析与处理进行定期评估测评,重点针对前述法律规定的内容进行数据合规审查,将与消费者信息保护相关的电商企业的实操逐项对标法律的具体规定,逐一排查合规风险,一旦发现问题,及时纠正,使电商企业在不断完善中向好发展。

2. 制定内部的消费者信息保护专项政策,在企业内部建立起消费者信息保护意识,增加开展专项政策学习的频率,成立专项政策培训小组,广泛开展消费者信息领域的合规培训,促使专项政策落实到实际操作中。

3. 建立内部合规激励机制,依照电商企业内部现有的工作部门的划分,在绩效考核内容上加入消费者信息保护合规项目考核,依据企业内部实施的绩效考核机制,对各工作部门消费者信息保护合规情况进行统计,对于消费者信息保护合规工作做得较好的工作部门,采取额外发放绩效奖金等形式,实现消费者信息保护内部数据合规。

4. 成立专门的消费者信息保护合规建设基金,加强电商企业内部技术建设,做好消费者信息数据安全技术的升级、维护工作,提升对外部黑客攻击的防御能力,强化对内部网络访问消费者信息的严格留痕,依据不同员工职责开放不同权限范围等。

5. 建立消费者信息安全事件应急预案与风险处置机制,一旦电商企业发生消费者信息安全事件,可以及时采取有效措施,避免扩大泄露、毁损、丢失、篡改、滥用、误用消费者信息的范围。即使被提起诉讼,电商企业也能在消费者信息保护层面上举证其已实现形式合规,可以最大限度地减少电商企业的经济损失。

总之,电商企业在对消费者信息保护层面进行合规审查时,要做好日常性的合规治理,动态调整电商企业内部消费者信息保护合规审查形式,争取在保障事前安全和降低事后风险等方面做到尽善尽美。

本 章 小 结

●电商数据已成为要素市场化配置体制中重要的一环,在数字经济时代发挥着重要作用。电商企业应结合其特殊性,在电商数据的收集、处理等方面符合更高标准的数据合规要求。

●在数据收集层面，应当具备明确、具体、清晰的目的，符合信息保护规则。在数据处理层面，应结合具体的数据处理行为，分别遵从电商数据的使用、管理、存储、传输等规则。

●隐私政策和用户协议作为电商平台规则的重要文件，应分别做好数据合规。就隐私政策而言，应主要从编制程序、易读性与易访问性、内容、发布和可视化、修订等方面着手。就用户协议而言，应着重关注账号注册与使用规则、平台与用户的权利义务等方面。

●电商平台应对业务合作方提供的数据以及第三方 SDK 提供者进行合规审查。就业务合作方提供的数据而言，应建立数据识别与分类分级机制，采取多层次、差异化的合规审查模式。就第三方 SDK 提供者而言，应当遵循合法、正当、必要的原则选择 SDK，建立 SDK 安全规范，完善与第三方 SDK 提供者的合作协议等。

●电商企业应在消费者信息保护方面做好数据合规，在实质层面上充分落实《消费者权益保护法》与《电子商务法》中有关消费者信息保护的规则，在程序层面上多角度进行合规审查，尽到充分审查义务。

第十章　金融企业数据合规

金融企业，是指开展业务需要取得金融监管部门授予的金融业务许可证的企业，包括执业需取得相关银行业务许可证的政策性银行、邮政储蓄银行、国有商业银行、股份制商业银行、信托投资公司、金融资产管理公司、金融租赁公司和财务公司等；执业需取得相关证券业务许可证的证券公司、期货公司和基金管理公司等；执业需取得相关保险业务许可证的各类保险公司等。①

第一节　金融企业数据合规的必要性

金融企业所属的金融业，本质上是一种信息技术产业，与数据紧密相连。② 一方面，金融企业在开展金融服务过程中，能够获取大量金融数据，包括客户身份信息、资金交易信息、资产负债信息、消费信息、资金往来信息等，这些数据信息作为金融企业最核心、最关键的生产资料，几乎覆盖社会经济的各个领域，③且其中包含大量敏感个人信息、重要数据与核心数据，其泄露、滥用、篡改造成的危害程度和影响范围不容小觑，这也对金融企业的数据管理工作提出了更高的要求。

另一方面，随着信息技术的发展，众多金融基础业务、核心流程、行业间往来等事务和活动均已运行在信息化支撑载体之

---

① 《财政部关于印发〈金融企业财务规则——实施指南〉的通知》，财金〔2007〕23 号，2007 年 3 月 30 日发布。

② 参见李伟：《切实做好金融数据治理和信息保护工作》，载《中国金融》2021 年第 20 期。

③ 参见于莽主编：《规 · 据——大数据合规运用之道》，知识产权出版社 2019 年版，第 96 页。

上,金融企业生产运营产生的信息也逐步以不同形式转化为数字资产并流转在金融业信息系统中。随着大数据、人工智能、云计算等新技术在金融业深入应用,金融数据逐步实现从信息化资产到生产要素的转变,其重要性日益凸显。如何在满足金融业务基本需求的基础上,强化数据保护能力,保障金融数据安全流动,[①]已成为金融企业当前亟待解决的问题。

近年来,在立法方面,《网络安全法》《数据安全法》《个人信息保护法》等数据安全基础性法律不断出台,《金融业数据能力建设指引》[②]等细化指南、指引也对金融企业数据能力提出更具体的要求。在监管方面,相关主管部门从个人金融信息保护、金融数据出境安全、App 违法违规治理等方面对金融行业数据合规问题进行穿透式监管。且相关主管部门不断加大对金融企业的监管力度:据不完全统计,2021 年全年在中国人民银行、中国银行保险监督管理委员会(以下简称银保监会)、外汇管理局发布的行政处罚名单中,涉及信息处理等违规问题的罚单共计 119 张,罚款金额合计约 4654 万元。[③]在消费者方面,消费者在获取金融产品和服务的过程中,越来越关注自身的金融信息安全,力求保障个人合法权益。[④] 由此可知,当前金融数据重要性凸显,数据法网越发严密,责任体系日臻完善,金融企业数据合规迫在眉睫。

第二节　金融企业数据合规的基础性要求

上文介绍,金融企业数据合规具有必要性和迫切性。但在金融企业开展数据合规工作之前,应首先遵循基础性要求开展工作。这是因为基础性工作的作用范围具有普遍性,将影响金融企业数据合规的各个环节和方面,也将贯穿整个金融企业数据合规体系,如保密工作、资质相关工作等。

一、保密要求

因金融数据与个人切身利益、国家经济运行息息相关,且具有高隐私性和高敏感性,相较于其他行业,金融数据具有天然的保密要求和传统。在大数据时代到来之前,我国就已形成了对金融数据的一系列保护规则和制度。[⑤] 例如,2006 年颁布的《反洗钱

---

① 参见中国人民银行《金融数据安全 数据生命周期安全规范》,JR/T 0223—2021,2021 年 4 月 8 日发布。

② 中国人民银行《金融业数据能力建设指引》,JR/T 0218—2021,2021 年 2 月 9 日发布。

③ 参见李览青:《金融机构数据合规新年迎来强监管,数据治理如何落地?》,载 21 经济网,http://www.21jingji.com/article/20220126/herald/3d24d864d6a3528719be4e462e5f6917.html。

④ 参见湛炜标:《强化金融数据安全制度与技术保障》,载《中国金融》2021 年第 15 期。

⑤ 范思博:《个人金融数据跨境流动的治理研究》,载《重庆大学学报(社会科学版)》,中国知网 2021 年 7 月 27 日网络首发。

法》规定对依法履行反洗钱职责或者义务获得的对客户身份资料和交易信息负有保密义务。[①] 2015 年修订的《中华人民共和国商业银行法》规定商业银行应当遵循为存款人保密的原则。[②] 2020 年发布的《中国人民银行金融消费者权益保护实施办法》规定，银行、支付机构及其工作人员应当对消费者金融信息严格保密，不得泄露或者非法向他人提供。[③] 此外，中国人民银行、工信部、公安部等《关于促进互联网金融健康发展的指导意见》[④]、《个人存款账户实名制规定》[⑤]、中国人民银行《关于银行业金融机构做好个人金融信息保护工作的通知》[⑥]、《银行卡业务管理办法》[⑦]等均对金融企业的保密义务加以规定。

根据上述法律规范，金融企业在开展相关业务的过程中，要时刻注意金融数据的保密性，防止出现数据被泄露、窃取等情形，以保护客户的金融信息安全，也保障金融企业自身的业务运行安全。

---

① 《中华人民共和国反洗钱法》第 5 条规定："对依法履行反洗钱职责或者义务获得的客户身份资料和交易信息，应当予以保密；非依法律规定，不得向任何单位和个人提供。"

② 《中华人民共和国商业银行法》第 29 条规定："商业银行办理个人储蓄存款业务，应当遵循存款自愿、取款自由、存款有息、为存款人保密的原则。对个人储蓄存款，商业银行有权拒绝任何单位或者个人查询、冻结、扣划，但法律另有规定的除外。"

③ 《中国人民银行金融消费者权益保护实施办法》第 34 条规定："银行、支付机构应当按照国家档案管理和电子数据管理等规定，采取技术措施和其他必要措施，妥善保管和存储所收集的消费者金融信息，防止信息遗失、毁损、泄露或者被篡改。银行、支付机构及其工作人员应当对消费者金融信息严格保密，不得泄露或者非法向他人提供。在确认信息发生泄露、毁损、丢失时，银行、支付机构应当立即采取补救措施；信息泄露、毁损、丢失可能危及金融消费者人身、财产安全的，应当立即向银行、支付机构住所地的中国人民银行分支机构报告并告知金融消费者；信息泄露、毁损、丢失可能对金融消费者产生其他不利影响的，应当及时告知金融消费者，并在 72 小时以内报告银行、支付机构住所地的中国人民银行分支机构。中国人民银行分支机构接到报告后，视情况按照本办法第五十五条规定处理。"

④ 《中国人民银行、工业和信息化部、公安部等关于促进互联网金融健康发展的指导意见》（银发〔2015〕221 号）指出"保险公司开展互联网保险业务，应遵循安全性、保密性和稳定性原则，加强风险管理，完善内控系统，确保交易安全、信息安全和资金安全"。

⑤ 《个人存款账户实名制规定》第 8 条规定："金融机构及其工作人员负有为个人存款账户的情况保守秘密的责任。金融机构不得向任何单位或者个人提供有关个人存款账户的情况，并有权拒绝任何单位或者个人查询、冻结、扣划个人在金融机构的款项；但是，法律另有规定的除外。"

⑥ 《中国人民银行关于银行业金融机构做好个人金融信息保护工作的通知》（银发〔2011〕17 号）指出"三、银行业金融机构应当建立健全内部控制制度，对易发生个人金融信息泄露的环节进行充分排查，明确规定各部门、岗位和人员的管理责任，加强个人金融信息管理的权限设置，形成相互监督、相互制约的管理机制，切实防止信息泄露或滥用事件的发生。银行业金融机构要完善信息安全技术防范措施，确保个人金融信息在收集、传输、加工、保存、使用等环节中不被泄露。银行业金融机构要加强对从业人员的培训，强化从业人员个人金融信息安全意识，防止从业人员非法使用、泄露、出售个人金融信息。接触个人金融信息岗位的从业人员在上岗前，应当书面做出保密承诺。"

⑦ 《银行卡业务管理办法》第 52 条规定："发卡银行对持卡人的资信资料负有保密的责任。"

二、资质要求

正如上文对金融企业的定义,金融企业开展业务需要取得金融监管部门授予的金融业务许可证,与保密要求类似,这也是对金融企业的天然要求。目前的主要许可证有:金融许可证、保险许可证、保险中介许可证①、经营证券期货业务许可证等。金融企业开展业务应当依法取得上述许可证和市场监督管理部门颁发的营业执照,并满足其中对数据合规的相关要求。以下将按照业务类型,对金融企业相关资质申请中对数据合规的要求分别进行介绍。

(一)银行类金融资质

根据原银保监会发布的《中资商业银行行政许可事项实施办法》②,在信息系统安全方面,设立中资商业银行法人机构应当建立与业务经营相适应的信息科技架构,具有支撑业务经营的必要、安全且合规的信息科技系统,具备保障信息科技系统有效安全运行的技术与措施。③

在反洗钱和反恐方面,银行业金融机构的信息系统建设也应当满足反洗钱和反恐怖融资的相关要求。④

(二)保险类金融资质

1. 保险集团及控股公司

保险集团及控股公司设立、合并、分立、变更、解散时,需要提交投资人的全面风险管理体系说明(包括风险管理的组织架构、指标体系、信息系统和内部控制系统等)。

保险公司申请开业时,需要提交信息化建设情况报告(包括信息化工作的规章制度、数据存储和灾备措施等)和公司内部管理制度(包括信息披露管理制度、公司内部数据流程与统计管理制度等)。⑤

---

① 《银行保险机构许可证管理办法》第4条规定:"本办法所称许可证包括下列几种类型:(一)金融许可证;(二)保险许可证;(三)保险中介许可证。金融许可证适用于政策性银行、大型银行、股份制银行、城市商业银行、民营银行、外资银行、农村中小银行机构等银行机构及其分支机构,以及金融资产管理公司、信托公司、企业集团财务公司、金融租赁公司、汽车金融公司、货币经纪公司、消费金融公司、银行理财公司、金融资产投资公司等非银行金融机构及其分支机构。保险许可证适用于保险集团(控股)公司、保险公司、保险资产管理公司等保险机构及其分支机构。保险中介许可证适用于保险代理集团(控股)公司、保险经纪集团(控股)公司、保险专业代理公司、保险经纪公司、保险兼业代理机构等保险中介机构。"

② 根据2023年3月中共中央、国务院印发的《党和国家机构改革方案》,在银保监会基础上组建国家金融监督管理总局,不再保留银保监会。

③ 参见《中国银保监会中资商业银行行政许可事项实施办法》(2022年修正),中国银行保险监督管理委员会令2022年第5号,2022年9月2日发布。

④ 参见银保监会《中资银行业金融机构及其分支机构设立、变更、终止以及业务范围审批事项服务指南》,2021年9月30日发布。

⑤ 参见银保监会《保险公司及其分支机构设立、保险公司终止(解散、破产)审批事项服务指南》,2021年10月31日发布。

2. 保险资产管理公司

保险资产管理公司在设立时，主要发起人应当为保险集团(控股)公司或者保险公司，其应当设有资产负债匹配管理部门和风险控制部门，具有完备的投资信息管理系统。

在申请筹建时，公司需要提供法人治理结构和内控制度、资产管理部门及风险控制部门设置情况，以及投资信息管理系统建设情况。在开业时公司需要提供内部管理制度和信息管理系统、资金运用交易设备和安全防范设施资料，主要包括公司内部数据流程与统计管理等制度，信息化工作的规章制度、组织架构，软硬件和网络情况，资金运用交易设备和财务系统等操作系统建设情况，数据存储和灾备措施，以及计算机系统重大突发性事件应急预案。①

3. 保险经纪或代理机构

根据原银保监会相关规定，保险经纪或代理机构在申请中外资保险经纪人经营保险经纪业务许可时，应当有符合中国银保监会规定的业务、财务信息管理系统，并建立包括信息化管理制度、反洗钱内控制度等的内部合规管理制度。②

(三)证券期货类金融资质

1. 期货公司

期货公司从事境内外期货经纪业务、期货投资咨询业务，需要具备相应金融期货经纪业务资格，在申请获取该资格时，应当提交业务设施和技术系统运行情况报告，以及信息系统内部审计报告等网络安全相关材料。③

2. 证券公司

境内证券公司在设立时，应经过国务院证券监督管理机构批准，具备合格的经营场所、业务设施和信息技术系统。

证券公司还应建立完善的风险管理与内部控制制度，成为金融机构主要股东或控股股东的，应当建立与投资行为相适应的全面风险管理体系，包括风险管理的组织架构、指标体系、信息系统和内部控制系统等，防范企业与金融机构之间的风险传递。④

3. 公募基金管理公司

境内公募基金管理公司在设立时，应当建立与投资行为相适应的全面风险管理体

---

① 参见银保监会《保险资产管理公司及其分支机构设立和终止(解散、破产和分支机构撤销)审批事项服务指南》，2021年9月30日发布。

② 参见银保监会《保险经纪机构设立审批事项服务指南》，2021年9月30日发布；银保监会《保险代理机构设立审批事项服务指南》，2021年9月30日发布。

③ 参见证监会《【行政许可事项服务指南】期货公司境内及境外期货经纪业务、期货投资咨询业务许可》，2021年8月3日发布。

④ 参见证监会《【行政许可事项服务指南】证券公司设立审批》，2022年7月4日发布。

系（包括风险管理的组织架构、指标体系、信息系统和内部控制系统等），申请材料中应当包括信息技术管理制度、资料档案管理制度、信息披露制度等制度文本。

资产管理机构开展基金管理业务，应当有符合要求的信息系统和安全防范设施或者有完善的信息系统、业务外包方案。资产管理机构可以为开展基金管理业务提供研究、风险控制、监察稽核、人力资源管理、信息技术和运营服务等方面的支持。

4. 其他

除上述行政许可外，金融企业在申请某些具体金融业务时也需满足其中数据合规的相关要求。如银行类金融企业申请开办信用卡业务，应当具备与业务经营相适应的营业场所、相关设施和必备的信息技术资源等。① 电子银行业务利用面向社会公众开放的通讯通道或开放型公众网络以及银行为特定自助服务设施或客户建立的专用网络，而向客户提供的银行服务。② 考虑其业务特殊性，申请人若要申请开展该业务，则要求其主要信息管理系统和业务处理系统没有发生过重大事故。③

再如，证券期货类金融企业申请开展基金托管业务，其基金托管部门应当配备独立的托管业务技术系统，包括网络系统、应用系统、安全防护系统、数据备份系统等；④申请人应当具有完善的基金交易数据保密制度和安全的基金托管业务数据备份系统；⑤在向证监会报送的申请材料中应当包括信息系统管理、保密与档案管理等相关业务规

---

① 《商业银行信用卡业务监督管理办法》第 3 条规定："商业银行经营信用卡业务，应当依法保护客户合法权益和相关信息安全。未经客户授权，不得将相关信息用于本行信用卡业务以外的其他用途。"第 17 条规定："商业银行申请开办信用卡业务，应当满足以下基本条件：……（四）具备与业务经营相适应的营业场所、相关设施和必备的信息技术资源；（五）已在境内建立符合法律法规和业务管理要求的业务系统，具有保障相关业务系统信息安全和运行质量的技术能力……"

② 《电子银行业务管理办法》第 2 条规定："本办法所称电子银行业务，是指商业银行等银行业金融机构利用面向社会公众开放的通讯通道或开放型公众网络，以及银行为特定自助服务设施或客户建立的专用网络，向客户提供的银行服务。电子银行业务包括利用计算机和互联网开展的银行业务（以下简称网上银行业务），利用电话等声讯设备和电信网络开展的银行业务（以下简称电话银行业务），利用移动电话和无线网络开展的银行业务（以下简称手机银行业务），以及其他利用电子服务设备和网络，由客户通过自助服务方式完成金融交易的银行业务。"

③ 《电子银行业务管理办法》第 9 条规定："金融机构开办电子银行业务，应当具备下列条件：（一）金融机构的经营活动正常，建立了较为完善的风险管理体系和内部控制制度，在申请开办电子银行业务的前一年内，金融机构的主要信息管理系统和业务处理系统没有发生过重大事故……"

④ 《证券投资基金托管业务管理办法（2020）》第 8 条规定："申请基金托管资格的商业银行及其他金融机构（以下简称申请人），应当具备下列条件：……（七）基金托管部门配备独立的托管业务技术系统，包括网络系统、应用系统、安全防护系统、数据备份系统……"

⑤ 《证券投资基金托管业务管理办法（2020）》第 10 条规定："申请人的基金托管营业场所、安全防范设施、与基金托管业务有关的其他设施和相关制度，应当符合下列规定：（一）基金托管部门的营业场所相对独立，配备门禁系统；（二）能够接触基金交易数据的业务岗位有单独的办公场所，无关人员不得随意进入；（三）有完善的基金交易数据保密制度；（四）有安全的基金托管业务数据备份系统；（五）有基金托管业务的应急处理方案，具备应急处理能力。"

章制度。[①]

第三节　金融企业全流程的数据合规建议

数据合规贯穿金融企业开展业务和经营管理的全过程,为合理分配数据合规的资源和成本,并建立完善的数据合规机制,首先需要明确金融数据在各阶段的保护要求,这是对数据实施全流程合规管理的前提和基础。本节将从数据收集、传输、存储、使用、删除、销毁等全流程入手,为金融企业提出数据合规建议。

一、数据收集

金融数据收集,是指金融企业在提供金融产品和服务、开展经营管理等活动中,直接或间接从个人金融信息主体,以及企业客户、外部数据供应方等外部机构获取数据的过程。数据收集过程存在数据泄露、数据源伪造、特权账户滥用、数据篡改等安全风险。[②] 为更好防范上述风险,对金融企业在数据收集阶段提出如下合规建议:

1. 在开展数据收集前,应通过合同协议等方式,明确双方在数据安全方面的责任及义务,明确数据收集范围、频度、类型、用途等,在通过外部机构获取数据时,应确保数据的合法合规性和真实性,必要时要求外部机构提供相关个人金融信息主体的授权。

同时,应制定数据供应方约束机制,并明确数据源、数据收集范围和频度,并事前开展数据安全影响评估以防范采集过程中的相关风险。[③]

2. 无论是从个人金融信息主体,还是对外部机构获取数据,所收集的金融数据均应与提供的金融产品或服务直接相关,并与合同协议条款、隐私政策中约定收集的内容保持一致,不应超范围收集数据。

3. 金融企业在停止其提供的金融产品或服务时,应立即停止数据收集活动及此后的数据分析应用活动,相关国家及行业主管部门另有规定的按照相关规定执行。已经收集的信息参照“数据销毁”部分处理。

---

① 《证券投资基金托管业务管理办法(2020)》第11条规定:“申请人应当向中国证监会报送下列申请材料:……(七)相关业务规章制度,包括业务管理、操作规程、基金会计核算、基金清算、信息披露、内部稽核监控、内控与风险管理、信息系统管理、从业人员管理、保密与档案管理、重大可疑情况报告、应急处理及其他履行基金托管人职责所需的规章制度……”

② 参见《金融数据安全 数据生命周期安全规范》,JR/T 0223—2021,第7.1条“数据采集”。

③ 其中数据安全影响评估(data security impact assessment)是指针对数据处理活动,检验其合法合规程度,判断其对相关方合法权益造成损害的各种风险,以及评估相关保护措施有效性的过程。

二、数据传输

金融数据传输，是指金融企业将数据从一个实体发送到另一个实体的过程，存在数据传输中断、篡改、伪造及窃取等安全风险。① 为更好防范上述风险，对金融企业在数据传输阶段提出如下合规建议：

1. 应加强软件开发安全管理，保障数据传输工具的安全性，工具上线前应开展必要的渗透测试、支持库漏洞查找等工作，以防止工具使用过程中遭受恶意破坏、功能篡改、信息窃取等攻击。

2. 应采用防火墙、入侵检测等安全技术或设备，确保数据传输网络的安全性，并在不同网络区域或者安全域之间进行安全隔离和访问控制。

3. 应对通信双方进行身份认证，确保数据传输双方是可信任的。采用数字签名、时间戳等方式，确保数据传输的抗抵赖性。采用密码技术或非密码技术等方式，确保数据的完整性。

4. 对于缓存数据，应在数据传输不完整时清除传输缓存数据；并在数据传输完成后立即清除传输历史缓存数据。

5. 应定期检查或评估数据传输的安全性和可靠性。

三、数据存储

金融数据存储，是指金融企业在提供金融产品和服务、开展经营管理等活动中，将数据进行持久化保存的过程，包括但不限于采用磁盘、磁带、云存储服务、网络存储设备等载体存储数据。数据存储过程，可能存在数据泄露、篡改、丢失、不可用等安全风险。② 为更好防范上述风险，对金融企业在数据存储阶段提出如下合规建议：

1. 应根据安全级别、重要性、量级、使用频率等因素，将数据分域分级存储。

2. 应依据最小够用原则存储数据，不应以任何形式存储非业务必需的金融数据，存储时间应为业务必需的最短时间，国家及行业主管部门另有规定的除外。且数据存储不应因存储形式或存储时效的改变而降低安全保护强度。

3. 应定期对数据存储过程中可能产生的影响进行风险评估，并采取相应安全防护措施。

4. 应对数据存储区域进行规划，并对不同区域之间的数据流动进行安全管控。

---

① 参见《金融数据安全 数据生命周期安全规范》，JR/T 0223—2021，第 7.2 条“数据传输”。

② 参见《金融数据安全 数据生命周期安全规范》，JR/T 0223—2021，第 7.3 条“数据存储”。

四、数据使用

金融数据使用，是指金融企业在提供金融产品和服务、开展经营管理等活动中，进行数据的访问、导出、加工、展示、开发测试、汇聚融合、公开披露、数据转让、委托处理、数据共享等活动。数据使用不应超出数据收集时所声明的目的和范围，数据使用过程存在数据非授权访问、窃取、泄漏、篡改、损毁等安全风险。为更好防范上述风险，对金融企业在数据使用阶段提出如下合规建议①（见表 10－1）：

表 10－1　数据使用阶段合规建议梳理

序号	具体数据使用方式	相关合规建议
1	数据访问：金融企业内外部各类主体对数据进行查询和变更的过程	1. 应综合考虑主体角色、信用等级、业务需要、时效性等因素，按最小化原则确定数据的访问权限规则。 2. 应根据数据的不同安全级别（具体参见本章第四节的相关内容），制定和明确数据访问控制过程中的相关安全措施，保障金融数据在被访问过程中的保密性和完整性。 3. 应对数据的访问权限和实际访问控制情况进行定期审计，至少每半年 1 次对访问权限规则和已授权清单进行复核，及时清理已失效的账号和授权
2	数据导出：数据从高等级安全域流动至低等级安全域的过程，如数据从生产系统至运维终端、移动存储介质等情形	金融企业应根据最小够用原则，确定数据导出场景、导出数据范围和相应的权限规则
3	数据加工：金融企业基于市场分析、业务优化、风险管控等需求，对数据进行清洗、转换、分析、挖掘等操作	1. 应明确原始数据数据加工过程中的数据获取方式、访问接口、授权机制、逻辑安全、处理结果安全等内容。 2. 应对数据加工过程进行必要的监督和检查，确保加工过程的数据安全性。 3. 应完整记录数据加工过程的操作日志
4	数据展示：金融企业通过业务运营平台、运维终端、客户端应用软件、银行卡受理设备、自助终端设备等界面显示数据的过程	1. 数据展示前，应事前评估展示需求，包括展示的条件、环境、权限、内容等，确定展示的必要性和安全性。 2. 数据展示时，应确保展示数据的安全性，对应用系统桌面、移动运维终端、柜面受理设备等界面展示增加水印，水印内容应最少包括访问主体、访问时间。禁用展示界面复制、打印等可将展示数据导出的功能。 3. 数据展示后，应及时将展示数据从本地缓存中清除

① 参见《金融数据安全　数据生命周期安全规范》，JR/T 0223—2021，第 7.4 条“数据使用”。

续表

序号	具体数据使用方式	相关合规建议
5	开发测试：金融企业使用金融数据完成软件、系统、产品等开发和测试的过程	1. 应采取技术措施，实现开发测试环境数据与生产环境数据的有效隔离。 2. 开发测试等过程的数据，应事先进行脱敏处理，防止数据处理过程中的数据泄露，国家及行业主管部门另有规定的除外。 3. 使用外部的软件开发包、组件、源码等开展开发测试工作前应进行数据安全评估。 4. 接入开发测试环境的内外部终端设备应进行统一安全管理，宜安装统一的终端安全管理软件。 5. 应制定开发测试安全审核流程，对数据源、需求进行审核，以确保数据分析目的、分析操作等方面的正当性与合法性。 6. 应对开发测试过程进行日志记录，并定期进行安全审计。 7. 非本企业设备接入开发测试环境应经过开发部门以及设备使用部门审批，存储有开发测试数据的设备、介质带离金融企业前应经过开发部门以及设备使用部门审批
6	汇聚融合：金融企业因提供金融产品和服务、开展经营管理等活动，在企业内部不同部门之间或本企业与外部机构之间，进行多源或多主体的数据汇集、整合等产生数据的过程	1. 汇聚融合的数据不应超出采集时所声明的使用范围，因业务需要确需超范围使用个人金融信息的，应事先再次征得个人金融信息主体明示同意。 2. 汇聚融合前应根据汇聚融合后可能产生的数据内容、所用于的目的、范围等开展数据安全影响评估，并采取适当的技术保护措施。 3. 涉及第三方机构合作的，应以合同协议等方式明确用于汇聚融合的数据内容和范围、结果用途和知悉范围、各合作方数据保护责任和义务，以及数据保护要求等，并采用技术手段如多方安全计算、联邦学习、数据加密等技术降低数据泄露、窃取等风险。 4. 应对脱敏后的数据集或其他数据集汇聚后重新识别出个人金融信息主体的风险进行识别和评价，并对数据集采取相应的保护措施。 5. 汇聚融合后产生的数据以及原始数据的衍生数据，应重新明确数据所属单位和安全保护责任部门，并确定相应数据的安全级别
7	公开披露：金融企业在提供金融产品或服务的过程中，因国家有关规定、行业主管部门规章，以及金融产品或服务业务需要，在其指定渠道公开数据的行为	1. 应依据国家有关规定与行业主管部门规章，在金融企业官方渠道披露数据。 2. 数据公开披露前，应依据金融企业有关制度要求，对拟披露数据审核与审批。数据安全管理部门会同有关业务部门，对拟披露数据的合规性、业务需求、数据脱敏方案进行审核。企业业务部门对披露渠道、披露时间、拟公开数据的真实性，以及数据脱敏效果进行确认，披露时间指永久或固定时间段。依据企业有关程序执行数据公开披露审批程序，其审批过程和记录留档。 3. 应采取技术措施对金融企业公开披露数据的真实性与完整性进行安全防护，采取包括网页防篡改等技术措施，防范披露数据篡改风险。 4. 应准确记录和保存数据的公开披露情况，包括公开披露的日期、规模、目的、范围等

续表

序号	具体数据使用方式	相关合规建议
8	数据转让：金融企业将数据移交至外部机构，不再享受该数据相关权利和不再承担该数据相关义务的过程	1. 除以下情况外，原则上不应转让数据： ①满足国家与行业主管部门要求。 ②已通过合同协议等有关约定获得数据转让相关授权的。 ③在金融企业出现收购、兼并、重组等情形时，依照国家及行业有关规定履行义务。 2. 因企业收购、兼并、重组等情况，金融企业主体变更而发生数据转让时，具体合规要求如下： ①金融企业将其提供的金融产品或服务移交至其他金融企业时，应通过逐一传达或公告的方式向个人金融信息主体等履行告知义务。 ②承接其金融产品或服务的金融企业，应对其承接运营的金融产品或服务继续履行数据安全保护责任；如变更其在收购、兼并、重组过程中获取的数据使用目的，应重新获得个人金融信息主体的明示同意或授权。 ③对于企业破产且无承接方的情况，金融企业应将其情况及时报送行业主管部门，将数据移交至行业主管部门指定的机构进行继续保存，或依据行业主管部门的要求，对数据进行销毁处理，并将处理结果通过逐一传达或公告的方式向个人金融信息主体等履行告知义务
9	委托处理：金融企业因金融产品或服务的需要，在不改变该数据相关权利和义务的前提下，将数据委托给第三方机构进行处理，并获取处理结果的过程	1. 受委托的第三方机构应满足国家及行业主管部门的相关要求，金融企业应对第三方机构开展事前尽职调查。 2. 委托行为不应超出事前已获得授权及合同协议约定的数据使用范围。 3. 应根据委托处理的数据内容、范围、目的等，对数据委托处理行为进行数据安全影响评估，涉及个人金融信息的，应进行个人金融信息安全影响评估，并采取相应的有效保护措施。 4. 应对被委托方数据安全防护能力进行数据安全评估，并确保被委托方具备足够的数据安全防护能力，提供了足够的安全保护措施。 5. 对委托处理的金融数据，安全要求如下： ①个人金融信息应事先采用数据脱敏等技术防止个人金融信息泄露，因业务确需，以及国家及行业主管部门另有规定的除外。 ②因业务确需无法对数据进行脱敏或加密处理的，应明确相应授权审批机制，事前对委托处理的内容通过专项审批，并采取技术措施防止数据被泄露、误用和滥用

续表

序号	具体数据使用方式	相关合规建议
10	数据共享：金融数据在不同部门或机构之间进行分享，包含与行业主管部门的数据分享，各方均承担该数据相关权利和义务的过程	1. 数据内部共享是指发生在金融企业内部，在本部门职能需要之外进行的数据共享，合规要求如下： ①应梳理数据共享的各类场景，明确各类场景的安全要求和责任部门，并建立相应的审核批准机制，对数据使用目的、内容、使用时间、技术防护措施、数据使用后的处置方式等进行审批，并留存相关记录。 ②在数据共享前，应开展数据安全影响评估，对共享的数据内容、数据范围、时间周期、传输方式、用途、安全管控手段等要素进行评估，涉及个人金融信息的不应超出其授权范围，数据安全保护强度不因数据共享而降低。 ③利用自动化工具如代码、脚本、接口、算法模型、SDK 等进行数据共享时，应通过身份认证、数据加密、反爬虫机制、攻击防护和流量监控等手段，有效防范网络监听、接口滥用等网络攻击，并定期检查和评估自动化工具安全性和可靠性。 ④数据使用部门应根据共享前约定的数据使用期限，对数据进行安全处置，数据共享方应对处置结果进行确认。 2. 数据外部共享指金融企业在经营过程中，在本企业职能需要之外与外部机构进行的数据共享，合规要求如下： ①应与数据接收方通过合同协议等方式，明确双方在数据安全方面的责任及义务，并约定共享数据的内容和用途、使用范围等。 ②应定期对数据接收方的数据安全保护能力进行评估，确保数据接收方具备足够的数据安全保护能力，当数据接收方丧失数据安全保护能力时，应启动应急响应程序。 ③应向个人金融信息主体等告知共享数据的目的、数据接收方的类型，并事先征得相应授权。应帮助个人金融信息主体等了解数据接收方数据的存储、使用等情况。 ④对共享数据，应执行以下安全控制措施：应定期对共享的数据进行安全审计；应配套建立应急响应机制，必要时应及时切断数据共享。 ⑤按照国家及行业主管部门有关要求，向行业主管和监管部门等有关机构履行数据报送义务时，应采取有效措施确保数据接收方的身份真实性，数据的保密性、真实性与完整性

五、数据删除

金融数据删除，是指在金融产品和服务所涉及的系统及设备中去除数据，使其保持不可被检索、访问的状态。① 对金融企业在数据删除阶段提出如下合规建议：

1. 应依据国家及行业主管部门有关规定及与个人金融信息主体约定的时限等，针

---

① 参见《金融数据安全 数据生命周期安全规范》，JR/T 0223—2021，第 7.5 条“数据删除”。

对不同类型的数据设定数据保存期，对于多个不同保存期数据的集合，保存期限选择最长时限为该数据集合的保存期。超过国家及行业主管部门有关规定、内部规章及合同协议所述保存期限的数据，应执行数据删除操作。

2. 应采取技术手段，在金融产品和服务所涉及的系统中去除待删除的数据。

3. 开发测试、数据分析等金融企业内部数据使用需求执行完毕后，应由数据使用部门依据金融企业数据删除有关规定，对其使用的有关数据进行删除，记录处理过程，并将处理结果及时反馈至内部数据安全管理部门，由其进行数据删除情况确认。

4. 金融产品或服务的用户主动提出删除其数据的情形，如账户注销，应对其相应数据进行删除，与个人金融信息主体另有约定的除外，国家及行业主管部门另有规定的按照相关规定执行。

六、数据销毁

金融数据销毁，是指金融企业在停止业务服务、数据使用以及存储空间释放再分配等场景下，对数据库、服务器和终端中的剩余数据以及硬件存储介质等采用数据擦除或者物理销毁的方式确保数据无法复原的过程。其中，数据擦除是指使用预先定义的无意义、无规律的信息多次反复写入存储介质的存储数据区域；物理销毁是指采用消磁设备、粉碎工具等设备以物理方式使存储介质彻底失效。[①] 对金融企业在数据销毁阶段提出如下合规建议。

1. 应制定数据存储介质销毁操作规程，明确数据存储介质销毁场景、销毁技术措施，以及销毁过程的安全管理要求，并对已共享或者已被企业内部部门使用的数据提出有针对性的数据存储介质销毁管控规程。

2. 存储数据的介质如不再使用，应采用不可恢复的方式如消磁、焚烧、粉碎等对介质进行销毁处理。

3. 存储介质如还需继续使用，不应只采用删除索引、删除文件系统的方式进行数据销毁，应通过多次覆写等方式安全地擦除数据，确保介质中的数据不可再被恢复或者以其他形式被利用。

4. 应明确数据销毁效果评估机制，定期对数据销毁效果进行抽样认定，通过数据恢复工具或数据发现工具进行数据的尝试恢复及检查，验证数据删除结果。

第四节　金融企业数据合规的重点

一方面，个人金融信息与个人资产状况高度相关，一旦泄露可能会对个人财产安全

---

① 参见《金融数据安全 数据生命周期安全规范》，JR/T 0223—2021，第 7.6 条“数据销毁”。

构成威胁;[①]另一方面,金融企业运营中产生和收集的金融数据复杂多样,为进一步明确数据合规的对象,进而帮助金融企业合理分配数据合规资源和成本,金融企业的数据分级管理也被赋予了更高的要求。

一、个人金融信息保护

2011 年《关于银行业金融机构做好个人金融信息保护工作的通知》首次使用了“个人金融信息”这一概念。根据此文件,个人金融信息是指银行业金融机构在开展业务时,或通过接入中国人民银行征信系统、支付系统以及其他系统获取、加工和保存的个人信息,包括个人身份信息、个人财产信息、个人账户信息、个人信用信息、个人金融交易信息衍生信息及其他个人信息[②]。后续,《中国人民银行金融消费者权益保护实施办法》[③]、《个人金融信息保护技术规范》(JR/T 0171—2020)[④]、《金融数据安全 数据安全分级指南》(JR/T 0197—2020)[⑤]等标准对个人金融信息的描述,与《关于银行业金融机构做好个人金融信息保护工作的通知》大同小异,且与 2021 年 11 月 1 日生效的《个

---

① 参见张夕夜:《金融数据合规管理研究》,载《信息通信技术与政策》2022 年第 4 期。

② 《关于银行业金融机构做好个人金融信息保护工作的通知》指出“本通知所称个人金融信息,是指银行业金融机构在开展业务时,或通过接入中国人民银行征信系统、支付系统以及其他系统获取、加工和保存的以下个人信息:(一)个人身份信息,包括个人姓名、性别、国籍、民族、身份证件种类号码及有效期限、职业、联系方式、婚姻状况、家庭状况、住所或工作单位地址及照片等;(二)个人财产信息,包括个人收入状况、拥有的不动产状况、拥有的车辆状况、纳税额、公积金缴存金额等;(三)个人账户信息,包括账号、账户开立时间、开户行、账户余额、账户交易情况等;(四)个人信用信息,包括信用卡还款情况、贷款偿还情况以及个人在经济活动中形成的,能够反映其信用状况的其他信息;(五)个人金融交易信息,包括银行业金融机构在支付结算、理财、保险箱等中间业务过程中获取、保存、留存的个人信息和客户在通过银行业金融机构与保险公司、证券公司、基金公司、期货公司等第三方机构发生业务关系时产生的个人信息等;(六)衍生信息,包括个人消费习惯、投资意愿等对原始信息进行处理、分析所形成的反映特定个人某些情况的信息;(七)在与个人建立业务关系过程中获取、保存的其他个人信息”。

③ 《中国人民银行金融消费者权益保护实施办法》第 28 条规定:“本办法所称消费者金融信息,是指银行、支付机构通过开展业务或者其他合法渠道处理的消费者信息,包括个人身份信息、财产信息、账户信息、信用信息、金融交易信息及其他与特定消费者购买、使用金融产品或者服务相关的信息”。

④ 《个人金融信息保护技术规范》(JR/T 0171—2020)引言部分指出“个人金融信息是个人信息在金融领域围绕账户信息、鉴别信息、金融交易信息、个人身份信息、财产信息、借贷信息等方面的扩展与细化,是金融业机构在提供金融产品和服务的过程中积累的重要基础数据,也是个人隐私的重要内容。”该规范 3.2 部分指出:“金融业机构通过提供金融产品和服务或者其他渠道获取、加工和保存的个人信息是个人金融信息,且对应注释指出,本标准中的个人金融信息包括账户信息、鉴别信息、金融交易信息、个人身份信息、财产信息、借贷信息及其他反映特定个人某些情况的信息。”

⑤ 《金融数据安全 数据安全分级指南》(JR/T 0197—2020)指出“个人金融信息指金融业机构通过提供金融产品和服务或者其他渠道获取、加工和保存的个人信息。注 1 指出:本标准中的个人金融信息包括账户信息、鉴别信息、金融交易信息、个人身份信息、财产信息、借贷信息及其他反映特定个人某些情况的信息。”

人信息保护法》[1]一致。总之,个人金融信息保护的逻辑与规则展开以《个人信息保护法》为主,以金融行业相关文件为辅。[2] 结合上述规范,对金融企业在个人金融信息保护方面的合规建议如下。

(一)遵守个人金融信息处理的规则

金融业机构应以"权责一致、目的明确、选择同意、最少够用、公开透明、确保安全、主体参与"的原则,设计并实施覆盖个人金融信息全生命周期的安全保护策略。[3]

1. 权责一致

为防范和抵御金融数据安全风险,金融业机构应明确本机构数据安全防护工作相关部门及其职责,有关部门及人员应积极落实相关措施,履行数据安全防护职责。[4]

2. 目的明确

《个人信息保护法》第6条第1款规定,处理个人信息应当具有明确、合理的目的,并应当与处理目的直接相关,采取对个人权益影响最小的方式。金融业机构应制定金融数据安全防护策略,明确金融数据全生命周期各环节的安全防护目的。

3. 选择同意

银行、支付机构处理消费者金融信息,应当遵循合法、正当、必要原则,经金融消费者或者其监护人明示同意,但是法律、行政法规另有规定的除外。银行、支付机构不得以金融消费者不同意处理其金融信息为由拒绝提供金融产品或者服务,但处理其金融信息属于提供金融产品或者服务所必需的除外。[5]

金融业机构在开展业务及日常经营管理过程中,应向个人金融信息主体明示数据采集和处理的目的、方式、范围、规则等,制定完善的隐私策略,在进行数据采集和处理前征得其授权同意。

但是,若金融消费者不能或者拒绝提供必要信息,致使银行、支付机构无法履行反洗钱义务的,银行、支付机构可以根据《反洗钱法》的相关规定对其金融活动采取限制性措施;确有必要时,银行、支付机构可以依法拒绝提供金融产品或者服务。

4. 最少够用

《个人信息保护法》第6条第2款规定,收集个人信息,应当限于实现处理目的的最小范围,不得过度收集个人信息。金融业机构应仅处理个人金融信息主体授权同意的

---

① 《中华人民共和国个人信息保护法》第28条规定:"敏感个人信息是一旦泄露或者非法使用,容易导致自然人的人格尊严受到侵害或者人身、财产安全受到危害的个人信息,包括生物识别、宗教信仰、特定身份、医疗健康、金融账户、行踪轨迹等信息,以及不满十四周岁未成年人的个人信息。"

② 参见朱芸阳:《个人金融信息保护的逻辑与规则展开》,载《环球法律评论》2021年第6期。

③ 参见《个人金融信息保护技术规范》,JR/T 0171—2020,第5条。

④ 参见《金融数据安全 数据生命周期安全规范》,JR/T 0223—2021,第6条。

⑤ 参见《中国人民银行金融消费者权益保护实施办法》第29条。

金融数据,且处理的金融数据为业务所必需的最小金融数据类型和数量。银行、支付机构不得收集与业务无关的消费者金融信息,不得采取不正当方式收集消费者金融信息,不得变相强制收集消费者金融信息。

5. 公开透明

《个人信息保护法》第 7 条规定,处理个人信息应当遵循公开、透明原则,公开个人信息处理规则,明示处理的目的、方式和范围。

6. 确保安全

《个人信息保护法》第 9 条规定,个人信息处理者应当对其个人信息处理活动负责,并采取必要措施保障所处理的个人信息的安全。银行业金融机构在收集、保存、使用、对外提供个人金融信息时,应当严格遵守法律规定,采取有效措施加强对个人金融信息保护,确保信息安全,防止信息泄露和滥用。特别是在收集个人金融信息时,应当遵循合法、合理原则,不得收集与业务无关的信息或采取不正当方式收集信息。①

为防范和抵御金融数据安全风险,金融业机构应采取与金融数据安全级别相匹配的安全管控机制和技术措施,确保金融数据在全生命周期各环节的保密性、完整性和可用性,避免数据在全生命周期内被未授权访问、破坏、篡改、泄露或丢失等。

同时,金融数据的安全控制策略和安全防护措施不应是一次性和静态的,应可基于业务需求、安全环境属性、系统用户行为等因素实施实时和动态调整。

7. 主体参与

个人金融信息主体对其个人信息依法享有相关权利,具体内容参见本节第二部分"响应信息主体的相关权利"。

(二)响应信息主体的相关权利

个人金融信息主体依法享有知情、查阅复制、可携带、更正、删除、解释说明等的权利,金融企业应当及时、便捷响应信息主体的上述权利。

1. 个人金融信息主体享有的权利

(1)知情权。个人对其个人信息的处理享有知情权、决定权,有权限制或者拒绝他人对其个人信息进行处理。

(2)查阅复制权。个人请求查阅、复制其个人信息的,个人信息处理者应当及时提供。

(3)可携带权。个人请求将个人信息转移至其指定的个人信息处理者,符合国家网信部门规定条件的,个人信息处理者应当提供转移的途径。

(4)更正权。个人发现其个人信息不准确或者不完整的,有权请求个人信息处理者更正、补充。

---

① 参见《中国人民银行关于银行业金融机构做好个人金融信息保护工作的通知》第 2 条。

(5)删除权。处理期限届满、出现违约情形或个人撤回同意的,个人信息处理者应当删除个人信息,个人信息处理者未删除的,个人有权请求删除。

(6)解释权。个人有权要求个人信息处理者对其个人信息处理规则进行解释说明。

(7)诉讼权。个人信息处理者拒绝个人行使权利的请求的,个人可以依法向人民法院提起诉讼。

2. 个人信息处理者的权利响应

(1)建立行权机制。个人信息处理者应当建立便捷的个人行使权利的申请受理和处理机制。拒绝个人行使权利的请求的,应当说明理由。

(2)主动删除。处理目的已实现、无法实现或者为实现处理目的不再必要,或个人信息处理者停止提供产品或者服务,或者保存期限已届满,或出现违法违规违约情形时,个人信息处理者应当主动删除个人信息。法律、行政法规规定的保存期限未届满,或者删除个人信息从技术上难以实现的,个人信息处理者应当停止除存储和采取必要的安全保护措施之外的处理。

(3)配合更正。个人请求更正、补充其个人信息的,个人信息处理者应当对其个人信息予以核实,并及时更正、补充。

(4)告知行权方式。金融业机构在数据共享和转让时,应帮助个人金融信息主体了解数据接收方对个人金融信息的存储、使用等情况,包括个人金融信息主体的权利,如访问、更正、删除、注销账户等;在法律法规规定、行业主管部门有关规定及个人金融信息主体约定的范围内,个人金融信息主体行使其个人金融信息控制权利,金融业机构应配合响应其请求。

(三)履行保护个人金融信息安全的义务

金融企业在处理个人金融信息时应当综合采取管理和技术措施,包括但不限于制定内部管理制度和操作规程,合理确定个人信息处理的操作权限,定期对从业人员进行安全教育和培训,对个人金融信息进行分类分级管理等,以履行保护个人金融信息安全的义务。

此外,因金融企业在运营中收集或产生的数据中包含大量敏感个人信息,如生物识别、特定身份、医疗健康、金融账户等,一旦泄露或非法使用容易导致自然人的人格尊严受到侵害或者人身、财产安全受到危害,金融企业应对此尤其关注。在处理个人敏感信息前,应进行个人信息保护影响评估,对安全风险、处理目的和处理方式的合法性、正当性、必要性以及采取的保护措施是否合法、有效并与风险程度相适应等进行评估。同时考虑个人金融信息的敏感程度,合理确定企业内人员调取信息的范围、权限,严格落实信息使用授权审批程序。[①] 并建立个人金融信息脱敏（如屏蔽、去标识、匿名化等）管理规范和制度，应明确不同敏感级别个人金融信息脱敏规则、脱敏方法和脱敏数据的使用限制。[②]

1. 建立内部控制制度

银行业金融机构应当建立健全内部控制制度，对易发生个人金融信息泄露的环节进行充分排查，明确规定各部门、岗位和人员的管理责任，加强个人金融信息管理的权限设置，形成相互监督、相互制约的管理机制，切实防止信息泄露或滥用事件的发生。

（1）制定个人金融信息保护管理规定，提出本机构个人金融信息保护工作方针、目标和原则。

（2）开展个人金融信息分类分级管理。应针对不同类别和敏感程度的个人金融信息，实施相应的安全策略和保障措施。

（3）建立日常管理及操作流程。应对个人金融信息的收集、传输、存储、使用、删除、销毁等环节提出具体保护要求，制定个人金融信息时效性管理规程，确保符合法律法规和行业主管部门的有关规定。

（4）建立信息系统分级授权管理机制。应在不影响履行反洗钱等法定义务的前提下，制定本机构人员个人金融信息调取权限与使用范围，并制定专门的授权审批流程。

（5）建立个人金融信息脱敏（如屏蔽、去标识、匿名化等）管理规范和制度，应明确不同敏感级别个人金融信息脱敏规则、脱敏方法和脱敏数据的使用限制。

（6）依据国家与行业有关标准，建立个人金融信息安全影响评估制度，应定期（至少每年一次）开展个人金融信息安全影响评估。

（7）建立个人金融信息安全检查及监督机制。应建立个人金融信息安全日常检查机制和工作流程，定期评估个人金融信息管理方面存在的不足，及时调整检查机制和工作流程。

（8）应将个人金融信息泄露等相关事件处理纳入机构信息安全事件应急处置工作机制，制定专门的流程和预案。定期评估应急处理流程和预案，及时保障、有效应对个人金融信息安全事件，降低安全事件造成的损失及不利影响。

（9）建立个人金融信息投诉与申诉处理程序，明确投诉与申诉受理部门、处理程

---

① 《中国人民银行金融消费者权益保护实施办法》第33条规定："银行、支付机构应当建立以分级授权为核心的消费者金融信息使用管理制度，根据消费者金融信息的重要性、敏感度及业务开展需要，在不影响本机构履行反洗钱等法定义务的前提下，合理确定本机构工作人员调取信息的范围、权限，严格落实信息使用授权审批程序。"

② 中国人民银行《个人金融信息保护技术规范》，JR/T 0171—2020，第7.2.1条"安全制度体系建立与发布"："e）建立个人金融信息脱敏（如屏蔽、去标识、匿名化等）管理规范和制度，应明确不同敏感级别个人金融信息脱敏规则、脱敏方法和脱敏数据的使用限制。"

序，对个人金融信息主体要求更正或删除金融业机构收集其个人金融信息的情况，应受理、核实，并依据国家与行业主管部门要求予以处理。

2. 加强安全防范措施

银行业金融机构要完善信息安全技术防范措施，确保个人金融信息在收集、传输、加工、保存、使用等环节中不被泄露。

银行、支付机构应当按照国家档案管理和电子数据管理等规定，采取技术措施和其他必要措施，妥善保管和存储所收集的消费者金融信息，防止信息遗失、毁损、泄露或者被篡改。①

3. 定期进行员工培训

银行业金融机构要加强对从业人员的培训，强化从业人员个人金融信息安全意识，防止从业人员非法使用、泄露、出售个人金融信息。接触个人金融信息岗位的从业人员在上岗前，应当书面做出保密承诺。

（四）个人金融信息本地化存储及出境相关义务

在中国境内收集和产生的个人金融信息原则上应当在本地存储，若信息处理者确需要向境外提供的，应当履行一系列义务。对个人金融信息本地化存储及出境相关义务的合规要点总结如下：

1. 个人金融信息本地化存储

在我国境内提供金融产品或服务过程中收集和产生的个人金融信息，其储存、处理和分析应当在中国境内进行。② 这是个人金融信息存储的原则，只有在符合国家法律法规及行业主管部门有关规定的情形下，且信息处理者需履行一定义务，才存在向境外提供个人金融信息的空间。

2. 履行告知同意义务

根据《个人信息保护法》第39条的规定："个人信息处理者向中华人民共和国境外提供个人信息的，应当向个人告知境外接收方的名称或者姓名、联系方式、处理目的、处理方式、个人信息的种类以及个人向境外接收方行使本法规定权利的方式和程序等事项，并取得个人的单独同意。"③个人金融信息作为个人信息的一种类型，信息处理者在向境外提供个人金融信息时也应当遵守上述义务。

此外，根据《个人金融信息保护技术规范》的规定，将向境外机构提供个人金融信息的目的限缩为"因业务需要"；将境外接收方明确为"境外机构（含总公司、母公司或分公司、子公司及其他为完成该业务所必需的关联机构）"；同时明确应获得个人金融

① 参见《中国人民银行金融消费者权益保护实施办法》第34条第1款。

② 参见中国人民银行《个人金融信息保护技术规范》，JR/T 0171—2020，第7.1.3条。

③ 《个人信息保护法》第39条。

信息主体明示同意。

3. 履行出境安全评估义务

信息处理者在向境外提供个人金融信息前，应依据国家、行业有关部门制定的办法与标准开展个人金融信息出境安全评估，确保境外机构数据安全保护能力达到国家、行业有关部门与金融业机构的安全要求。

4. 保障数据跨境安全义务

金融业机构应与境外机构通过签订协议、现场核查等方式，明确并监督境外机构有效履行个人金融信息保密、数据删除、案件协查等职责义务。应依据国家、行业有关部门制定的办法与标准开展个人金融信息出境安全评估，确保境外机构数据安全保护能力达到国家、行业有关部门与金融业机构的安全要求。

二、数据分类分级管理

金融企业应当按照《金融数据安全　数据安全分级指南》（JR/T 0197—2020）的相关要求[①]，根据安全性遭到破坏后的影响范围和影响程度，将金融数据安全级别由高到低划分为5级、4级、3级、2级、1级。[②] 具体数据安全定级规则可参考表10－2[③]：

表10－2　数据安全定级规则参考表

<table>
<tr><th rowspan="2">序号</th><th rowspan="2">最低安全级别参考</th><th colspan="2">数据定级要素</th><th rowspan="2">数据一般特征</th></tr>
<tr><th>影响对象</th><th>影响程度</th></tr>
<tr><td>1</td><td rowspan="2">5</td><td>国家安全</td><td>严重损害/一般损害/轻微损害</td><td rowspan="2">·重要数据，通常主要用于金融业大型或特大型机构、金融交易过程中重要核心节点类机构的关键业务使用，一般针对特定人员公开，且仅为必须知悉的对象访问或使用。
·数据安全性遭到破坏后，对国家安全造成影响，或对公众权益造成严重影响</td></tr>
<tr><td>2</td><td>公众权益</td><td>严重损害</td></tr>
</table>

① 值得注意的是，证券行业数据安全分级和数据安全保护工作按照《证券期货业数据分类分级指引》（JR/T 0158—2018）证券行业相关要求执行。

② 参见《金融数据安全　数据生命周期安全规范》，JR/T 0223—2021，第5.2条“分级保护”。

③ 参见《金融数据安全 数据安全分级指南》，JR/T 0197—2020，第5.3.2条“定级通用规则”。

续表

序号	最低安全级别参考	数据定级要素		数据一般特征
		影响对象	影响程度	
3	4	公众权益	一般损害	·数据通常主要用于金融业大型或特大型机构、金融交易过程中重要核心节点类机构的重要业务使用,一般针对特定人员公开,且仅为必须知悉的对象访问或使用。 ·个人金融信息中的C3类信息。 ·数据安全性遭到破坏后,对公众权益造成一般影响,或对个人隐私或企业合法权益造成严重影响,但不影响国家安全
4		个人隐私	严重损害	
5		企业合法权益	严重损害	
6	3	公众权益	轻微损害	·数据用于金融业机构关键或重要业务使用,一般针对特定人员公开,且仅为必须知悉的对象访问或使用。 ·个人金融信息中的C2类信息。 ·数据的安全性遭到破坏后,对公众权益造成轻微影响,或对个人隐私或企业合法权益造成一般影响,但不影响国家安全
7		个人隐私	一般损害	
8		企业合法权益	一般损害	
9	2	个人隐私	轻微损害	·数据用于金融业机构一般业务使用,一般针对受限对象公开,通常为内部管理且不宜广泛公开的数据。 ·个人金融信息中的C1类信息。 ·数据的安全性遭到破坏后,对个人隐私或企业合法权益造成轻微影响,但不影响国家安全、公众权益
10		企业合法权益	轻微损害	
11	1	国家安全	无损害	·数据一般可被公开或可被公众获知、使用。 ·个人金融信息主体主动公开的信息。 ·数据的安全性遭到破坏后,可能对个人隐私或企业合法权益不造成影响,或仅造成微弱影响但不影响国家安全、公众权益
12		公众权益	无损害	
13		个人隐私	无损害	
14		企业合法权益	无损害	

其中,1级数据为公开数据,原则上无保密性要求,其安全防护关键是满足完整性及可用性安全要求;2级至4级数据的安全防护应在平衡安全需求与业务需求的基础上,根据数据安全级别不同,有侧重地采取适当的安全防护措施,2级数据应优先考虑业务需求,4级数据应优先考虑安全需求,5级数据的保护按照国家及行业主管部门的

有关要求执行。①

金融企业应当在全流程的数据处理过程中，按照数据安全级别，考虑不同级别金融数据的保密性、完整性、可用性，分别确定数据的处理规则，从而更好地根据数据的重要性和敏感度，有针对性地采取适当、合理的管理措施和安全防护措施，形成一套科学、规范的数据合规管理与保护机制。从数据收集、传输、存储、使用、删除、销毁等全流程入手，总结不同级别金融数据的特殊合规要求如下②(见表10－3)：

表10－3　不同级别金融数据合规要求梳理

流程	特殊合规要求
数据收集	收集3级及以上金融数据时，应结合口令密码、设备指纹、设备物理位置、网络接入方式、设备风险情况等多种因素对数据采集设备或系统的真实性进行增强验证。 收集4级数据时，还应满足： (1)对采集全过程进行持续动态认证，确保数据采集设备或系统的真实性，必要时可实施阻断、二次认证等操作。 (2)对于采集的数据进行数据加密。 (3)不应通过人工方式采集
数据传输	2级及以上数据的内部传输，应事先经过审批授权，明确当前授权的范围、频次、有效期等，避免出现一次性授权、打包授权等情况。 2级及以上数据的对外传输，应事先经过审批授权并采取数据加密、安全传输通道或安全传输协议进行数据传输。 3级及以上的数据内部传输，应采取数据加密、安全传输通道或安全传输协议进行数据传输。 3级及以上的数据原则上不应对外传输，若因业务确需传输的，应经过事先审批授权，并采取技术措施确保数据保密性。 4级及以上数据传输，应对数据进行字段级加密，并采取安全的传输协议进行传输。 4级数据中的个人金融信息原则上不应对外传输，国家及行业主管部门另有规定的除外

① 参见《金融数据安全　数据生命周期安全规范》，JR/T 0223—2021，第5.2条“分级保护”。

② 参见《金融数据安全　数据生命周期安全规范》，JR/T 0223—2021，第7条“数据生命周期安全防护”。

续表

流程	特殊合规要求
数据存储	应采取一定措施确保数据存储的完整性,存储3级及以上数据时,应采用密码、权限控制等技术措施保证数据完整性。 2级及以上数据应采取技术措施保证存储数据的保密性,必要时可采取多因素认证、固定处理终端、固定处理程序或工具、双人双岗控制等安全策略。 3级数据的存储应采取加密等技术措施保证数据存储的保密性。 保存3级及以上数据的信息系统,其网络安全建设及监督管理宜满足网络安全等级保护3级的要求。 文件系统中存放含有3级及以上数据的文件,宜采用整个文件加密存储方式进行保护。 4级及以上数据应使用密码算法加密存储。 在我国境内产生的5级数据应仅在我国境内存储
数据使用	3级及以上数据访问应建立访问权限申请和审核批准机制,并宜通过访问控制组件或访问控制代理技术对访问的终端设备、系统进行控制,以及实际操作和申请操作进行验证,保证实际操作与申请并审批的操作是一致的。 应根据数据的不同安全级别,制定和明确数据访问控制过程中的相关安全措施,保障金融数据在被访问过程中的保密性和完整性,包括但不限于: (1)2级及以上的数据访问应进行身份认证,对访问者实名认证,将访问权限与实际访问者的身份或角色进行关联,防止数据的非授权访问。 (2)2级及以上的数据访问过程应留存相关操作日志,操作日志应至少包含明确的主体、客体、操作时间、具体操作类型、操作结果等。 (3)3级及以上的数据访问应实现多因素认证或二次授权,并应结合业务需要采取数据脱敏和控制访问数据行数的技术措施,以满足最小化原则要求
数据删除	3级及以上数据应建立数据删除的有效性复核机制,定期检查能否通过业务前台与管理后台访问已被删除的数据
数据销毁	3级及以上数据存储介质不应移作他用,销毁时应采用物理销毁的方式对其进行处理,如消磁或磁介质、粉碎、融化等

三、电子银行业务数据安全

除上述数据处理具体流程中的数据合规措施外,金融企业在开展某些具体金融业务中,也应考虑其业务特殊性,采取特殊的数据合规措施,电子银行业务即为其中之一。

《电子银行业务管理办法》对电子银行业务设备设施要求、信息保密要求及免责事由、数据保存要求、数据交换与转移要求等均加以规定。

(一)加强安全管理措施

金融机构应当针对电子银行不同系统、风险设施、信息和其他资源的重要性及其对电子银行安全的影响进行评估分类,制定适当的安全策略,建立健全风险控制程序和安全操作规程,采取相应的安全管理措施。对各类安全控制措施应定期检查、测试,并根据实际情况适时调整,保证安全措施的持续有效和及时更新。

金融机构应当保障电子银行运营设施设备以及安全控制设施设备的安全,对电子银行的重要设施设备和数据采取适当的保护措施:

1. 有形场所的物理安全控制,必须符合国家有关法律法规和安全标准的要求,对尚没有统一安全标准的有形场所的物理安全控制,金融机构应确保其制定的安全制度有效地覆盖可能面临的主要风险。

2. 以开放型网络为媒介的电子银行系统,应合理设置和使用防火墙、防病毒软件等安全产品与技术,确保电子银行有足够的反攻击能力、防病毒能力和入侵防护能力。

3. 对重要设施设备的接触、检查、维修和应急处理,应有明确的权限界定、责任划分和操作流程,并建立日志文件管理制度,如实记录并妥善保管相关记录。

4. 对重要技术参数应严格控制接触权限,建立相应的技术参数调整与变更机制并保证在更换关键人员后能够有效防止有关技术参数的泄露。

5. 对电子银行管理的关键岗位和关键人员,应实行轮岗和强制性休假制度,建立严格的内部监督管理制度。

(二)加强技术保障措施

金融机构应采用适当的加密技术和措施,保证电子交易数据传输的安全性与保密性,以及所传输交易数据的完整性、真实性和不可否认性。金融机构采用的数据加密技术应符合国家有关规定,并根据电子银行业务的安全性需要和科技信息技术的发展,定期检查和评估所使用的加密技术和算法的强度,对加密方式进行适时调整。

金融机构应采取适当的方法和技术,记录并妥善保存电子银行业务数据,电子银行业务数据的保存期限应符合法律法规的有关要求。

(三)明确风险权限

金融机构应明确电子银行管理、运营等各个环节的主要权限、职责和相互监督方式,有效隔离电子银行应用系统、验证系统、业务处理系统和数据库管理系统之间的风险。

(四)控制数据交换和转移风险

建立电子银行业务数据交换机制的金融机构,或者电子银行平台实现相互连接的金融机构,应当建立联合风险管理委员会,负责协调跨行间的业务风险管理与控制。所有参加数据交换或电子银行平台连接的金融机构都应参加联合风险管理委员会,共同制定并遵守联合风险管理委员会的规章制度和工作规程。

金融机构向非银行业金融机构交换或转移部分电子银行业务数据时,应签订数据交换(转移)用途与范围明确、管理职责清晰的书面协议,并明确各方的数据保密责任:

1. 金融机构由于业务外包、系统测试(调试)、数据恢复与救援等为维护电子银行正常安全运营的需要而向非金融机构转移电子银行业务数据的,应当与其事先签订书面保密合同，并指派专人负责监督有关数据的使用、保管、传递和销毁。

2. 金融机构由于业务拓展、业务合作等需要向非金融机构转移电子银行业务数据的，除应签订书面保密合同和指定专人监督外，还应建立对数据接收方的定期检查制度。一旦发现数据接收方不当使用、保管或传递电子银行业务数据，应立即停止相关数据转移，并应采取必要的措施预防电子银行客户的合法权益受到损害，法律法规另有规定的除外。

3. 金融机构不得向无业务往来的非金融机构转移电子银行业务数据，不得出售电子银行业务数据，不得损害客户权益利用电子银行业务数据谋取利益。

外资金融机构因业务或管理需要确需向境外总行（公司）转移有关电子银行业务数据的，应遵守有关法律法规的规定，采取必要的措施保护客户的合法权益，并遵守有关数据交换和转移的规定。

未经电子银行业务数据转出机构的允许，数据接收机构不得将有关电子银行业务数据向第三方转移。法律法规另有规定的除外。

（五）明确业务外包责任

金融机构应当与外包服务供应商签订书面合同，明确双方的权利、义务。在合同中应明确规定外包服务供应商的保密义务、保密责任。

金融机构对电子银行业务处理系统、授权管理系统、数据备份系统的总体设计开发，以及将其他涉及机密数据管理与传递环节的系统进行外包时，应经过金融机构董事会或者法人代表批准，并应在业务外包实施前向有关机关报告。

（六）强化监督管理

金融机构应当建立电子银行业务重大安全事故和风险事件的报告制度，并保持与监管部门的经常性沟通。

对于电子银行系统被恶意攻破并已出现客户或银行损失，电子银行被病毒感染并导致机密资料外泄，以及可能会引发其他金融机构电子银行系统风险的事件，金融机构应在事件发生后48小时内向有关机关报告。

本章小结

●金融企业所属的金融业，本质上是一种信息技术产业，与数据紧密相连。一方面，金融企业在开展金融服务过程中，能够获取大量金融数据；另一方面，随着信息技术的发展，金融数据逐步实现从信息化资产到生产要素的转变，其重要性日益凸显。为满足金融业务基本需求、强化数据保护能力、保障金融数据安全流动，金融企业开展数据合规管理具有现实意义。

●金融企业开展数据合规工作之前，应首先遵循基础性要求开展基础性工作。这是因为基础性工作的作用范围具有普遍性，将影响金融企业数据合规的各个环节和方面，也将贯穿整个金融企业数据合规体系，如保密工作、资质相关工作等。

●数据合规应当贯穿金融企业开展业务和经营管理的全过程，为合理分配数据合规的资源和成本，并建立完善的数据合规机制，首先需要明确金融数据在收集、传输、存储、使用、删除、销毁等各阶段的保护要求，这是对数据实施全流程合规管理的前提和基础。

●个人金融信息与个人资产状况高度相关，一旦泄露可能会对个人财产安全构成威胁。因此，其作为金融企业数据合规的重点，被赋予更高的要求。

●金融企业运营中产生和收集的金融数据复杂多样，为进一步明确数据合规的对象，进而帮助金融企业合理分配数据合规资源和成本，金融企业的数据分级管理也被赋予了更高的要求。金融企业应当在全流程的数据处理过程中，按照数据安全级别，考虑不同级别金融数据的保密性、完整性、可用性，分别确定数据的处理规则，从而更好根据数据的重要性和敏感度，有针对性地采取适当、合理的管理措施和安全防护措施，形成一套科学、规范的数据合规管理与保护机制。

第十一章　车联网交通企业数据合规

车联网，是指新一代网络通信技术与汽车、电子、道路交通运输等领域深度融合的新型产业形态。近年来，智能汽车行业不断发展，传感技术、人工智能、信息融合等对传统汽车行业形成挑战，拓展了汽车功能，相关的汽车数据出境安全、汽车数据合规等问题也引发关注。随着《数据安全法》《汽车数据安全管理若干规定（试行）》等规范性文件的颁布，构建完善的数据合规体系成为车联网交通企业发展的必要一环。

第一节　智能网联背景中的汽车数据合规

一、车联网数据分类分级

按照《数据安全法》及《个人信息保护法》的要求，企业应对数据进行分类分级保护。落脚到车联网数据，根据“谁主管、谁负责、谁运营、谁负责”的原则，车联网企业、车联网服务平台企业应根据相关部门的要求及标准做好对车联网数据的分类分级管理，并定期向所在省（区、市）的通信管理局、工业和信息化主管部门进行报备。

从内容看，车联网数据较为复杂，车联网企业数据合规的基础应当是对相关数据进行明确的分类分级。结合 2020 年 8 月 31 日工信部发布的《车联网信息服务　数据安全技术要求》（YD/T 3751—2020），车联网汽车企业可能涉及的数据分类见表 11 - 1。

表 11－1　车联网企业数据分类方式

类型	概念	举例
基础属性类数据	车联网信息服务相关主体的基础属性数据，可细分为车辆基础属性数据、车联网移动终端应用软件基础属性数据和车联网服务平台基础属性数据等	车辆基础属性数据：与汽车的某些特性相关，包括但不局限于车牌号、发动机号、车架号、车辆品牌和型号、标识、车辆颜色、车身长度和宽度外观等相关数据。 车联网移动终端应用软件基础属性数据：这里指车联网移动终端中与车联网信息服务相关的应用软件的属性类数据，包括但不限于应用软件的开发商、类别、版本、大小等相关的数据。 车联网服务平台基础属性数据：这里指与车联网服务平台在规划设计、建设运维等阶段相关，包括但不限于车联网服务平台的开发商或运营商、平台服务器和操作系统等的品牌和版本、平台主机及软件的配置信息等
车辆工况类数据	从车联网信息服务的角度出发，与车辆实际运行特征或车辆实际系统操作有关的数据，包括但不限于动力系统、底盘系统、车身系统、舒适系统、电子电气等相关的运行状态、系统工作参数，以及整车控制器等相关的工况数据。比如整车控制器（如水泵控制信号、气压传感器报警、电机制动有线信号等）、发动机系统（如转矩、燃油消耗率）、冷却系统（如冷却剂温度等）、变速箱系统（如车辆起步、加速减速等）、安全系统（如安全气囊状态、安全带使用状态等）、底盘系统（如可调空气悬架状态、转向系统、制动防抱死系统、胎压监测等）、舒适系统（如车内空调开启、座椅调节、车窗系统、车内灯光使用等），以及其他辅助系统等反映出车联网自身状态的数据信息。其中，电动汽车的“三电系统”（电机电控、动力电池、整车控制器）相关的运行数据也属于车辆工况类数据。车辆工况类数据从车辆运行特征的角度划分，分为车辆运行工况类数据和车辆静态工况类数据	车辆运行工况类数据：车辆在运行工况下的特征数据。以动力系统和底盘系统为例，其运行工况类数据是与发动机系统、冷却系统、变速箱系统的运行工况、系统重要工作参数等相关的数据，通常包含在（不限于如下）：驻车怠速、行车怠速、车辆起步、平缓加速、急加速、无制动减速、轻微制动减速、中制动减速、重制动减速、紧急制动减速、轻踩油门、轻放油门等。 车辆静态工况类数据：是指车辆系统在模态行驶工况下的数据，如匀速度、匀加速度、匀减速度、一定时间内的平均油耗、加油频率等

续表

类型	概念	举例
环境感知类数据	主要是与车辆所处外部环境相关，包括车联网信息服务中与车辆进行通信或交互的外部设备、终端、行人等相关的数据信息，包括但不局限于车—车通信中的车辆位置、行驶速度，红绿灯信息、道路基础设施相关的测速雷达、摄像头等采集的信息，道路行人的具体位置、行驶和运动的方向、行驶和运动状态、速度、距离、有无发生碰撞的可能相关的状态数据，以及针对电动汽车获取的充电桩等设备相关的数据	
车控类数据	车联网信息服务过程与对车辆操控直接相关的指令数据，主要包括两类：智能决策车控类数据、车辆远程操控类数据	智能决策车控类数据：是与车辆自动驾驶或智能辅助驾驶行为相关，在环境感知和智能决策等系统处理之后，实现的对车辆的智能控制行为数据，包括但不限于线控制动与驱动、线控转向、自动变速、底盘一体化控制等相关的数据。 车辆远程操控类数据：主要是指借助于车联网App、车联网服务平台等载体，对车辆实施的远程操作和控制类指令数据，包括但不仅限于远程开关门锁、远程开关空调、远程开关车窗、远程开关车灯、远程开关车喇叭、远程开关车辆后备厢、远程启动或制动车辆、远程控制车辆熄火、远程诊断等
应用服务类数据	除了基础属性类数据、车辆自身状态类数据、环境感知类数据、控制类数据和用户个人数据之外，与车联网信息服务相关的数据，包括但不限于信息娱乐类数据、交通安全管控类数据，以及涉车服务类数据等	信息娱乐类数据：是车联网提供的与娱乐相关，如多媒体下载、广播、网站浏览等相关的数据，再如天气预报等数据。 交通安全管控类数据：是与交通安全、交通管理相关的数据，如道路交通安全预警、紧急救援、车辆远程监控管理等相关的数据。 涉车服务类数据：是基于车辆自身状态以及环境感知数据，通过数据分析处理等技术和管理手段获取的，与车辆维修、保养、二手车、金融保险和相关电商等后市场服务相关的数据。涉车服务类数据与车辆、驾驶员等行为数据密切相关，如与汽车驾驶行为密切相关的车辆行为数据（包括但不仅限于汽车行驶

续表

类型	概念	举例
		速度、均速、油耗、加油频率、转向等信息，以及车主的急加速、急刹车、急变道等驾驶行为）；出行行为数据（与车辆出行时间、出行路线、出行位置等信息的记录，通过这些数据可以分析出车主的出行目的及出行习惯等）；与车载娱乐系统等使用、操作等信息相关的记录相关的娱乐系统使用行为数据（如 DVD、音频、广播、电视等多媒体使用记录）

就车联网数据的分级而言，依据车联网信息服务数据的安全目标、重要性以及在发生安全事件可能造成的影响范围与严重程度不同，可将上述与车联网信息服务相关的数据划分成不同的敏感等级，分级内容见表 11－2。

表 11－2　车联网信息服务数据敏感分级汇总

序号	车联网信息服务数据分类		车联网信息服务数据敏感分级	车联网信息服务数据敏感性分级示例
1	基础属性类数据	车辆基础属性数据	车辆一般属性数据	如车辆的车牌号、车辆品牌、车辆型号
2			车辆重要属性数据	如车辆的车架号、发动机号、标识等数据
3			车辆敏感属性数据	如与车辆设计相关的核心数据
4		车联网移动终端应用软件基础属性数据	车联网移动终端应用软件一般属性数据	如移动终端应用软件的品牌等
5			车联网移动终端应用软件重要属性数据	如移动终端应用软件唯一标识码等
6			车联网移动终端应用软件敏感属性数据	如移动终端应用软件的身份鉴权信息
7		车联网服务平台基础属性数据	车联网服务平台一般属性数据	如车联网服务平台主机或操作系统的品牌、型号等
8			车联网服务平台重要属性数据	如车联网服务平台的主机及软件配置信息
9			车联网服务平台敏感属性数据	如车联网平台网络及系统运行状态信息、网络及系统运行维护日志等信息

续表

序号	车联网信息服务数据分类		车联网信息服务数据敏感分级	车联网信息服务数据敏感性分级示例
10	车辆工况类数据	车辆运行工况类数据	车辆运行工况类一般数据	如车内空调使用数据等车辆使用过程中的一般性动态数据
11			车辆运行工况类重要数据	如发动机转速、发动机输出功率等
12			车辆运行工况类敏感数据	如基于某个或多个数据可唯一标识或识别出特定品牌车辆核心属性的动态数据
13		车辆静态工况类数据	车辆静态工况类一般数据	如车辆一定时间内的平均行驶速度、年行驶里程等
14			车辆静态工况类重要数据	如车辆在特定时间特定路线内的车辆停车次数或制动次数等
15			车辆静态工况类敏感数据	如基于某个或多个数据可唯一标识或识别出特定品牌车辆核心属性的静态工况类数据
16	环境感知类数据	车辆外部环境感知数据	车辆外部环境感知一般数据	如道路情况(高速公路还是乡间道路或是人行道)、路面情况(路面几何结构、是否完好、是否存在路面湿滑)、道路限速情况、信号灯分布情况、信号灯状态信息、路灯状态信息、道路拥堵情况、交通事故情况等;车辆行驶周边可能存在的公交车站点、地铁站点、酒店、商厦、公共设施等公共交通、公共服务的位置信息;其他与自然环境相关的,例如车辆出行时的天气情况(是否是雨雪天气)等
17			车辆外部环境感知重要数据	如与车—车通信场景相关的临近车辆的物理位置、经纬度、更新时间、行驶速度、前进方向、变道信息等数据信息;与车—行人通信场景相关的,例如临近行人的位置数据、与临近行人的距离、行人的行驶速度和运动状态、行人的行驶方向、有无发生碰撞的可能等相关的数据
18			车辆外部环境感知敏感数据	如车—车通信场景中相邻车辆一定时间段内的出行路线、位置、时间、停车信息等,或驾驶员的身体健康状况等数据

续表

序号	车联网信息服务数据分类		车联网信息服务数据敏感分级	车联网信息服务数据敏感性分级示例
19	车控类数据	智能决策车控类数据	智能决策车控类一般数据	如倒车辅助中倒车提示声音数据
20			智能决策车控类重要数据	如智能辅助驾驶的车道保持应用中，车辆趋于偏离行驶车道时发送的方向盘抖动、仪表盘红灯或绿灯指示等提醒指令
21			智能决策车控类敏感数据	如智能泊车系统中的自动泊车确认指令
22		车辆远程监控类数据	车辆远程监控类一般数据	如与车联网远程监控相关的一般读取类数据
23			车辆远程监控类重要数据	如车辆远程开关门锁、远程开关空调、远程鸣笛和闪灯等远程启动或制动车辆等相关指令
24			车辆远程监控类敏感数据	如通过车联网服务平台实现对车队规模的多辆汽车进行远程操控相关的指令
25	应用服务类数据	信息娱乐类数据	信息娱乐类一般数据	如车联网信息服务的天气预报推送数据
26			信息娱乐类重要数据	如多媒体下载、网页购物浏览记录、收听的广播等
27			信息娱乐类敏感数据	如语音服务的通话和视频记录等
28		交通安全管控类数据	交通安全管控类一般数据	如道路交通前方拥堵提醒、交通事故实时提醒数据等
29			交通安全管控类重要数据	如车辆列队行驶中因前方车辆急停而采取的车辆碰撞预警数据
30			交通安全管控类敏感数据	如道路交通车辆远程监控数据
31		车辆后市场服务类数据	车辆后市场服务类一般数据	与车载娱乐系统等使用、操作行为数据
32			车辆后市场服务类重要数据	如与汽车驾驶行为密切相关的车辆行为数据
33			车辆后市场服务类敏感数据	基于车辆出行时间、路线、位置，以及信息娱乐系统使用行为数据等分析出的车主某些个人喜好、行为习惯类数据；或基于车辆自身状态和环境感知数据等分析识别出的某些车辆核心参数数据

二、车联网数据全周期合规建议

汽车数据全周期包括收集、存储、使用、加工、传输、提供、公开等。汽车数据处理者，是指开展汽车数据处理活动的组织，包括汽车制造商、零部件和软件供应商、经销商、维修机构以及出行服务企业等。在车联网数据全周期中，汽车数据处理者在数据合规处理上应遵循下列原则与具体规则。

（一）汽车数据处理者数据合规原则

《汽车数据安全管理若干规定（试行）》第6条规定，国家鼓励汽车数据依法合理有效利用，倡导汽车数据处理者在开展汽车数据处理活动中坚持：

1. 车内处理原则，除非确有必要不向车外提供；

2. 默认不收集原则，除非驾驶人自主设定，每次驾驶时默认设定为不收集状态；

3. 精度范围适用原则，根据所提供功能服务对数据精度的要求确定摄像头、雷达等的覆盖范围、分辨率；

4. 脱敏处理原则，尽可能进行匿名化、去标识化等处理。

（二）汽车数据处理者数据合规具体建议

根据《车联网信息服务　数据安全技术要求》的规定，车辆网企业在实践中应当针对车联网信息服务数据的敏感性将安全保护划分为两个等级：基本级和增强级。

基本级规定了车联网信息服务数据安全保护的基本要求，保护的是车联网信息服务中敏感等级为一般的数据。增强级则要求，除满足车联网信息服务数据安全保护的基本要求外，还应满足增强的安全要求，其保护的是重要数据或敏感数据。[①] 各环节针对不同类型的合规要求规定，《车联网信息服务　数据安全技术要求》包含了具体内容，见表11－3。

表11－3　基本级和增强级的安全保护要求

类别	具体内容
7　基本级安全保护要求	7.1　数据采集 数据采集时，应根据车联网应用场景下的数据价值和合规需求来判断数据的敏感度，并根据数据敏感度进行分类分级。 7.2　数据传输 应能够检测到数据在传输过程中完整性受到破坏。 7.3　数据存储 数据存储应符合如下要求： a）应支持实现数据存储的保密性。

① 参见《车联网信息服务　数据安全技术要求》，YD/T 3751—2020，2020年8月31日发布，“车联网信息服务数据敏感性分级”部分。

续表

类别	具体内容
	b)应能够检测到数据在存储过程中完整性受到破坏,防止数据被篡改、删除和插入等操作。在数据完整性遭到破坏时,应提供授权用户可察觉的告警信息。 7.4 数据使用 数据使用应符合以下要求: a)应对数据的使用进行授权和验证。 b)应确保数据使用的目的和范围符合网络安全法等国家相关法律法规的要求。 7.5 数据共享 数据共享应符合以下要求: a)应进行数据共享前的网络安全能力评估,保证数据共享的安全实施。 b)应保证数据在不同数据设备之间共享不影响业务应用的连续性。 c)数据共享中应做好数据备份及恢复相关工作。 7.6 数据销毁 数据销毁应符合以下要求: a)应建立数据销毁策略和管理制度,明确销毁对象和流程;并建立数据销毁审批机制,设置销毁相关监督角色,监督操作过程。 b)能够提供手段协助清除因不同设备间共享、业务终止、自然灾害、合同终止等遗留的数据,对日志的留存期限应符合国家有关规定。 c)应提供手段清除数据的所有副本。 7.7 数据备份与恢复 数据备份和恢复应符合以下要求: a)应提供本地数据备份与恢复功能,进行定期备份,或提供多副本备份机制。 b)备份数据应与原数据具有相同的访问控制权限和安全存储要求
8 增强级安全保护要求	8.1 数据采集 除满足一般数据安全保护要求之外,还应符合以下要求: a)应对数据源的真实性进行验证。 b)在确认真实数据源的基础上,应对数据源进行身份验证。 8.2 数据传输 除满足一般数据安全保护要求之外,还应符合以下要求: a)应采用技术措施保证数据传输的保密性[如鉴别信息(指用于鉴定用户身份是否合法的信息,如用户登录各种业务系统的账号和密码、服务密码等)、控车类重要和敏感数据等]。 b)应能够检测到数据在传输过程中完整性受到破坏,并能够在检测到完整性遭到破坏时采取必要的措施恢复或重新获取数据。 8.3 数据存储 除满足一般数据的安全保护要求之外,还应符合以下要求: a)应支持采用密码技术支持的保密性保护机制对存储数据的保密性提供保护,针对敏感级数据应支持密钥管理机制对敏感数据进行加密。 b)应能够检测到数据在存储过程中完整性受到破坏,防止数据被篡改、删除和插入等操作。在数据完整性遭到破坏时,应提供授权用户可察觉的告警信息,并在检测到完整性错误时采取必要的恢复措施。 c)应设置数据访问规则,非授权用户不能访问和更改数据的访问权限。

续表

类别	具体内容
	8.4　数据使用 除了满足一般数据的安全保护要求之外,还应符合以下要求: a)应对敏感数据的使用进行审计,并形成审计日志。 b)应支持敏感数据使用过程中的动态脱敏。 8.5　数据共享 数据共享准备应制定共享方案,并进行共享方案可行性评估与风险评估,确定制定数据共享风险控制措施。 8.6　数据销毁 除了满足一般数据的安全保护要求之外,还应符合以下要求: a)应确保文件、目录和数据库记录等资源所在的存储空间被释放或重新分配给其他用户前得到完全消除。 b)应提供手段禁止被销毁数据的恢复。 8.7　数据备份与恢复 除了满足一般数据的安全保护要求之外,还应符合以下要求: a)应提供身份认证等安全认证措施,确保仅授权用户知情或控制下才能执行本地和远程备份和恢复数据的操作。 b)备份数据应进行加密存储

《车联网信息服务　数据安全技术要求》对车联网企业数据全周期合规行为做出了详细规定。企业在构建数据合规体系中应注意内部规定与《车联网信息服务　数据安全技术要求》的规定是否一致,依据企业自身的数据处理情况与运营模式制定依法依规的数据合规体系,落实和开展企业数据合规工作。

第二节　汽车数据中的个人信息保护

一、车联网用户个人信息分类分级

针对汽车数据的个人信息保护,《车联网信息服务　用户个人信息保护要求》重点强调车联网数据个人信息的分类分级保护。

《车联网信息服务　用户个人信息保护要求》(YD/T 3746—2020)中首先对用户个人信息进行分类,具体见表 11 -4。

表 11 – 4　车联网用户个人信息分类

用户个人信息类别		用户个人信息范围	用户个人信息示例
用户身份证明类信息	A1:用户自然人身份和标识信息	A1 – 1:用户基本资料	姓名、证件类型及号码、年龄、性别等
		A1 – 2:用户身份证明	身份证、军官证、护照、机动车驾驶证等证件影印件
		A1 – 3:用户生理标识	指纹、声纹、虹膜、脸谱等
	A2:用户虚拟身份和鉴权信息	A2 – 1:普通车联网信息服务身份标识和鉴权信息	电话号码、账号、邮箱地址、用户个人数字证书等
		A2 – 2:车联网交易类信息服务身份标识和鉴权信息	各类交易账号和相应的密码、密码保护答案、解锁图案或者平台中登录的个人银行账号等
车联网信息服务内容类用户数据信息	B1:用户服务内容信息	B1 – 1:驾驶及行车安全服务类信息	智能辅助驾驶相关服务场景下的车辆驾驶行为、行经路线等信息;车联网在车辆防碰撞等服务中的相关用户个人信息
		B1 – 2:生活服务信息	车联网生活服务相关的内容信息,如个人数据文件等用户个人信息
		B1 – 3:交通出行管理服务信息	车联网在交通动态信息通知服务中相关的个人信息;车联网在浮动车交通管理服务中相关的用户个人信息(如车辆信息动态交换采集)
		B1 – 4:涉车服务信息	车联网在涉车服务等相关的用户个人信息(如车辆检修保养救援)
		B1 – 5:行业营运服务信息	车联网在行业营运服务中相关的内容信息,如与车况和位置信息上报等相关的用户个人信息
	B2:用户资料信息	B2 – 1:联系人信息	通信录、好友列表等用户资料数据;车内蓝牙配对拷贝的联系人列表
		B2 – 2:用户私有资料数据	用户云储存、终端、SD 卡等储存的用户文字、多媒体等资料数据信息
		B2 – 3:信息服务内容衍生信息	基于定位及导航服务内容分析获取的车辆活动轨迹、精准定位信息、个人生活习惯、健康状况等资料信息

续表

用户个人信息类别		用户个人信息范围	用户个人信息示例
用户服务相关信息	C1:用户服务使用信息	C1－1:业务订购、订阅关系	业务订购信息、业务注册时间、修改、注销状况信息等
		C1－2:服务记录	车联网信息服务平台、智能网联汽车及车联网智能终端中存储或缓存的直接或间接产生的用户操作记录
		C1－3:日志	反映用户操作记录的如日志信息、日志文件等
		C1－4:交易服务信息	交易信息、消费记录、流水记录等
	C2:用户车辆基本标识信息	C2－1:车辆基本资料	车辆类型、车辆品牌、车辆型号、车辆底盘型号、发动机号等
	C3:用户设备、系统和平台信息	C3－1:设备、系统或平台信息	硬件型号、唯一设备识别码 IMEI、设备/系统/平台 MAC 地址等

在分级上,《车联网信息服务　用户个人信息保护要求》考虑到车联网信息服务中相关的用户个人信息的敏感程度和发生用户个人信息泄露或滥用对用户人身和财产等方面的危害程度对相关数据内容进行敏感性分级,分级内容见表 11－5:

表 11－5　车联网信息服务用户个人信息敏感性分级

分级类型	内容	用户个人信息敏感性登记要素
个人敏感信息	是指在车联网信息服务过程中相关的用户个人信息,一旦被泄露、被非法提供或被非法滥用后会给用户人身和财产带来严重危害,极易导致个人名誉、身心健康受到损害或者歧视性待遇等个人信息	A1－2:用户身份证明 A1－3:用户生理标识 A2－2:车联网交易类信息服务身份标识和鉴权信息

续表

分级类型	内容	用户个人信息敏感性登记要素
个人重要信息	是指在车联网信息服务过程中相关的用户个人信息,在被泄露、被非法提供或被滥用后会给用户人身和财产带来较大危害,甚至一定程度上影响个人名誉和身心健康	A1－1:用户基本资料 A2－1:普通车联网信息服务身份标识和鉴权信息 B1－1:驾驶及行车安全服务信息 B1－2:生活服务信息 B1－3:交通出行管理服务信息 B1－4:涉车服务信息 B1－5:行业运营服务信息 B2－1:联系人信息 B2－2:用户私有资料数据 B2－3:信息服务内容衍生信息 C1－2:服务记录 C1－3:日志 C1－4:交易服务信息 C2－1:车辆基本资料 C3－1:设备、系统或平台信息
个人一般信息	是指在车联网信息服务过程中相关的用户个人信息,在被泄露、被非法提供或被滥用后会给用户带来一定危害,但相对影响范围和程度有限,不会对财产和人身安全构成危害	C1－1:业务订购、订阅关系

二、车联网个人信息合规建议

(一)企业处理个人信息的基本原则

1. 权责一致原则

企业应采取技术和其他必要措施保障个人信息安全,对其个人信息处理活动对个人信息主体合法权益造成的损害承担责任。

2. 目的明确原则

具有合法、正当、必要、明确的个人信息处理目的。

3. 选择同意原则

向个人信息主体明示个人信息处理目的、方式、范围、规则等,征求其授权意见。

4. 最少够用原则

只处理满足个人信息主体授权同意的目的所需的最少个人信息类型和数量。目的达成后,应及时删除个人信息。

5. 公开透明原则

以明确、易懂和合理的方式公开处理个人信息的范围、目的、规则等,并接受外部监督。

6. 确保安全原则

具备与所面临的安全风险匹配的安全能力，并采取足够的管理措施和技术手段，保护个人信息的保密性、完整性、可用性。

7. 主体参与原则

向个人信息主体提供能够查询、更正、删除其个人信息，以及撤回同意、注销账户、投诉等方法。

（二）企业处理个人信息具体合规要求

1. 个人一般信息合规

汽车企业应实施基本的技术和管理措施确保车联网用户个人信息访问控制安全。例如，应针对用户个人信息采取必要的访问控制措施。

2. 个人重要信息合规

汽车企业应实施必要的技术和管理措施，保护用户的知情权和选择权，保护用户个人信息的机密性和完整性，确保用户个人信息访问控制安全，建立用户个人信息安全管理规范。例如，在收集和转移用户个人信息时应征得用户同意，在信息的收集和转移的传输过程应采取必要的加密措施，保障数据的机密性和完整性，应对信息采取严格访问控制措施，应制定严格的用户个人信息各生命周期安全管理规范，应设置内部的数据审批流程及制度。

3. 个人敏感信息合规

汽车企业应建立比个人主要信息合规更为严格的用户个人信息安全管理规范以及数据实时监控机制。例如，在个人重要信息合规措施的基础上，在收集、转移和使用用户个人信息时应征得用户同意，在信息的收集、存储以及转移的传输过程中应使用高强度的加密措施，并对用户个人信息的使用进行实时监控及预警。

第三节　交通类 App 数据合规

在互联网不断发展的大背景下，原本单一提供购票、约车、租车服务的交通类 App 逐步具有复合功能；在行业细分上的差异化竞争也日益激烈，如共享出行下网约车、顺风车、汽车租赁、共享单车四个市场均有高行业集中度的特点。“互联网 +”加持下的交通出行，市场规模与日俱增。企业社会影响力提升背后伴随的是更加严格的数据合规要求。滴滴事件后，交通类 App 企业更应注意将数据合规作为企业发展中的重要合规事项。

一、交通类 App 个人信息保护

《常见类型移动互联网应用程序必要个人信息范围规定》第 5 条中对 39 类 App 需要的必要个人信息范围进行了规定,其中涉及交通类 App 的内容见表 11 –6。

表 11 –6　交通类 App 必要个人信息范围

类别	基本服务功能	必要个人信息
地图导航类	定位和导航	位置信息、出发地、到达地
网络约车类	网络预约出租汽车服务、巡游出租汽车电召服务	①注册用户移动电话号码; ②乘车人出发地、到达地、位置信息、行踪轨迹; ③支付时间、支付金额、支付渠道等支付信息(网络预约出租汽车服务)
交通票务类	交通相关的票务服务及行程管理(如票务购买、改签、退票、行程管理等)	①注册用户移动电话号码; ②旅客姓名、证件类型和号码、旅客类型。旅客类型通常包括儿童、成人、学生等; ③旅客出发地、目的地、出发时间、车次/船次/航班号、席别/舱位等级、座位号(如有)、车牌号及车牌颜色(ETC 服务); ④支付时间、支付金额、支付渠道等支付信息
旅游服务类	旅游服务产品信息的发布与订购	①注册用户移动电话号码; ②出行人旅游目的地、旅游时间; ③出行人姓名、证件类型和号码、联系方式
用车服务类	共享单车、共享汽车、租赁汽车等服务	①注册用户移动电话号码; ②使用共享汽车、租赁汽车服务用户的证件类型和号码,驾驶证件信息; ③支付时间、支付金额、支付渠道等支付信息; ④使用共享单车、分时租赁汽车服务用户的位置信息

事实上,上述五类企业在收集用户个人信息中仍存在超范围收集现象,如在某共享单车 App 中,除必要个人信息收集外,还存在获取用户相机、麦克风、联系人、日历等功能权限,这类权限明显与 App 服务无关。企业应及时参照《常见类型移动互联网应用程序必要个人信息范围规定》对 App 收集用户信息范围进行整改,这属数据合规的当务之急。

二、交通类 App 中的国家安全审查

2021 年 7 月 2 日,网络安全审查办公室发布《关于对"滴滴出行"启动网络安全审

查的公告》,宣布对“滴滴出行”进行网络安全审查,这是国家对企业的首次网络安全审查。该审查引发了社会各界的高度关注。数字经济背景下,App 作为企业的业务,广泛涉及个人信息保护与数据安全。交通类 App 的运行基础为收集客户地理信息,由于信息数量庞大,企业应时刻警惕数据对国家安全的影响。除做到数据合规外,如何保护数据安全、国家安全,是比业务更重要的议题。对于交通类 App,涉及数据方面的国家安全要求见表 11－7。

表 11－7　交通类 App 数据安全要求

序号	规范文件	规范内容
1	《数据安全法》	第 24 条　国家建立数据安全审查制度,对影响或者可能影响国家安全的数据处理活动进行国家安全审查。 依法作出的安全审查决定为最终决定
2	《网络安全法》	第 35 条　关键信息基础设施的运营者采购网络产品和服务,可能影响国家安全的,应当通过国家网信部门会同国务院有关部门组织的国家安全审查
3	《网络安全法》	第 59 条　网络运营者不履行本法第二十一条、第二十五条规定的网络安全保护义务的,由有关主管部门责令改正,给予警告;拒不改正或者导致危害网络安全等后果的,处一万元以上十万元以下罚款,对直接负责的主管人员处五千元以上五万元以下罚款。 关键信息基础设施的运营者不履行本法第三十三条、第三十四条、第三十六条、第三十八条规定的网络安全保护义务的,由有关主管部门责令改正,给予警告;拒不改正或者导致危害网络安全等后果的,处十万元以上一百万元以下罚款,对直接负责的主管人员处一万元以上十万元以下罚款
4	《网络安全审查办法》	第 16 条　网络安全审查工作机制成员单位认为影响或者可能影响国家安全的网络产品和服务以及数据处理活动,由网络安全审查办公室按程序报中央网络安全和信息化委员会批准后,依照本办法的规定进行审查。 为了防范风险,当事人应当在审查期间按照网络安全审查要求采取预防和消减风险的措施

除上述国家安全审查要求外,交通类 App 企业还应结合《数据安全法》的相关规定做到基本的数据合规,以更加严格的标准收集、使用数据。各类法律法规不断出台,并严格规范了交通类 App 收集的必要信息,企业也应对照法律法规的要求及时修改企业的产品服务,在有限的数据下为客服提供更加优质的体验,在数据与服务间寻求新的平衡点。

第四节　汽车数据出境合规

一、汽车数据出境类型梳理

依据《数据安全法》的规定，关键信息基础设施的运营者在中华人民共和国境内运营中收集和产生的重要数据的出境和安全管理，应当适用《网络安全法》的规定；其他数据处理者在中华人民共和国境内运营中收集和产生的重要数据的出境安全管理，应当适用国家网信部门会同国务院有关部门制定的相关标准。

此外《汽车数据安全管理若干规定（试行）》第 11 条第 1 款规定：重要数据应当依法在境内存储，因业务需要确需向境外提供的，应当通过国家网信部门会同国务院有关部门组织的安全评估。未列入重要数据的涉及个人信息数据的出境安全管理，适用法律、行政法规的有关规定。

2021 年发布的《汽车采集数据处理安全指南》进一步细化了对汽车采集数据进行传输、存储和出境等的规定，对汽车数据出境进行了严格限制。《汽车采集数据处理安全指南》第 7.1 条规定："车外数据、座舱数据、位置轨迹数据不应出境；运行数据如需出境，应当通过国家网信部门组织开展的数据出境安全评估。"《汽车采集数据处理安全指南》第 4 条对"汽车采集数据"进行了定义，主要包括：

"车外数据"是指"通过摄像头、雷达等传感器从汽车外部环境采集的道路、建筑、地形、交通参与者等数据，以及对其进行加工后产生的数据"（车外数据可能包含人脸、车牌等个人信息以及车辆流量、物流等法律法规标准所规定的重要数据）；

"座舱数据"是指"通过摄像头、红外传感器、指纹传感器、麦克风等传感器从汽车座舱采集的数据，以及对其进行加工后产生的数据"（座舱数据可能包含驾驶员和乘员的人脸、声纹、指纹、心率等敏感个人信息，不包括对汽车采集数据处理产生的操控记录数据）；

"运行数据"是指"通过车速传感器、温度传感器、轴转速传感器、压力传感器等动力系统、底盘系统、车身系统、舒适系统等电子电气系统采集的数据"；

"位置轨迹数据"是指"基于卫星定位、通信网络等各种方式获取的汽车定位和途经路径相关的数据"。

结合《个人信息保护法》《网络安全法》《数据安全法》等法律及《汽车采集数据处理安全指南》《汽车数据安全管理若干规定（试行）》可知，对汽车主要数据出境，《汽车数据安全管理若干规定（试行）》第 12 条规定，汽车数据处理者向境外提供主要数据的，不得超出出境安全评估时明确的目的、范围、方式和数据各类、规模等。对汽车数据中的用户个人信息出境应根据《个人信息保护法》第 40 条规定，符合相关条件的情形下应可以传输。敏感个人信息中人脸、指纹、心率等敏感个人信息禁止出境；重要数据中禁止车辆流量、物流等法律法规标准所规定的重要数据出境。除上述三大类，车外数据、座舱数据、位置轨迹数据原则上不得出境，运行数据若需出境需要经过数据出境安全评估。

二、汽车数据出境合规建议

（一）对企业涉及数据进行分类分级

《数据安全法》与《个人信息保护法》要求数据进行分类分级，涉及汽车数据的相关规范性文件也对汽车数据的分类分级进行了具体规定。可以说分类分级是掌握重要数据及大量个人信息的汽车企业在数据合规上的必要做法，有助于企业提高在数据合规上的业务效率。

（二）建立汽车企业数据出境内部自评估制度

《数据出境安全评估办法》第5条规定："数据处理者在申报数据出境安全评估前，应当开展数据出境风险自评估，重点评估以下事项：（一）数据出境和境外接收方处理数据的目的、范围、方式等的合法性、正当性、必要性；（二）出境数据的规模、范围、种类、敏感程度，数据出境可能对国家安全、公共利益、个人或者组织合法权益带来的风险；（三）境外接收方承诺承担的责任义务，以及履行责任义务的管理和技术措施、能力等能否保障出境数据的安全；（四）数据出境中和出境后遭到篡改、破坏、泄露、丢失、转移或者被非法获取、非法利用等的风险，个人信息权益维护的渠道是否通畅等；（五）与境外接收方拟订立的数据出境相关合同或者其他具有法律效力的文件等（以下统称法律文件）是否充分约定了数据安全保护责任义务；（六）其他可能影响数据出境安全的事项。"

自评估制度是对所有可出境数据出境前的必要要求。车联网企业涉及的数据处理活动复杂、处理者多样，数据需求与车联网应用迅速增长，这些特点都要求车联网企业完善自己的安全评估制度，将评估作为企业数据出境的重要一环，且要根据未来出台的相关行业规范细则对自评估流程及时修改和调整。

（三）制定数据出境安全评估制度，做到一事一评估

《数据出境安全评估办法》第4条规定："数据处理者向境外提供数据，有下列情形之一的，应当通过所在地省级网信部门向国家网信部门申报数据出境安全评估：（一）数据处理者向境外提供重要数据；（二）关键信息基础设施运营者和处理100万人以上个人信息的数据处理者向境外提供个人信息；（三）自上年1月1日起累计向境外提供10万人个人信息或者1万人敏感个人信息的数据处理者向境外提供个人信息；（四）国家网信部门规定的其他需要申报数据出境安全评估的情形。"

对于安全评估的材料要求，该办法第6条规定："申报数据出境安全评估，应当提交以下材料：（一）申报书；（二）数据出境风险自评估报告；（三）数据处理者与境外接收方拟订立的法律文件；（四）安全评估工作需要的其他材料。"

依该办法第8条,围绕出境安全评估的重点评估对象包括:“(一)数据出境的目的、范围、方式等的合法性、正当性、必要性;(二)境外接收方所在国家或者地区的数据安全保护政策法规和网络安全环境对出境数据安全的影响;境外接收方的数据保护水平是否达到中华人民共和国法律、行政法规的规定和强制性国家标准的要求;(三)出境数据的规模、范围、种类、敏感程度,出境中和出境后遭到篡改、破坏、泄露、丢失、转移或者被非法获取、非法利用等的风险;(四)数据安全和个人信息权益是否能够得到充分有效保障;(五)数据处理者与境外接收方拟订立的法律文件中是否充分约定了数据安全保护责任义务;(六)遵守中国法律、行政法规、部门规章情况;(七)国家网信部门认为需要评估的其他事项。”

车联网企业是网络安全与数据合规的重点监管行业,企业需要达到的合规要求也比一般企业要高,依据《汽车数据安全管理若干规定(试行)》第13条的规定,汽车数据处理者开展重要数据处理活动,应当在每年12月15日前向省、自治区、直辖市网信部门和有关部门报送年度汽车数据安全管理情况。由此可以明确,车联网企业的数据出境安全评估将成为企业常态化年报工作的内容之一,企业应注意保存安全评估资料与记录,切实履行企业合规义务。

本章小结

●根据“谁主管、谁负责、谁运营、谁负责”的原则,车联网企业、车联网平台企业应根据相关部门的要求及标准做好对车联网数据的分类分级管理,并定期向所在省(区、市)的通信管理局、工业和信息化主管部门报备。

●在车联网用户个人信息合规处理的问题上,对个人一般信息,汽车企业应实施基本的技术和管理措施确保车联网用户个人信息访问控制安全;对个人重要信息,汽车企业应实施必要的技术和管理措施,保护用户的知情权和选择权,保护用户个人信息的机密性和完整性,确保用户个人信息访问控制安全,建立用户个人信息安全管理规范;对个人敏感信息,企业应实施严格的技术和管理措施,保护用户的知情权和选择权,保护用户个人信息的机密性和完整性,确保车联网用户个人信息访问控制安全,建立严格的用户个人信息安全管理规范以及数据实时监控机制。

●交通类App企业除应遵循国家安全审查要求外,还应结合《数据安全法》的相关规定做到基本的数据合规,以更加严格的标准收集、使用数据。

●对于汽车数据出境,企业应对数据进行分类分级,并严格遵守《数据出境安全评估办法》,建立合法合规的企业数据出境制度,做到事事评估。

第十二章　网络游戏企业数据合规

随着数字经济的发展,网络游戏逐渐成为人们市场娱乐消费的重要方式,《2022 年中国游戏产业报告》显示 2022 年中国移动游戏用户规模约达 6.54 亿人。① 游戏行业的发展推动其产业链条上的其他衍生产品,继而带来可观的消费规模。游戏产业规模逐年增长的同时隐藏了合规风险,近年来游戏合规事件频发也为网络游戏企业敲响了警钟。以实名制和未成年人防沉迷为典型对象的专项立法和整治活动开展得如火如荼。如何合规地处理个人信息,已成为网络游戏企业面对的重要课题。

第一节　网络游戏数据处理

一、网络游戏行业数据保护特点

在数据的收集和使用上,游戏行业相比其他互联网行业存在一定的特殊性,这些特点导致网络游戏企业在数据合规上面临更大挑战,具体来说,网络游戏行业的数据收集与使用呈现以下特点:

数据共享贯穿游戏发行与运营,数据收集渠道多样。在发行上,网络游戏的研发方与发行方可能是不同主体,关于游戏的更新、产品迭代、bug 处理等,需要发行方将游戏测试的相关数据与研发方共享,企业需要对该数据进行合规安排;在运营中,很多网络游戏会与第三方联运,该第三方可能不止一家,用户使用渠道账号进行注册,款项与用户个人数据也由渠道收

---

① 《2022 年中国游戏产业报告》,载微信公众号"文创宁波"2023 年 2 月 16 日,https://mp. weixin. qq. com/s/7pxmfSE1saaUxbOL-MkDSQ。

集,这些用户归属于渠道而非游戏企业本身,过程涉及 SDK 接入、评估、用户披露等问题。

游戏产品众多且复杂,待收集数据类型广泛。一家网络游戏企业旗下可能包含多款游戏,不同游戏因受众、玩法、侧重不同,对于个人信息数据收集的内容、范围也有所不同。在合规安排上,一个企业应针对不同类型的游戏进行个性化合规安排,妥善处理用户数据。

用户实名制进程不断加快,涉及敏感个人信息。实名制早在 2010 年 8 月 1 日实施的《网络游戏管理暂行办法》①就有所规定;2017 年 5 月 1 日原文化部《关于规范网络游戏运营加强事中事后监管工作的通知》施行,试图加强对注册实名制及未成年人游戏时间的监管;2021 年 6 月 1 日生效的《未成年人保护法》正式从法律层面上落实未成年人实名制规定,其第 75 条规定,网络游戏服务提供者应当要求未成年人以真实身份信息注册并登陆网络游戏。实名制过程包含未满 14 周岁的未成年人个人信息、人脸识别等个人敏感信息②的授权和合规问题。游戏企业应注意如何设计未成年人监护人同意方案及个人敏感数据的处理。

二、网络游戏违规处理数据的情形及处罚

(一)网络游戏违规处理用户个人信息的情形

目前,违法违规收集、使用数据的问题在网络游戏领域仍是屡见不鲜。违法违规收集用户信息主要集中在:未遵循知情同意原则、超范围收集、非必要收集、未提供申诉与退出渠道等方面。

网络游戏违规处理个人信息的情况包括但不限于③:

(1)缺少隐私政策或者隐私政策不便访问;

(2)缺少隐私政策用户阅读提示或隐私政策难以阅读;

(3)非明示手段默认用户同意隐私政策;

(4)未征得用户同意即收集用户信息;

---

① 已失效,失效原因:《文化和旅游部关于废止〈网络游戏管理暂行办法〉和〈旅游发展规划管理办法〉的决定》。

② 《个人信息保护法》第 28 条规定:"敏感个人信息是一旦泄露或者非法使用,容易导致自然人的人格尊严受到侵害或者人身、财产安全受到危害的个人信息,包括生物识别、宗教信仰、特定身份、医疗健康、金融账户、行踪轨迹等信息,以及不满十四周岁未成年人的个人信息。只有在具有特定的目的和充分的必要性,并采取严格保护措施的情形下,个人信息处理者方可处理敏感个人信息。"

③ 《〈游戏隐私与数据法律报告〉重磅发布,你所关心的游戏数据隐私问题在这里》,载微信公众号"诺诚游戏法"2020 年 12 月 30 日,https://mp. weixin. qq. com/s? src = 11&timestamp = 1683892382&ver = 4524&signature = Sfw1GzyBJ0VvRKksXinsTrUJj-0b * aUHgSwXWlEyLk1DTTcUh * 68OV201 * tv67dKAcUfv56dQCeYKgPJB9awhabcON6KBPKa1td1Xva1uIVThbky1gcrsFy1tdjjzFTt&new = 1。

(5)未明示收集用户信息的手段、内容和范围;

(6)收集用户信息的手段、内容和范围变化时,未尽到通知义务;

(7)在申请打开用户个人信息权限及收集敏感信息时,未同步告知用户其目的;

(8)超必要使用范围收集用户信息;

(9)超高频率收集用户信息;

(10)实际收集的信息内容、范围超过用户授权;

(11)用户撤销电话、位置权限授权,明确表示不同意收集该类个人信息后,仍通过后台收集用户通讯、位置信息等;

(12)用户不同意隐私政策则拒绝提供业务;

(13)未列明第三方 SDK 收集使用个人信息的目的、类型;

(14)未经过匿名化处理,通过 SDK 向第三方提供用户信息;

(15)未为投诉收集信息的用户提供申诉、投诉渠道;

(16)未提供有效的账号注销功能;

(17)限制用户注销账号。

(二)网络游戏违规收集数据处罚案例

2021 年 4 月 6 日,工信部通报了 60 款侵害用户权益且未按照工信部要求完成整改的 App。而工信部在当年 3 月 11 日公布的《关于侵害用户权益行为的 App 通报(2021 年第 3 批,总第 12 批)》显示,下架的游戏产品违规问题主要在于:(1)违规收集个人信息;(2)App 强制、频繁、过度索取权限;(3)违规使用个人信息。除工信部外,网信办、通信管理局、广东公安等也对网络游戏违规收集数据 App 进行了通报。部分通报内容见表 12 – 1。

表 12 – 1　网络游戏违规收集数据 App 通报内容

序号	部门	App 名称	违规问题
1	网信办	××西游	1. 在 App 中无法找到隐私政策 2. 未建立并公布个人信息安全投诉、举报渠道 3. 第三方 SDK 类未逐一列出嵌入的第三方 SDK 收集使用个人信息的目的、类型 4. 未提供有效的注销用户账号功能;未提供更正、删除个人信息及注销用户账号功能
2	工信部	宾果××	1. 私自收集个人数据 2. 超范围收集个人数据 3. 过度索取权限 4. 频繁申请权限 5. 账号注销难

续表

序号	部门	App 名称	违规问题
3	通信管理局	××安吉拉	1. App 未明确告知收集使用拍照权限的目的、方式、范围 2. 应用内集成多个可收集个人数据的第三方 SDK,且未在隐私政策逐一说明,也未说明是否向第三方共享信息
4	广东公安	××麻将	1. 超范围收集个人信息 2. 麦克风权限、短信权限不是应用必须权限且未在隐私政策声明,可录制音频、操作短信

三、现行数据处理规定对网络游戏企业的影响

现行数据处理的有关规定见表 12-2。

表 12-2 网络游戏行业数据合规问题法律法规梳理

序号	规范文件	内容
1	《数据安全法》	第 32 条第 1 款 任何组织、个人收集数据,应当采取合法、正当的方式,不得窃取或者以其他非法方式获取数据
2	《个人信息保护法》	第 5 条 处理个人信息应当遵循合法、正当、必要和诚信原则,不得通过误导、欺诈、胁迫等方式处理个人信息。 第 6 条 处理个人信息应当具有明确、合理的目的,并应当与处理目的直接相关,采取对个人权益影响最小的方式。 收集个人信息,应当限于实现处理目的的最小范围,不得过度收集个人信息。 第 7 条 处理个人信息应当遵循公开、透明原则,公开个人信息处理规则,明示处理的目的、方式和范围。
3	《常见类型移动互联网应用程序必要个人信息范围规定》	第 5 条 本规定所称必要个人信息,是指保障 App 基本功能服务正常运行所必需的个人信息,缺少该信息 App 即无法实现基本功能服务。具体是指消费侧用户个人信息,不包括服务供给侧用户个人信息。 第 6 条 App 不得因为用户不同意提供非必要个人信息,而拒绝用户使用其基本功能服务。 第 8 条第(十八)项 网络游戏类,基本功能服务为"提供网络游戏产品和服务",必要个人信息为:注册用户移动电话号码
4	《信息安全技术 个人信息安全规范》	附录 A.1"个人信息示例"及附录 B.1"个人敏感信息举例"。虚拟货币、虚拟交易等虚拟财产属于"个人财产信息",而"个人财产信息"属于"个人敏感信息"。因此对于虚拟货币、虚拟交易等信息的收集、使用时,应遵循个人敏感信息的规定

续表

序号	规范文件	内容
5	《信息安全技术　网络音视频服务数据安全要求》	10.“数据提供和公开”:网络音视频服务运营者在向第三方共享用户个人信息时,应遵循 GB/T 35273 - 2020 中 9.2 和 9.5 的要求。
6	《信息安全技术　个人信息告知同意指南》(征求意见稿)	附录 A(资料性附录)未成年人个人信息的告知同意 A.2.1　……核验未成年人身份的方式 2)……对于未成年人而言,有关游戏、社交以及教育等产品或服务是他们使用可能性较大的。此时宜采用验证强度较高的方式进行核验,例如要求个人信息主体输入生日信息(精确到年月日)、身份证号,或采取其他合理的方式进行身份验证,但上述措施不应超过必要限度(如不应要求未成年人上传其手持身份证的照片)

四、网络游戏数据收集范围合规建议

随着监管部门对游戏产品用户数据保护力度加大,网络游戏企业在数据收集上应做到以下几点:

(一)隐私政策合规

1. 制定合理的隐私政策,尊重用户权益。

2. 完善“同意 + 告知”流程。在用户首次注册时,应以显著方式提示用户阅读隐私政策,必要时可采取弹窗及阅读时间要求,帮助用户理解游戏企业数据收集范围。

3. 注册后,隐私政策应放在明示位置使用户易于访问。

4. 不得默认用户同意隐私政策。

5. 在用户同意隐私政策前,不私自收集用户个人信息或者后台隐秘修改用户系统权限。

6. 非必要不拒绝。除非是游戏运行必要的个人数据,否则不能因为用户拒绝或者撤回同意而拒绝为用户提供产品或服务。

(二)游戏用户数据收集范围合规

1. 遵循最小必要原则,仅收集与游戏业务功能直接有关的个人信息类型;

2. 在合理频率限度内收集用户个人信息,不得超频率收集,影响用户正常使用游戏软件;

3. 准确识别游戏内数据类别,如虚拟货币、虚拟交易等信息应遵循个人敏感信息的规定;

4. 对未成年人的数据收集应单独注意,如不得采用未成年人手持身份证件照片的方式进行验证;

5. 游戏企业所收集的个人信息不可永久保存,如果游戏产品停止运营、用户注销账号及数据已经满足法律规定的最短保存期限要求,就应及时主动地删除个人信息或者对个人信息进行匿名化处理。

(三)SDK 使用合规

1. 对于嵌入型第三方 SDK,应采用满足业务功能需要的最少数量。网络游戏企业向第三方 SDK 提供的个人信息应限于处理目的所必要的最小范围。

2. 在嵌入第三方 SDK 前,网络游戏企业应对 SDK 是否存在违法违规收集个人信息行为、个人信息出境行为进行评估。

3. 网络游戏企业应与第三方 SDK 明确双方的个人信息处理规则和保护责任,包括 SDK 收集个人信息的目的、方式、范围;申请的系统权限和申请目的;收集数据的保存期限以及停止嵌入后的数据处理方式;数据安全责任与保护措施;SDK 是否存在热更新机制;收集的数据是否向境外提供;是否有协助游戏企业回应用户数据请求的措施。

4. 网络游戏企业应向受影响用户告知嵌入第三方 SDK 的名称、收集数据的种类、使用目的及申请的系统权限等,并取得用户同意。

5. 网络游戏企业应对 SDK 申请使用权限进行审核,确保其申请权限具有合理的使用目的,并对 SDK 行为进行监督。

6. 如果第三方 SDK 存在热更新机制,网络游戏企业应当要求 SDK 在热更新推动前向企业告知热更新的具体内容及可能造成的影响;涉及收集用户数据内容上的变更,且应当一并告知游戏运营者。

7. 网络游戏企业停止使用第三方 SDK 时,应当及时从代码中移除该 SDK。

第二节　未成年人游戏流程合规

游戏企业在未成年人游戏流程中应注意以下几方面的合规要点,同时,在额外关注未成年人权益时,要更加注重对于儿童[①]权益的保护。

一、未成年人数据处理合规

(一)相关规定

游戏企业在未成年人领域数据合规的体系搭建应注意如下规定(见表 12-3):

---

① 指不满 14 周岁的未成年人。《个人信息保护法》第 28 条规定:"敏感个人信息是一旦泄露或者非法使用,容易导致自然人的人格尊严受到侵害或者人身、财产安全受到危害的个人信息,包括生物识别、宗教信仰、特定身份、医疗健康、金融账户、行踪轨迹等信息,以及不满十四周岁未成年人的个人信息。"

表 12－3　游戏企业未成年人领域数据合规相关规定

序号	规范文件	内容
1	《个人信息保护法》	重点关注第二章第二节“敏感个人信息的处理规则”
2	《未成年人保护法》	第 72 条　信息处理者通过网络处理未成年人个人信息的，应当遵循合法、正当和必要的原则。处理不满十四周岁未成年人个人信息的，应当征得未成年人的父母或者其他监护人同意，但法律、行政法规另有规定的除外。 未成年人、父母或者其他监护人要求信息处理者更正、删除未成年人个人信息的，信息处理者应当及时采取措施予以更正、删除，但法律、行政法规另有规定的除外。 第 73 条　网络服务提供者发现未成年人通过网络发布私密信息的，应当及时提示，并采取必要的保护措施
3	《儿童个人信息网络保护规定》	参见全文
4	《信息安全技术　个人信息告知同意指南》（征求意见稿）	附录 A：未成年人个人信息的告知同意

（二）合规建议

对未成年人数据处理合规上，网络游戏企业应做到：

1. 遵守本书第二编“数据合规基础制度”提出的企业数据合规一般规定；

2. 对于涉及处理未满 14 周岁的未成年人（儿童）个人信息的，网络游戏企业应当设置专门的儿童个人数据保护及用户协议并额外征得其父母或其他监护人的同意；

3. 网络游戏企业应当采取事前事后全方位措施保护未成年人，若发现未成年人在游戏内发布个人敏感信息，应当及时提示并采取必要的保护措施。

二、未成年人游戏设置合规

（一）相关规定

有关未成年人在游戏中相应设置，企业应注意如下规定（见表 12－4）：

表 12－4　未成年人游戏设置合规规定梳理

内容	规范文件
游戏算法推荐合规	《未成年人保护法》第 74 条　网络产品和服务提供者不得向未成年人提供诱导其沉迷的产品和服务。网络游戏、网络直播、网络音视频、网络社交等网络服务提供者应当针对未成年人使用其服务设置相应的时间管理、权限管理、消费管理等功能。以未成年人为服务对象的在线教育网络产品和服务，不得插入网络游戏链接，不得推送广告等与教学无关的信息
游戏实名制	《未成年人保护法》第 75 条第 2 款　国家建立统一的未成年人网络游戏电子身份认证系统。网络游戏服务提供者应当要求未成年人以真实身份信息注册并登录网络游戏
未成年人适龄提示	《未成年人保护法》第 75 条第 3 款　网络游戏服务提供者应当按照国家有关规定和标准，对游戏产品进行分类，作出适龄提示，并采取技术措施，不得让未成年人接触不适宜的游戏或者游戏功能
未成年人游戏防沉迷设置合规	《未成年人保护法》第 75 条第 4 款　网络游戏服务提供者不得在每日 22 时至次日 8 时向未成年人提供网络游戏服务。 《关于进一步严格管理切实防止未成年人沉迷网络游戏的通知》

（二）合规建议

1. 落实游戏实名制，在游戏用户注册登录时强制实名认证。

2. 落实防沉迷制度，网络游戏企业可推出家长系统或青少年模式，设置未成年人的上线时间、权限管理、消费额度等，严格落实每日 20 时及次日 8 时不向未成年人提供网络游戏服务的要求。

3. 在游戏登录窗口或用户协议告知中加入适龄提示。如“××荣耀”登录界面下方写明：适合年满 16 周岁以上的用户。针对适龄规定，网络游戏企业需要依据互联网协会颁布的详细团体标准加入自测并保存相关证据，做到适龄评估和适龄公示。

4. 网络游戏企业不得通过在线教育网络产品或服务插入游戏链接。

三、游戏内容合规及网络欺凌治理合规

（一）相关规定

此外，网络欺凌现象频出，游戏企业还应在内容和欺凌治理上搭建相应的合规体系。规定梳理如下（见表 12－5）。

表 12－5　游戏内容及网络欺凌合规规范梳理

内容	规范文件
游戏内容合规	《未成年人保护法》第 80 条　网络服务提供者发现用户发布、传播可能影响未成年人身心健康的信息且未作显著提示的,应当作出提示或者通知用户予以提示;未作出提示的,不得传输相关信息。网络服务提供者发现用户发布、传播含有危害未成年人身心健康内容的信息的,应当立即停止传输相关信息,采取删除、屏蔽、断开链接等处置措施,保存有关记录,并向网信、公安等部门报告。网络服务提供者发现用户利用其网络服务对未成年人实施违法犯罪行为的,应当立即停止向该用户提供网络服务,保存有关记录,并向公安机关报告
网络欺凌治理	《未成年人保护法》第 77 条第 2 款　遭受网络欺凌的未成年人及其父母或者其他监护人有权通知网络服务提供者采取删除、屏蔽、断开链接等措施。网络服务提供者接到通知后,应当及时采取必要的措施制止网络欺凌行为,防止信息扩散
建立投诉、举报通道	《未成年人保护法》第 78 条　网络产品和服务提供者应当建立便捷、合理、有效的投诉和举报渠道,公开投诉、举报方式等信息,及时受理并处理涉及未成年人的投诉、举报

(二)合规建议

1. 针对网络欺凌行为及不良信息,网络游戏企业有提示、删除、屏蔽、断开不良信息的义务。

2. 如果用户利用网络游戏对未成年人实施违法犯罪行为,网络游戏企业还应当立即停止向该用户提供网络服务,并负有向公安机关报告的义务。

3. 网络游戏企业应当依法依规设立客服专区或投诉渠道,及时处理涉及未成年人的投诉、举报。

随着《未成年人保护法》《个人信息保护法》等法律法规及实名制、防沉迷通知等专项政策出台,从网络游戏角度保护未成年人身心健康逐渐被提上日程。在相关要求日趋严格的大背景下,有关部门的监管范围不断拓宽,网络游戏企业更应注重对未成年人保护的合规建设,从各方面完善未成年人保护机制。

第三节　游戏数据出境合规

部分网络游戏企业存在海外业务,应注意是否存在数据出境情况。游戏数据出境合规内容主要包括数据出境认定、出境安全评估、个人信息保护要求、当地合规要求这四个方面。

具体内容应参见《数据安全法》第 31 条、第 36 条及《数据出境安全评估办法》。网络游戏企业应根据相关规定做好数据出境判断、游戏数据出境安全评估及自评估。除上述规定外，企业还应根据游戏数据中的个人信息及出境国家要求，做好数据出境环节合规。

一、个人信息保护要求

（一）合规要点

1. 进行安全评估。若网络游戏企业为关键信息基础设施运营者或者处理个人信息达到国家网信部门规定数量的个人信息处理者（见《数据出境安全评估办法》），则应当将在中华人民共和国境内收集和产生的个人信息存储在境内。若确需向境外提供的，应当按照国家网信部门会同国务院有关部门制定的办法进行安全评估；法律、行政法规另有规定的从其规定。

2. 个人信息保护认证。网络游戏企业应按照国家网信部门的规定经专业机构进行个人信息保护认证。

3. 采用标准合同。网络游戏企业应按照国家网信部门制定的标准合同与境外接收方订立合同，约定双方的权利和义务。

4. 保证接收方数据合规。网络游戏企业应采取必要措施以保障境外接收方处理个人信息的活动达到本法规定的个人信息保护标准。

5. 及时告知。网络游戏企业应向个人告知境外接收方的名称或者姓名、联系方式、处理目的、处理方式、个人信息的种类以及个人向境外接收方行使本法规定权利的方式和程序等事项。

6. 网络游戏企业应取得个人的单独同意。

（二）法规依据

在游戏数据出境合规中，企业应注意如下规定（见表12－6）：

表12－6　游戏数据出境合规规范梳理

序号	规范文件	内容
1	《个人信息保护法》	第38条　个人信息处理者因业务等需要，确需向中华人民共和国境外提供个人信息的，应当具备下列条件之一： （1）依照本法第40条的规定通过国家网信部门组织的安全评估； （2）按照国家网信部门的规定经专业机构进行个人信息保护认证； （3）按照国家网信部门制定的标准合同与境外接收方订立合同，约定双方的权利和义务； （4）法律、行政法规或者国家网信部门规定的其他条件。 中华人民共和国缔结或者参加的国际条约、协定对向中华人民共和国境外提供个人信息的条件等有规定的，可以按照其规定执行。

续表

序号	规范文件	内容
		个人信息处理者应当采取必要措施，保障境外接收方处理个人信息的活动达到本法规定的个人信息保护标准。 第 39 条　个人信息处理者向中华人民共和国境外提供个人信息的，应当向个人告知境外接收方的名称或者姓名、联系方式、处理目的、处理方式、个人信息的种类以及个人向境外接收方行使本法规定权利的方式和程序等事项，并取得个人的单独同意。 第 40 条　关键信息基础设施运营者和处理个人信息达到国家网信部门规定数量的个人信息处理者，应当将在中华人民共和国境内收集和产生的个人信息存储在境内。确需向境外提供的，应当通过国家网信部门组织的安全评估；法律、行政法规和国家网信部门规定可以不进行安全评估的，从其规定
2	《数据出境安全评估办法》	第 4 条　数据处理者向境外提供数据，有下列情形之一的，应当通过所在地省级网信部门向国家网信部门申报数据出境安全评估： （1）数据处理者向境外提供重要数据； （2）关键信息基础设施运营者和处理 100 万人以上个人信息的数据处理者向境外提供个人信息； （3）自上年 1 月 1 日起累计向境外提供 10 万人个人信息或者 1 万人敏感个人信息的数据处理者向境外提供个人信息； （4）国家网信部门规定的其他需要申报数据出境安全评估的情形

《个人信息保护法》对个人信息的出境规定了严格的评估、审批条件。个人数据出境也应取得个人的单独同意。因此，对于需要进行数据出境的网络游戏企业来说，其既要履行行政程序、取得用户个人单独同意。同时对于出境的数据，网络游戏企业需要承担更重的保护责任。

二、当地（境外）合规要求

存在境外业务的网络游戏企业也应注意该网络游戏是否满足当地的数据合规和保护要求。在法律法规的查找上应当重点注意当地涉及数据保护、个人信息保护的法律法规，网络游戏行业主管部门颁发的规范性文件，当地游戏行业、游戏协会发布的文件等。

本 章 小 结

●网络游戏企业在数据处理上应做到隐私政策合规、游戏用户数据收集范围合规及 SDK 使用合规。

●网络游戏企业除应遵循本书第二编提到的企业数据合规一般规定外，涉及处理未满 14 周岁的未成年人(儿童)个人信息的,还应设置专门的儿童个人数据保护及用户协议并额外征得其父母或其他监护人的同意。

●网络游戏企业应当采取事前事中事后全方位措施保护未成年人,若发现未成年人在游戏内发布个人敏感信息,应当及时提示并采取必要的保护措施。

●网络游戏企业应注意建立游戏实名制及未成年人防沉迷制度,在游戏登录窗口或用户协议告知中加入适龄提示且不得通过在线教育网络产品或服务插入游戏链接。

●针对网络欺凌行为或者不良信息,网络游戏企业有提示、删除、屏蔽、断开不良信息的义务。如果用户利用网络游戏对未成年人实施违法犯罪行为,网络游戏企业还应当立即停止向该用户提供网络服务,并负有向公安机关报告的义务。网络游戏企业应当依法依规设立客服专区或投诉渠道,及时处理涉及未成年人的投诉、举报。

●游戏数据出境应参见《数据安全法》第 31 条、第 36 条及《数据出境安全评估办法》,网络游戏企业应根据规定做好数据出境判断、游戏数据出境安全评估及自评估。除上述规定外,网络游戏企业还应根据游戏数据中的个人信息及出境国家要求,做好数据出境环节合规。

第十三章　医疗健康企业数据合规

在全球数字经济的大背景下，数据无疑成为当前最具价值的生产要素之一，医疗数据也不例外。我国医疗机构数量已达百万级，由于医疗行业的特殊性与敏感性，其数据安全和个人信息保护的合规程度更高，这也对医疗健康企业的数据合规也提出了更高要求。健康医疗数据的概念由《国家健康医疗大数据标准、安全和服务管理办法（试行）》以及《信息安全技术　健康医疗数据安全指南》提出，是对医疗健康企业数据的整合与概括。在此背景下，医疗健康企业如何做到数据合规，如何搭建完善的数据合规体系实属当务之急。

第一节　健康医疗数据的分类分级

"健康医疗数据"在《信息安全技术　健康医疗数据安全指南》出台前并无明确定义，散见于《信息安全技术　个人信息安全规范》《人口健康信息管理办法（试行）》等文件中。《信息安全技术　健康医疗数据安全指南》出台后，"个人健康医疗数据"被明确定义为"单独或者与其他信息结合后能够识别特定自然人或者反映特定自然人生理或心理健康的相关电子数据"。

《信息安全技术　健康医疗数据安全指南》的出台是为解决新时代对健康医疗数据的监管问题，以保证个人信息安全与社会公共利益需要。文章分为十一个部分，详细阐述了医疗数据的分类体系、使用披露要点、安全措施、安全管理指南、安全技术指南等。其适用主体主要为"能够决定健康医疗数据处理目的、方式及范围等的组织或个人"。

分类分级上,《信息安全技术　健康医疗数据安全指南》也给出了明确的范围及使用标准。分类上,《信息安全技术　健康医疗数据安全指南》第6部分结合数据本身内容,将健康数据分为6个类别,并在每个分类下给出具体范围,方便医疗机构细化数据;分级上,《信息安全技术　健康医疗数据安全指南》结合当前的数据分级标准,根据数据的重要程度、风险类别进行分级。具体内容如下:

一、健康医疗数据分类要点

(一)相关规定

《信息安全技术　健康医疗数据安全指南》对健康医疗数据进行了分类,并给出了涵盖范围,详见表13-1。

表13-1　健康医疗数据分类概况

序号	数据类别	范围
1	个人属性数据	(1)人口统计信息,包括姓名、出生日期、性别、民族、国籍、职业、住址、工作单位、家庭成员信息、联系人信息、收入、婚姻状态等; (2)个人身份信息,包括姓名、身份证、工作证、居住证、社保卡、可识别个人的影像图像、健康卡号、住院号、各类检查检验相关单号等; (3)个人通讯信息,包括个人电话号码、邮箱、账号及关联信息等; (4)个人生物识别信息,包括基因、指纹、声纹、掌纹、耳廓、虹膜、面部特征等; (5)个人健康监测传感设备ID等
2	健康状况数据	主诉、现病史、既往病史、体格检查(体征)、家族史、症状、检验检查数据、遗传咨询数据、可穿戴设备采集的健康相关数据、生活方式、基因测序、转录产物测序、蛋白质分析测定、代谢小分子检测、人体微生物检测等
3	医疗应用数据	门(急)诊病历、住院医嘱、检查检验报告、用药信息、病程记录、手术记录、麻醉记录、输血记录、护理记录、入院记录、出院小结、转诊(院)记录、知情告知信息等
4	医疗支付数据	(1)医疗交易信息,包括医保支付信息、交易金额、交易记录等; (2)保险信息,包括保险状态、保险金额等
5	卫生资源数据	医院基本数据、医院运营数据等
6	公共卫生数据	环境卫生数据、传染病疫情数据、疾病监测数据、疾病预防数据、出生死亡数据等

(二)合规建议

企业应严格遵从《信息安全技术　健康医疗数据安全指南》要求,对医疗数据进行识别并按照内容进行分类。由于《信息安全技术　健康医疗数据安全指南》属于国家标准并非法律法规,企业也应及时注意有关健康医疗数据的法律法规出台,并根据其内容及时调整医疗数据归类。做好数据分类,是搭建健康医疗企业合规体系的基础。

二、健康医疗数据分级要点

(一)相关规定

《信息安全技术　健康医疗数据安全指南》不仅对健康医疗数据予以分类,而且对其分级,详见表13－2。

表13－2　健康医疗数据分级要点

级别	定义	举例	使用
第1级	可完全公开使用的数据	医院名称、地址、电话等	可直接在互联网上面向公众公开
第2级	可在较大范围内供访问使用的数据	不能标识个人身份的数据	各科室医生经过申请审批可以用于研究分析
第3级	可在中等范围内供访问使用的数据	经过部分去标识化处理,但仍可能重标识的数据	仅限于获得授权的项目组范围内使用
第4级	在较小范围内供访问使用的数据	可以直接标识个人身份的数据	仅限于相关医护人员访问使用
第5级	仅在极小范围内且在严格限制条件下供访问使用的数据	特殊病种(艾滋病、性病)的详细资料	仅限于主治医护人员访问且需要进行严格管控

(二)合规建议

《信息安全技术　健康医疗数据安全指南》根据不同级别的数据的特点、使用场合、特征等予以公开应考虑的因素作出了详细规定,可供企业参考,详见表13－3。

表13－3　健康医疗数据合规建议

数据分级	分级依据	数据特点	适用场合	适用场景举例	是否公开的考虑因素
第1级	可以公开的数据	业务要求:可公开发布 数据内容:某些统计值 数据接收与使用者:大众	公告	需要公众了解,例如剩余床位信息、剩余可就诊号源信息	是否可公开需要评审

续表

数据分级	分级依据	数据特点	适用场合	适用场景举例	是否公开的考虑因素
第 2 级	对公共卫生利益造成损害	业务要求：不需要识别个人 数据内容：一般人口信息、各类医疗、卫生服务信息 数据接收与使用者：科研教育等人员	管理、研究、教育与统计分析	例如病例分析、各类病种分布统计、流行病研究、疾病队列研究等 场景举例：临床研究、医学健康教育、药品/医疗器械研发	宜进行去标识化处理，通过协议或领地公开共享模式管控，宜确保数据的完整性和真实性
第 3 级	会对患者和医务人员的工作和生活造成影响	业务要求：服务对象个人可识别，周边人不易识别 数据内容：部分个人可识别信息或代码，与其他信息内容分离，例如张××、排队序号等 数据接收与使用者：局部小范围人群	服务对象告知	在公开场合通知服务对象，例如门诊叫号、检查叫号、体检服务叫号等	个人信息需部分遮蔽，环境与接收人数量受到限制
第 4 级	对机构的权益造成损害	业务要求：必须准确识别个人 数据内容：包含完整准确的个人健康医疗数据 数据接收与使用者：比较小范围人员、有审计、有保护隐私义务	个性化服务与管理	针对个人的医疗服务、卫生健康服务，传染病管控、基因组测序等 场景举例：医院互联互通、远程医疗、健康传感数据管理、移动应用、商保对接	由于涉及个人标识信息，环境与接收人宜严格管控，宜高标准保证数据完整性和可用性
第 5 级	对公共卫生利益造成损害	业务要求：特殊疾病诊疗所必需 数据内容：特殊病种详细资料 数据接收与使用者：极小范围人员、有审计、有保密义务	特殊疾病诊疗	疾病极其敏感，比如艾滋病等	严格的身份鉴别、访问控制等措施

第二节　健康医疗数据处理合规

健康医疗数据主体众多、场景复杂，这也决定了健康医疗数据的合规与治理构建相对复杂。

根据《信息安全技术　健康医疗数据安全指南》6－3 相关角色，多方包括：

健康医疗数据控制者（以下简称控制者）：能够决定健康医疗数据处理目的、方式及范围等的组织或个人。包括提供健康医疗服务的组织、医保机构、政府机构、健康医疗科学研究机构、个体诊所等，其以电子形式传输或处理健康医疗数据。

健康医疗数据处理者（以下简称处理者）：代表控制者采集、传输、存储、使用、处理或披露其掌握的健康医疗数据，或为控制者提供涉及健康医疗数据的使用、处理或者披露服务的相关组织或个人。常见的处理者有：健康医疗信息系统供应商、健康医疗数据分析公司、辅助诊疗解决方案供应商等。

健康医疗数据使用者（以下简称使用者）：针对特定数据的特定场景，不属于主体，也不属于控制者和处理者，但对健康医疗数据进行利用的相关组织或个人。

场景复杂是指健康医疗数据不仅在处理过程上有采集、传输、使用、存储四阶段，在流通使用场景上还包括六种：主体和控制者之间的数据流通使用、控制者和健康医疗数据来源主体之间的数据流通使用；控制者内部数据流通使用；控制者和处理者之间的数据流通使用；控制者间数据流通使用；控制者和使用者之间的数据流通使用。

针对健康医疗数据合规，企业应首先捋清数据处理过程与使用场景，明确自身在医疗数据处理过程中所处阶段，再根据阶段识别企业所属身份，落实合规要求。

一、健康医疗数据处理合规原则

1. 合法、正当原则

数据处理者收集个人信息时，应当遵循合法、正当原则，遵循知情同意原则，不得违反法律、行政法规的规定和双方的约定，收集、使用个人信息，并应当依照法律、行政法规的规定和与用户的约定，处理其保存的个人信息。

2. 数据收集范围的最小必要原则

数据处理者在收集数据时，应当遵循必要原则，不得收集与其提供的服务无关的个人信息。《人口健康信息管理办法（试行）》第 8 条规定，责任单位应当按照“一数一源、最少够用”的原则采集人口健康信息，所采集的信息应当符合业务应用和管理要求，保证服务和管理对象在本单位信息系统中身份标识的唯一性，基本数据项的一致性，所采集的信息应当严格实行信息复核程序，避免重复采集、多头采集。

3. 数据主体的明示授权原则及例外情形

《信息安全技术　健康医疗数据安全指南》第7部分“使用披露要求”规定，使用或披露个人健康医疗数据时，应获得主体的个人授权；所有授权应使用通俗易懂的语言，并且包含有关要披露或使用的数据内容、数据的接收方、数据的用途以及使用方式、数据使用期限、数据主体权利以及控制者采取的保护措施等具体信息。使用或披露个人健康医疗数据不能超出个人授权范围。因业务需要，确需超出范围使用的，应再次征得主体同意。

例外情形是指，“控制者在没有获得主体的授权时，在以下情况可以使用或披露相应个人健康医疗数据：(1)向主体提供其本人健康医疗数据；(2)治疗、支付或保健护理时；(3)涉及公共利益或法律法规要求时；(4)用于科学研究、医学/健康教育、公共卫生或医疗保健操作目的的受限制数据集；在上述情况下，控制者可依靠法律法规要求、职业道德、伦理和专业判断来确定哪些个人健康医疗数据允许被使用或披露。”

4. 建立完善的组织保障体系原则

《信息安全技术　健康医疗数据安全指南》第9部分详细介绍了医疗健康企业宜建立完善的组织保障体系，组织架构中至少包括健康医疗数据安全委员会和健康医疗数据安全工作办公室，且对健康医疗数据安全委员会和健康医疗数据安全工作办公室的组织架构、工作职责、日常安排做了详细介绍。医疗健康企业可参照《信息安全技术　健康医疗数据安全指南》的相关规定，对内部健康医疗数据合规体系进行相应的完善。

二、健康医疗数据处理合规建议

《信息安全技术　健康医疗数据安全指南》以健康医疗数据的使用场景为基础，对健康医疗数据不同处理环节的合规要点作出了详细规定，可供医疗健康企业参考，详见表13－4。

表13－4　健康医疗数据处理合规建议

场景分类	合规环节	合规要点	场景与用户举例
主体—控制者间数据流通	采集安全	控制者：采集数据知情同意	场景举例：医生调阅、健康传感、移动应用 主体：个人 控制者：医疗机构、科研机构、医保机构、商业保险公司、健康服务企业
	传输安全	控制者：加密、存储介质管控	
	存储安全	控制者：境内存储、加密、分类分级、去标识化、备份恢复、存储介质管控	

续表

场景分类	合规环节	合规要点	场景与用户举例
控制者—主体间数据流通	传输安全	控制者：加密、存储介质管控	场景举例：患者查询 主体：个人 控制者：医疗机构
	使用安全	控制者：身份鉴别、访问控制、敏感数据控制	
控制者内部数据使用	收集安全	控制者：收集数据知情同意、审批	场景举例：内部数据使用 控制者：医疗机构
	处理安全	处理者：去标识化、权限管理、质量管理、元数据管理	
	使用安全	控制者：审批授权、身份鉴别、访问控制、审计	
	存储安全	控制者：境内存储、加密、分类分级、去标识化、备份恢复、存储介质管控	
控制者—处理者间数据流通	传输安全	控制者：传输前的审查、评估、授权；加密、审计、流量控制、存储介质管控 处理者：数据传输加密、传输方式控制	场景举例：医疗器械维护 控制者：医疗机构、政府机构 处理者：科研机构、健康医疗信息服务企业、医疗器械厂商
	处理安全	处理者：去标识化、权限管理、质量管理、元数据管理、审计	
	存储安全	控制者：境内存储、加密、分类分级、去标识化、备份恢复、存储介质管控、管理处理者数据存储过程 处理者：境内存储、加密、分类分级、去标识化、备份恢复、存储介质管控、销毁机制	
控制者间数据流通	传输安全	控制者：对接安全、加密、审计、流量控制、存储介质管控	场景举例：互联互通；远程医疗 控制者：政府机构、医疗机构、医保机构
	使用安全	控制者：审批授权、身份鉴别、访问控制、审计	
	存储安全	控制者：境内存储、加密、分类分级、去标识化、备份恢复、存储介质管控、销毁机制	

续表

场景分类	合规环节	合规要点	场景与用户举例
控制者—使用者间数据流通	传输安全	控制者：传输前的审查、评估、授权；加密、审计、流量控制、存储介质管控	场景举例：商保对接、临床研究、二次利用 控制者：医疗机构 使用者：商业保险公司、科研机构
	使用安全	使用者：审批授权、身份鉴别、访问控制、审计	
	存储安全	控制者：境内存储、加密、分类分级、去标识化、备份恢复、存储介质管控、管理使用者数据存储过程 使用者：境内存储、加密、分类分级、去标识化、备份恢复、存储介质管控、销毁机制	

此外，健康医疗数据作为新产业，优化了新时代健康服务模式。但在国家日益重视个人信息、个人隐私和数据安全的大背景下，医疗健康企业在数据合规上面临新的挑战。相关企业，尤其是拟上市企业，应加强企业健康医疗数据全周期合规管理，由专门部门落实各阶段各场景的合规要点，保障企业在安全、合规的背景下实现高速成长。

第三节　健康医疗数据出境合规要求

健康医疗数据的出境合规在法律法规层面上并没有统一规定，同一数据主体收集到的健康医疗数据可能同时符合多种法规、多个部门的监管条件，为医疗健康企业的合规工作增添较大难度。实务操作中，健康医疗数据的合规工作会根据数据内容适用不同的法律法规。

一、个人敏感数据出境合规

健康医疗数据中大部分涉及患者个人信息，根据《个人信息保护法》的规定，个人信息出境应当做到告知信息主体本人并取得个人的单独同意，同时出境方应做好对个人信息保护影响的评估，具体内容如下。

（一）知情同意原则

《个人信息保护法》第 39 条规定，个人信息处理者向中华人民共和国境外提供个人信息的，应当向个人告知境外接收方的名称或者姓名、联系方式、处理目的、处理方式、个人信息的种类以及个人向境外接收方行使本法规定权利的方式和程序等事项，并取得个人的单独同意。

(二)个人信息保护影响评估

《个人信息保护法》第55条规定,有下列情形之一的,个人信息处理者应当事前进行个人信息保护影响评估,并对处理情况进行记录:(1)处理敏感个人信息;(2)利用个人信息进行自动化决策;(3)委托处理个人信息、向其他个人信息处理者提供个人信息、公开个人信息;(4)向境外提供个人信息;(5)其他对个人权益有重大影响的个人信息处理活动。

评估内容参照该法第56条第1款的规定,个人信息保护影响评估应当包括下列内容:(1)个人信息的处理目的、处理方式等是否合法、正当、必要;(2)对个人权益的影响及安全风险;(3)所采取的保护措施是否合法、有效并与风险程度相适应。

二、健康医疗数据分类分级出境合规

(一)重要数据出境

1. 重要数据

“重要数据”的概念由《网络安全法》首次提出,《数据安全法》中再次指出要加强重要数据的保护。2021年1月15日公示的《信息安全技术　重要数据识别指南(征求意见稿)》明确重要数据的识别方法,在数据范围上指出重要数据与经济运行、人口和健康、政务数据等有关。

根据《数据安全法》的规定,在重要数据的出境识别中,其出境应区分数据处理者的主体——关键信息基础设施的运营者①在我国境内运营中收集和产生的重要数据出境安全管理,适用《网络安全法》的规定;其他数据处理者在我国境内运营中收集和产生的重要数据的出境安全管理办法,由国家网信部门会同国务院有关部门制定。《信息安全技术　重要数据识别指南(征求意见稿)》写明,重要数据的内容范围上不包括个人信息,但由海量个人信息形成了衍生数据,该衍生数据有可能属于重要数据。当个人信息与重要数据存在重合时,应同时遵循个人信息与重要数据的出境要求。

2. 人类遗传资源

在重要数据中,最值得注意的是人类遗传资源。人类遗传资源信息是数据重要的一部分。《中华人民共和国生物安全法》与《人类遗传资源管理条例》明确定义,人类遗传资源,包括人类遗传资源材料和人类遗传资源信息。人类遗传资源材料是指含有人体基因组、基因等遗传物质的器官、组织、细胞等遗传材料。人类遗传资源信息是指利用人类遗传资源材料产生的数据等信息资料。

---

① 《关键信息基础设施安全保护条例》第2条规定:“本条例所称关键信息基础设施,是指公共通信和信息服务、能源、交通、水利、金融、公共服务、电子政务、国防科技工业等重要行业和领域的,以及其他一旦遭到破坏、丧失功能或者数据泄露,可能严重危害国家安全、国计民生、公共利益的重要网络设施、信息系统等。”

近年来,人类遗传资源非法外流情况严重。2020 年百时美施贵宝(中国)投资有限公司、爱恩康临床医学研究(北京)有限公司在国际合作活动中,就存在违规获得中国人类遗传资源收集活动行政许可的情形。对其处罚结果为“自本决定书送达之日起停止受理施贵宝涉及我国人类遗传资源国际合作活动申请六个月”。

人类遗传自愿原则上不能跨境运输,但存在例外情况。《人类遗传资源管理条例》规定,在国际合作科学研究的情况下可以跨境运输,但需经过国务院科学技术行政部门批准。利用我国人类遗传资源开展国际合作科学研究,需要将我国人类遗传资源材料运送、邮寄、携带出境的,可以单独提出申请,也可以在开展国际合作科学研究申请中列明出境计划一并提出申请,由国务院科学技术行政部门合并审批。此外,利用我国的人类遗传资源信息须“不得危害我国公众健康、国家安全和社会公共利益;可能影响我国公众健康、国家安全和社会公共利益的,应当通过国务院科学技术行政部门组织的安全审查”。

涉及人类遗传资源的健康医疗数据,医疗健康企业应尤为注意。该数据的跨境运输涉及刑事处罚,因此应尽量避免有关人口健康信息和人类遗传资源的健康医疗数据出境。

(二)非重要数据出境

健康医疗数据出境的合规领域还涉及其他非重要数据,如普通诊疗机构由于不属于关键信息基础设施的运营者,其产生的健康医疗数据多为一般数据。

非重要数据出境,医疗健康企业首先应当按照《信息安全技术　健康医疗数据安全指南》的规定做好安全评估。此外,医疗健康企业在合规问题上还应注意非重要数据的出境数量,《信息安全技术　健康医疗数据安全指南》规定,因学术研讨需要,向境外提供相应数据的,在进行必要的去标识化处理后,经过数据安全委员会讨论审批同意,数量在 250 条以内的非涉密非重要数据可以提供,否则应提请相关部门审批;不涉及国家秘密且不属于重要数据的,经主体授权同意,并经数据安全委员会讨论审批同意,控制者可向境外目的地提供个人健康医疗数据,但累计数量应控制在 250 条以内。

三、健康医疗数据出境合规具体要求

(一)数据出境相关行政程序规定

1. 自评估

《数据出境安全评估办法》第 5 条规定,数据处理者在申报数据出境安全评估前,应当开展数据出境风险自评估,重点评估以下事项:(1)数据出境和境外接收方处理数据的目的、范围、方式等的合法性、正当性、必要性;(2)出境数据的规模、范围、种类、敏感程度,数据出境可能对国家安全、公共利益、个人或者组织合法权益带来的风险;(3)境外接收方承诺承担的责任义务,以及履行责任义务的管理和技术措施、能力等能否保障出境数据的安全;(4)数据出境中和出境后遭到篡改、破坏、泄露、丢失、转移或者被非法获取、非法利用等的风险,个人信息权益维护的渠道是否通畅等;(5)与境外接收方拟订立的数据出境相关合同或者其他具有法律效力的文件等(以下统称法律文件)是否充分约定了数据安全保护责任义务;(6)其他可能影响数据出境安全的事项。

2. 安全评估

《数据出境安全评估办法》第4条规定:"数据处理者向境外提供数据,有下列情形之一的,应当通过所在地省级网信部门向国家网信部门申报数据出境安全评估:(一)数据处理者向境外提供重要数据;(二)关键信息基础设施运营者和处理100万人以上个人信息的数据处理者向境外提供个人信息;(三)自上年1月1日起累计向境外提供10万人个人信息或者1万人敏感个人信息的数据处理者向境外提供个人信息;(四)国家网信部门规定的其他需要申报数据出境安全评估的情形。"

对于安全评估的材料要求,该办法第6条规定:"申报数据出境安全评估,应当提交以下材料:(一)申报书;(二)数据出境风险自评估报告;(三)数据处理者与境外接收方拟订立的法律文件;(四)安全评估工作需要的其他材料。"

围绕出境安全评估的重点评估对象包括:(1)数据出境的目的、范围、方式等的合法性、正当性、必要性;(2)境外接收方所在国家或者地区的数据安全保护政策法规和网络安全环境对出境数据安全的影响;境外接收方的数据保护水平是否达到我国法律、行政法规的规定和强制性国家标准的要求;(3)出境数据的数量、范围、种类、敏感程度,出境中和出境后遭到篡改、破坏、泄露、丢失、转移或者被非法获取、非法利用等的风险;(4)数据安全和个人信息权益是否能够得到充分有效保障;(5)数据处理者与境外接收方拟订立的法律文件中是否充分约定了数据安全保护责任义务;(6)遵守中国法律、行政法规、部门规章情况;(7)国家网信部门认为需要评估的其他事项。

3. 重新评估

重新评估,是指数据出境评估结果有效期为二年,在有效期内出现以下情形之一的,数据处理者应当重新申报评估:(1)向境外提供数据的目的、方式、范围、种类和境外接收方处理数据的用途、方式发生变化影响出境数据安全的,或者延长个人信息和重要数据境外保存期限的;(2)境外接收方所在国家或者地区数据安全保护政策法规和网络环境发生变化以及发生其他不可抗力情形、数据处理者或者境外接收方实际控制权发生变化、数据处理者与境外接收方法律文件变更等影响出境数据安全的;(3)出现影响出境数据安全的其他情形。

4. 企业须承担的其他义务

数据处理者与境外接收方订立的合同充分约定的数据安全保护责任义务,应当包括但不限于以下内容:(1)数据出境的目的、方式和数据范围,境外接收方处理数据的用途、方式等;(2)数据在境外保存地点、期限,以及达到保存期限、完成约定目的或者合同终止后出境数据的处理措施;(3)限制境外接收方将出境数据再转移给其他组织、个人的约束条款;(4)境外接收方在实际控制权或者经营范围发生实质性变化,或者所在国家、地区法律环境发生变化导致难以保障数据安全时,应当采取的安全措施;(5)违反数据安全保护义务的违约责任和具有约束力且可执行的争议解决条款;(6)发生数据泄露等风险时,妥善开展应急处置,并保障个人维护个人信息权益的通畅渠道。

(二)健康医疗数据出境合规启示

1. 履行数据出境前的各项合规义务

医疗健康企业在数据出境前应明确自身数据出境计划与出境方案,尤其需要明确健康医疗数据的存储地,根据《数据出境安全评估办法》及《数据安全法》的相关规定积极展开自评估与安全评估,遵守相关文件的规定。此外,医疗健康企业应了解数据接收方所在国家或地区的数据保护政策,调查境外接收方对健康医疗数据的保护能力,可以《数据出境安全评估办法》第9条为参照,在与境外接收方的合同中约定数据处理目的、方式、安全措施及数据安全保护责任分配等内容。

2. 落实健康医疗数据出境后的安全评估并持续关注

对于出境后的健康医疗数据,医疗健康企业应当确保出境数据严格落实安全评估材料内容,实时跟进接收方所在地的相关法律法规变化,约定数据接收方对政策变更的告知义务及相应违约责任。

本章小结

●在健康医疗数据合规问题中,企业应严格参照《信息安全技术　健康医疗数据安全指南》,做好健康医疗数据的分类分级工作。

●健康医疗数据作为新产业,优化了新时代健康服务模式,但在国家日益重视个人信息和数据安全的大背景下,医疗健康企业在数据合规上面临新的挑战。相关企业,尤其是拟上市企业,应加强企业健康医疗数据全周期合规管理,由专门部门落实各阶段各场景的合规要点。

●在健康医疗数据出境合规中,医疗健康企业应根据《数据出境安全评估办法》履行数据出境前的各项合规义务及落实健康医疗数据出境后的安全评估并持续关注。

第十四章　教育培训企业数据合规

人工智能、大数据、区块链等技术迅猛发展深刻地改变了教育培训模式和形态。教育部《教育信息化 2.0 行动计划》指出:“教育信息化具有突破时空限制、快速复制传播、呈现手段丰富的独特优势,必将成为促进教育公平、提高教育质量的有效手段,必将成为构建泛在学习环境、实现全民终身学习的有力支撑。”①

新技术为教育培训领域发展注入了强大动力,同时也带来了不可忽视的风险。“教培领域的信息泄露事件层出不穷,用户的个人信息安全遭受极大威胁。自 2019 年以来,依托在线教育平台的线上教学逐步由辅助型转变为主导型,互联网头部企业也凭借信息技术优势和数据分析能力纷纷入局在线教育市场,用户个人信息被泄露和滥用的风险进一步加剧,教育培训行业的数据安全与个人信息保护面临新的挑战。”②本章就教育培训企业数据合规要点作出梳理。

第一节　教育培训领域个人信息保护

一、信息收集

(一)教育培训企业收集用户信息的特点

教育培训领域企业收集用户个人信息存在如下几方面的特点。

---

① 《教育部关于印发〈教育信息化 2.0 行动计划〉的通知》,教技〔2018〕6 号,2018 年 4 月 13 日发布。

② 参见敖颜思文:《在线教育平台用户个人信息保护与开发研究》,载《河南广播电视大学学报》2022 年第 1 期。

1. 收集信息方式具有多样性

《信息安全技术　个人信息安全规范》(GB/T 35273—2020)中列举了三种个人信息的收集方式:(1)由个人信息主体主动提供;(2)通过与个人信息主体交互或记录个人信息主体行为等自动采集行为;(3)通过共享、转让、搜集公开信息等间接获取个人信息。

上述三类信息收集方式在教育培训领域都广泛存在。第一种方式,如学生用户在在线教育平台中主动填入手机号码、身份证号码、学校信息等;第二种方式,如直播课程中对教师及学生的面部信息的记录、外语学习软件向用户提供相应语言测试的结果等;第三种方式,如关联企业或不同教育业务间的信息共享交换等,如外语培训企业与留学中介企业。

2. 收集信息内容具有广泛性和敏感性

广泛性主要表现在教育培训领域企业收集的信息体量庞大、种类庞杂,包含了多类信息主体及多种信息内容,包括但不限于用户的真实姓名、身份证号、学校及班级信息、学号/工号、手机号、家庭住址、位置信息、生物识别信息、金融账户信息等。敏感性则表现在:教育培训的重点受众是未成年人,依《个人信息保护法》第 28 条的规定,不满 14 周岁未成年人的个人信息属于敏感个人信息。

(二)教育培训企业收集用户信息的合规要点

1. 坚持"知情同意"原则

"2020 年 1 月以来,'App 个人信息举报平台'关于疫情期间在线教育类收集个人信息被举报的数量占比超过了 80%,30% 左右的 App 没有公开隐私政策等收集使用个人信息的规则,另有 15% 左右的 App 虽然提供了隐私政策,但是属于格式文本,没有详细说明收集个人信息的目的、方式、范围。"①究其根源,在前述诸特点下,企业与用户之间就信息的收集行为必然存在一定张力,"知情同意"是化解该张力的首要原则。我国关于个人信息处理的现行规范均围绕"知情同意"原则展开,其基本理论已于本书第二编第六章涉及,此处不赘。

在教育培训领域,依《个人信息保护法》《信息安全技术　个人信息安全规范》等规范标准,坚持"知情同意"还需要注意:

首先,基于其收集方式的多样性,在间接获取个人信息时,应要求提供方说明个人信息来源,并对其来源合法性进行确认;应主动了解个人信息提供方已获得的个人信息处理的授权同意范围,包括使用目的,个人信息主体是否授权同意转让、共享、公开披露、删除等。

---

① 参见上海律协:《网络安全和数据合规视角下的在线教育企业法律风险防范》,载微信公众号"上海律协"2020 年 11 月 30 日,https://mp.weixin.qq.com/s/5rrPxeXxF3d6bUTGBeiqeQ。

其次，基于其收集信息范围的广泛性，在产品或服务提供多项收集个人信息的业务功能时，应于个人信息隐私保护政策的基础上，在实际开始收集特定个人信息时，向个人信息主体提供收集该信息的目的、方式和范围，不能为了服务提供和获取的便捷性而形式化地消解了“知情同意”原则的意义。

最后，在收集个人敏感信息前，应征得个人信息主体的明示同意，确保明示同意是在完全知情的基础上自主给出的具体清晰的意愿表示；对于个人生物识别信息应当单独告知收集的目的、方式和范围并征求明示同意；涉及未成年人尤其是不满 14 周岁未成年人信息的，可参见本章第三节相关内容。

2. 落实“合法、正当、必要、诚信”原则

合法、正当、必要、诚信是《个人信息保护法》对信息收集提出的明确要求，收集个人信息不得通过误导、欺诈、胁迫等方式，不得隐瞒产品或服务具有的收集个人信息的功能，不得从非法渠道获取个人信息。此外就“最小必要”原则，《信息安全技术　个人信息安全规范》提出了三项要求，一是收集的个人信息的类型应与实现产品或服务的业务功能有直接关联；二是自动采集个人信息的频率应是实现产品或服务的业务功能所必需的最低频率；三是间接获取个人信息的数量应是实现产品或服务的业务功能所必需的最少数量。

《常见类型移动互联网应用程序必要个人信息范围规定》第 5 条第 19 项规定：“学习教育类，基本功能服务为‘在线辅导、网络课堂等’，必要个人信息为：注册用户移动电话号码。”在此之外，如产品或服务提供多项需收集个人信息的业务功能时，不得通过捆绑等方式要求个人信息主体一次性同意信息收集请求，不得仅以改善服务质量、提升使用体验、研发新产品、增强安全性等为由强制要求个人信息主体同意收集个人信息。

3. 关注隐秘的信息收集行为

在教育培训领域提供产品和服务日益多样化的背景下，收集信息的内容可能更具隐私性。一个容易被忽视的典型例子是，以直播等方式进行视频授课时涉及的对用户个人肖像、影像之外信息的收集行为。在授课视频录制过程中，除了用户肖像、行为影像等内容，其他入镜人物、场地环境等信息也会被记录。这与通常情况下用户手动输入提交个人信息不同，用户自愿提交信息的范围往往与其知情同意的授权范围一致，而在视频授课时，“该等信息元素中可能包含用户本意不愿意提供的信息，甚至隐私（如家人的肖像或影像、居家环境等），对此，互联网教育直播平台需要重点关注，通过一系列措施强化管理”。①

① 参见刘瑛、李晓华：《互联网教育平台数据合规法律要点》，载微信公众号“天元律师”2019 年 5 月 5 日，https://mp.weixin.qq.com/s/LfLYHFWG63xLM-Na-Yavlw。

二、信息使用

教育培训企业在使用用户个人信息时，应当注意《信息安全技术　个人信息安全规范》对个人信息使用的诸项限制，包括个人信息访问控制措施、个人信息的展示限制、个人信息使用的目的限制等。[①] 此外，教育培训企业为提供个性化、定制化教学服务，往往会根据用户信息进行精准画像并通过自动化决策等机制为用户提供产品选择——例如通过对学生的单词量等各类测试结果进行分析以推荐相应课程等，需注意用户画像的限制和自动决策机制的使用要求。

（一）用户画像构建及使用限制

《信息安全技术　个人信息安全规范》对个人信息控制者使用用户画像进行了限制。具体包括：

1. 构建用户画像时的限制

用户画像中对个人信息主体的特征描述，不应包含淫秽、色情、赌博、迷信、恐怖、暴力的内容，不应表达对民族、种族、宗教、残疾、疾病歧视的内容。

2. 使用用户画像时的限制

在业务运营或对外业务合作中使用用户画像的，不应侵害公民、法人和其他组织的合法权益，不应危害国家安全、荣誉和利益，煽动颠覆国家政权、推翻社会主义制度，煽动分裂国家、破坏国家统一，宣扬恐怖主义、极端主义，宣扬民族仇恨、民族歧视，传播暴力、淫秽色情信息，编造、传播虚假信息扰乱经济和社会秩序。

此外更应当注意除为实现个人信息主体授权同意的使用目的所必需外，使用个人信息时应消除明确身份指向性，避免精确定位到特定个人。正如《信息安全技术　个人信息安全规范》规定：为准确评价个人信用状况，可使用直接用户画像，而用于推送商业广告目的时，则宜使用间接用户画像。[②] 教育培训领域用户画像的使用应多属于后者。

（二）自动化决策机制的使用

依据《个人信息保护法》规定，个人信息处理者利用个人信息进行自动化决策，应当保证决策的透明度和结果公平、公正，不得对个人在交易价格等交易条件上实行不合理的差别待遇；通过自动化决策方式向个人进行信息推送、商业营销，应当同时提供不针对其个人特征的选项，或者向个人提供便捷的拒绝方式；此外，“通过自动化决策方式作出对个人权益有重大影响的决定，个人有权要求个人信息处理者予以说明，并有权拒

---

① 参见全国信息安全标准化技术委员会《信息安全技术　个人信息安全规范》，GB/T 35273—2020，第7.1～7.3条。

② 《信息安全技术　个人信息安全规范》，GB/T 35273—2020，第3.8条规定：“直接使用特定自然人的个人信息，形成该自然人的特征模型，称为直接用户画像。使用来源于特定自然人以外的个人信息，如其所在群体的数据，形成该自然人的特征模型，称为间接用户画像。”

绝个人信息处理者仅通过自动化决策的方式作出决定”。欧盟数据保护工作组指定的关于数据自动化处理的指引中列出了对个人权益有重大影响的事项，其中“影响某人接受教育的决定”在其列举范围内，可资参考。

依《信息安全技术　个人信息安全规范》的规定，相应信息系统若具备自动决策机制且能对个人信息主体权益造成显著影响的，在规划设计阶段或首次使用前开展个人信息安全影响评估，并依评估结果采取有效的保护个人信息主体的措施；在使用过程中定期（至少每年一次）开展个人信息安全影响评估，并依评估结果改进保护个人信息主体的措施；此外还应向个人信息主体提供针对自动决策结果的投诉渠道，并支持对自动决策结果的人工复核。

三、信息共享

教育培训领域的信息共享，一方面，可能涉及向用户共享其他用户的信息——如发布各类考核测试结果。另一方面，由于与合作伙伴或关联方共享、置换用户个人信息可以实现客户资源共享、置换和转化的需求，降低获客成本，因而教育培训领域的信息共享还可能涉及互联网教育平台经营者与其上游/下游合作伙伴合作或统一控制下的关联主体合作——如从事外语培训的互联网教育平台经营者与留学中介相互置换信息。[①]

在前者情况下，企业可能面临侵害用户隐私权的合规风险，其应当贯彻“知情同意”原则，充分履行告知义务并取得用户明示同意，如教育培训机构在组织统一模考时，询问用户是否愿意公开其成绩及排名。对于后者，企业应当严格遵守《信息安全技术　个人信息安全规范》中关于个人信息共享、转让的要求。[②]

第二节　教育培训企业数据安全保障

与其他领域的数据安全保障一样，教育培训企业应当在采集、传输、存储、使用、共享开放、销毁等环节落实数据安全的全生命周期保护，根据不同环节和场景采取适当手段实现数据安全保护，相应内容可参见本书第二编第六章。本节主要根据教育部等八部门《关于引导规范教育移动互联网应用有序健康发展的意见》、教育部等六部门《关于规范校外线上培训的实施意见》及《信息安全等级保护管理办法》等规定针对教育培

---

① 参见刘瑛、李晓华：《互联网教育平台数据合规法律要点》，载微信公众号“天元律师”2019 年 5 月 5 日，https://mp. weixin. qq. com/s/LfLYHFWG63xLM-Na-Yavlw。

② 参见全国信息安全标准化技术委员会《信息安全技术　个人信息安全规范》，GB/T 35273—2020，第 9.2 条。

训企业数据安全合规要点进行梳理。

一、制定落实信息安全等级保护制度

依据《关于规范校外线上培训的实施意见》的规定，校外线上培训机构在向机构住所地的省级教育行政部门申请备案前，应当取得网络安全等级保护定级备案的证明和等级测评报告。《信息安全等级保护管理办法》第6条规定："国家信息安全等级保护坚持自主定级、自主保护的原则。信息系统的安全保护等级应当根据信息系统在国家安全、经济建设、社会生活中的重要程度，信息系统遭到破坏后对国家安全、社会秩序、公共利益以及公民、法人和其他组织的合法权益的危害程度等因素确定。"依据上述标准，《信息安全等级保护管理办法》进一步将信息系统的安全保护等级分为五级（见表14－1）。

表14－1　信息系统安全保护等级

级别	分级标准	保护程度
第一级	信息系统受到破坏后，会对公民、法人和其他组织的合法权益造成损害，但不损害国家安全、社会秩序和公共利益	依据国家有关管理规范和技术标准进行保护
第二级	信息系统受到破坏后，会对公民、法人和其他组织的合法权益产生严重损害，或者对社会秩序和公共利益造成损害，但不损害国家安全	依据国家有关管理规范和技术标准进行保护。国家信息安全监管部门对该级信息系统信息安全等级保护工作进行指导
第三级	信息系统受到破坏后，会对社会秩序和公共利益造成严重损害，或者对国家安全造成损害	依据国家有关管理规范和技术标准进行保护。国家信息安全监管部门对该级信息系统信息安全等级保护工作进行监督、检查
第四级	信息系统受到破坏后，会对社会秩序和公共利益造成特别严重损害，或者对国家安全造成严重损害	依据国家有关管理规范、技术标准和业务专门需求进行保护。国家信息安全监管部门对该级信息系统信息安全等级保护工作进行强制监督、检查
第五级	信息系统受到破坏后，会对国家安全造成特别严重损害	依据国家管理规范、技术标准和业务特殊安全需求进行保护。国家指定专门部门对该级信息系统信息安全等级保护工作进行专门监督、检查

依据《教育行业信息系统安全等级保护定级工作指南(试行)》的规定,学校①信息系统根据办学规模、社会影响力、业务类型三个维度分析受到破坏后造成的危害程度。在"自主定级、自主保护"的原则下,采取自主定级、专家评审、主管部门审核批准的方式定级。经审核批准的二级以上信息系统,其主管单位应当向所在地设区的市级以上公安机关备案。在取得定级备案证明、等级测评报告后,结合 ICP 备案证明,相应培训机构方能向教育部门备案。定级、备案流程完成后,系统日常运营的维护按照国家市场监督管理总局与中国国家标准化管理委员会发布的《信息安全技术　信息系统安全运维管理指南》(GB/T 36626—2018)进行日常维护。

二、落实网络安全预警通报制度

《关于规范校外线上培训的实施意见》明确要求落实网络安全预警通报制度。具体应当从技术与安全管理规章两方面入手。

在技术层面,教育培训企业应当有完善的安全保护技术措施,在符合国家标准和行业基本要求的基础之上,应不断更新完善技术设施和技术手段,以更好防范计算机病毒和网络攻击、网络侵入等危害网络安全的行为,维护数据安全。

在安全管理规章层面,教育培训企业既应当有网络和数据安全方面的人员配置,并明确其职权与责任,也应当建立相应的安全操作规程和安全预警制度,开展常态化的数据安全监测预警通报,对异常状态、异常行为进行监测预警,及时消除安全隐患。

第三节　未成年人个人信息保护

"无处不在的全球互联与匿名开放的网络世界给未成年人成长带来前所未有的挑战。"②作为回应,我国针对未成年人信息保护的立法及行政监管工作也日益受到重视。未成年人是教育培训机构的主要受众群体,因此,对未成年人个人信息的处理成为教育培训企业数据合规的一大风险点,本章就此专设一节,对未成年人个人信息保护要点进行分析。其中,不满 14 周岁的未成年人信息保护更是被关注的重点,对此,下文将着重分析。

---

① 《教育行业信息系统安全等级保护定级工作指南(试行)》第 1 条第 2 款规定:"本指南适用于各级教育行政部门及其直属事业单位、各级各类学校的非涉密信息系统安全等级保护定级工作。"

② 张国胜、方紫意:《从负能到赋能:数字时代未成年人的网络治理逻辑》,载《学术探索》2022 年第 7 期。

一、未成年人的识别及合规要点

（一）遵守“后台实名、前台自愿”原则

我国未成年人网络保护立法政策的基础是身份识别，然而未成年人身份识别这一问题却难以有效解决。[①] 对此，在教育培训领域，《关于引导规范教育移动互联网应用有序健康发展的意见》要求按照“后台实名、前台自愿”的原则，对注册用户进行身份信息认证。

为落实账户实名制管理制度，《网络短视频平台管理规范》提出了使用用户画像、人脸识别、指纹识别等新技术手段的方案，该方案得到了一定的支持。但这在未成年人身份的识别问题上会带来悖论：识别未成年人身份的前提是加强对其信息的收集（其中不乏生物识别信息等敏感信息），这与信息收集“最小必要”原则形成了紧张关系，还可能进一步增加儿童个人信息保护的风险。

（二）取得监护人的同意

《关于引导规范教育移动互联网应用有序健康发展的意见》要求：“收集使用未成年人信息应当取得监护人同意、授权。”不同于《个人信息保护法》的规定，《关于引导规范教育移动互联网应用有序健康发展的意见》更为严格，将应当取得监护人同意的范围扩大到全部未成年人。因此，教培企业应当重点关注，避免出现同意主体缺失等情形。此外，企业还应注意以通俗易懂的方式对收集使用未成年人信息的情形作出说明，并取得监护人通过积极行为作出的同意和授权（明示同意和授权）。

二、儿童信息保护

（一）遵守敏感个人信息处理规则

不满 14 周岁未成年人的个人信息属于敏感个人信息，在处理此类信息时，应当具有特定的目的和充分的必要性，采取严格保护措施，且应当尊重个人的知情权，向个人告知处理敏感个人信息的必要性以及对个人权益的影响。

（二）制定儿童个人信息处理规则

信息处理者应当就儿童个人信息保护制定专门的处理规则，且应指定专人负责此事项（见表 14－2）。专门的个人信息保护规则和用户协议应当在清晰、准确、完整的基础上，体现“正当必要、知情同意、目的明确、安全保障、依法利用的原则”。相关的个人信息保护政策模板，可参见《信息安全技术　个人信息安全规范》的“附录 D”部分。

---

① 参见佟丽华：《未成年人网络保护中的身份确认与隐私保护》，载《中国青年社会科学》2019 年第 6 期。

表 14－2　关于专人负责的法律规定

文件名称	条文内容
《个人信息保护法》	第 31 条第 2 款　个人信息处理者处理不满十四周岁未成年人个人信息的,应当制定专门的个人信息处理规则
《儿童个人信息网络保护规定》	第 8 条　网络运营者应当设置专门的儿童个人信息保护规则和用户协议,并指定专人负责儿童个人信息保护

(三)特殊同意制度

特殊同意制度主要包括如下三方面(见表 14－3):

1. 征得未成年人父母或其他监护人的同意;

2. 征得相关主体同意时,应当告知法律规定中的具体事项,且告知方式应当显著、清晰,且应提供拒绝选项;

3. 告知事项发生实质性变更时,应当重新告知。

表 14－3　关于特殊同意制度的法律规定

<table>
<tr><th>规范文件</th><th>规范内容</th></tr>
<tr><td>《个人信息保护法》</td><td>第 31 条第 1 款　个人信息处理者处理不满十四周岁未成年人个人信息的,应当取得未成年人的父母或者其他监护人的同意</td></tr>
<tr><td rowspan="3">《儿童个人信息网络保护规定》</td><td>第 9 条　网络运营者收集、使用、转移、披露儿童个人信息的,应当以显著、清晰的方式告知儿童监护人,并应当征得儿童监护人的同意</td></tr>
<tr><td>第 10 条　网络运营者征得同意时,应当同时提供拒绝选项,并明确告知以下事项:
(1)收集、存储、使用、转移、披露儿童个人信息的目的、方式和范围;
(2)儿童个人信息存储的地点、期限和到期后的处理方式;
(3)儿童个人信息的安全保障措施;
(4)拒绝的后果;
(5)投诉、举报的渠道和方式;
(6)更正、删除儿童个人信息的途径和方法;
(7)其他应当告知的事项。
前款规定的告知事项发生实质性变化的,应当再次征得儿童监护人的同意</td></tr>
<tr><td>第 14 条　网络运营者使用儿童个人信息,不得违反法律、行政法规的规定和双方约定的目的、范围。因业务需要,确需超出约定的目的、范围使用的,应当再次征得儿童监护人的同意</td></tr>
</table>

(四)特殊情形下,应坚持安全评估制度

1. 网络运营者进行安全评估的情形

网络运营者进行安全评估的情形主要为:

(1)网络运营者委托第三方处理儿童个人信息时;

(2)向第三方转移儿童个人信息时。

2. 安全评估制度的具体要求

安全评估制度的具体要求主要包括如下两方面(详见表 14-4)。

(1)对第三方(受委托方、信息接收方)及委托行为、移转行为进行安全评估;

(2)应签署委托协议以明确双方责任、处理事项、处理期限、处理性质和目的等。

表 14-4 《儿童个人信息网络保护规定》关于安全评估制度的具体内容

条数	内容
第 16 条	网络运营者委托第三方处理儿童个人信息的,应当对受委托方及委托行为等进行安全评估,签署委托协议,明确双方责任、处理事项、处理期限、处理性质和目的等,委托行为不得超出授权范围。 前款规定的受委托方,应当履行以下义务: (1)按照法律、行政法规的规定和网络运营者的要求处理儿童个人信息; (2)协助网络运营者回应儿童监护人提出的申请; (3)采取措施保障信息安全,并在发生儿童个人信息泄露安全事件时,及时向网络运营者反馈; (4)委托关系解除时及时删除儿童个人信息; (5)不得转委托; (6)其他依法应当履行的儿童个人信息保护义务。
第 17 条	网络运营者向第三方转移儿童个人信息的,应当自行或者委托第三方机构进行安全评估

本章小结

●教育培训企业收集用户信息的特点包括方式上的多样性、内容上的广泛性和敏感性,应结合该类特点落实并细化"知情同意"及"合法、正当、必要、诚信"原则,并关注隐秘的信息收集行为。

●在使用用户信息时,教育培训企业应重点关注用户画像和自动化决策机制。教育培训领域用户画像大多应为间接用户画像,应消除明确身份指向性,避免精确定位到特定个人;使用自动化决策机制时可将"影响某人接受教育的决定"作为对个人权益有重大影响的决定的事项予以说明。

●在《信息安全等级保护管理办法》的基础上，学校信息系统应根据办学规模、社会影响力、业务类型三个维度分析受到破坏后造成的危害程度，进行定级并采取相应维护措施。此外还应从技术、安全管理规章两个层面落实网络安全预警通报制度。

●未成年人是教育培训机构的主要受众群体，如果教育培训领域的相关服务主要针对未成年人用户，在身份识别的问题上可以考虑将全部用户都视作未成年人，仅在有理由相信用户不是未成年人时豁免适用关于未成年人信息保护的特别规定。

●在遵守敏感个人信息处理规则的基础上，教育培训企业还应通过制定儿童个人信息处理规则、坚持特殊同意制度和安全评估制度来确保儿童信息安全。

第十五章　工业企业数据合规

工业数据，依《工业数据分类分级指南（试行）》①的界定，是指："工业领域产品和服务全生命周期产生和应用的数据，包括但不限于工业企业在研发设计、生产制造、经营管理、运维服务等环节中生成和使用的数据，以及工业互联网平台企业（以下简称平台企业）在设备接入、平台运行、工业App应用等过程中生成和使用的数据。"具体地，工业企业即工业各行业、各领域的企业；工业互联网平台则是"面向制造业数字化、网络化、智能化需求，构建基于海量数据采集、汇聚、分析的服务体系，支撑制造资源泛在连接、弹性供给、高效配置的工业云平台"。②

《"十四五"数字经济发展规划》指出：目前我国"工业数字化转型加速，工业企业生产设备数字化水平持续提升，更多企业迈上'云端'"。2020年，我国工业互联网平台应用普及率为14.7%，预计到2025年该数字将达45%。规模急速膨胀的同时，工业领域数据安全状况却不容乐观。据统计，2021年我国全国工业信息安全指数仅为53.7，处于"中危"水平，国家工业信息安全漏洞库该年内新收录工业信息安全漏洞1504个，其中超危漏洞210个，高危漏洞754个，合计占比高达64.1%。③ 这充分凸显了规范工业和信息化领域数据处理活动、加强该领域数据安全管理的重要性和必要性。

---

① 《工业和信息化部办公厅关于印发〈工业数据分类分级指南（试行）〉的通知》，工信厅信发〔2020〕6号，2020年2月27日发布。

② 工业互联网产业联盟《工业互联网平台白皮书》，2017年11月发布，第1页。

③ 参见国家工业信息安全发展研究中心监测应急所《2021年工业信息安全态势报告》，2022年1月发布。

第一节　工业数据的分类分级

数据分类分级保护是我国数据保护应当遵循的重要理念与原则,且对数据进行分类分级,有助于数据处理者更加快捷高效地管理、处理数据,统筹兼顾各类各级数据,重点关注重要、核心数据。因此,数据处理者应首先了解工业数据领域分类分级基本操作。在数据规模大、复杂程度高的情况下,工业数据处理者可进一步根据自身情况细分数据的类别和级别。

2022 年 12 月,为规范工业和信息化领域的信息处理活动,确保数据安全、促进数据开发利用,配合《数据安全法》《网络安全法》等系列法律法规。工信部印发《工业和信息化领域数据安全管理办法(试行)》(以下简称《工信领域数据安全管理办法》)。《工信领域数据安全管理办法》适用于在我国境内开展的工业和信息化领域数据处理活动及其安全监管活动,是工业数据分类分级的主要依据。此外,2020 年 2 月,工业和信息化部办公厅印发的《工业数据分类分级指南(试行)》,为工业和信息化主管部门、工业企业、工业互联网平台企业等开展工业数据分类分级工作提供了指引,亦可资参考。

《工业数据分类分级指南(试行)》第 4 条规定,工业数据分类分级以提升企业数据管理能力为目标,坚持问题导向、目标导向和结果导向相结合,企业主体、行业指导和属地监管相结合,分类标识、逐类定级和分级管理相结合。

一、数据分类

(一)工业数据分类的"总方针"

1. 基本分类标准

从表 15-1 可以看出,《工业数据分类分级指南(试行)》与《工信领域数据安全管理办法》在工业数据分类标准这一问题上,虽然具体表述有所差异,但都遵循了下列分类标准,即考量行业要求、业务规模及特点、待处理数据的来源、复杂程度等。

表 15-1　关于工业数据分类方法的规定

《工业数据分类分级指南(试行)》	《工信领域数据安全管理办法》
第 5 条 工业企业结合生产制造模式、平台企业结合服务运营模式,分析梳理业务流程和系统设备,考虑行业要求、业务规模、数据复杂程度等实际情况,对工业数据进行分类梳理和标识,形成企业工业数据分类清单	第 8 条第 1 款 根据行业要求、特点、业务需求、数据来源和用途等因素,工业和信息化领域数据分类类别包括但不限于研发数据、生产运行数据、管理数据、运维数据、业务服务数据等

2. 数据分类中的协同一体保护观

工业数据分类问题还需要关注现代工业企业产业链的特点，不应当割裂看待数据的保护，而应践行协同一体保护观。“跨行业企业的上下游管理和紧密耦合是现代工业产业链的特点。许多行业和企业间的数据，存在强相关性，间接数据安全需要予以关注和保护。例如，对制造企业的实时电力负荷数据进行模式分析，可能间接获得产量、生产流程、设备类型和参数等敏感信息，导致企业商业秘密泄露。因此，一个企业的高敏感数据，不仅需要高等级直接保护，还需要保护产业链上下游企业、横向相关企业关联数据。”①据此，欲实现“结合生产制造模式和服务运营模式分析梳理业务流程和系统设备”，就必然要贯穿业务流程，打通行业之间、企业之间的壁垒，不能完全割裂各类数据的关联，应当以协同的思想看待数据分类问题，实现上下游企业数据安全的一体保护。

（二）工业数据分类规则

《工业数据分类分级指南（试行）》与《工信领域数据安全管理办法（试行）》都提出了工业数据的分类类别。《工信领域数据安全管理办法》指出，工业和信息化领域数据分类类别包括但不限于研发数据、生产运行数据、管理数据、运维数据、业务服务数据等。《工业数据分类分级指南（试行）》则更为细化，明确了工业数据分类的具体规则（详见表15－2）。

表15－2　工业数据分类的具体规则

工业数据类型	分类维度（包括但不限于）	分类示例
工业企业工业数据	研发数据域	研发设计数据、开发测试数据等
	生产数据域	控制信息、工况状态、工艺参数、系统日志等
	运维数据域	物流数据、产品售后服务数据等
	管理数据域	系统设备资产信息、客户与产品信息、产品供应链数据、业务统计数据等
	外部数据域	与其他主体共享的数据等
工业互联网平台企业工业数据	平台运营数据域	物联采集数据、知识库模型库数据、研发数据等
	企业管理数据域	客户数据、业务合作数据、人事财务数据等

① 管晓宏：《制定出符合我国特色的工业数据分类分级体系》，载中国工信产业网，https://www.cnii.com.cn/rmydb/202003/t20200319_162867.html。

二、数据分级

《工业数据分类分级指南（试行）》《工信领域数据安全管理办法》都明确了数据分级问题，且数据分级依据较为统一，均为数据遭到篡改、破坏、泄露或者非法获取、非法利用，对国家安全、公共利益或者个人、组织合法权益等造成危害的程度，因此两份文件的精神内核一致。《工业数据分类分级指南（试行）》根据“不同类别工业数据遭篡改、破坏、泄露或非法利用后，可能对工业生产、经济效益等带来的潜在影响”，将工业数据分为一级、二级、三级等 3 个级别（数据的重要程度自一级至三级逐步递增），详见表 15 - 3。《工信领域数据安全管理办法》依据《数据安全法》等制定，其沿用了《数据安全法》对于数据的分类，将工业数据划分为一般数据、重要数据以及核心数据（数据重要程度逐步递增），详见表 15 - 4。

表 15 - 3　《工业数据分类分级指南（试行）》的分级标准

<table>
<tr><th>数据级别</th><th>潜在影响的条件（符合其中之一即可）</th></tr>
<tr><td rowspan="4">一级</td><td>对工业控制系统及设备、工业互联网平台等的正常生产运行影响较小</td></tr>
<tr><td>给企业造成负面影响较小，或直接经济损失较小</td></tr>
<tr><td>受影响的用户和企业数量较少、生产生活区域范围较小、持续时间较短</td></tr>
<tr><td>恢复工业数据或消除负面影响所需付出的代价较小</td></tr>
<tr><td rowspan="3">二级</td><td>易引发较大或重大生产安全事故或突发环境事件，给企业造成较大负面影响，或直接经济损失较大</td></tr>
<tr><td>引发的级联效应明显，影响范围涉及多个行业、区域或者行业内多个企业，或影响持续时间长，或可导致大量供应商、客户资源被非法获取或大量个人信息泄露</td></tr>
<tr><td>恢复工业数据或消除负面影响所需付出的代价较大</td></tr>
<tr><td rowspan="2">三级</td><td>易引发特别重大生产安全事故或突发环境事件，或造成直接经济损失特别巨大</td></tr>
<tr><td>对国民经济、行业发展、公众利益、社会秩序乃至国家安全造成严重影响</td></tr>
<tr><td colspan="2">涉及国家秘密信息的工业数据，应遵守保密法律法规的规定，不适用《工业数据分类分级指南（试行）》。相关数据确定为国家秘密的条件，参见《保守国家秘密法》第 9 条[1]</td></tr>
</table>

〔1〕《保守国家秘密法》第 9 条规定：“下列涉及国家安全和利益的事项，泄露后可能损害国家在政治、经济、国防、外交等领域的安全和利益的，应当确定为国家秘密：（一）国家事务重大决策中的秘密事项；（二）国防建设和武装力量活动中的秘密事项；（三）外交和外事活动中的秘密事项以及对外承担保密义务的秘密事项；（四）国民经济和社会发展中的秘密事项；（五）科学技术中的秘密事项；（六）维护国家安全活动和追查刑事犯罪中的秘密事项；（七）经国家保密行政管理部门确定的其他秘密事项。政党的秘密事项中符合前款规定的，属于国家秘密。”

表 15－4 《工信领域数据安全管理办法》的分级标准

数据类型	分级标准（符合条件之一）
一般数据	对公共利益或者个人、组织合法权益造成较小影响，社会负面影响小
	受影响的用户和企业数量较少、生产生活区域范围较小、持续时间较短，对企业经营、行业发展、技术进步和产业生态等影响较小
	其他未纳入重要数据、核心数据目录的数据
重要数据	对政治、国土、军事、经济、文化、社会、科技、电磁、网络、生态、资源、核安全等构成威胁，影响海外利益、生物、太空、极地、深海、人工智能等与国家安全相关的重点领域
	对工业和信息化领域发展、生产、运行和经济利益等造成严重影响
	造成重大数据安全事件或生产安全事故，对公共利益或者个人、组织合法权益造成严重影响，社会负面影响大
	引发的级联效应明显，影响范围涉及多个行业、区域或者行业内多个企业，或者影响持续时间长，对行业发展、技术进步和产业生态等造成严重影响
	经工业和信息化部评估确定的其他重要数据
核心数据	对政治、国土、军事、经济、文化、社会、科技、电磁、网络、生态、资源、核安全等构成严重威胁，严重影响海外利益、生物、太空、极地、深海、人工智能等与国家安全相关的重点领域
	对工业和信息化领域及其重要骨干企业、关键信息基础设施、重要资源等造成重大影响
	对工业生产运营、电信网络和互联网运行服务、无线电业务开展等造成重大损害，导致大范围停工停产、大面积无线电业务中断、大规模网络与服务瘫痪、大量业务处理能力丧失等
	经工业和信息化部评估确定的其他核心数据

可以看出，《工业数据分类分级指南（试行）》所划分的分级标准较为原则与抽象，相比之下，《工信领域数据安全管理办法》更加细化和具体。同时，《工信领域数据安全管理办法》贯彻落实协同一体保护理念，在不同级别数据同时被处理且难以分别采取保护措施的情况下，指出应当按照其中级别最高的要求实施保护。

第二节 工业企业数据合规要点

工业数据合规有其特殊性和新挑战。在保障工业数据的保密性和完整性的同时，工业控制系统网络安全要同时注重保障企业业务生产过程的稳定性,保证生产过程的实时控制。在对工业数据实时性和可用性的要求下,工业控制系统无法使用安全可靠性高且计算资源消耗大的商用计算机设备加密算法、通用防护软件等安全产品,这对工业企业数据安全保护提出了挑战。①

针对上述特点与挑战,除作为一般法的《数据安全法》之外,工信部发布了《工业控制系统信息安全防护指南》②《工业数据分类分级指南(试行)》等文件,为工业企业数据合规提供了规范指引,此外,依据《工信领域数据安全管理办法》,工业企业数据合规应关注以下要点。

一、数据分类分级的备案与管理

数据分类分级保护制度,是开展数据安全治理的起点,是我国数据安全的重要制度。在相应规范性文件指引下的工业数据分类分级方式前节已述,此处不赘。

在数据分类分级的基础上,《工信领域数据安全管理办法》首次提出了重要数据和核心数据目录备案制度。《工信领域数据安全管理办法》第 12 条规定,工业和信息化领域数据处理者应当将本单位重要数据和核心数据目录向本地区行业监管部门③备案。备案内容包括但不限于数据来源类别、级别、规模、载体、处理目的和方式、使用范围、责任主体、对外共享、跨境传输、安全保护措施等基本情况,不包括数据内容本身。备案内容发生重大变化——某类重要数据和核心数据规模(数据条目数量或者存储总量等)变化 30% 以上,或者其他的,工业和信息化领域数据处理者应当及时(在发生变化的 3 个月内)履行备案变更手续。

---

① 参见郭洋:《工业互联网已来,工业企业如何打造网络安全综合防护体系》,载微信公众号“威努特工控安全”2020 年 10 月 14 日,https://mp.weixin.qq.com/s/-XvOo1lrYIKeT3XjuobRMA。

② 《工业和信息化部关于印发〈工业控制系统信息安全防护指南〉的通知》,工信部信软〔2016〕338 号,2016 年 10 月 17 日发布。

③ 依《工信领域数据安全管理办法》第 4 条的规定,工业和信息化部及地方行业监管部门统称为行业监管部门。地方工业和信息化主管部门包括各省、自治区、直辖市及计划单列市、新疆生产建设兵团的工业和信息化主管部门。

二、网络安全分类分级与管理

为加强工业互联网安全保障工作，依《通信网络安全防护管理办法》等规范性文件，参考《工业互联网企业网络安全分类分级指南（试行）》（征求意见稿），工业互联网企业——包括应用工业互联网的工业企业（以下简称联网工业企业）、工业互联网平台企业和工业互联网基础设施运营企业——网络安全应分类分级进行规范。

（一）联网工业企业分类分级与管理

《工业互联网企业网络安全分类分级指南（试行）》（征求意见稿）指出，应在企业分级与行业网络安全影响程度相关联、行业指导与地方监管相结合、企业自评与属地核查相结合的基本原则指导下，对联网工业企业分类分级问题作出安排。从具体规定可以得知，对于这一问题应当先分类，再分级。首先应以《国民经济行业分类》（GB/T 4754－2017）为基准，依所属行业网络安全影响程度将联网工业企业由低到高分别划分为一类、二类和三类（企业类别对企业级别评定具有重要影响）①，见表15－5。

表15－5　联网工业企业分类

行业分类	行业名称
三类行业	钢铁、有色、石化化工、轨道交通装备、船舶及海洋工程装备、航空航天装备
二类行业	建材、废弃资源回收加工、机械、汽车、其他运输设备、医药、电子设备制造
一类行业	轻工、纺织、食品

进一步，在进行分级时，联网工业企业应首先根据《工业互联网企业网络安全分类分级指南（试行）》（征求意见稿）的要求开展自评，以计分的方式考量企业所属行业网络安全影响程度（40分）、企业规模（10分）、企业应用工业互联网的程度（30分）以及企业一旦发生网络安全事件的影响程度（20分），将企业划分为三级，分别采取不同的安全管理措施（见表15－6）。

① “企业所在行业网络安全影响程度”是工业企业评级重要标准之一（在100分中占据40分）。具体打分标准为：根据企业所在行业网络安全风险程度，包括纳入安全生产许可的行业，先期开展安全生产标准化工作的行业等因素，以及行业网络安全对我国政治、经济、社会等的影响程度，将企业所在行业分为三类行业、二类行业和一类行业。

表 15－6　联网工业企业分级标准及对应安全管理措施

评分（满分 100 分）	级别	组织管理	安全防护	风险评估	应急管理
评分≥80 分（属于三类行业的规模以上联网工业企业原则上为三级）	三级	应当建立健全网络安全责任制，设置专门网络安全机构和安全管理负责人，组织制订和实施网络安全防护和培训计划，加强网络安全考核，确保安全投入	应当根据工业互联网网络安全管理和技术防护系列标准规范要求，采取相应的技术防护措施；建设完善企业级工业互联网安全监测平台，并接入省级以上工业互联网安全监测平台。省级以上工业互联网安全监测平台定期向三级企业通报安全风险	至少每年进行一次网络安全风险评估与审计	应当制定切实可行的应急预案，建立应急响应机制，定期开展应急演练，采取必要措施消除安全隐患。发现重大网络安全风险和安全事件应当及时上报
60 分≤评分＜80 分	二级	应当明确专门的网络安全管理负责人，逐步建立健全并落实网络安全责任制，组织制订和实施网络安全防护和培训计划	应当根据工业互联网网络安全管理和技术防护系列标准规范要求，采取相应的技术防护措施；积极建设企业级工业互联网安全监测平台，并与省级工业互联网安全监测平台对接	至少每两年进行一次网络安全风险评估与审计	
评分＜60 分	一级	—	—	—	

（二）工业互联网平台企业和基础设施运营企业分级与管理

工业互联网平台企业和基础设施运营企业按照《通信网络安全防护管理办法》的分级方式进行规范，依其规定，相应企业应当对已正式投入运行的通信网络进行单元划分，并按照各通信网络单元遭到破坏后可能对国家安全、经济运行、社会秩序、公众利益的危害程度，由低到高分别划分为一级、二级、三级、四级、五级（见表 15－7）。

表 15－7　工业互联网平台企业和基础设施运营企业分级标准及对应安全管理措施

<table>
<tr><th>级别</th><th>安全防护措施符合性评测</th><th>安全风险评估</th><th>其他措施</th></tr>
<tr><td>五级</td><td rowspan="3">应当每年进行一次符合性评测</td><td rowspan="3">应当每年进行一次安全风险评估</td><td rowspan="5">(1)应当对通信网络单元的重要线路、设备、系统和数据等进行备份;
(2)应当组织演练,检验通信网络安全防护措施的有效性;
(3)应当参加电信管理机构组织开展的演练;
(4)应当建设和运行通信网络安全监测系统,对本单位通信网络的安全状况进行监测</td></tr>
<tr><td>四级</td></tr>
<tr><td>三级</td></tr>
<tr><td>二级</td><td>应当每两年进行一次符合性评测</td><td>应当每两年进行一次安全风险评估</td></tr>
<tr><td>一级</td><td>—</td><td>—</td></tr>
</table>

三、数据全生命周期安全管理

(一)数据处理者的主体责任

除满足上述数据及企业分类分级管理的要求外,根据《工信领域数据安全管理办法》第 13 条的规定,工业和信息化领域数据处理者作为工业数据处理活动的安全责任主体,还应当主动落实数据安全保障义务,具体来说,企业应当采取下列措施。

1. 建立数据全生命周期安全管理制度

企业应当建立系统完善的数据全生命周期安全管理制度,针对不同级别数据,制定数据收集、存储、使用、加工、传输、提供、公开等环节的具体分级防护要求和操作规程。数据的安全合规处理须有完善的制度和规范作支撑。"工业设备和系统通常依照生产需求和工艺要求进行定制配置,设备系统组合种类多、技术手段差异大、通信协议通用性低,即使是同一型号的设备,根据行业或业务场景的不同也有不同的配置方式。"①因此,企业应当就所处理的不同类别、不同级别的数据制定详细、具体的制度和规程,以保证其能够切实可行地发挥功能。重要数据和核心数据的处理者,应当建立内部登记、审批机制,对重要数据和核心数据的处理活动进行严格管理并留存记录。

2. 配备数据安全管理机构/管理人员

在人员管理方面,工业企业应当根据需要配备数据安全管理人员,统筹负责数据处理活动的安全监督管理;对人员权限进行合理设计和严格管理;对相应从业人员应当定期开展安全教育培训。

---

① 参见郭洋:《工业互联网已来,工业企业如何打造网络安全综合防护体系》,载微信公众号"威努特工控安全"2020 年 10 月 14 日,https://mp. weixin. qq. com/s/-XvOo1lrYIKeT3XjuobRMA。

重要数据和核心数据的处理者,应当建立数据安全工作体系,明确数据安全负责人和管理机构,建立常态化沟通与协作机制;应明确数据处理的关键岗位及其职责,并要求关键岗位人员签署数据安全责任书。

3. 建立安全事件应急处置体系①

企业应当根据应对安全事件的需要,制定应急预案,并定期进行演练。在工业数据遭篡改、破坏、泄露或非法利用时,企业应根据事先制定的应急预案立即进行应急处置。

(二)具体环节

1. 数据收集

《数据安全法》对数据收集明确了合法、正当原则,工业领域数据处理者不得窃取或者以其他非法方式获取数据。此外,《工信领域数据安全管理办法》第 14 条区分了直接收集数据和通过间接途径获取数据两种情形,对前者应当根据数据安全级别采取相应的安全措施,加强重要数据和核心数据收集人员、设备的管理,并对收集来源、时间、类型、数量、频度、流向等进行记录。同时,当企业直接从自然人处获取信息时,应当遵循《个人信息保护法》的相关规定,原则上征得自然人的同意;对通过后者方式获取重要数据和核心数据的,数据处理者应当与数据提供方通过签署相关协议、承诺书等方式,明确双方法律责任。

2. 数据存储

企业应当依据法律规定或者与用户约定的方式和期限存储数据。存储重要数据和核心数据的,一方面,应当采用校验技术、密码技术等措施进行安全存储,不得直接提供存储系统的公共信息网络访问;另一方面,应当实施数据容灾备份和存储介质安全管理,定期开展数据恢复测试。此外,存储核心数据的,还应当实施异地容灾备份。

3. 数据使用加工

企业利用数据进行自动化决策分析的,应当保证决策分析的透明度和结果公平合理。使用、加工重要数据和核心数据的,还应当加强访问控制,例如,企业可结合自身实际情况采取建立访问登记机制、引入审批机制及留存使用和加工记录等措施。

4. 数据传输

企业应当根据传输的数据类型、级别和应用场景,制定安全策略并采取保护措施。传输重要数据和核心数据的,应当采取校验技术、密码技术、安全传输通道或者安全传输协议等措施。

5. 数据提供

企业提供数据,应当明确提供的范围、类别、条件、程序等,并与数据获取方签订数据安全协议。企业提供重要数据和核心数据的,应当对数据获取方数据安全保护能力

---

① 数据安全应急管理的相关内容详见本章第三节。

进行评估或核实，采取必要的安全保护措施，并督促数据接收方予以落实。

6. 数据公开

工业和信息化领域数据处理者应当在数据公开前分析研判是否会对公共利益、国家安全产生影响，存在重大影响的不得公开。

7. 数据销毁

企业应当建立数据销毁制度，明确销毁对象、规则、流程和技术等要求，对销毁活动进行记录和留存。个人、组织依据法律规定、合同约定等请求销毁的，企业应当销毁相应数据。

销毁重要数据和核心数据的，企业应当及时向地方工业和信息化主管部门更新备案，不得以任何理由、任何方式对销毁数据进行恢复。

8. 数据出境

企业在我国境内收集和产生的重要数据和核心数据，法律、行政法规有境内存储要求的，应当在境内存储，确需向境外提供的，应当依法依规进行数据出境安全评估，相应合规操作可参见本书第二编第六章第七节内容。非经工信部批准，企业不得向外国工业、电信、无线电执法机构提供存储于我国境内的工业和信息化领域数据。

9. 数据移转

企业因兼并、重组、破产等原因需要转移数据的，应当明确数据转移方案，并通过电话、短信、邮件、公告等方式通知受影响用户，涉及重要数据和核心数据的，应当及时向地方工业和信息化主管部门更新备案。

10. 数据委托处理

企业委托他人开展数据处理活动的，应当在合同或协议中明确委托方与被委托方的数据安全责任和义务。委托处理重要数据和核心数据的，应当对被委托方的数据安全保护能力、资质进行评估或核实。

11. 核心数据跨主体处理

跨主体提供、转移、委托处理核心数据的，企业应当评估安全风险，采取必要的安全保护措施，并经由地方工业和信息化主管部门报工业和信息化部。

12. 日志留存

企业应当在数据全生命周期处理过程中，记录数据处理、权限管理、人员操作等日志，且日志留存时间不少于6个月。

第三节　数据安全监测预警、应急管理与安全评估

《工业和信息化领域数据安全管理办法（试行）》于第四章、第五章分别规定了数据安全监测预警与应急管理以及数据安全检测、认证、评估管理的相关内容。上述两章围

绕工信部、地方行业监管部门以及公信领域数据处理者三个层次，分别细化了不同主体的责任与义务，“自上而下”形成了体系，下文从工业企业的视角分述之。

一、开展数据安全风险监测

工业企业开展数据安全风险监测，其重要的目标之一是要对数据采集、传输、处理、共享等各环节中的安全进行风险识别、基线学习、行为画像与风险预警等，进而提高工业数据安全防护能力，提升企业的数据安全治理水平。① 《工业和信息化领域数据安全管理办法（试行）》第 26 条第 3 款规定：“工业和信息化领域数据处理者应当开展数据安全风险监测，及时排查安全隐患，采取必要的措施防范数据安全风险。”

依《工业和信息化领域数据安全管理办法（试行）》第 26 条第 1 款、第 2 款的规定，开展数据安全风险监测，首先应当关注工信部和地方行业监管部门建设的数据安全风险监测预警机制，关注工信部制定的相关接口和标准，在此基础之上，参考团体标准《数据安全治理能力评估方法》（T/ISC－0011－2021）等；企业开展数据安全风险监测还可以从组织建设、制度流程、技术工具和人员能力等方面入手。

组织建设方面：可以设置专职部门、岗位和人员负责监测数据生命周期各阶段的数据访问和操作的安全风险。

制度流程方面：可以明确对组织内部各类数据访问和操作的日志记录要求、安全监控要求和审计要求；可以对数据操作事件进行记录并制定数据安全风险识别和评估规则；可以对企业内部数据操作行为进行定期审计；还可以结合企业自身所属行业、所涉数据内容等特点，制定数据安全风险的量化指标，通过对比与正常数据访问和操作的偏离度监测可能发生的安全风险。

技术工具方面：可以针对数据操作和访问的日志监控、数据交换服务的流量记录等制作技术工具，并结合工业数据的分类、分级情况划分重点监控和记录范围。

人员能力方面：应当对相应工作人员定期进行培训考核，确保其能够充分理解数据安全风险监测的要求，具备识别数据风险并及时采取必要措施的能力。

二、数据安全风险信息上报与共享

《工业和信息化领域数据安全管理办法（试行）》第 27 条第 3 款规定：“工业和信息化领域数据处理者应当及时将可能造成较大及以上安全事件的风险向本地区行业监管部门报告。”参考《工业和信息化领域数据安全风险信息报送与共享工作指引（试行）（征求意见稿）》的相关规定，相关的数据安全风险包括但不限于数据泄露、数据篡改、

---

① 参见辜建超：《深度分析 | 以风险监测驱动数据安全治理的思考与建议》，载微信公众号“CCIA 数据安全工作委员会”2022 年 6 月 15 日，https://mp.weixin.qq.com/s/PtVe6Y4mRUisD5PNWILwmQ。

数据滥用、违规传输、非法访问、流量异常等安全风险(详见表15-8)。

表15-8　数据安全风险的具体内容

类别	具体内容
数据泄露	包括但不限于数据被恶意获取,或者转移、发布至不安全环境等相关风险
数据篡改	包括但不限于造成数据破坏的修改、增加、删除等相关风险
数据滥用	包括但不限于数据超范围、超用途、超时间使用等相关风险
违规传输	包括但不限于数据未按照有关规定擅自进行传输等相关风险
非法访问	包括但不限于数据遭未授权访问等相关风险
流量异常	包括但不限于数据流量规模异常、流量内容异常等相关风险

三、响应数据安全事件应急预案

依《工业和信息化领域数据安全管理办法(试行)》第28条的规定,工业企业在数据安全事件发生后,应当按照应急预案,及时开展应急处置,涉及重要数据和核心数据的安全事件,第一时间向本地区行业监管部门报告,事件处置完成后在规定期限内形成总结报告,每年向本地区行业监管部门报告数据安全事件处置情况。对于发生的可能损害用户合法权益的数据安全事件,应当及时告知用户,并提供减轻危害措施。

(一)数据安全事件应急预案的编制

《工业和信息化领域数据安全管理办法(试行)》第28条规定由工信部制定工业和信息化领域数据安全事件应急预案,由地方行业监管部门分别组织开展本地区数据安全事件应急处置工作,工业企业应当遵守和服从。在此基础上,企业如欲结合自身实际情况制定细化的应急预案,可参考T/CPUMT 006—2022《工业数据安全事件应急预案编制指南》团体标准,重点关注以下几方面内容:

其一,应当明确应急组织机构及职责。工业企业可以设置应急工作小组,包括应急专家组、通信通报小组、应急处置小组等,并在应急预案中明确人员构成和具体分工;如设立应急指挥部的,应当明确其成员及职责,此外,应急预案中还应包括应急联系表。

其二,应当对工业数据安全事件进行分级。分级时可以考虑所属行业的重要程度、工业数据的重要程度、事件影响范围、严重程度和危害程度以及事件可能引发级联效应的影响范围和影响程度等。

其三,应当完善应急处置机制。应急处置机制应当包括工业数据安全事件的报告机制、应急响应流程和具体的应急响应措施等。

(二)应急响应计划的制定

工业企业应当根据数据安全事件应急预案制订应急响应计划,参考国家标准GB/T

24363—2009《信息安全技术　信息安全应急响应计划规范》，应急响应计划应当重点关注以下几方面：

其一，应明确应急响应中各组织和人员的角色及职责。可以按照应急响应领导小组、技术保障小组、专家小组、实施小组和日常运行小组来分配人员，明确其工作职责和协作机制。

其二，应明确应急响应流程。包括事件通告流程、应急启动流程和应急处置流程等。事件通告流程包括事件发生后对应急响应日常运行小组的通告以及对应急响应领导小组的通告。应急启动流程应当以快速和有序为原则，并在计划中明确应急启动的条件。在确定有效控制了信息安全事件的影响后，应当依据应急处置流程实施恢复操作，应急处置流程应当包括恢复操作的详细规程。

其三，应急响应计划应当定期测试和培训，以检验应急响应计划的有效性，确保相关人员具备依据应急响应计划进行事件处置的能力。

四、开展数据安全评估管理

《工业和信息化领域数据安全管理办法（试行）》第31条第3款规定："工业和信息化领域重要数据和核心数据处理者应当自行或委托第三方评估机构，每年对其数据处理活动至少开展一次风险评估，及时整改风险问题，并向本地区行业监管部门报送风险评估报告。"工业企业在开展风险评估时，可以参考T/ISC－0011－2021《数据安全治理能力评估方法》团体标准及国家标准GB/T 37988—2019《信息安全技术　数据安全能力成熟度模型》等，从数据安全战略、数据全生命周期安全等方面进行评估，一方面可以排查工业数据安全风险；另一方面也可以检验工业企业数据治理能力和数据合规管理体系的有效性。

本章小结

●对工业数据应当参照《工业数据分类分级指南》和《工业和信息化领域数据安全管理办法（试行）》的规定作好分类、分级保护，其中，重要数据与核心数据目录应向工信部门备案。

●工业互联网企业网络安全应当分类、分级进行规范。工业互联网企业应先依据所属行业网络安全影响程度分类，再考虑企业所属行业网络安全影响程度、企业规模、企业应用工业互联网的程度以及企业发生网络安全事件的影响程度，以计分方式进行分级；工业互联网平台企业和基础设施运营企业应按照通信网络单元遭到破坏后可能对国家安全、经济运行、社会秩序、公众利益的危害程度进行分级。

●企业应当通过建立数据全生命周期安全管理制度、配备数据安全管理机构和人员以及建立安全事件应急处置体系三个方面落实数据处理者的主体责任，相应操作规程应贯穿工业数据处理的全流程。

●工业企业应当按照《工业和信息化领域数据安全管理办法（试行）》的要求开展数据安全风险监测，上报数据安全风险信息，响应数据安全事件应急预案并开展数据安全评估管理。

第十六章　政府政务数据合规

依国家标准《信息技术　大数据　政务数据开放共享　第1部分：总则》（GB/T 38664.1－2020）的定义，政务数据是指“各级政务部门及其技术支撑单位在履行职责过程中依法采集、生成、储存、管理的各类数据资源”。其中，政务部门包括政府部门及法律法规授权具有行政职能的事业单位和社会组织。据统计，现阶段我国80％的政府经济社会数据掌握在各级政府部门手中。[①] 海量的政务数据意味着海量信息和巨大的潜在价值：一方面，通过政务数据赋能政府治理，不仅能够提升政府决策的科学性和精准性，还可以增强政府对社会发展的预测和调控能力，[②]全面提高政府治理效能；另一方面，政务数据广泛涉及人口、住房、教育、交通、卫生、安防等公共领域，通过深度开发，其能够转化为数据要素投入各类社会生产，提升社会生产效率。

第一节　政务数据处理及应用的特殊性

国务院《“十四五”数字经济发展规划》指出：我国目前“数据资源规模庞大，但价值潜力还没有充分释放”。究其根源，数据本身不是信息，更不当然等同于数据要素，从数据到信息，再到知识和要素需经历一系列复杂的处理流程。基于政务数据处理主体的公权力属性，政务数据处理流程亦表现出了相应的

---

① 参见何振、彭海艳：《人工智能背景下政府数据治理新挑战、新特征与新路径》，载《湘潭大学学报（哲学社会科学版）》2021年第6期。

② 参见李志强、叶好：《国家治理现代化视域下大数据赋能政府治理研究》，载《西南民族大学学报（人文社会科学版）》2022年第4期。

特殊性,即数据处理及应用的行政行为属性。对于企业而言,一套完善的数据合规体系除能够防范数据安全风险外,其重要意义还在于为企业提供了一定的"免责机制";而对于政务部门而言,基于数据处理及应用的行政行为属性,数据合规体系难以发挥其"免责机制"的作用,其遵循的原则、规则亦有所差异。据此,在对政务数据进行风险分析并提出合规建议前,有必要结合政务数据处理及应用的特殊性,对其处理流程及原则遵循进行说明。

一、政务数据处理及应用流程概述①

与其他类型数据的收集、存储、使用、公开等流程相似,政务数据处理流程包括政务数据的采集汇聚、共享交换及开发利用。

(一)采集汇聚

数据采集即原始数据的生成过程,主要包括两种方式:人工填报与系统采集,前者即在相应政务系统中人工录入数据,后者则是由相应设备自动识别并生成数据。我国系统采集尤其是智能采集手段尚不普及,故人工填报仍是目前政务数据采集的主要方式。

各政务部门完成政务数据采集后,应依据政务数据目录和一定标准规范将相应数据向特定中心集中(通常为各级行政区划内的大数据中心②),由后者统一汇集、存储和管理,该过程即为政务数据的汇聚。政务数据汇聚通常有两种形式:物理汇聚与逻辑汇聚。物理汇聚方式是指将原业务系统或存储环境中的数据,通过物理迁移的方式集中搬迁至中心数据存储环境下,经统一整合发布后,提供给数据需求部门进行应用。逻辑汇聚通常也称为分布式汇聚。在数据共享应用前,数据依然是分散存储在各个部门系统或平台上,使用部门在使用数据的时候,再通过调用数据服务接口的方式获取和使用数据。本质上,政务数据的汇聚过程属于数据的共享,需通过基于目录的共享交换体系实现。

(二)共享交换

"数据共享"和"数据开放"两个概念常一起出现,二者实有不同。按照《信息技术 大数据 政务数据开放共享 第1部分:总则》中的定义,政务数据共享指"各级政务部门因履行职责需要,使用其他政务部门的政务数据以及为其他政务部门提供政务数据的行为";"公共数据开放"指"政务部门在安全保密、公共利益导向前提下,面向公

---

① 以下对政务数据处理流程的描述主要参见国家信息中心、中国电子技术标准化研究院、全国信标委大数据标准工作组《政务数据开发利用研究报告(2021年版)》,2021年10月联合发布。

② 例如,北京市大数据中心负责本市政务数据和相关社会数据的荟聚、管理,参见北京市经济和信息化局网,http://jxj.beijing.gov.cn/zwgk/jgxx/zsjgjsydw/202108/t20210825_2476514.html。

民、法人和其他组织以非排他形式提供政务数据的行为”。简言之,政务数据共享是数据在各政务部门之间流转的过程(因而前述政务数据的汇聚也属于政务数据的共享),公共数据开放则是数据由政务部门流向社会的过程。

共享与开放是开发利用政务数据相辅相成不可或缺的两部分。消除各政务部门间的“数据鸿沟”,让政务数据在各政务部门之间充分共享是政务数据得以被综合应用的前提,是数字政府建设的核心。① 数字政府“让群众少跑腿”的目标的基础就是“让数据多跑路”。海量政务数据仅掌握在各政务部门的手中并不能完全释放其潜在价值。“数据实际上就是网络空间对物理和社会空间各种关系的映射。”②一方面,将物理空间和社会空间的各种关系映射到网络空间中,可以提高各类信息和知识的流转效率;另一方面,被映射到网络空间中的各类关系可以指导物理空间和社会空间中的人们的活动,形成新的、更加高效的资源配置方式。③ 因此,只有将数据投入各生产部门,使其与其他生产要素结合,才能充分发挥其“乘数作用”,助力社会生产效率的提升。④ 从这一意义上来讲,政务数据的充分开发利用必然伴随开放的过程。

政务数据开放数据全生命周期包括数据生成、数据传输、数据清洗加工、数据存储、数据服务和数据销毁六个环节。目前我国各地方政府政务数据开放平台建设已较为完备,近年来开放的有效数据集总数也在成倍增长。

(三)开发利用

就政务数据的开发利用而言,科技的进步赋予了那些原本无法被人们利用的物质以新的利用形式,在多方安全计算、隐私计算、联邦学习等技术支持下,我国公共数据开发利用在多个领域实现了创新性应用。例如,广西政府与企业协同打造的“××通”平台(广西建筑农民工实名制管理公共服务平台),其就国家部委层面的公安部人口身份证数据、自治区建筑质量安全监管平台数据和自治区各个项目自建的实名制系统数据等政务数据,通过系统接口方式进行查验或通过系统集成进行数据共享,与企业数据汇集并经过加工处理后,实现了认证考勤设备、银行工资代发系统、政府业务系统的跨系统对接。⑤

---

① 袁刚、温圣军等:《政务数据资源整合共享:需求、困境与关键进路》,载《电子政务》2020年第10期。

② 刘刚:《基于网络空间的资源配置方式变革(上)》,载《上海经济研究》2019年第5期。

③ 参见张昕蔚、蒋长流:《数据的要素化过程及其与传统产业数字化的融合机制研究》,载《上海经济研究》2021年第3期。

④ 参见田杰棠、刘露瑶:《交易模式、权利界定与数据要素市场培育》,载《改革》2020年第7期。

⑤ 参见郭明军、于施洋等:《政务数据与社会数据对接利用:“三螺旋”运行机制的内涵、模型及验证》,载《中国软科学》2021年第9期。

二、政务数据处理及应用的原则遵循

(一)坚持依法行政

基于政务部门的公权力性,一方面,政务数据处理及应用具备了一定的行政行为属性。例如,与电商数据的处理相比:前已述及,用户与电商企业在电子商务活动中处于平等的法律地位,企业违法处理用户数据的情形下,电商企业与用户的法律关系属私法的调整范围;而政务数据的处理过程中,政务部门与公民个人等主体之间可能成立行政法律关系。另一方面,政务部门持续采集信息和数据,在算法的架构优势和嵌入优势下,能够高度契合行政规制的延伸,这反过来增强了公权力运行的深度、广度和效率。①据此,政务部门处理政务数据的全流程必须运行在法治的轨道上,坚持以依法行政原则为指引。

国务院发布的《全面推进依法行政实施纲要》明确提出了依法行政的基本要求,具体包括合法行政、合理行政、程序正当、高效便民、诚实守信、权责统一六项,将宪法及行政法领域的法律优先原则、法律保留原则及比例原则等囊括其中(详见表16-1)。依法行政基本要求及其子原则在政府政务数据合规领域的体现,在本章第二节、第三节详述。

表16-1 依法行政原则的内涵

依法行政的基本要求	子原则	具体内涵
合法行政	法律优先	行政机关实施行政管理,应当依照法律、法规、规章的规定进行
	法律保留	没有法律、法规、规章的规定,行政机关不得作出影响公民、法人和其他组织合法权益或者增加公民、法人和其他组织义务的决定
合理行政	公平公正	行政机关实施行政管理,应当遵循公平、公正的原则。要平等对待行政管理相对人,不偏私、不歧视
	比例原则	行使自由裁量权应当符合法律目的,排除不相关因素的干扰;所采取的措施和手段应当必要、适当;行政机关实施行政管理可以采用多种方式实现行政目的的,应当避免采用损害当事人权益的方式

① 参见王贵:《算法行政的兴起、挑战及法治化调适》,载《电子政务》2021年第7期。算法的架构优势指其将收集的用户数据,通过不同系统架构间数据共享的方式,实现内在延伸和扩张,系统性地影响用户;嵌入优势指其通过平台嵌入社会微观运行之中,实时干预人的行为,对社会进行引导、干预或者改造。

续表

依法行政的基本要求	子原则	具体内涵
程序正当	—	行政机关实施行政管理,除涉及国家秘密和依法受到保护的商业秘密、个人隐私的外,应当公开,注意听取公民、法人和其他组织的意见;要严格遵循法定程序,依法保障行政管理相对人、利害关系人的知情权、参与权和救济权。行政机关工作人员履行职责,与行政管理相对人存在利害关系时,应当回避
高效便民	—	行政机关实施行政管理,应当遵守法定时限,积极履行法定职责,提高办事效率,提供优质服务,方便公民、法人和其他组织
诚实守信	信息真实	行政机关公布的信息应当全面、准确、真实
	信赖保护	非因法定事由并经法定程序,行政机关不得撤销、变更已经生效的行政决定;因国家利益、公共利益或者其他法定事由需要撤回或者变更行政决定的,应当依照法定权限和程序进行,并对行政管理相对人因此而受到的财产损失依法予以补偿
权责统一	行政效能	行政机关依法履行经济、社会和文化事务管理职责,要由法律、法规赋予其相应的执法手段
	行政责任	行政机关违法或者不当行使职权,应当依法承担法律责任,实现权力和责任的统一。依法做到执法有保障、有权必有责、用权受监督、违法受追究、侵权须赔偿

(二)贯彻国家标准

政府政务数据广泛生成并存储于不同地区、不同单位、不同政务系统中,欲提升政务数据的使用效能与开放程度,使数据在各政务部门、政务系统之间畅通充分流转,数据的标准化是重要基础和必要前提。对此,市场监管总局办公厅等于 2020 年 6 月发布了《国家电子政务标准体系建设指南》,其中,电子政务标准体系框架由总体标准、基础设施标准、数据标准、业务标准、服务标准、管理标准、安全标准七部分组成,贯穿了政务数据处理的全流程。在国家电子政务标准体系范围内,政务数据开放共享标准子体系和公共数据资源开发利用标准子体系被列为重点工作的标准子体系。目前,我国电子政务尤其是政务数据领域制定的国家标准已较为完善。此外,在政策支持和发展需求的共同促进下,全国各地陆续发布了政务数据地方标准,涵盖了政务数据平台、数据清洗加工、数据共享开放、数据安全管理等多个方面。①

(三)保障数据安全

保障政务数据安全是政务数据共享开放和开发利用的基础和底线。一方面,政务数据进行大规模整合存储,广泛涉及公民、企业、政府部门、社会组织有关社保、户籍、疾控、政策等领域个人敏感信息和重要数据,甚至涉及国家战略数据,更容易成为攻击的目标;②另一方面,在政务数据"以开放为常态,不开放为例外""以共享为原则,不共享为例外"的原则下,数据泄露风险增大。同时,新兴技术的快速发展又催生了多种攻击手段,使政务数据面临更加严峻的安全挑战。据此,《数据安全法》第39条规定:"国家机关应当依照法律、行政法规的规定,建立健全数据安全管理制度,落实数据安全保护责任,保障政务数据安全。"《"十四五"推进国家政务信息化规划》的第四部分的第五点也提出要求:"强化政务数据安全管理,避免政务数据被违规截留和商业化使用,建立健全政务信息化工程全过程安全监督机制,明确安全责任边界……强化政务数据安全保障。"

保障数据安全的一项重要内容是保守秘密。一方面,只要取得足够的数据和运算能力,理论上数据巨头就能破解最深层的秘密,③据此,涉及国家、单位、团体敏感信息和个人隐私信息等的公共数据在向社会开放前,必须经过脱敏、脱密等技术处理,经处理后符合相关条件的才予以开放。另一方面,对于数据内容本身涉及国家事务重大决策、国家安全等秘密的,应当依法不予共享和开放,并依据《保守国家秘密法》等相关法律法规处理。此外,《政务信息资源目录编制指南(试行)》也依政务信息资源的涉密属性将政务信息资源目录分为涉密政务信息资源目录和非涉密政务信息资源目录,二者依托不同数据共享交换平台分别编制。

第二节　政务数据合规风险分析

政务数据风险有多方面的体现,本节仅就政务数据的合规风险加以分析。此处所谓合规风险——参照企业合规风险的概念:"企业因为在经营中存在违法违规乃至犯罪行为,而遭受行政监管部门处罚和司法机关刑事追究的风险"④——应主要指各政务部

① 参见国家信息中心、中国电子技术标准化研究院、全国信标委大数据标准工作组《政务数据开发利用研究报告(2021年版)》,2021年10月联合发布,第19页。

② 参见中国信息通信研究院安全研究所《政务数据共享开放安全研究报告》,2021年1月发布,第18页。

③ 参见任勇、刘乐明:《大数据应用中的风险防控与国家治理效能的提升》,载《江西师范大学学报(哲学社会科学版)》2020年第3期。

④ 陈瑞华:《企业合规的基本问题》,载《中国法律评论》2020年第1期。

门在政务数据处理流程中的违法违规风险。举例言之，就政务数据采集中的权利侵犯风险、无效性风险与不可靠性风险而言，仅权利侵犯风险属于本节讨论的合规风险。①政务数据合规风险依处理流程的逻辑分析如下。

一、政务数据的采集阶段

政务数据的采集阶段，风险主要表现为行政侵权风险。所谓行政侵权是指“国家行政机关及其工作人员作出的职权行为侵犯公民、法人或者其他组织的合法权益的事实”。② 各领域、各类型的政务数据采集活动中存在侵犯个人、企业或社会组织等的隐私权、资产权的风险，在利益驱动以及数据权利保护意识不强的情况下，违法或不正规的数据采集活动时有发生，数据隐私与数据资产被侵犯的情况非常普遍。③

在数据采集阶段，政务部门的侵权风险应当在前述依法行政原则及其各具体要求中进一步理解。以《数据安全法》第 38 条为例，该条位于《数据安全法》第五章“政务数据安全与开放”，该章是关于国家机关处理政务数据的特别规定。从第 38 条本身来看，其对国家机关收集数据进行了三方面的限制，首先需要“为履行法定职责的需要”而收集数据，其次需要在“履行法定职责的范围内”收集数据，最后需要“依照法律、行政法规规定的条件和程序”收集数据。值得关注的是，该法第 32 条亦规定，收集数据应当采取合法、正当的方式，且在法律及行政法规有明确规定时，收集数据的各类主体应当在法律、行政法规规定的目的和范围内收集数据。④

从体系解释的视角出发，显然不能将第 38 条简单理解为是对第 32 条的同义重复。第 32 条第 1 款明确规定，该条适用于任何收集数据的组织和个人。一方面，从适用范围来看，二者应当是一般和特别的关系。国家机关作为数据的收集者，必然应当遵守第 32 条的规定，在此基础上还需遵守第 38 条规定的条件，只有后者限制程度较前者更高才能达致逻辑和体系的融洽。另一方面，从公法和私法的不同逻辑来看，国家机关以外的组织和个人收集数据，在法律及行政法规暂无规定时，只要相关主体遵循合法正当、知情同意等原则并履行数据安全保障义务即可以收集数据，这是“法无禁止即可为”的自治逻辑。而对于国家机关，第 38 条限制其在法定职责和法定程序外收集数据，这是“法无授权不可为”的公法逻辑，是对基于国家公权力的政务数据收集行为的额外限制

① 数据采集中的权利侵犯风险、无效性风险与不可靠性风险。参见任勇、刘乐明：《大数据应用中的风险防控与国家治理效能的提升》，载《江西师范大学学报（哲学社会科学版）》2020 年第 3 期。

② 张步洪：《行政侵权归责原则初论》，载《行政法学研究》1999 年第 1 期。

③ 参见任勇、刘乐明：《大数据应用中的风险防控与国家治理效能的提升》，载《江西师范大学学报（哲学社会科学版）》2020 年第 3 期。

④ 《数据安全法》第 32 条规定：“任何组织、个人收集数据，应当采取合法、正当的方式，不得窃取或者以其他非法方式获取数据。法律、行政法规对收集、使用数据的目的、范围有规定的，应当在法律、行政法规规定的目的和范围内收集、使用数据。”

（见表 16－2）。

同理可对《个人信息保护法》第 34 条作类似的体系解释：该法总则部分第 5 条已经列明了处理个人信息的合法、正当原则，则第 34 条中国家机关处理个人信息须“为履行法定职责”“依照法律、行政法规规定的权限、程序进行”不宜简单解释为对第 5 条合法正当原则的重申，而应理解为基于国家机关公权力属性的“特别规定”（见表16－2）。

表 16－2　依法行政原则在相关条文中的体现

《网络安全法》第 38 条	《个人信息保护法》第 34 条	体现的原则
为履行法定职责的需要	为履行法定职责	法律保留原则、比例原则
履行法定职责的范围内	不得超出履行法定职责所必需的范围和限度	法律保留原则
依照法律、行政法规规定的条件和程序	依照法律、行政法规规定的权限、程序	程序正当原则

据此可知，政务数据采集阶段各政务部门的行政侵权风险较其他数据收集主体更加凸显。

二、政务数据存储阶段

就政务数据的存储而言，早在 2001 年 3 月，《国民经济和社会发展第十个五年计划纲要》即明确了“建设基础国情、公共信息资源、宏观经济数据库及其交换服务中心，完善地理空间信息系统的目标”，《“十四五”推进国家政务信息化规划》进一步提出“升级完善国家人口、法人、自然资源和地理空间等基础信息资源库”“建设经济治理基础数据库”的要求。目前，国家及各级政府部门都陆续开展了相应政务数据库的建设工作。

在存储阶段的主要风险是数据安全风险，早在 2018 年，中国信息通信研究院发布的《大数据安全白皮书》曾指出：“在复杂的应用环境下，保证国家重要数据、企业机密数据以及用户个人隐私数据等敏感数据不发生外泄，是数据安全的首要需求。”①如今，随着数据规模的不断扩大和数据开发利用的不断深化，数据存储面临着新型安全挑战。②《数据安全法》第 39 条规定了国家机关的数据安全保障义务：“国家机关应当依照法律、行政法规的规定，建立健全数据安全管理制度，落实数据安全保护责任，保障政务数据安全。”

具体而言，存储阶段的数据安全风险包括数据存储、管理或技术上的漏洞所导致的数据丢失、泄露与涉密等方面的风险。“作为大数据在国家治理应用中的重要内容之

---

① 中国信息通信研究院安全研究所《大数据安全白皮书》，2018 年 7 月发布，第 7 页。
② 参见中国信息通信研究院：《大数据白皮书（2022 年）》2023 年 1 月发布，第 12 页。

一,政府的政务数据泄密风险在不断增加。一方面,政务数据存储因采用国外软件造成信任机制的不完备,以及跨领域、多部门的政务数据缺乏有效的容灾备份机制,存在数据泄密风险。另一方面,大家在使用政务数据时,往往习惯于传统的政务信息传递方式,而对于通过大数据方式而展现的新型数据治理方式敏感度不够,在这些数据治理过程中往往可能会涉及国家安全、经济运行、社会治理等敏感信息。"[1]此外,由于国家机关技术、人员受限的客观现实必然存在由国家机关委托他人建设电子政务系统、存储政务数据的情形,这也增加了数据存储安全风险的复杂性。

实践中曾经出现过由于管理与技术漏洞导致个人、企业与政府数据泄露的事件。2014 年,12 × ×6 网站[2]约 13 万条用户数据——包括用户的明文密码、身份证号码、电子邮箱、手机号码等——在互联网传播售卖。据分析,该网站的用户信息是被"撞库"泄露的,"撞库"是指黑客用通过收集网络上已泄露的用户名及密码信息,生成庞大的密码库,然后到网站尝试批量登录,得到一批可以登录的用户账号及密码。这说明该网站账号安全体系存缺陷。[3]

三、政务数据共享开放阶段

政务数据共享开放阶段是政务数据处理全流程中的核心风险点,该阶段存在如下三方面的网络及数据安全风险:[4]

其一,政务数据共享开放平台建设存在供应链隐患。信息通信技术及配套设备作为建设政务数据共享交换平台供应链的基础,为政府、企业建设信息利用技术提供物理环境,但因其自身系统(或产品)带有的脆弱性和漏洞、生产制造、开发水平低以及信息全球化等特点,使其不可避免地带来一系列信息安全风险。

其二,在政务数据共享交换平台使用无线网络办公存在风险。随着无线网络应用的扩大,通过移动通信设备接入互联网,轻松处理公务已成为各级工作人员的重要需求之一,但在政务数据共享交换平台使用无线网络办公会出现很多安全隐患。无线网络办公的安全性问题主要表现在如下五个方面。一是数据传输安全风险增大,无线数据在传输过程中,凡在信号有效范围内的设备都可接收到数据,数据很容易被监听或被拦截,从而被分析破解,造成数据泄露;二是内部网络安全受到威胁,无线网络的开放性使

---

① 任勇、刘乐明:《大数据应用中的风险防控与国家治理效能的提升》,载《江西师范大学学报(哲学社会科学版)》2020 年第 3 期。

② 12xx6 网站虽不是国家机关,但依《数据安全法》第 43 条的规定:"法律、法规授权的具有管理公共事务职能的组织为履行法定职责开展数据处理活动,适用本章(第五章政务数据安全与开放)规定。"

③ 刘夏、林其玲:《12306 网站回应"13 万用户数据泄露":安全存缺陷》,载人民网,http://finance.people.com.cn/n/2014/1226/c1004-26279725.html。

④ 关于政务数据共享与放阶段的网络及数据安全风险。主要参见马晓芳:《政府建设政务数据共享交换平台存在的风险及安全措施探讨》,载《网络安全技术与应用》2017 年第 12 期。

恶意程序入侵内部网络更加自由便利，一旦入侵成功，内部办公网络端甚至服务器、防火墙、路由器等设备都可能被控制；三是病毒侵扰造成危害，木马等病毒传播速度快，不易被杀灭，从而引发系统通路阻塞、应用瘫痪、数据泄露等较大事故；四是黑客攻击，黑客一旦入侵并获得相应权限，就可利用各种攻击手段对无线网络发起攻击；五是网络宽带被盗用，非法用户过度占用网络宽带资源，造成网络堵塞从而严重影响网内合法用户的使用。

其三，政务数据共享开放流程带来数据安全风险。数据在共享及开放阶段的流转过程中，随着访问和利用政务数据的主体数量增加，对数据的控制程度就会相应降低，监督管理和安全保障难度会相应增大。尤其在有政务数据服务商的情形下，服务商具有访问和控制政务数据的能力，如何防止其留存、使用、泄露或者向他人提供政务数据亦成为重大挑战。此外还存在政务数据残留风险，即当政府用户退出共享交换平台服务时，服务商应完全删除备份数据和运行过程中产生的用户数据。目前，尚缺乏有效的机制、标准或工具来检验服务商是否实施了完全永久性删除操作，用户数据仍可能完整保存或残留在平台上。

除上述网络与数据安全风险外，政务数据共享开放阶段同样存在国家机关的行政违法风险。《数据安全法》第41条规定："国家机关应当遵循公正、公平、便民的原则，按照规定及时、准确地公开政务数据。"本条明确了政务数据以公开为常态，不公开为例外原则，其底层逻辑是政府信息公开的要求，是前述依法行政原则中程序正当和诚实守信原则的共同体现。《政府信息公开条例》对政府信息的定义为："行政机关在履行行政管理职能过程中制作或者获取的，以一定形式记录、保存的信息。"据此，政务数据当然属于政府信息的一种，对于相应法律法规确定的属于依法应当开放的数据，相应政务部门应当全面、及时、准确地向社会开放，未建立数据开放制度和机制、未履行数据开放职能的，可能面临《政府信息公开条例》第五章的处罚。

第三节　政务数据合规建议

如前述，政务数据的处理与应用应当坚持依法行政、贯彻国家标准、保障数据安全，在这三个原则的指导下，具体到合规操作层面，主要有如下三方面的建议。

一、组织机构架设

（一）坚持"党管数据"

政务数据既是重要的生产要素，更是宝贵的执政资源，在"党领导一切"的要求下必须坚持党管数据。既要坚持党管顶层设计，从宏观上指导布局，破除数据壁垒，又要坚持党管规则，明确治理模式和规则，建立政策体系，还要坚持党管安全，牢守数据保护底线，提升风控能力。①

（二）政务数据治理组织结构

就目前全国地方政务数据治理机构设置的总体情况来看，各地在机构性质、级别、隶属、职责和人员方面还存在差异，②这源于各地的城市规模、经济体量以及对公共事务需求的量和质事实上的差异。此外，基于城市行政级别有高低的现实，各地方政府及相应政务部门在机构设置的权限上亦有差异，综合考虑资金支持、人员配置等因素，难以对政务数据治理组织结构得出统一标准。但总的来讲，应当以机构设置科学、智能优化和权责协同为目标，落实“三定”制度——定机构、定职责和定编制——以明确政务数据治理的机构性质、级别、隶属、职责和人员。③

上海、北京、深圳是我国政务数据发展的第一梯队，以此三地为例，三地遵循“领导机构、执行机构、监督机构”的机构设置逻辑，建立了由市领导牵头，市发展改革委、市政府办公厅、市经济信息化委等机构参加的联席会议及各工作领导小组（如信息惠民试点工作小组、市“互联网＋政务服务”领导小组、政务公开领导小组）统筹政府大数据治理工作，推进大数据战略行动；市政府办公厅、市发展改革委、市经济信息化委等负责治理工作的组织协调，监督检查；各市、区相关行政部门或大数据主管部门负责战略工作的具体执行。行政监管、审计监督、社会监督、专家评议和第三方评估等监督考核机制保障治理工作良好进行，从而达到更好的治理成效。此外，北京市还通过设置专项督查、专题调研督查等加强监管。④

此外，法律法规、相关规范性文件及国家标准有明确要求的，应当依其要求设立相应组织机构。如《个人信息保护法》第52条规定个人信息处理者应当指定的个人信息保护负责人；《政务信息资源共享管理暂行办法》规定的市级以上地方人民政府要明确负责组织本级共享平台建设的政务信息资源共享主管部门等。

二、合规制度建设

（一）政务数据分类分级制度

《数据安全法》第21条规定了数据的分类分级保护制度，各政务部门应当结合业务需求制定政务数据分类分级规则，对不同级别的数据采取差异化安全管控措施。在《政

---

① 参见傅江平：《新时代坚持党管数据要回答好三个问题》，载南方杂志社网2022年2月21日，https://www.nfzz.net.cn/node_b6a0472174/86635a2ac2.shtml。

② 叶战备：《政务数据治理的现实推进及其协同逻辑——以N市为例》，载《中国行政管理》2021年第6期。

③ 参见叶战备：《政务数据治理的现实推进及其协同逻辑——以N市为例》，载《中国行政管理》2021年第6期。

④ 参见尧淦、夏志杰：《政府大数据治理体系下的实践研究——基于上海、北京、深圳的比较分析》，载《情报资料工作》2020年第1期。

务信息资源共享管理暂行办法》《政务信息资源目录编制指南(试行)》《政务信息资源目录体系　第4部分:政务信息资源分类》(GB/T 21063.4—2007)等规范性文件及国家标准的指导下,多地制定了政务数据分级分类的地方性标准,各政务部门可参照制定和执行。

例如,贵州省制定了《政府数据　数据分类分级指南》(DB52/T 1123—2016),就数据分类以科学性、稳定性、实用性和扩展性为原则,“采用多维度和线分类法相结合的方法,在主题、行业和服务三个维度对贵州省政府数据进行分类,对于每个维度采用线分类法将其分为大类、中类和小类三级。业务部门可以根据业务需要,对数据分类进行小类之后的细分。对小类的细分,各部门可以根据业务数据的性质、功能、技术手段等一系列问题进行扩展细分”。

就数据分级,以自主定级和明确需求为原则,由数据的敏感程度划分为公开数据、内部数据和涉密数据等。

(二)全流程数据安全管理制度

《数据安全法》第27条规定“开展数据处理活动应当依照法律、法规的规定,建立健全全流程数据安全管理制度,组织开展数据安全教育培训,采取相应的技术措施和其他必要措施,保障数据安全”,该法第39条进一步规定:“国家机关应当依照法律、行政法规的规定,建立健全数据安全管理制度,落实数据安全保护责任,保障政务数据安全。”目前,多个省市已经发布了更加详细明确的数据安全管理办法,①制度内容具体可包括:

1.安全审计制度

在政务数据治理流程中——尤其是共享交换流程中,需要对涉密、涉敏数据进行定期审计。在法律法规规定的权限范围内,“审核政务数据共享开放日志、各级用户和数据管理角色,具体包含政务数据共享开放的时间、用户、IP地址、操作对象、操作内容、操作行为和操作结果等相关信息,以及时发现政务数据共享开放中存在的隐患和风险”②。

2.检查评估制度

相应政务部门及大数据管理机构应定期开展政务数据安全年度检查和专项检查,“排查信息系统和运行环境存在的数据泄露、数据篡改、数据窃取、数据非法使用等安全

① 如《河南省人民政府办公厅关于印发河南省政务数据安全管理暂行办法的通知》,豫政办〔2022〕39号,2022年4月21日发布;《山东省电子政务和政务数据管理办法》,省政府令第329号,2019年12月25日发布等。

② 中国信息通信研究院安全研究所《政务数据共享开放安全研究报告》,2021年1月发布,第32页。

隐患”。[①] 相应政务部门应配合检查,并就发现的问题及时整改。

在法律法规修改或相应相关国家标准、地方标准变更以及相关技术更新迭代时,相关政务部门要及时进行安全评估,发现可能的风险漏洞。

3. 安全培训制度

开展政务数据安全教育和安全操作培训是《数据安全法》《网络安全法》等法律法规的明确要求。政务部门应当定期组织相关法律法规、安全技术标准及安全操作流程等方面的培训,并开展相应评估工作以确保培训内容得到有效执行。

4. 应急处置制度

各政务部门应当预先制定有效的应急预案,定期开展数据安全事件应急演练并及时评估政务数据安全事件应急演练情况。发生政务数据安全事件时,有关部门应立即启动应急预案,并按安全操作流程及时采取处置措施。事后应及时总结反馈,补充修订应急预案并相应调整数据安全保护措施。

5. 风险报告制度

在发生数据安全事件——如政务数据泄露、损毁、丢失等情形,或存在政务数据风险时,应当及时向本级或上级政务数据主管部门和网信部门报告,在数据安全事件或安全风险处置完毕后,应及时补充上报处置情况。针对瞒报漏报等行为,应健全相应追责机制。

6. 外包管理制度

由于政务部门机构、技术及人员等受限,委托他人建设、维护电子政务系统,存储、加工政务数据的,应当严格执行批准程序,建立健全安全管理措施,与相应服务提供商签订安全保密协议并监督其履行数据安全保护义务。

(三)个人信息保护制度

各政务部门处理个人信息,应当在前述依法行政原则及其诸项子原则——尤其是法律优先原则、法律保留原则及比例原则——的指引下,从严履行《个人信息保护法》及《信息安全技术　个人信息安全规范》等规定的个人信息保护义务。

(四)数据共享开放制度

1. 政务数据共享

就政务数据共享而言,国务院《政务信息资源共享管理暂行办法》规定,在保障数据安全的基础上政务数据应当以共享为原则,不共享为例外。

(1)编制政务信息资源目录

政务信息资源目录是政务部门间信息资源共享的依据,各政务部门、各地方政府应

① 中国信息通信研究院安全研究所《政务数据共享开放安全研究报告》,2021 年 1 月发布,第 32～33 页。

当按照《政务信息资源目录编制指南(试行)》的要求编制部门政务信息资源目录和地方政务信息资源目录,并按要求进行目录的管理、维护、更新。

政务数据(政务信息资源)按共享类型应分为无条件共享、有条件共享、不予共享三种类型。可提供给所有政务部门共享使用的政务信息资源属于无条件共享类。可提供给相关政务部门共享使用或仅能够部分提供给所有政务部门共享使用的政务信息资源属于有条件共享类。不宜提供给其他政务部门共享使用的政务信息资源属于不予共享类。

各政务部门形成的政务信息资源原则上应共享,凡列入不予共享类的政务信息资源,必须有法律、行政法规或党中央、国务院政策依据。人口信息、法人信息、自然资源和空间地理信息、电子证照信息等基础信息资源是政务部门履行职责的共同需要,必须依据整合共建原则,通过在各级共享平台上集中建设或通过接入共享平台实现基础数据统筹管理、及时更新,在部门间实现无条件共享。

(2)政务数据共享平台的建设和管理

对于政务数据共享平台的建设和管理,应区分内网和外网,前者应按照涉密信息系统分级保护要求,依托国家电子政务内网建设和管理;后者应按照国家网络安全相关制度和要求,依托国家电子政务外网建设和管理。

2. 政务信息开放

就政务信息开放而言,除依法不予公开的外,各政务部门应当遵循公正、公平、便民的原则,及时、准确地公开政务数据。依《政务信息资源目录编制指南(试行)》的要求,政务信息资源核心元数据应当包括政务数据的开放属性,即对政务信息资源向社会开放,以及开放条件的描述,包括是否向社会开放、开放条件。

三、处理流程规范

(一)数据采集

政务数据采集阶段应当明确采集的原则、方法和目的,确保采集内容、方式和程序的正当合法,依据《智慧城市　数据融合　第3部分:数据采集规范》(GB/T 36625.3—2021)的要求,在采集过程中可以通过监控数据使用情况、设立访问和使用权限控制机制、制定应急响应预案、定期风险评估、采用安全技术及建立安全管理规范等措施保障采集安全。

(二)数据汇聚与存储

政务数据汇聚阶段应确保政务数据的完整性、机密性,防止数据被篡改、窃取。依据《信息安全技术　政务信息共享　数据安全技术要求》(GB/T 39477—2020)的要求,传输过程中,在导出端应进行数据脱敏、数据加密、权限标记并进行安全策略检查;在交换时应做好事务标记、身份鉴别、访问控制安全传输、操作抗抵赖及过程追溯等;在导入端应注意故障恢复。

政务数据的存储阶段，依据《信息技术　大数据存储与处理系统功能要求》（GB/T 37722－2019）及《信息技术 云数据存储和管理》（第1、2、3、5部分）等国家标准，应根据政务数据分级分类实际情况建立不同等级的数据存储逻辑域对应存储，并进行有效容灾备份。采取数据加密、数据容灾、数据合规性检测等技术，并对数据库、数据共享交换平台、存储文件等实施相应安全防护，保障政务数据存储安全。

（三）数据开发利用

政务数据开发利用阶段，数据提供方可以建立，并使用监管机制，约束使用方的使用；使用方应当进行使用行为记录，对异常使用及时发现、告警并制止，且应建立使用反馈机制；共享数据交换服务方应对接收的共享数据使用方的数据使用监管反馈进行统计分析，对异常使用进行告警，并通过有效通知机制告知共享数据提供方。

（四）数据共享与开放

政务数据共享开放阶段，依《信息安全技术　政务信息共享　数据安全技术要求》（GB/T 39477—2020）及《政务信息资源交换体系》（第1—4部分）等国家标准，可重点关注接口安全、权限控制、行为审计、事件溯源等方面。

（五）数据销毁

根据数据资源目录中的数据共享开放期限要求，在停止共享开放服务、数据使用以及存储空间释放再分配等场景下，对数据库、服务器和终端中的剩余数据以及硬件存储介质等，采用数据擦除或物理销毁的方式确保数据无法复原。在数据销毁过程中，应对销毁流程严格把控，确保数据被有效销毁。

本章小结

• 与企业合规的私法逻辑、监管逻辑不同，政府政务数据合规应主要以公法视角看待，依法行政是其重要原则。此外，政务数据处理与应用还应贯彻国家标准，并充分保护数据安全。

• 在政务数据的采集、存储和共享开放三个阶段均需关注数据安全风险。此外，在政务数据采集阶段还应注意“法无授权不可为”的原则，防范数据采集的行政侵权风险；在政务数据共享开放阶段还应注意政府信息公开的相关要求。

• 在政务数据合规的具体操作层面，除可以参考企业合规操作外，还应结合政务数据处理的诸项原则，从组织机构、合规制度及处理流程三个方面构建政务数据合规体系。

第四编　新业态数据合规

第十七章　App 数据保护

第一节　App 数据合规主要问题和立法、监管现状

一、主要问题

《个人信息保护法》第 6 条明确规定“处理个人信息应当具有明确、合理的目的，并应当与处理目的直接相关，采取对个人权益影响最小的方式。收集个人信息，应当限于实现处理目的的最小范围”。根据工信部《关于 APP 超范围索取权限、过度收集用户个人信息等问题“回头看”的通报》[①]，App 数据保护问题集中在 App 对于个人信息超出合理、必要范围的收集。

目前 App 超范围收集个人信息的问题目前主要包括 7 种情形：

一是未提供相关功能索取敏感权限。一些 App 在未提供实际功能的情况下，仍然声明了相关敏感权限，存在热更新后调用和 SDK（软件开发工具包）调用权限的风险。

二是超出功能必要索取权限。一些 App 超出当前功能需要索取权限，例如某应用的电话拦截功能索要了短信、存储、通讯录等 7 项敏感权限，整改后只保留了功能实现所必需的 3 项敏感权限。

三是收集数据的敏感性超出必要范围。一些 App 在使用低敏感性数据即可实现功能的情况下，仍然收集高敏感性数据。例如，普通的天气查询功能只需要城市或地区级的粗略位

---

① 工业和信息化部：《关于 APP 超范围索取权限、过度收集用户个人信息等问题“回头看”的通报（2021 年第 11 批，总第 20 批）》，载工业和信息化部网 2021 年 11 月 3 日，https://www.miit.gov.cn/jgsj/xgj/APPqhyhqyzxzzxd/tzgg/art/2021/art_14e43ceb875a4de7846c1df45efbac1f.html。

置信息,不应索要精准位置等敏感个人信息。

四是收集数据的具体内容超出必要范围。一些 App 在仅需部分数据内容即可实现功能的情况下,却实际收集了全部内容。例如,查找好友功能只需匿名化后的手机号码即可实现功能,不应超范围收集通讯录联系人的姓名、邮箱、地址等内容。

五是收集方式超出必要范围。App 收集个人信息的方式包括单次读取、本地存储、上传云端等,对个人的影响程度依次递增,其应在满足功能需求前提下选择影响程度最低的收集方式。例如,只需单次读取或本地存储即可实现功能,不应默认使用上传云端。

六是收集频率超出必要范围。一些 App 收集每项个人信息的频率明显超出当前功能的必要范围。例如,某运动健身类 App 在用户观看视频等无关位置信息的功能时,每分钟获取位置信息近百次,明显超出必要范围。

七是收集场景超出必要范围。一些 App 除了在功能必需的合理场景收集信息,还在启动、自启动、后台运行、使用不相关功能等其他场景收集信息,违反了必要原则。例如,某 App 除了在共享位置时收集位置信息,还在扫码支付等不相关功能开启时收集位置信息用于用户消费行为画像分析。

八是数据存储传输过程中存在安全漏洞。App 的信息收集、存储、传输的过程较为复杂,存在被篡改、泄露、毁损甚至丢失的风险。因此信息利用行为越复杂,安全漏洞越多。

二、App 数据合规立法动态

(一)针对信息收集行为的立法动态

App 数据合规存在的问题主要集中于信息收集超过必要范围、未经用户同意收集信息等。针对上述行为,我国法律法规和一些行业规范和对不合规的信息收集行为进行了列举,详见表 17 – 1。

表 17 – 1　不合规信息收集行为的规范梳理

序号	文件名称	条文内容
1	《数据安全法》	第 32 条:任何组织、个人收集数据,应当采取合法、正当的方式,不得窃取或者以其他非法方式获取数据。 法律、行政法规对收集、使用数据的目的、范围有规定的,应当在法律、行政法规规定的目的和范围内收集、使用数据
2	《个人信息保护法》	第 6 条:处理个人信息应当具有明确、合理的目的,并应当与处理目的直接相关,采取对个人权益影响最小的方式。 收集个人信息,应当限于实现处理目的的最小范围,不得过度收集个人信息

续表

序号	文件名称	条文内容
3	《信息安全技术　个人信息安全规范》	5. 个人信息的收集 5. 1 收集个人信息的合法性 对个人信息控制者的要求包括： a) 不应以欺诈、诱骗、误导的方式收集个人信息； b) 不应隐瞒产品或服务所具有的收集个人信息的功能； c) 不应从非法渠道获取个人信息。 5. 2 收集个人信息的最小必要 对个人信息控制者的要求包括： a) 收集的个人信息的类型应与实现产品或服务的业务功能有直接关联；直接关联是指没有上述个人信息的参与，产品或服务的功能无法实现； b) 自动采集个人信息的频率应是实现产品或服务的业务功能所必需的最低频率； c) 间接获取个人信息的数量应是实现产品或服务的业务功能所必需的最少数量
4	《网络安全实践指南—移动互联网应用基本业务功能必要信息规范》	三、个人信息收集原则 移动互联网应用个人信息收集活动，主要依据 GB/T 35273《信息安全技术　个人信息安全规范》的“4 个人信息安全基本原则”，遵循以下基本原则： 1) 权责一致原则——个人信息收集应遵循法律法规要求，不采用非法的方式和渠道收集个人信息，不收集法律法规禁止的个人信息，不违反与用户的约定收集使用个人信息，并对因个人信息处理活动对个人信息主体合法权益造成的损害承担责任。 2) 目的明确原则——向用户明示收集使用个人信息的目的、方式和范围，收集的个人信息及申请的权限应具有合法、正当、必要、明确的收集使用目的和业务功能。 3) 最少够用原则——不收集与其提供的服务无关的个人信息，不申请打开可收集无关个人信息的权限。只收集满足业务功能所必需的最少类型和数量的个人信息，自动收集个人信息的频率不超过业务功能实际所需的频率。 4) 选择同意原则——仅当用户知悉收集使用规则并明确同意后，网络运营者方可收集个人信息。不以改善服务质量、提升用户体验、定向推送信息、研发新产品等为由，以默认授权、功能捆绑等形式强迫、误导个人信息主体同意其收集个人信息。不因个人信息主体拒绝或者撤销同意收集必要信息以外的其他信息，而拒绝提供基本业务功能服务或频繁征求用户同意。 5) 公开透明原则——以明确具体、简单通俗、易于访问的方式公开收集、使用个人信息的规则，并接受外部监督。 6) 确保安全原则——采用足够的安全技术和管理措施，保障个人信息收集安全，防范数据窃取、违规爬取、采集传输泄密等安全风险

续表

序号	文件名称	条文内容
5	《App违法违规收集使用个人信息自评估指南》	22. 若存在嵌入第三方代码插件收集个人信息的功能，是否向用户明示 如果通过嵌入第三方代码、插件等方式将个人信息传输至第三方服务器，应通过弹窗提示等方式明确告知用户
6	《App违法违规收集使用个人信息行为认定方法》	三、以下行为可被认定为“未经用户同意收集使用个人信息” 1. 征得用户同意前就开始收集个人信息或打开可收集个人信息的权限； 2. 用户明确表示不同意后，仍收集个人信息或打开可收集个人信息的权限，或频繁征求用户同意、干扰用户正常使用； 3. 实际收集的个人信息或打开的可收集个人信息权限超出用户授权范围； 4. 以默认选择同意隐私政策等非明示方式征求用户同意； 5. 未经用户同意更改其设置的可收集个人信息权限状态，如App更新时自动将用户设置的权限恢复到默认状态； 6. 利用用户个人信息和算法定向推送信息，未提供非定向推送信息的选项； 7. 以欺诈、诱骗等不正当方式误导用户同意收集个人信息或打开可收集个人信息的权限，如故意欺瞒、掩饰收集使用个人信息的真实目的； 8. 未向用户提供撤回同意收集个人信息的途径、方式； 9. 违反其所声明的收集使用规则，收集使用个人信息。 四、以下行为可被认定为“违反必要原则，收集与其提供的服务无关的个人信息” 1. 收集的个人信息类型或打开的可收集个人信息权限与现有业务功能无关； 2. 因用户不同意收集非必要个人信息或打开非必要权限，拒绝提供业务功能； 3. App新增业务功能申请收集的个人信息超出用户原有同意范围，若用户不同意，则拒绝提供原有业务功能，新增业务功能取代原有业务功能的除外； 4. 收集个人信息的频度等超出业务功能实际需要； 5. 仅以改善服务质量、提升用户体验、定向推送信息、研发新产品等为由，强制要求用户同意收集个人信息； 6. 要求用户一次性同意打开多个可收集个人信息的权限，用户不同意则无法使用

续表

序号	文件名称	条文内容
7	《网络安全标准实践指南—移动互联网应用程序(App)使用软件开发工具包(SDK)安全指引》	5.3　SDK 提供者安全措施 App 提供者在选用 SDK 时,应选用安全性、可靠性高的 SDK,建议 SDK 提供者基于 5.1 中安全原则采取以下安全措施,并向 App 提供者提供有关安全能力的证明。可采取的安全措施包括但不限于: a)收集使用个人信息和申请敏感权限应遵循合理、最小、必要原则。 b)对功能独立的模块,宜进行拆分或提供单独的开启关闭选项,允许 App 提供者按需进行选择使用或开启关闭,不应强制捆绑无关功能并以此为由申请无关权限或收集无关的个人信息。 c)收集个人信息的频率应是实现自身业务功能所必需的最低频率。在 App 用户或 App 提供者未使用 SDK 相关业务功能时,不应强制申请权限或通过自启动、关联启动等方式开始收集个人信息。 d)通过代码审计、代码混淆等方式,增强自身安全性。在发布上线前,进行安全评估,评估内容包括但不限于:完整性校验、恶意代码检测、安全漏洞检测、权限申请和调用频率检测、收集个人信息类型和频率检测、后台自启动和关联启动并收集个人信息的行为检测。发布上线后,持续进行安全监测或定期进行安全检测,发现新的安全漏洞时应及时进行修复并告知 App 提供者。 e)通过接口调用提供自身功能的 SDK,对接口增加鉴权机制,并对不同 App 调用接口的上下文环境进行隔离。 f)数据传输使用 HTTPS 安全信道、双向证书校验、证书绑定等安全机制,避免因中间人攻击导致传输数据泄露或被篡改。传输用户个人敏感信息的,在传输前,对个人敏感信息内容进行加密。 g)采用热更新技术的 SDK,需建立完善的热更新安全保障机制,包括但不限于:1)向 App 提供者明示自身 SDK 存在热更新机制;2)在热更新推送前至少 5 个工作日向 App 提供者说明本次热更新包更新的时间节点、热更新的具体内容、更新后可能造成的影响、热更新包的有效校验方式等;如果热更新内容涉及个人信息收集使用的目的、方式和范围的变更,安全性变更或重大的功能变更,进一步通过邮件、短信等逐一触达的方式告知 App 提供者;3)提供单独控制热更新功能开启关闭的选项,说明关闭热更新功能带来的影响,并保留 App 提供者在不接受热更新功能的情况下仍可正常使用 SDK 其他功能的权利。 h)向 App 提供者告知 SDK 的相关信息,告知的信息应完整、准确、及时,不存在故意隐瞒、欺骗等行为。告知内容包括但不限于:SDK 提供者的基本信息、沟通反馈渠道、安全能力;SDK 的基本功能、版本号、隐私政策链接地址;申请的敏感权限和申请目的;收集的个人信息类型和收集目的;个人信息回传服务器所在地域;热更新机制及其开启关闭方式;是否存在单独收集用户个人

续表

序号	文件名称	条文内容
		信息的界面;嵌入的其他可收集个人信息的 SDK;是否向其他应用或服务器发送、共享收集的用户个人信息;是否存在后台自启动和关联启动并收集个人信息的行为等。 i)作为个人信息共同控制者或独立控制者收集使用用户个人信息的 SDK,单独向用户告知收集使用个人信息的行为并征得用户同意。 j)在保障安全的前提下,优先在本地的 App 私有存储空间内存储和处理个人信息。在本地存储和处理个人敏感信息,对个人敏感信息内容进行加密。 k)不留存不可变更的设备唯一标识符,收集可变更的标识符或采用技术手段将原始的不可变更标识符转化为可变更状态。 l)建立响应个人信息主体请求和投诉等机制,并在接入 App 前及时告知 App 提供者相应的请求和投诉渠道,以供个人信息主体查询、使用。 m)宜建立“Opt-out”选择退出机制,当个人信息主体不希望使用 SDK 提供的服务时,个人信息主体可通过“Opt-out”机制行使退出权利。在官网或个人信息保护政策中透出“Opt-out”的链接,以便个人信息主体行使权利
8	《关于开展纵深推进 APP 侵害用户权益专项整治行动的通知》	三、整治任务 (一)APP、SDK 违规处理用户个人信息方面。 1.违规收集个人信息。重点整治 APP、SDK 未告知用户收集个人信息的目的、方式、范围且未经用户同意,私自收集用户个人信息的行为。 2.超范围收集个人信息。重点整治 APP、SDK 非服务所必需或无合理应用场景,特别是在静默状态下或在后台运行时,超范围收集个人信息的行为。 3.违规使用个人信息。重点整治 APP、SDK 未向用户告知且未经用户同意,私自使用个人信息,将用户个人信息用于其提供服务之外的目的,特别是私自向其他应用或服务器发送、共享用户个人信息的行为。 4.强制用户使用定向推送功能。重点整治 APP、SDK 未以显著方式标示且未经用户同意,将收集到的用户搜索、浏览记录、使用习惯等个人信息,用于定向推送或广告精准营销,且未提供关闭该功能选项的行为

续表

序号	文件名称	条文内容
9	《信息安全技术　移动互联网应用程序(App)生命周期安全管理指南(征求意见稿)》	6　生命周期管理 …… 6.1.8.7　个人信息管理 开发者宜参考以下与个人信息管理相关的活动。 a)收集个人信息后,宜进行去标识化处理,将可用于恢复识别个人的信息与去标识化后的信息分开存储并加强访问和使用的权限管理。 b)根据用户授权情况,设置个人信息存储的最短期限,法律法规另有约定或者用户另行授权同意的除外,超出上述个人信息存储期限后,需要对个人信息进行删除或匿名化处理。 c)采用加密等方式传输和存储个人信息。 d)个人生物识别信息和个人身份信息分开加密储存。 e)对个人生物识别信息进行安全处理,处理方法包括但不限于: ● 仅存储个人生物识别信息的摘要信息; ● 在使用面部识别特征、指纹、掌纹、虹膜等实现识别身份、认证等功能后,删除可提取个人生物识别信息的原始图像。 f)当共享个人信息时,需要事先征得用户的授权同意,开展个人信息安全影响评估,依评估结果采取有效的保护用户的措施,并为因共享发生的损害用户合法权益的安全事件负责。 g)当通过界面展示个人信息时,宜对需要展示的个人信息进行去标识化处理。 h)建立相应的内部制度和政策对员工提出个人信息保护的工作指引。 i)对个人信息保护政策、相关规程和安全措施的有效性进行审计,审计过程形成的记录作为安全事件的处置、应急响应和事后调查等活动的参考依据。

续表

<table>
<tr><th>序号</th><th>文件名称</th><th>条文内容</th></tr>
<tr><td></td><td></td><td>
附录 A
（资料性）
App 面临的安全风险
表 A.2　侵害用户权益的分类及风险描述
<table>
<tr><th>侵害用户权益分类（包括但不限于以下分类）</th><th>风险描述</th></tr>
<tr><td>私自收集个人信息</td><td>App 未明确告知收集使用个人信息的目的、方式和范围并获得用户同意前，收集用户个人信息</td></tr>
<tr><td>超范围收集个人信息</td><td>App 收集个人信息，非服务所必需或无合理应用场景，超范围或超频次收集个人信息，如通讯录、位置、身份证、人脸等</td></tr>
<tr><td>私自共享给第三方</td><td>App 未经用户同意与其他应用共享、使用用户个人信息，如设备识别信息、商品浏览记录、搜索使用习惯、常用软件应用列表等</td></tr>
<tr><td>强制用户使用定向推送功能</td><td>App 未向用户告知，或未以显著方式标示，将收集到的用户搜索、浏览记录、使用习惯等个人信息，用于定向推送或精准营销，且未提供关闭该功能的选项</td></tr>
<tr><td>不给权限不让用</td><td>App 安装和运行时，向用户索取与当前服务场景无关的权限，用户拒绝授权后，应用退出或关闭</td></tr>
<tr><td>频繁申请权限</td><td>App 在用户明确拒绝权限申请后，频繁申请开启通讯录、定位、短信、录音、相机等与当前服务场景无关的权限，骚扰用户</td></tr>
<tr><td>过度索取权限</td><td>App 在用户未使用相关功能或服务时，提前申请开启通讯录、定位、短信、录音、相机等权限，或超出其业务功能或服务外，申请通讯录、定位、短信、录音、相机等权限</td></tr>
</table>
……
</td></tr>
</table>

续表

<table>
<tr><th>序号</th><th>文件名称</th><th>条文内容</th></tr>
<tr><td></td><td></td><td>
附录 B　App 安全风险应对体系
<table>
<tr><th>安全保证模块</th><th>风险问题</th><th>风险产生阶段</th></tr>
<tr><td>……</td><td>……</td><td>……</td></tr>
<tr><td>生命周期管理</td><td>侵害用户权益(详见上表)</td><td>需求分析及评审、安全质量保证、方案设计、方案评审、代码管理、变更控制、安全测试、安全验证、安全交付、App 管理、整改监督、安装检测、运行状态检测、安全维护、安全更新、终止运营、安全管理制度、人员管理、文档管理、业务数据管理、个人信息管理、侵害用户权益风险监测处置过程</td></tr>
</table>

附录 C
(资料性)
安全开发
……
C.1.5　数据保护与密码
C.1.5.1　数据真实性
App 宜采用密码技术保护数据的真实性:
a)在通信前基于密码技术对通信的双方进行验证或认证;
b)采用口令、密码技术、生物技术等两种或两种以上组合的鉴别技术对用户进行身份鉴别,且其中一种鉴别技术至少应使用密码技术来实现。
C.1.5.2　数据完整性
App 宜采用密码技术保护以下数据的完整性:
a)重要的存储数据,如鉴别数据、重要业务数据、重要审计数据、重要配置数据、重要视频数据和个人敏感信息等,并检测数据完整性被破坏的情况;
b)重要的传输数据,并检测数据被篡改、删除和插入等情况;
c)执行回退操作序列中的回退数据。
C.1.5.3　数据保密性
App 宜采用密码技术保护以下数据的保密性:
a)存储数据加密,包括但不限于有版权保护的音视频服务数据、移动支付数据、网上购物服务数据、鉴别数据、重要业务数据和个人敏感信息等,并确保无访问权限的用户无法获取该数据;
b)传输数据加密,并确认在传输过程中窃取或泄露重要数据的情况;
</td></tr>
</table>

续表

序号	文件名称	条文内容
		c)内存中的个人敏感信息和重要数据,并检测该数据在内存被释放或重新分配前得以清除。 C.1.5.4　不可否认性 在可能涉及法律责任认定需要对行为进行取证时,App宜采用密码技术提供数据原发证据和数据接收证据,实现数据原发行为的不可否认性和数据接收行为的不可否认性。 C.2.3.1　个人信息安全 C.2.3.2　收集与使用 除了符合GB/T 35273—2020的基本原则,App还宜参考以下方面: a)在隐私政策中公开收集使用个人信息规则,并在首次运行时通过弹窗等明显方式提示用户阅读; b)告知用户收集、使用个人信息的目的、方式和范围等,并在获得用户授权同意后才收集个人信息; c)收集的个人信息与声明的目的、方式和范围等保持一致; d)当个人信息的使用目的、范围或场景发生变化时,再次征得用户明示同意; e)不骚扰用户频繁征求用户的授权; f)不诱导或强迫用户授权同意,如通过捆绑产品或服务各项业务功能的方式诱导用户,或通过改善服务质量、提升使用体验、研发新产品、增强安全性或暂停其他业务功能等方式强迫用户; g)不超范围收集个人信息,如非服务所必需或无合理应用场景的个人信息; h)不通过隐蔽方式收集,如个人信息的字段、类型、收集频率、回传服务端场景信息和内容等 C.2.3.3　删除与保护 为实现个人信息的删除与保护,App宜采用以下方法: a)提供用户查询、更正、删除其个人信息的方式; b)提供用户撤回收集、使用其个人信息的授权同意的方式; c)提供公布个人信息安全投诉、举报的方式; d)当用户注销账户时,删除或匿名化处理其个人信息; e)启用访问控制机制处理个人信息

续表

序号	文件名称	条文内容
10	电信终端产业协会：《软件开发包(SDK)个人信息处理规范》	5　总体要求 5.1　SDK 处理个人信息框架 SDK 使用者一般会在宿主程序的基础上集成若干 SDK 提供者提供的 SDK,SDK 使用者与 SDK 提供者的个人信息保护责任划分包括以下三种情况： a)SDK 提供者独立处理个人信息的,应自行承担个人信息保护责任； b)SDK 提供者受 SDK 使用者委托或与 SDK 使用者共同处理个人信息的,可按照合作协议或共同协商各自承担的责任； c)当 SDK 使用者独立处理个人信息的,应由 SDK 使用者承担个人信息保护的责任。 5.2　SDK 处理个人信息原则 SDK 提供者开展个人信息处理活动应遵循合法、正当、必要的原则,具体包括： a)合法必要：处理个人信息应合法、正当、必要和诚信,不应通过误导、欺诈、胁迫等方式处理个人信息； b)目的明确：处理个人信息应具有明确、合理的目的,应与处理目的直接相关,应采取对个人权益影响最小的方式； c)最小必要：收集个人信息时,应当限于实现处理目的的最小范围,不得过度收集个人信息； d)公开透明：应以明确、清晰、易懂的方式公开个人信息的处理规则； e)告知同意：应以合理的方式将个人信息的处理目的、方式、范围等规则进行告知,并征得用户同意;若无法独立实现的,SDK 使用者应辅助其实现； f)确保安全：应采取必要的管理措施和技术手段保障所处理的个人信息的安全； g)主体参与：应向个人信息主体提供能够查询、更正、删除其个人信息,以及撤回授权同意、投诉等方法； h)知情自愿：基于用户同意处理个人信息的,该同意应由用户在充分知情的前提下自愿、明确作出。 5.3　SDK 提供者与 SDK 使用者双方义务 SDK 处理个人信息或为用户提供服务时,涉及 SDK 使用者的,应满足以下要求： a)若 SDK 使用者与 SDK 提供者共同处理个人信息,应双方协商确定如何告知用户,征得用户的同意以及提供用户权利保障功能； b)若 SDK 提供者,作为受托方,根据 SDK 使用者的要求处理个人信息,应由 SDK 使用者告知用户征得用户同意,并提供用户权利保障功能,SDK 提供者应协助 SDK 使用者完成上述义务； c)若 SDK 提供者独立处理个人信息的,应自行告知用户,征得用户同意,并提供用户权利保障功能,SDK 使用者协助 SDK 提供者实现相应功能

续表

序号	文件名称	条文内容
11	工业和信息化部:《移动互联网应用程序个人信息保护管理暂行规定(征求意见稿)》	第六条　从事 App 个人信息处理活动的,应当以清晰易懂的语言告知用户个人信息处理规则,由用户在充分知情的前提下,作出自愿、明确的意思表示。 (一)应当在 App 登录注册页面及 App 首次运行时,通过弹窗、文本链接及附件等简洁明显且易于访问的方式,向用户告知涵盖个人信息处理主体、处理目的、处理方式、处理类型、保存期限等内容的个人信息处理规则; (二)应当采取非默认勾选的方式征得用户同意; (三)应当尊重用户选择权,在取得用户同意前或者用户明确表示拒绝后,不得处理个人信息;个人信息处理规则发生变更的,应当重新取得用户同意; (四)应当在对应业务功能启动时,动态申请 App 所需的权限,不应强制要求用户"一揽子"同意打开多个系统权限,且未经用户同意,不得更改用户设置的权限状态; (五)需要向本 App 以外的第三方提供个人信息的,应当向用户告知其身份信息、联系方式、处理目的、处理方式和个人信息的种类等事项,并取得用户同意; (六)处理种族、民族、宗教信仰、个人生物特征、医康、金融账户、个人行踪等敏感个人信息的,应当对用户进行单独告知,取得用户同意后,方可处理敏感个人信息。 第七条　从事 App 个人信息处理活动的,应当具有明确、合理的目的,并遵循最小必要原则,不得从事超出用户同意范围或者与服务场景无关的个人信息处理活动。 (一)处理个人信息的数量、频次、精度等应当为服务所必需,不得超范围处理个人信息; (二)个人信息的本地读取、写入、删除、修改等操作应当为服务所必需,不得超出用户同意的操作范围; (三)用户拒绝相关授权申请后,不得强制退出或者关闭 App,不得提前申请超出其业务功能或者服务外的权限,不得利用频繁弹窗反复申请与当前服务场景无关的权限; (四)在非服务所必需或者无合理场景下,不得自启动或者关联启动其他 App; (五)用户拒绝提供非该类服务所必需的个人信息时,不得影响用户使用该服务; (六)不得以改善服务质量、提升使用体验、研发新产品、定向推送信息、风险控制等为由,强制要求用户同意超范围或者与服务场景无关的个人信息处理行为。 第八条　App 开发运营者应当履行以下个人信息保护义务: (一)切实提升产品和服务个人信息保护意识,将个人信息保护要求落实在产品设计、开发及运营环节;以显著、清晰的方式定期向用户呈现 App 的个人信息收集使用情况;

续表

序号	文件名称	条文内容
		(二)基于个人信息向用户提供商品或者服务的搜索结果的,应当保证结果公平合理,同时向该用户提供不针对其个人特征的选项,尊重和平等保护用户合法权益; (三)使用第三方服务的,应当制定管理规则,明示 App 第三方服务提供者的名称、功能、个人信息处理规则等内容;应与第三方服务提供者签订个人信息处理协议,明确双方相关权利义务,并对第三方服务提供者的个人信息处理活动和信息安全风险进行管理监督;App 开发运营者未尽到监督义务的,应当依法与第三方服务提供者承担连带责任; (四)对于不影响其他服务功能的独立服务功能模块,应当向用户提供关闭或者退出该独立服务功能的选项,不得因用户采取关闭或者退出操作而拒绝提供其他服务; (五)加强前端和后端安全防护、访问控制、技术加密、安全审计等工作,主动监测发现个人信息泄露等违规行为,及时响应处置要求; (六)国家规定的其他个人信息保护义务

(二)数据合规义务主体范围增加

数据合规的义务主体主要是 App 开发者和运营者,除此之外,2022 年 4 月 26 日,工业和信息化部发布《移动互联网应用程序个人信息保护管理暂行规定(征求意见稿)》。该《征求意见稿》对 App 分发平台、App 第三方服务提供者、移动智能终端生产企业、网络接入服务提供者也提出在个人信息的收集、存储、使用、加工、传输过程中的相应要求,同时明确了相应的整改期限和责任。具体如表 17-2 所示:

表 17-2　数据合规主体义务内容

文件名称	条文内容
工业和信息化部:《移动互联网应用程序个人信息保护管理暂行规定(征求意见稿)》	第九条　App 分发平台应当履行以下个人信息保护义务: (一)登记并核验 App 开发运营者、提供者的真实身份、联系方式等信息; (二)在显著位置标明 App 运行所需获取的用户终端权限列表和个人信息收集的类型、内容、目的、范围、方式、用途及处理规则等相关信息; (三)不得欺骗误导用户下载 App; (四)对新上架 App 实行上架前个人信息处理活动规范性审核,对已上架 App 在本规定实施后 1 个月内完成补充审核,并根据审核结果进行更新或者清理; (五)建立 App 开发运营者信用积分、风险 App 名单、平台信息共享及签名验证等管理机制; (六)按照监督管理部门的要求,完善报送机制,及时配合监督管理部门开展问题 App 上报、响应和处置工作; (七)设置便捷的投诉举报入口,及时处理公众对本平台所分发 App 的投诉举报; (八)国家规定的其他个人信息保护义务。

续表

文件名称	条文内容
工业和信息化部:《移动互联网应用程序个人信息保护管理暂行规定(征求意见稿)》	第十条　App第三方服务提供者应当履行以下个人信息保护义务: (一)制定并公开个人信息处理规则; (二)以明确、易懂、合理的方式向App开发运营者公开其个人信息处理目的、处理方式、处理类型、保存期限等内容,其个人信息处理活动应当与公开的个人信息处理规则保持一致; (三)未经用户同意或者在无合理业务场景下,不得自行进行唤醒、调用、更新等行为; (四)采取足够的管理措施和技术手段保护个人信息,发现安全风险或者个人信息处理规则变更时应当及时进行更新并告知App开发运营者; (五)未经用户同意,不得将收集到的用户个人信息共享转让; (六)国家规定的其他个人信息保护义务。 第十一条　移动智能终端生产企业应当履行以下个人信息保护义务: (一)完善终端权限管控机制,及时弥补权限管理漏洞,持续优化和规范敏感行为的记录能力,主动为用户权限申请和告知提供便利; (二)建立终端启动和关联启动App管理机制,为用户提供关闭自启动和关联启动的功能选项; (三)持续优化个人信息权限在用状态,特别是录音、拍照、视频等敏感权限在用状态的显著提示机制,帮助用户及时准确了解个人信息权限的使用状态; (四)建立重点App关注名单管理机制,完善移动智能终端App管理措施; (五)对预置App进行审核,持续监测预置App的个人信息安全风险; (六)在安装过程中以显著方式告知用户App申请的个人信息权限列表; (七)完善终端设备标识管理机制; (八)国家规定的其他个人信息保护义务。 第十二条　网络接入服务提供者应当履行以下个人信息保护义务: (一)在为App提供网络接入服务时,登记并核验App开发运营者的真实身份、联系方式等信息; (二)按照监督管理部门的要求,依法对违规App采取停止接入等必要措施,阻止其继续违规侵害用户个人信息和其他合法权益; (三)国家规定的其他个人信息保护义务。

(三)针对隐私协议的立法动态

2022年5月26日,全国信息安全标准化技术委员会发布了《信息安全技术 互联网平台及产品服务隐私协议要求(征求意见稿)》。该《征求意见稿》对互联网平台及产品服务隐私协议编制程序、具体内容、发布形式,增加隐私协议的可读性、透明性,以及处理隐私协议相关的争议纠纷等方面作出了规定,具体如表17-3所示:

表17－3　数据隐私协议规范指引

文件名称	条文内容
全国信息安全标准化技术委员会发布了《信息安全技术 互联网平台及产品服务隐私协议要求(征求意见稿)》	7　隐私协议的内容 7.1　概述 隐私协议应至少包括适用范围、摘要、收集使用个人信息规则、保障个人信息安全的规则、保障个人信息主体权利的规则、个人信息跨境流动的规则、隐私协议更新的规则等,并提供个人信息处理者的联系方式。 7.2　隐私协议的发布主体和适用范围 隐私协议的该部分应包含个人信息处理者的身份和地址、个人信息保护负责人联系方式、隐私协议所适用的产品或服务范围、所适用的个人信息主体类型、生效及更新时间等。 7.3　隐私协议的摘要 该部分为隐私协议的重点说明,是隐私协议的一个要点摘录。目的是使个人信息主体快速了解隐私协议的主要组成部分、个人信息处理者所做声明的核心要旨。隐私协议的摘要可以至于完整隐私协议开始的部分,或以单独文件展示,隐私协议的摘要通常包括: a)个人信息主体常用业务功能收集的个人信息种类; b)向第三方提供个人信息的主要场景; c)个人信息主体行使权利的主要途径; d)个人信息主体投诉举报的主要渠道; e)其他需要个人信息主体关注的事项。 7.4　收集使用个人信息的规则 隐私协议的该部分内容包括: a)详细列举收集和使用个人信息的服务类型及具体的业务功能,不应使用概括性语言;注:此步骤应参考《常见类型移动互联网应用程序(App)必要个人信息范围》中对服务类型的划分。 b)根据不同服务类型,分别列出各业务功能所收集的必要个人信息类型和非必要个人信息类型,并以"个人信息收集清单"的形式统一集中展示; c)描述实现特定业务功能所必需的必要个人信息类型时,应参考《常见类型移动互联网应用程序(App)必要个人信息范围》; d)不应使用概括性语言综述所收集个人信息,如"我们收集您的身份等相关信息"此类描述,而应明确写明"我们收集您的姓名、电话号码、地址信息"; e)收集身份证、护照、驾驶证等法定证件信息和个人生物识别信息时,应专门提醒个人信息主体此次收集活动涉及的信息,并说明处理目的、处理规则; f)在"个人信息清单"中还应列明每类型个人信息被处理的方式、频次、时机,以及拒绝对该类型个人信息的处理可能对个人的影响; g)统一集中展示服务或产品中所嵌入的各第三方代码或插件(如SDK)的名称,各第三方代码或插件所收集的全部个人信息类型,以及所处理个人信息的目的、方式、种类、频次、时机等处理个人信息的规则; h)说明个人信息在使用过程中涉及的地理区域,如个人信息存储和备份的地域,个人信息传输过程中涉及的地域范围;如果个人信息存在跨境传输情况,需单独列出或重点标识; i)根据个人信息的使用情况,注明不同类型个人信息预计的保存时间或个人信息存储期限的确定方法(如自收集日期开始5年内)以及需要删除或销毁的截止日期(如2019年12月31日或个人信息主体注销账户时); j)确需改变信息收集和使用的目的,应当说明会征得个人信息主体的同意;

续表

文件名称	条文内容
	k)个人信息处理者说明是否需要共享、转让个人信息,并详细描述需要共享、转让的个人信息类型和原因、个人信息的接收方、对接收方的约束和管理准则、接收方使用个人信息的目的、个人信息共享、转让过程中的安全措施,及共享、转让个人信息是否对个人信息主体带来高危风险,并将以上内容形成“个人信息对外提供清单”; l)个人信息处理者说明是否需要公开披露个人信息,并详细描述需要公开披露的个人信息类型、原因、是否对个人信息主体带来高危风险; m)说明何种情况下个人信息处理者会不经过个人信息主体同意,共享、转让和公开披露数据,如响应执法机关和政府机构的要求、进行个人信息安全审计、保护个人信息主体避免遭受欺诈和严重人身伤害等。 7.5　保障个人信息安全的规则 隐私协议的该部分内容包括: a)说明个人信息处理者对个人信息进行安全保护的措施。包括但不限于:个人信息完整性保护措施,个人信息传输、存储和备份过程的加密措施,个人信息访问、使用的授权和审计机制,个人信息的保留和删除机制等; b)目前遵循的个人信息安全规程和此方面取得的认证。包含个人信息处理者目前主动遵循的国际或国内的个人信息安全法律、法规、标准、协议等,以及个人信息处理者目前已取得的个人信息安全相关的权威独立机构认证; c)应描述提供个人信息后可能存在的安全风险; d)应表明在发生个人信息安全事件后,个人信息处理者将承担法律责任; e)应表明在发生个人信息安全事件后,将及时告知个人信息主体。 7.6　保障个人信息主体权利的规则 隐私协议的该部分内容包括: a)说明个人信息主体对其个人信息拥有何种权利,内容包括但不限于:个人信息收集、使用和公开披露时允许个人信息主体选择的个人信息范围,个人信息主体所具备的查阅、复制、更正、补充、删除等控制权限,个人信息主体可以选择的通信和广告偏好,个人信息主体不再使用服务后撤回同意和注销账户的渠道、个人信息主体进行投诉举报、维权的有效渠道等; b)对于需要自行配置或操作(如对所使用的软件、浏览器、移动终端等进行配置和操作)以达到查阅、复制、更正、补充、删除、撤回同意等目的,个人信息处理者应对配置和操作的过程进行详细说明,说明方式易于个人信息主体理解,必要时提供技术支持的渠道(客服电话、在线客服等); c)如果为个人信息主体提供隐私偏好设置的,需说明具体的设置方法; d)如果个人信息主体行使权利的过程产生费用,需明确说明收费的原因和依据; e)如果个人信息主体提出行使权利的需求后需要较长时间才能响应,需明确说明响应的时间节点,以及无法短时间内响应的原因; f)如果个人信息主体行使权利的过程需要再次验证身份,需明确说明验证身份的原因,并采取适当的控制措施,避免验证身份过程中造成的个人信息泄露; g)如果个人信息处理者拒绝个人信息主体对个人信息进行查阅、复制、更正、补充、删除、撤回同意等的要求,需明确说明拒绝的原因和依据。 7.7　个人信息跨境流动的规则　如果因业务需求、政府和司法监管要求存在跨境信息传输情况,需详细说明需要进行跨境传输的数据类型,以及跨境传输遵守的标准、协议和法律机制(合同等)。

续表

文件名称	条文内容
	7.8　隐私协议更新的规则 隐私协议的该部分内容包括: a)涉及用户权益重大影响的隐私协议更新情形; b)涉及用户权益重大影响的隐私协议更新程序,包括对更新内容公开征求意见的平台、时限、对公众意见采纳情况的发布等; c)说明使用何种方式及时通知个人信息主体。注:通常情况下采取的通知方式如:个人信息主体登录信息系统时、更新信息系统版本并在个人信息主体使用时弹出窗口、个人信息主体使用信息系统时直接向个人信息主体推送通知、向个人信息主体发送邮件、短信等。 7.9　提供联系方式 隐私协议的该部分内容包括: a)个人信息处理者需要明确给出处理个人信息安全问题相关反馈、投诉的渠道,如个人信息安全责任部门的联系方式、地址、电子邮件地址、个人信息主体反馈问题的表单等,并明确个人信息主体可以收到回应的时间; b)个人信息处理者需给出外部争议解决机构及其联络方式,以应对与个人信息主体出现无法协商解决的争议和纠纷。外部争议解决机构通常为:个人信息处理者所在管辖区的法院、认证个人信息处理者隐私协议的独立机构、行业自律协会或政府相关管理机构等。 8　隐私协议的发布和可视化 个人信息处理者在发布隐私协议时,应遵循以下规则: a)在收集个人信息前,主动提示个人信息主体阅读隐私协议,如在个人信息主体首次开启产品或服务,或首次注册账户时通过弹窗的形式提示阅读; b)隐私协议应长期置于个人信息主体可便捷访问的页面,不应通过置于多级目录、缩减字号、淡化颜色、不提供简体中文版等方式干扰个人信息主体获取。个人信息主体为查阅个人信息保护政策所做的点击操作,不应超过4次; c)产品或服务涉及多种服务类型时,仅将隐私协议用于向个人信息主体告知产品或服务个人信息处理总况的目的,不应通过要求个人信息主体同意隐私协议的形式一次性获得个人信息主体对多种服务类型的同意。注:如在个人信息主体仅使用一项服务类型时,其他未开启的服务类型不应收集个人信息。 d)个人信息主体逐步开启不同服务类型时,应再次主动提示个人信息主体阅读隐私协议的相关部分内容; e)不应以更新隐私协议的方式强制要求个人信息主体同意收集更多的个人信息,或削减个人信息主体的各项权利; f)宜通过交互式选择界面体现隐私协议的摘要内容,提升隐私协议的可视化程度并保障个人信息主体自主选择的权利。 9　隐私协议的修订 个人信息处理者在修订隐私协议,应遵循以下规则: a)对不涉及对用户权益重大影响的隐私协议内容修订,个人信息处理者应及时更新隐私协议,并及时通知个人信息主体。 b)对涉及对用户权益重大影响的隐私协议内容修订,个人信息处理者应: 1)在其官方网站、个人信息保护相关行业协会互联网平台面向社会公开征求意见,征求意见时长不得少于三十个工作日,确保用户能够便捷充分表达意见;

续表

文件名称	条文内容
	2)充分采纳公众意见,修改完善平台规则、隐私政策,并以易于用户访问的方式公布意见采纳情况,说明未采纳的理由,接受社会监督; 3)大型互联网平台应就隐私协议的修订内容应征求主要由外部成员组成的独立机构的意见和建议。注:大型互联网平台运营者是指用户超过五千万、处理大量个人信息和重要数据、具有强大社会动员能力和市场支配地位的互联网平台运营者。 c)日活用户超过一亿的大型互联网平台运营者平台规则、隐私政策制定或者对用户权益有重大影响的修订的,应当经国家网信部门认定的第三方机构评估,并报省级及以上网信部门和电信主管部门同意。注:如有关部门就隐私协议的修订作出其他规定的,从其规定。 10　隐私协议的争议纠纷解决 个人信息处理者在收到个人信息主体关于隐私协议的反馈、投诉时,应遵循以下规则: a)在五个工作日内向个人信息主体给予清晰、明确的解释说明,并在个人信息主体要求时提供外部争议解决方式; b)向外部争议解决机构主动提供隐私协议编制过程中形成的工作记录。

三、App数据监管动态

(一)市场监管管理总局针对个人信息违法行为的执法活动

市场监管总局2019年3月12日《关于开展“守护消费”暨打击侵害消费者个人信息违法行为专项执法行动的通知》。

对涉嫌未经消费者同意,收集、使用消费者个人信息的公司,依据《消费者权益保护法》等相关规定予以行政处罚。

(二)中央网信办成立专项治理工作组

中央网信办成立App专项治理工作组,通报不合规App并要求其限期整改。

1.2019年1月25日,中央网信办、工信部、公安部、市场监管总局四部门联合发布《关于开展App违法违规收集使用个人信息专项治理的公告》。

2.受第1点中四部门委托,全国信息安全标准化技术委员会、中国消费者协会、中国互联网协会、中国网络空间安全协会成立App违法违规收集使用个人信息专项治理工作组(以下简称App专项治理工作组),具体推动App违法违规收集使用个人信息评估工作。

3.2019年3月1日,App专项治理工作组发布《App违法违规收集使用个人信息自评估指南》,指导各相关组织自查改进。

4.2021年5月1日国家网信办发布《关于输入法等33款App违法违规收集使用个

人信息情况的通报》,要求相关App运营者于通报发布之日起10个工作日内完成整改,并将整改情况报国家网信办网络数据管理局。

(三)工信部开展不合规App专项整治活动

工信部制定和完善监管政策和标准,通报和下架不合规App。

1.2020年7月22日,工信部发布《关于开展纵深推进APP侵害用户权益专项整治行动的通知》(工信部信管函〔2020〕164号),整治对象包括:App服务提供者、SDK提供者、应用分发平台,共四方面十大类整治任务。

2.2021年11月3日,工信部《关于APP超范围索取权限、过度收集用户个人信息等问题"回头看"的通知》(2021年第11批,总第20批)针对App超范围、高频次索取权限,非服务场景所必需收集用户个人信息,欺骗误导用户下载等违规行为进行了检查,并对未按要求完成整改的App将依法依规进行处置并予以行政处罚。

(四)公安部监测通报和下架不合规App

公安部(含国家计算机病毒应急处理中心)日常监测、通报和下架不合规App。

1.2020年上半年通报下架638款违法有害App。其中,涉及隐私违规的有531款。

2.国家计算机病毒应急处理中心在"净网"专项行动中监测涉嫌超范围采集个人隐私信息的App,通常每次通报会聚焦某一大类的App,其中2020年通报涉及的类型有:旅行类;买车、卖车、租车类;购物类;游戏类;直播、社交类;民宿、会议类;外卖、医疗和在线教育类等。

(五)中消协受理个人信息违法投诉

中国消费者协会评测App并发布相关报告受理消费者投诉;开展消费维权。

1.2021年10月28日,中国消费者协会在其网站发布提示①提出,近年来,中国消费者协会在开展消费维权工作中发现,消费者反映比较突出的个人信息问题主要集中在手机App过度索取权限、消费者个人信息被泄露、非法推送商业信息、"大数据杀熟"以及敏感个人信息被非法处理等方面。

2.地方消费者权益保护委员会开展手机App涉及个人信息权限的调研和评测,如上海市消费者权益保护委员会就曾开展过三批评测,并在2020年12月16日发布。

第二节 SDK的使用与数据合规风险

一、SDK概述

SDK系软件工程师为特定的软件包、软件框架、硬件平台、操作系统等建立应用软

---

① 参见中国消费者协会:《中消协提示:〈个人信息保护法〉实施在即,经营者和消费者都该注意点啥?》,载中国消费者协会网2021年10月28日,https://cca.org.cn/jmxf/detail/30283.html。

件时的开发工具的集合，是由第三方服务商提供的实现软件产品某项功能的工具包，里面一般以集合 KPI 和文档、范例、工具的形式出现，也就是由很多类型文件的集合。根据中国信息通信研究院（以下简称中国信通院）出具的《软件开发包（SDK）安全研究报告（2021 年）》，SDK 的主要类型有广告类、推送类、数据统计分析类、地图类、第三方登录类、社交类、支付类、crash 监控类、人工智能应用类。

SDK 可以由第三方提供或者由 App 开发者和运营者自行开发。通常来讲，SDK 是由专业性质的公司提供专业服务的集合，比如提供安卓开发工具或者基于硬件开发的服务等。也有针对某项软件功能的 SDK，基于它，开发者就可以快速调用一些功能，如推送技术、图像识别技术、移动支付技术等，比如微信扫码登录 SDK，我们把 SDK 引入 App 的代码中，就可以快速实现扫码登录功能。同时资源优势类的公司也提供资源共享的 SDK，如一些广告 SDK 提供盈利渠道，分发 SDK 提供产品下载渠道。SDK 作为软件开发中常用的服务调用方式被广泛应用于 App 开发中，为 App 日益丰富的功能实现提供了便捷方案，降低了开发成本。

南都个人信息保护研究中心与中国金融认证中心联合发布了《常用第三方 SDK 收集使用个人信息测评报告》。报告显示，受测的 60 款 App 平均每款使用 19.3 个 SDK——从这个数字足以看出 App 使用 SDK 的普遍性。SDK 常以“功能包”“服务包”的形态出现，具有泛用性、灵活性、便利性等特点。具体的应用原理是：SDK 提供方将原本复杂的服务、功能封装后，App 开发者只要通过集成 SDK 的方式，即可如“搭积木”般在 App 中引入相关服务，在简化 App 开发流程、丰富产品形态的同时，隐藏了服务实现逻辑，保护服务提供方的商业秘密。部分 App 出于精准用户画像、推广营销等商业目的，想方设法超出实现功能的必要范围收集更多个人信息。实践中，存在大量 SDK 违规处理用户个人信息的现象，并且由于 SDK 多由第三方提供，App 开发者与运营者并不直接掌握 SDK 收集个人信息的情况，但却需要承担 SDK 不当收集个人信息的法律后果，所以其法律风险更为显著。

二、SDK 数据安全技术标准

中国信通院[①]牵头研制了《移动互联网应用程序 SDK 安全规范》（征求意见稿）（以下简称《SDK 安全标准》）。《SDK 安全标准》在第 5 点内根据 SDK 实际开发、运行、维护中面临的主要安全挑战提出了 30 余项安全要求，覆盖 SDK 开发运维的基本安全机制、数据存储、数据交互、重要组件、代码及资源文件等方面，并在第 6 点中给出了对应的测评方法。《SDK 安全标准》测评方法在紧扣安全要求的同时，吸纳 SDK 厂商、App 厂商、用户等各方诉求，综合考虑测评成本及实施难度，给出具体方法介绍的同时提供

---

① 工业和信息化部直属科研事业单位。

了明确的结果判定准则，可以有效指导 SDK 安全测评工作的开展。

2021 年，中国信通院安全研究所大数据应用与安全创新实验室发起“SDK 安全专项行动”，以《SDK 安全标准》和实践经验为基础，建立了完整的 SDK 评测方案和指标体系。目前，“SDK 安全专项行动”已顺利完成三期评测工作并已启动第四期评测，得到业内积极反馈和广泛认可，已有近 30 款 SDK 通过检验并获颁证书。

三、SDK 存在的数据合规风险

（一）概述

工信部在 2020 年的《关于开展纵深推进 APP 侵害用户权益专项整治行动的通知》中将对“SDK 违规处理用户个人信息”的整治列为重点任务。随着移动互联网安全形势不断变化，SDK 可能存在的安全风险、恶意行为，以及隐藏在 App 背后不透明地收集使用个人信息让 SDK 的宿主 App 产生合规风险等问题也日渐凸显，为移动互联产业的健康有序发展带来了一定影响。

第三方 SDK 收集行为不规范引发 App 出现违规问题主要原因有：

一是同类型中各款 SDK 收集个人信息范围差异较大。SDK 主要可分为 16 大类，分析发现同类型 SDK 中，各款 SDK 收集的个人信息范围存在较大差异，缺乏统一标准。例如，目前常见的一键登录 SDK，实现功能相同，但有的收集 IMSI、WiFi 网络信息，有的获取系统设置项等信息，有的则需要 WLAN 状态等权限。App 想要兼容多个登录入口就必须声明获取上述全部信息，增加了 App 过度收集个人信息的风险。

二是 SDK 的权限调用和声明行为不规范。目前，手机操作系统并未提供单独的 SDK 权限管理机制，而是由 SDK 直接调用 App 的已有权限。部分 SDK 借此强制要求 App 捆绑声明权限，或者调用 App 权限过度收集个人信息。例如，用户为了使用 App“附近”功能授权 App 调用位置权限，技术分析发现，App 内嵌入的广告类、用户画像类等 SDK 也趁机调用位置权限。对于此问题，部分企业已开始重视 SDK 权限的管理，增加了 SDK 控制中间件等技术手段，用于管控各类 SDK 对系统权限的滥用。①

目前很多第三方 SDK 也在逐步将收集行为合规化，很多第三方 SDK 供应商也提供了隐私政策，将 SDK 的个人信息收集行为进行公示，说明 SDK 在收集个人信息时候的目的、类型等。App 在集成这些 SDK 后，也会在 App 隐私政策中公示使用的 SDK 的名称等相关信息。这样能够使 App 和 SDK 对个人信息的收集行为更加透明化，让用户在使用 App 的时候，更加了解自己的个人信息的收集者和处理者。但是，绝大多数第三方 SDK 并未开放源代码，而是只提供了使用接口进行功能的调用的方法，这让核实第

① 国家计算机网络应急技术处理协调中心、中国网络空间安全协会《App 违法违规收集使用个人信息监测分析报告》，2021 年 12 月 9 日发布。

三方 SDK 对个人信息的收集行为是否与 SDK 隐私政策中的描述相符变成了障碍。App 在嵌入第三方 SDK 的时候,无法确定 SDK 收集个人信息的数量、场景、频率是否与隐私政策表述相符,是否存在隐蔽收集的情况,在未确定 SDK 的合规安全风险的前提下就将 SDK 集成在 App 中,无疑是增加了 App 本身的不合规风险。

(二)具体风险内容

根据工信部通报存在问题的 App 名单,好××云会议、云××堂、云××等因 SDK 被处罚的 App 中主要存在的问题有:App 强制、频繁、过度索取权限、违规使用个人信息等。

1. 数据传输与存储存在安全隐患

一方面,部分 SDK 存在明文传输用户电话号码、设备 MAC 地址等个人信息,或者私自向其他应用或服务器发送、共享用户个人信息的情况,可能被宿主 App 或本地恶意程序截获,导致用户个人信息泄露。在未经用户同意的情况下,SDK 也有可能采取加密等方式私自传输收集的个人信息。如果 SDK 收集使用个人信息行为及相关信息未完全向宿主 App 告知,会为宿主 App 带来额外的合规风险。

另一方面,在业务功能的实现过程中,部分 SDK 在用户终端设备上创建本地文件,用于存储运行所需的数据。约束 SDK 本地数据存储安全措施可以有效规避如重要数据明文存储、本地数据访问控制措施不足等问题。数据交换安全与服务端的数据交互是多数 SDK 实现业务功能的必要手段,但如果重要数据、个人信息以明文方式基于不安全的协议传输,可能导致数据泄露,威胁产品安全及用户权益。对 SDK 数据传输机制进行规范,可以降低数据在传输过程中被截获、窃取的风险,是提高产品安全水平的重要一环。

2019 年 11 月,上海市消费者权益保护委员会委托第三方公司对一些手机软件中的 SDK 插件进行了专门的测试,却发现一些 SDK 暗藏玄机。它们会读取设备的 IMEI、IMSI、运营商信息、电话号码、短信记录、通讯录、应用安装列表和传感器信息。这些 App 里的 SDK 读取用户的隐私信息只是第一步,读取完成后,还会悄悄地将数据传送到指定的服务器存储起来。北京招彩旺旺信息技术有限公司的 SDK,甚至涉嫌通过×谱、××帮、××壁纸等多款软件,窃取用户更加隐私的信息。因为 SDK 能够收集用户的短信,以及应用安装信息,一旦用户有网络交易的验证码被获取,极有可能造成严重的经济损失。

2. 数据收集存在超范围和 SDK“搭便车”风险

(1)App 开发者和运营者

数据收集风险的产生是因为 App 开发者没有完全掌握 App 的 SDK 集成情况,存在疏漏、监管不足的情况。App 开发者通常不会逐行审核 SDK 的代码,给了 SDK“夹带私货”的机会,并且 SDK 能够使用 App 申请到的所有操作系统权限,可能存在“搭便车”额外收集个人信息的情况。此外 SDK 通常没有披露其信息收集规则的渠道,而被多个

App 使用的 SDK 可能聚合各方数据并开发利用。

因此,App 开发者和运营者无法完全掌握 SDK 的行为,App 与 SDK 的合作者协议中所列明的 SDK 具体行为在实操中也很难周延。一些常见的 SDK,如支付类 SDK、导航类 SDK,本身的功能就与个人信息有密切关系,SDK 收集的信息包括手机设备信息(如 IMEI、IMSI 等设备唯一识别码)、网络信息(如 IP 地址、MAC 地址、WiFi 热点等)、手机状态信息(如已安装/运行中的应用信息)、用户行为信息(如锁屏、安装、升级、卸载应用软件)、用户个人信息(如电话号码、地理位置、通话记录)等,其搜集的信息范围很广泛。SDK 是 App 的一部分,App 需要对 SDK 的行为承担法律责任,实际上,App 可以在嵌入 SDK 之前做好 SDK 的合规性评估,并向个人用户明确告知其所嵌入的 SDK 类型、收集的数据类型、处理的目的和方式,App 对 SDK 可以尽到谨慎的选择和评估义务。目前,相关规范要求 App 在隐私政策里公布 SDK 的类型、作用范围等。因为 SDK 的服务对象是 App,不是个人用户,所以最终向个人用户负责的应该是 App。《数据安全管理办法(征求意见稿)》《网络安全标准实践指南—移动互联网应用程序(App)收集使用个人信息自评估指南》《信息安全技术 个人信息安全规范》明确指出 App 在管理第三方接入时,应当对 SDK 的安全性作出评估,并分配双方的安全责任。从众多的安全事件以及前期监管通报的案例中能够看到,多起案例均是 App 集成的 SDK 收集个人信息,但 App 没有在隐私政策提及 SDK 收集信息的动作,被监管部门通报批评造成不良舆论;更有甚者 App 被直接下架,对业务造成影响。如某知名线上会议 App 被爆出所集成的第三方 SDK 在用户不知情的前提下大量收集、传输个人信息,导致客户的隐私泄露。问题的发酵最终导致许多大型机构宣布为了安全在组织内禁用该 App,线上会议公司面临大量用户流失,更面临巨额赔偿的风险。

因此,开发者需要有效掌握 App 中 SDK 的集成情况,以及了解 SDK 的具体权限调用情况,避免出现合规问题。

(2)SDK 提供者

SDK 应用存在的问题主要包括:未明示 SDK 功能、收集使用信息的规则、目的、方式、范围、用途等,未经用户同意、授权、超范围收集信息。如很常见的一键登录 SDK,实现功能相同,有的收集 IMSI(国际移动用户识别码)、WiFi 网络信息,有的获取系统设置项等信息,有的则需要 WLAN 状态等权限,App 想要兼容多个登录入口,就必须声明获取上述全部信息,这就增加了 App 过度收集个人信息的风险。又如,用户为实现订餐功能授权 App 调用位置权限,但技术分析发现,App 内嵌的广告类、用户画像类 SDK 也趁机调用了位置权限。①

---

① 《SDK 侵犯个人信息你了解吗》,载新浪财经网,http://fincmce. sina. com. cn/chamjing/cyxw/2022 - 07 - 15/doc-imcwipih6651921. shtml。

四、合规要求和合规建议

（一）App 开发者和运营者

1. 做好 SDK 安全监测

企业在当前数字化转型中业务越来越依赖于各式各样的应用，确保这些应用所集成 SDK 的安全可靠，是守护好业务发展的第一道防线。企业在外包、集成 SDK、使用开源框架、多渠道分发等场景下，要判断 SDK 处理行为的合规性，可使用应用行为安全检测平台进行动态安全监测，可以利用官方的有相关资质的检测工具进行检测，提前发现 SDK 未授权的权限使用和访问行为，并对 SDK 实际收集的个人信息与其隐私政策中所披露的内容进行一致性判断，对比相关字段是否一致。如果检测出 SDK 实际收集字段小于其隐私政策所披露的字段，则可认为其符合一致性。随着个人信息保护法律法规标准的落地实施，“回头看”成为大部分开发者需要做的事情，从个人隐私政策到个人信息收集，需要做到从野蛮生长到秩序成长，不断提升企业在个人信息保护方面的相关能力，使得最终用户能够安心使用企业所提供的服务。国家计算机网络应急技术处理协调中心相关负责人指出，部分头部企业已开始重视 SDK 权限的管理，增加了 SDK 控制中间件等技术手段，用于管控各类 SDK 对系统权限的滥用。

工信部此前已经要求互联网企业建立个人信息保护双清单（已收集个人信息清单和与第三方共享个人信息清单），并在 App 二级菜单中展示以便用户查询。披露的内容包括已收集个人信息清单，应简洁、清晰列出 App 包括内嵌第三方 SDK，已经收集到的用户个人信息基本情况，包括信息种类、使用目的、使用场景等。

2. 制定独立的个人信息保护政策（又称隐私政策）

个人信息保护政策是说明 App 的个人信息收集和使用情况，获得用户的合法授权以及保护用户个人信息主体权利的重要文档，其内容应符合国家相关法律法规、政策及标准的规定，特别是：

（1）符合《信息安全技术　个人信息安全规范》，该文件关于个人信息示例、个人敏感信息判定、实现个人信息主体自主意愿的方法、个人信息保护政策模板的四份附录，对于 App 开发者和运营者理解个人信息保护要求和起草个人信息保护政策亦具有重要的参考价值；

（2）应向终端用户明示在 App 中部署 SDK 收集使用个人信息的目的、方式和范围等，提供的保护标准应不低于 App 自身的隐私保护标准；

（3）App 上线的个人信息保护政策中应披露第三方 SDK 的内容；

（4）应向终端用户逐一明示接入的第三方 SDK 收集使用个人信息的目的、方式和范围。应当在个人信息保护政策中明确告知终端用户，“您谨慎地选择了 SDK 提供者作为合作方，为实现 App 运营所需的某些功能需要通过该 SDK 实现，由该 SDK 提供者与您一起共同决定如何收集、使用、加工等方式处理终端用户个人信息”。

3. 建立数据安全体系

App 开发者使用密码等安全措施保护数据的真实性、完整性、保密性，防止数据被篡改、泄露、毁损以及灭失。

《信息安全技术　移动互联网应用程序（App）生命周期安全管理指南（征求意见稿）》建议 App 开发者使用口令、密码技术、生物技术等鉴别技术对用户进行身份鉴别，监测数据篡改删除及泄露情况。

（二）SDK 提供者

1. 向 App 开发者提供合规与安全开发指南

作为被集成方，SDK 开发者可通过主动向 App 开发者提供合规指南的方式，引导 App 开发者和运营者在集成、使用 SDK 时，采取必要的措施保护用户个人信息安全。

2. 与 App 开发者和运营者约定双方在数据合规风险方面的责任分配

双方可以通过在线开发者协议或者合同等形式，明确 SDK 收集的个人信息类型、申请的敏感权限、个人信息的使用目的、保存期限以及向 App 提供的个人信息类型等，明确双方在个人信息保护方面分别应采取的措施和应承担的责任。

第三节　未成年人保护

一、App 未成年人个人信息保护立法

（一）立法概述

在个人信息保护日趋周密的整体态势之下，未成年人个人信息保护具有更为重要的地位。其不仅具有与传统个人信息保护领域共通的特点，更对未成年人的人格塑造和身心健康成长具有重要意义。当前部分网络短视频平台存在违法收集、存储、传输、使用未成年人个人信息以及利用未成年人个人信息进行个性化推荐的行为。前者加剧了未成年人信息泄露的风险，导致严重侵害未成年人身心健康的违法犯罪行为时有发生；后者虽在一定程度上提供了更加精准、个性化的商品和服务，但由于未成年人的辨识能力有限，“信息茧房”等造成的负面影响更为严重。根据工信部通报，多款教育类 App 如××树、××In、××ABC、××盒、××高考等 20 款 App 存在擅自收集个人信息、超范围收集个人信息、超越索取权限等行为。

未成年人个人信息的范围认定、平台收集信息的必要性、未成年人模式的优化都是急需解决的问题。

1. 14 周岁以下未成年人个人信息保护

相较于 14 周岁以上的未成年人，14 周岁以下的儿童在社会经验和知识储备上更为不足，在面对个人信息收集、使用等数据行为时判断能力更为欠缺。

我国《个人信息保护法》将不满14周岁的未成年人的个人信息纳入敏感个人信息的范畴，对未成年人群体提供了全面的保护规则。所谓敏感个人信息，是指“一旦该信息被泄露或者被非法使用，就容易导致自然人的人格尊严受到侵害或者人身、财产安全受到危害的个人信息”，[①]其保护则侧重于强调信息处理要求的特殊性。从《个人信息保护法》的规定来看，对敏感个人信息的保护，主要是通过规制信息处理者对敏感个人信息的处理义务，从而严格限制敏感个人信息的收集，防止信息处理者非法处理他人的敏感个人信息，造成对他人的侵害。在具体的规则上，该法规定了对敏感个人信息的处理需要取得个人的单独同意，以及在法律、法规有规定的情况下，同意必须以要式的方式作出，即取得书面同意。相较于一般私密信息的消极防御，不满14周岁未成年人的个人信息处理规则侧重于对该信息的合法处理，是一种积极义务的设定，要求特定的个人信息处理者应当积极履行相应的法定义务。

此外，2019年8月22日，国家网信办发布了《儿童个人信息网络保护规定》，作为《网络安全法》的配套法规对14周岁以下未成年人（儿童）的个人信息保护进行了统一规范。该规定沿袭了《网络安全法》对个人信息保护的基本原则，吸纳了《信息安全技术　个人信息安全规范》对于个人信息收集、使用、转移、共享、存储、披露、删除等全生命周期的合规保护逻辑及规范要求，突出了儿童个人信息保护的特殊监管要求，同时强调了儿童监护人的监护职责，体现了网络运营者与监护人协同共治的管理思路。对于违反该规定的相关企业，网信部门可依据职责进行约谈，作出处罚并记入信用档案，予以公示。

2. 教育类App[②]

教育类App，是指以教职工、学生、家长为主要用户，以教育、学习为主要应用场景，服务于学校教学与管理、学生学习与生活以及家校互动等方面的互联网移动应用。大致分为三类：（1）市场竞争提供、师生自主选用；（2）学校企业合作、学校组织应用；（3）学校自主开发、部署校内使用。

以教育、学习为主要应用场景的App快速发展，在提高教学水平、满足学生个性化学习需求的同时，数据滥用、强制授权、平台垄断等乱象也日益凸显。教育学习类App的监管进入从严时期。针对其中的个人信息泄露、过度收集个人信息等问题，教育部门纷纷出台监管政策。2018年教育部出台《关于严禁有害App进入中小学校园的通知》；2019年5月，中共广东省教育工作委员会出台《广东省面向中小学生校园学习类App管理暂行办法》；2019年8月，教育部等八部门出台《关于引导规范教育移动互联网应

---

① 王利明：《敏感个人信息保护的基本问题——以〈民法典〉和〈个人信息保护法〉的解释为背景》，载《当代法学》2022年第1期。

② 具体内容详见第三编第八章第三节“未成年人个人信息保护”。

用有序健康发展的意见》，覆盖各学段和各类教育 App 的规范。针对近两年教育类 App 的监管工作提出了总体部署方案，从备案管理、内容审核、数据保护、网络安全等多个层面提出了规范性意见。

根据《关于引导规范教育移动互联网应用有序健康发展的意见》规定，教育 App 要规范数据管理，收集使用未成年人信息应当取得监护人同意、授权，不得收集与其提供服务无关的个人信息等；教育 App 提供者应当建立覆盖个人信息收集、储存、传输、使用等环节的数据保障机制；按照"后台实名、前台自愿"的原则，对注册用户进行身份信息认证；收集使用个人信息应当明示收集使用信息的目的、方式和范围，并经用户同意。收集使用未成年人信息应当取得监护人同意、授权；不得以默认、捆绑、停止安装使用等手段变相强迫用户授权，不得收集与其提供服务无关的个人信息，不得违反法律法规与用户约定，不得泄露、非法出售或非法向他人提供个人信息。

此外，教育 App 提供者应当落实网络安全主体责任，采取有效措施，防范应对网络攻击，保障系统的平稳、安全运行。教育 App 和后台系统应当统一落实网络安全等级保护要求。应用商店等移动应用分发平台提供者应当加强教育 App 上架审核管理，建立开发者真实身份信息登记制度，对教育 App 开展安全审核，及时处理违法违规教育 App。此外，该意见明确了教育行政部门和学校在教育 App 推荐、选用及运维中的责任。

（二）App 未成年人数据保护的特殊要求

1. 双重验证义务

依据《个人信息保护法》第 31 条第 1 款的规定，个人信息处理者处理不满 14 周岁未成年人个人信息的，应当取得其父母或者其他监护人的同意。App 的开发者和运营者在处理未成年人个人信息时，一是需要验证个人信息被处理者是否为未成年人，二是需要验证作出同意的是否为该未成年人的监护人。这就是理论上所说的"双重验证义务"（double vertification）。当然，绝大多数观点认为，第 31 条选择了监护人同意模式，① 该条并没有确立双重同意规则（同时需要未成年人和监护人同意的模式）。App 开发者和运营者应尽合理努力验证用户已超过同意年龄界限，这些措施应与处理活动的性质和风险相称，且年龄验证不得导致过度的数据处理。同时，根据《个人信息保护法》第 9 条和第 69 条第 1 款的规定，信息处理者需要举证证明其已经尽最大努力核实未成年人的年龄。但是《儿童个人信息网络保护规定》回避了企业在实践过程中如何甄别儿童以及如何判断作出同意的成年人是否为用户儿童的监护人的问题。因此企业在落实该规定的过程中仍然面临一些实操上的困难。《欧盟通用数据保护法案》（General Data Protection Regulation，GDPR）和《美国儿童在线隐私保护法》（Children's Online Privacy

---

① 参见李永军、张兰兰：《未成年人信息同意能力的双重功能及其法律实现》，载《南京社会科学》2022 年第 4 期。

Protection Act,COPPA)也仅规定要“考虑现有技术水平”“合理的努力”去核实监护人身份以及其同意情况。

2. 专门的个人信息处理规则①

未成年人信息属于敏感信息,这便要求 App 开发者和运营者对未成年人信息采取更为积极、主动、有效的隐私保护措施,App 开发者和运营者需要为未成年人的个人信息处理制定专门的个人信息处理规则。这既有利于对未成年人的个人信息与其他主体的个人信息进行必要的区分,防止不同个人信息的混淆,也有利于个人信息处理者明确其处理未成年人个人信息的义务和责任。《儿童个人信息网络保护规定》要求网络运营者设置专门的儿童个人信息保护规则和用户协议,指定专人负责儿童个人信息保护相关事宜,并明确禁止网络运营者收集与其提供的服务无关的儿童个人信息的行为。此外,依据《个人信息保护法》第 62 条的规定,国家网信部门还为未成年人个人信息等敏感个人信息的处理制定专门的个人信息保护规则和标准,这不仅为监管者强化未成年人个人信息保护设置了义务,同时也进一步强化了信息处理者保护未成年人个人信息的义务。具体如下:第一,制定未成年人数据分级分类管理机制,建立涉及未成年人数据全周期保护和管理措施。第二,建立专门的儿童信息保护池。对平台内存储的涉儿童的个人信息建立专门的信息保护池,采取加密等措施存储儿童个人信息,确保信息安全。第三,强化儿童用户隐私保护模式。采取的措施包括:强制开启陌生人关注限制功能、强制隐藏未成年人位置、强制开启未成年人私信限制、强制关闭未成年人通讯录推荐、强制关闭通过手机号搜索未成年人用户功能、强制关闭未成年人动态展示功能、强制关闭推荐未成年人给可能感兴趣的人等七大功能。

3. 个性化推荐的禁止

用户画像和个性化推荐的应用已经越来越普遍,这些数据技术能够让人们享受更加精准、个性化的商品和服务,蕴藏着巨大的商业价值;但这些技术应用建立在处理商品和服务接受者的个人数据的基础之上,对个人数据的保护提出了新的挑战,同时人们也逐渐认识到用户画像和个性化推荐带来的一些负面影响,如“信息茧房”。为了加强对未成年人的保护,《深圳经济特区数据条例》规定,处理未满 14 周岁的未成年人个人数据的,适用敏感个人数据的有关规定。不得基于用户画像向未满 14 周岁的未成年人进行个性化推荐。欧洲议会的立法者们也一直在努力制定一项新的提案,以禁止向未成年人和使用敏感数据进行定向广告,如议会报告员、社会民主党议员 Christel Schaldemose 提出禁止以未成年人为目标新提案的第 24 条规定:“网络平台收集的未成年人的个人资料,不得用于向未成年人提供行为定向广告的商业目的。”如果平台对用

① 《教育部等八部门关于引导规范教育移动互联网应用有序健康发展的意见》第 2 条第 6 项:“教育移动应用提供者应当建立覆盖个人信息收集、储存、传输、使用等环节的数据保障机制。”

户是否是未成年人有疑问,应该推定其为未成年人,并采取保护措施。换句话说,除非平台确定用户不是未成年人,否则应默认禁止定向广告。

青少年时期是世界观、人生观、价值观形成的关键时期。在智能算法推荐的同质信息堆积下,青少年视野窄化;碎片化信息不断刺激视听感官,导致专注力下降;即便是有意义有价值的学习类信息,也会因为信息的零散性,影响整体性知识结构的建立;反复接受相同或类似观点看法,可能影响其对客观世界的全面认知,在不断地重复和强化中,形成认知偏见。因此,在儿童个人信息保护领域应有一套独立的个性化算法推荐机制,以及有别于成年人的反个性化推荐措施,即互联网企业对儿童用户应默认开启自动化推荐关闭功能,在获得监护人明示同意的情况下方可开启个性化推荐功能,但其个性化推荐所采用的算法必须保障儿童用户的权益,有别于成年人的推荐算法。①

2021 年 7 月,《深圳经济特区数据条例》正式公布。作为国内数据领域首部综合性立法,它明确提出,除为了维护未满 14 周岁未成年人的合法权益并征得其监护人明示同意外,不得向其推荐个性化产品或服务。该条例中对未成年人画像的规定,充分考虑了未成年人难以辨别推荐信息真伪、价值几何的特点,可以有效规避用户画像、个性化推荐潜在的负面影响。

二、App 开发者和运营者未成年人数据保护合规要点

(一)设定专门规则及专岗

相关企业应设置专门的儿童个人信息保护规则和用户协议、指定专人负责儿童个人信息保护。

(二)告知及授权同意

《儿童个人信息网络保护规定》第 10 条规定了网络运营者征得同意时,应当同时提供拒绝选项,并规定了须明确告知的事项范围。② 网络运营者收集、存储、使用、转移、披露儿童个人信息的,应当以显著、清晰的方式告知儿童监护人,并应当征得儿童监护人的同意;向儿童监护人征得同意时,应当同时提供拒绝选项,并向儿童监护人明确告知以下事项:收集处理目的、方式和范围;存储地点、期限和超期处理方式;信息安全保障措施;拒绝后果;用户反馈渠道和方式;用户行权途径和方式;等等。如前述事项发生

---

① 参见肖芄:《大型互联网平台侵害儿童个人信息权益的认定——兼评某短视频平台侵害未成年人个人信息民事公益诉讼案》,载《法律适用》2022 年第 6 期。

② 《儿童个人信息网络保护规定》第 10 条规定:"网络运营者征得同意时,应当同时提供拒绝选项,并明确告知以下事项:(一)收集、存储、使用、转移、披露儿童个人信息的目的、方式和范围;(二)儿童个人信息存储的地点、期限和到期后的处理方式;(三)儿童个人信息的安全保障措施;(四)拒绝的后果;(五)投诉、举报的渠道和方式;(六)更正、删除儿童个人信息的途径和方法;(七)其他应当告知的事项。前款规定的告知事项发生实质性变化的,应当再次征得儿童监护人的同意。"

实质性变化的,需再次征得儿童监护人的同意。

(三)数据收集

相关企业不得违反法律、行政法规的规定和双方约定的目的和范围收集、使用儿童个人信息。因业务需要确需超出约定目的和使用范围处理的,应当再次征得儿童监护人同意。目前 App 的未成年人隐私政策中还存在较多笼统模糊的规定,尤其在涉及具体措施时缺乏明确说明,可操作性弱。有些 App 没有明确说明服务所针对的年龄群体,在政策中也未能结合《儿童个人信息网络保护规定》和《未成年人保护法》区分 14 周岁以下和 14 周岁以上未成年人适用的内容,制定对应的政策;多数 App 仅以"监护人同意"作为未成年人个人信息管理限定,但却未说明监护人身份验证方式。因此,应以内容的具体化说明来提高透明度和操作性,在每个维度上构建标准化的政策框架和内容要点,《信息安全技术 个人信息安全规范》中提供的个人信息、保护政策模板具有重要参考价值。[①]

(四)数据存储

相关企业不得超过实现其收集、处理目的所必需的存储期限存储儿童个人信息,采取加密等措施存储儿童个人信息。

(五)内部管理

相关企业应以最小授权为原则,严格设定内部信息访问权限,控制儿童个人信息知悉范围,记录数据访问情况;工作人员访问儿童个人信息的,应当经过儿童个人信息保护负责人或者其授权的管理人员审批,记录访问情况,并采取技术措施,避免违法复制、下载儿童个人信息。

(六)数据转移

相关企业向委托方/第三方转移儿童个人信息的,应自行或者委托第三方机构进行安全评估;与委托方/第三方合作处理儿童个人信息的,应当通过签署数据处理协议明确双方责任、处理事项、处理期限、处理性质和目的等与儿童个人信息保护相关的义务,委托行为不得超出授权范围。

相关企业应尊重个人信息主体权利。积极采取措施响应、更正儿童或其监护人发现的已收集、处理的个人信息中的错误。

(七)安全事件应对

当发生儿童个人信息泄露、损毁、丢失等信息安全事件时,启动应急预案,立即向主管部门报告,并以任何可能的方式向受影响的儿童及其监护人告知。

(八)个性化推荐

尽管目前对于向未成年人提供服务的 App 能否基于用户画像向未满十四周岁的未成年人推荐个性化产品或者服务。只有深圳的规定,但是为了防止未成年人沉迷于游

---

① 《个人信息安全规范》事实上成了监管部门执法活动中的重要参考依据。

戏、短视频等应用,禁止个性化推荐是将来数据监管的方向。App 开发者和运营者应当尽量基于未成年人用户个人信息以及使用行为进行严格限制的个性化推荐。在某短视频平台侵害未成年人个人信息民事公益诉讼案中,法院要求某短视频平台公司对儿童用户的自动化决策和个性化推荐予以严格控制,在儿童用户的算法推荐方面提出了以下可行的整改措施方案:平台默认关闭面向儿童用户的个性化推荐,确有需要开启的须经监护人同意。同时,平台创建向儿童用户个性化推荐的独立算法。为进一步强化向儿童用户推送内容的安全性、合规性和针对性,平台建立平台内容分级分类管理制度,创建向儿童用户推送内容的独立算法,对已有儿童用户群体和基本判断确认的儿童用户群体,适用独立推送算法,并不断完善该算法,既保证用户的基本体验,更关注儿童用户特殊群体的全面保护。

本章小结

●A××数据合规存在的问题主要集中于信息收集超过必要范围、未经用户同意收集信息等。

●企业在外包、集成 SDK、使用开源框架、多渠道分发等场景下,要判断 SDK 处理行为的合规性,可使用应用行为安全检测平台进行动态安全监测,可以利用官方的有相关资质的检测工具进行检测,提前发现 SDK 未授权的权限使用和访问行为,并对 SDK 实际收集的个人信息与其隐私政策中所披露的内容进行一致性判断,如对比相关字段是否一致。

●企业要制定独立的个人信息保护政策或者隐私政策,并且其内容应符合国家相关法律法规、政策及标准,特别是《信息安全技术　个人信息安全规范》的规定。

●SDK 开发者应采取主动向 App 开发者提供合规指南的方式,引导 App 开发者和运营者在集成并使用 SDK 时,采取必要的措施保护用户个人信息安全。

●SDK 开发者应与 App 开发者和运营者约定双方在数据合规风险方面的责任分配,明确 SDK 收集的个人信息类型、申请的敏感权限、个人信息的使用目的、保存期限以及向 App 提供的个人信息类型等,明确双方在个人信息保护方面分别应采取的措施和应承担的责任。

●企业应设置专门的儿童个人信息保护规则和用户协议、指定专人负责儿童个人信息保护。收集、存储、使用、转移、披露儿童个人信息的,应当以显著、清晰的方式告知儿童监护人,并应当征得儿童监护人的同意。不得违反法律、行政法规规定和双方约定的目的和范围收集、使用儿童个人信息。

●企业应默认关闭面向儿童用户的个性化推荐,确有需要开启的须经监护人同意。同时,平台可创建向儿童用户个性化推荐的独立算法。

第十八章　直播和短视频行业相关数据保护

第一节　直播和短视频行业数据合规概述

一、网络直播和短视频行业概述

直播电商领域的直播平台 App 开发者在用户进入直播间并进行购物消费时需要收集用户的个人信息(包括敏感个人信息);在线教育的发展也越来越依赖直播会议软件,会议软件需要收集、存储会议内容以确保用户可以反复观看。

短视频则主要依托于 App,近年来,各种短视频类 App 层出不穷,功能不断拓展,伴随着算法等一系列大数据技术的应用,短视频对用户进行精准画像,实时推送,成为人们放松娱乐的重要工具。

二、网络直播平台和短视频 App 所收集信息的类型

直播平台和短视频软件在个人信息的收集方面各有侧重,直播软件的用户协议里面涉及人脸信息的收集、直播数据的存储,而短视频 App 里的隐私协议则更多强调对用户行为信息、地理位置信息的收集。

(一)网络直播平台

具体而言,用户在直播软件或者带有直播功能的其他类型软件上使用直播功能时,软件会自动获取的信息包括但不限于身份信息、面部信息、上网浏览记录、语音信息等。其他类型的信息则是由用户根据需求自愿提供,但用户不提供可能会导致部分功能无法使用。在市面上主流的直播软件的隐私协议中,涉及个人敏感信息的,隐私协议中也会提及。根据《网络直播营销管理办法(试行)》和《网络直播营销行为规范》的规定,网

络直播营销主体应当依法履行网络安全与个人信息保护等方面的义务,收集、使用用户个人信息时应当遵守法律、行政法规等相关规定。直播营销平台应当建立健全账号及直播营销功能注册注销、信息安全管理、营销行为规范、未成年人保护、消费者权益保护、个人信息保护、网络和数据安全管理等机制、措施。直播营销平台应当采取必要措施保障处理的个人信息安全。

现阶段,各直播平台均通过隐私政策公示其收集的个人信息以及处理个人信息的方式,在此过程中用户通过勾选来决定是否提供个人信息。

实践中,直播平台会在隐私政策中具体提示其如何处理(包括收集、使用、存储、共享、转让、公开披露)用户的个人信息,比如"当用户选择参加平台的关联方或平台上的第三方举办的营销活动时,可能需要提供姓名、性别、通信地址、联系方式、银行账号信息。这些信息可能涉及敏感个人信息,拒绝提供可能会影响您参加相关活动,但不会影响其他功能";"我们可能会与我们的关联公司共享您的个人信息。我们只会共享必要的个人信息,且这种共享受到本政策所声明的目的的约束。关联公司如要改变个人信息的处理目的,将再次征得您的授权和同意"。此处也须明确,在与关联方共享个人信息特别是敏感个人信息时,还应当再次征求用户的授权同意,即"只有经过用户同意,平台才会将这些信息与关联方或第三方共享"。

总之,个人信息和数据对于直播和短视频行业的发展具有重要的作用,基于信息和数据的收集、存储和利用,直播平台和短视频软件可以进行精准推送,提升用户体验,获取流量,从而将直播平台和短视频软件用户的流量价值变现,而直播和短视频行业存在的主要问题是信息的不当收集。

(二)短视频软件

短视频 App 收集的信息一般都包括身份信息、面部特征信息、浏览、搜索记录,用于账户开通、实名认证以及个性化推荐,同时有些 App 会根据自身的特色功能收集对应的信息,如运动轨迹、IP 地址、传感器数据等。

总而言之,短视频和直播类 App 在数据合规中主要需要解决的问题是收集信息的必要性以及对收集信息的用途的说明问题。

第二节　直播和短视频行业 App 数据合规风险

一、违规收集面部特征信息

由于直播和短视频 App 的特性,用户面部特征信息常常被收集。根据《信息安全技术　个人信息安全规范》第 5.4 条的规定,收集个人生物识别信息前,应单独向个人信息主体告知收集、使用个人生物识别信息的目的、方式和范围,以及存储时间等规则,并征得个人信息主体的明示同意。个人生物信息具有身份鉴别的独特优势,一旦被泄露、窃取,会给个人信息主体造成财产损失、名誉损失等严重后果。

二、就特色功能收集信息缺乏明确性和必要性

特色功能是指 App 常用基本功能之外须由用户单独选择使用的功能。实践中存在的问题是,部分直播平台和短视频软件在用户未使用相关的功能或服务时,提前申请开启通讯录、定位、短信、传感器、录音、相机等权限,或者超出业务功能或服务外,申请相关权限的开启。

三、因用户未提供某类信息而拒绝提供特定业务功能服务

实践中,部分直播和短视频 App 常常以"改善服务质量、提升用户体验、定向推送信息、研发新产品"为由,强行向用户收集个人信息,并且该信息与相关业务功能并无直接联系,如果用户拒绝提供,其将拒绝提供相关的服务。

第三节　直播和短视频行业 App 数据合规要点

一、面部信息识别

经调研市面上主流的直播平台和短视频软件的隐私政策,其中大多数会提示面部特征信息属于敏感个人信息,也会进行加粗显示以提醒用户注意。企业的隐私政策应对涉及个人敏感信息,尤其是面部特征信息条款进行显著标识,可以采用字体加粗、醒目颜色、下划线等。

收集面部特征信息的合规需要从告知方式、告知内容和同意方式三个方面着手,即需要单独告知;告知收集、使用个人生物识别信息的目的、方式、范围以及存储时间等;需要用户明示同意。

除此之外,《信息安全技术　个人信息安全规范》要求原则上不应存储原始个人生物识别信息,除非有特别充分的依据,并且该规范提供了除存储原始个人生物识别信息以外的其他路径,如在采集终端直接使用个人生物识别信息而不需要将个人生物识别信息传送给企业,企业只接收信息验证结果,或者将原始图像用于识别身份、认证后即删除可提取个人生物识别信息的原始图像。

二、明示须就特色功能收集必要信息

《网络安全法》规定收集、使用个人信息应当遵循合法、正当、必要的原则,明示收集、使用的目的、方式和范围,并经被收集者同意。《网络安全标准实践指南—移动互联网应用程序(App)收集使用个人信息自评估指南》评估点二要求评估"是否明示收集个

人信息的业务功能”，评估标准为“个人信息保护政策中应当将收集个人信息的业务功能逐项列举，不应使用‘等、例如’字样”。该指南的规定可视为对《网络安全法》中“明示”要求的细化。根据《网络安全标准实践指南—移动互联网应用程序(App)收集使用个人信息自评估指南》评估点四和《违规使用认定办法》第4条的规定，收集的个人信息类型或者打开的可收集个人信息权限应为现有业务功能所必须或有合理应用场景。

因此直播平台和短视频软件不仅需要对收集个人信息的类型进行列举，不能隐瞒产品或服务所具有的收集个人信息的业务功能，还需要做到逐项列举收集个人信息的业务功能，不能懒于全面梳理业务功能，更不能因为想要隐瞒某些实际收集个人信息的业务功能，而使用“等、例如”的字样。每一样所需要收集的个人信息都需要明示其功能，无论是惯常的用户注册还是具有个性化的其他服务，都需要将业务功能——信息类型对应起来，并且进行穷尽式列举。实践中常常存在直播和短视频App实际中收集的个人信息与授权范围不一致的情况。

由实践中的处罚实例可知，处罚原因中多有“违反必要原则，收集与其提供的服务无关的个人信息”。因此，为避免因此受罚，隐私政策中应当将收集个人信息的业务功能逐项列举，不得使用“等、例如”等字样。最好使用表格的形式，将业务功能进行列举，并且应当充分说明收集此类信息对于特定业务功能的必要性。切勿因为怠惰而不梳理具体收集的全部信息，或者试图为额外收集个人信息留有余地。此外，在处罚实例中，另有“未公开收集使用规则”的原因，有部分原因是隐私政策链接不突出、有遮挡，链接无效或者文本无法正常显示。因此，隐私政策应当置于便于获取和阅读的位置，以方便用户及时了解，并且不得在用户同意或者授权之前即开始收集用户的信息。

三、拒绝提供某种服务的正当性

根据《违规使用认定办法》第4条第3款①以及《信息安全技术　个人信息安全规范》的规定，用户不同意收集扩展业务功能所必要收集的个人信息的，不得因此拒绝向用户提供基本业务功能或降低基本业务功能的服务质量。因此直播平台和短视频软件应当确保在用户拒绝使用拓展业务功能而提供相应信息时，不减损基本功能的使用体验，并在隐私政策中明示该平台或软件的基本功能所涉范围。

---

① 《App违法违规收集使用个人信息行为认定方法》第4条规定：“以下行为可被认定为‘违反必要原则，收集与其提供的服务无关的个人信息’：1. 收集的个人信息类型或打开的可收集个人信息权限与现有业务功能无关；2. 因用户不同意收集非必要个人信息或打开非必要权限，拒绝提供业务功能；3. App新增业务功能申请收集的个人信息超出用户原有同意范围，若用户不同意，则拒绝提供原有业务功能，新增业务功能取代原有业务功能的除外；4. 收集个人信息的频度等超出业务功能实际需要；5. 仅以改善服务质量、提升用户体验、定向推送信息、研发新产品等为由，强制要求用户同意收集个人信息；6. 要求用户一次性同意打开多个可收集个人信息的权限，用户不同意则无法使用。”

本章小结

●直播平台和短视频软件在收集面部特征信息时需要单独告知；告知用户收集、使用个人生物识别信息的目的、方式、范围以及存储时间等；并且需要用户明示同意。

●《信息安全技术　个人信息安全规范》要求原则上不应存储原始个人生物识别信息，除非有特别充分的依据，并且该规范提供了更多的路径，如在采集终端直接使用个人生物识别信息而不需要将个人生物识别信息传送给企业，企业只接收信息验证结果，或者将原始图像用于识别身份、认证后即删除原始图像。

●直播平台和短视频软件不仅需要对收集个人信息的类型进行列举，不能隐瞒产品或服务所具有的收集个人信息的业务功能，还需要做到逐项列举收集个人信息的业务功能，不能懒于全面梳理业务功能，更不能因为想要隐瞒某些实际收集个人信息的业务功能，而使用“等、例如”的字样。

●直播平台和短视频软件应当确保在用户拒绝使用拓展业务功能而提供相应信息时，不减损基本功能的使用体验，并在隐私政策中明示该平台或软件的基本功能所涉范围。

第十九章　NFT平台与数字藏品数据保护

第一节　NFT与数字藏品定义

NFT(Non-Fungible Token),中文翻译为非同质化代币,是指数字资产(包括图片和视频剪辑形式)的唯一加密货币令牌。每个NFT都储存于区块链的数字单位上,由于区块链本身的信息不可篡改、可留痕、公开透明的特点,NFT被应用于很多数字资产交易的领域,从而保证交易的安全性。[①] 与非同质化代币相对应的是同质化代币(英语:Fungible Token,FT),如人们熟悉的比特币(BTC)、以太币(ETH)等虚拟货币。两个相同类型的同质化代币由于本质是一样的,可以相互替换。与FT不同的是,每个NFT都有自身的唯一性,不能相互替换,FT与NFT的关系相当于民法中的种类物与特定物。

数字藏品是海外NFT在我国本土化发展的形式,指通过利用区块链和智能合约的技术确定数字作品权益归属,并在区块链上标记其所有权人的信息,便于把握后期的流转,其主要的形式包括但不限于数字图片、音乐、视频、3D模型、数字纪念币等。简单来说,数字藏品就是通过NFT技术对数字作品确权的一种财产性权益。在技术层面上,数字藏品与海外的NFT并无区别,都是利用区块链技术对数字作品进行确权,使每一个数字作品在区块链上都具有唯一性和不可篡改性。不同点在于海外的NFT作品大多数都储存于公链上,使用虚拟货币进行交易,而我国的数字藏品基于我国的政策和相关法律的规定,大多

---

① 参见陶乾:《论数字作品非同质代币化交易的法律意涵》,载微信公众号"上海市法学会 东方法学"2022年2月22日,https://mp.weixin.qq.com/s/3VLA_xUFjoo6BrrRhQ12sg。

储存在联盟链上，使用法定货币——人民币进行结算。① 此外，为防止数字藏品金融化，我国禁止炒作数字藏品。

目前，我国的数字藏品平台主要以鲸探、NFT 中国为代表，平台与艺术家、知名的 IP 文化产业或者博物馆等进行合作，在获得其授权的前提下铸造 NFT 数字藏品，并在平台进行展示及销售。在数字产品的交易中，用户所购买到的是一种财产性权益，对应的是区块链上虚拟数字作品的归属，并非实体的物品，消费者也不能获得该数字作品的版权。例如鲸探的交易页面说明："数字藏品为虚拟数字商品，而非实物，数字藏品的版权由发行方或原创者拥有，除另行取得版权拥有者书面同意外，用户不得将数字藏品用于任何商业用途，本商品源文件不支持本地下载。"

第二节　用户信息保护

数字藏品在我国目前处于初步的发展阶段，正如上文所提及，数字藏品在我国的交易模式类似于互联网上的商品交易模式，用户在平台创建个人的账户以及钱包，并对平台所展示的数字藏品进行购买，在整个交易流程中平台发挥着重要，甚至是决定性的作用。在 NFT 交易过程中，平台应当严格依照法律的规定处理收集到的用户个人信息，保障用户个人信息的安全。具体而言，平台可以结合《个人信息保护法》的相关规定，对用户信息进行保护，主要体现为以下三个方面。

一、保证用户的知情权

根据《个人信息保护法》第 4 条的规定，个人信息是以电子或者其他方式记录的与已识别或者可识别的自然人有关的各种信息，不包括匿名化处理后的信息。个人信息的处理包括个人信息的收集、存储、使用、加工、传输、提供、公开、删除等。该法条应用到 NFT 平台，用户的个人信息指平台在用户创建个人账号时对用户收集的个人信息，包括个人的姓名、实名认证的移动电话、身份证号码、人脸识别等可以确认本人的信息，以及平台通过技术和工具来收集用户访问平台的 IP 地址以记录用户的物理位置。当平台在收集用户上述信息时，应当保证用户的知情权，并告知用户其所收集个人信息的使用规则以及处理的方式、范围和目的。

根据《个人信息保护法》第 17 条的规定，平台作为个人信息的处理者，还应当以显著的方式、清晰易懂的语言向用户告知平台运营中处理个人信息的相关团队的名称和联系方式，以便在用户要求平台行使解释说明权时，可以及时地与平台进行反馈。

---

① 参见王欣：《NFT 的法律属性分析及国内合规路径》，载微信公众号"百君说法"2022 年 5 月 6 日，https://mp.weixin.qq.com/s/5O3BNNt-uzAIFJ7q7GGzag。

二、保证用户的同意权

当平台在收集用户的个人信息时，如用户的定位、手机通信方式、地址等信息时，根据《个人信息保护法》第 5 条的规定，平台应当采用合法、正当、必要和诚信原则，不得通过欺骗、误导等方式处理个人信息，切实保障用户同意权、知情权、选择权和个人信息安全，对个人信息处理活动负责。在收集用户的敏感信息时，如生物识别、医疗健康、金融账户、行踪轨迹等敏感信息，根据《个人信息保护法》第 30 条的规定，平台应告知用户收集该信息的必要性以及收集信息对用户权益的相关影响，确保用户个人同意授权后才可以收集相关信息。

三、依法合规使用、储存、删除用户信息

平台应当依法对收集的用户信息进行处理使用，并且对用户信息进行安全储存，在满足一定的条件下，经用户的申请或者是储存的期限届满，应依法删除用户的相关信息。根据《个人信息保护法》第 10 条的规定，平台不得非法收集、使用、加工、传输用户的个人信息，不得与境外组织合作非法买卖提供用户的个人信息；平台不得利用收集的用户信息从事危害国家安全、公共利益的活动。平台在使用用户的数据信息时，必须按照告知用户的目的进行，不能擅自非法使用，例如与境外的机构进行勾结，非法买卖用户数据信息。

第二节　平台数据保护措施

数字经济的发展是未来的趋势，而 NFT 应用领域在未来也将不断拓宽。目前 NFT 的技术还处于初步发展阶段，数据安全事件还会时不时发生。一个 NFT 数字藏品从铸造到平台展示再到实现其价值的整个过程中，需要多方面的配合，包括背后多项数据技术的保障以及多个环节、多个场景的运用和配合才能完成。在此过程中平台作为数据的处理者、使用者和储存者，应当建立并完全数据安全管理制度，依法依规处理数据。

根据《数据安全法》第 3 条的规定，本法所称数据，是指任何以电子或者其他方式对信息的记录。数据安全是指通过采取必要措施，确保数据处于有效保护和合法利用的状态，以及具备保障持续安全状态的能力。根据该定义，可以知道 NFT 本质是数据，因此各大平台在提供数字藏品的服务时，也有义务保障其链上的 NFT 数据安全。

在数据合规安全保障中，平台应当做到以下两点。①

---

① 参见张烽《NFT 技术应用与法律规制》，载微信公众号“现代金融风险管理”2022 年 1 月 27 日，https://mp.weixin.qq.com/s/j7XBCih7JU5YAAuj39cR0w。

一、建立并完善数据安全管理制度

根据《数据安全法》第 27 条的规定,“开展数据处理活动应当依照法律、法规的规定,建立健全数据安全管理制度,组织开展数据安全教育培训,采取相应的技术措施和其他必要措施,保障数据安全”。根据该法条,平台需要建立储存在其链上的 NFT 的整体数据库,并按照法律规定对数据进行管理和保护。此外,平台在管理数据库信息时,应该聘请专门人员采用集中培训的方式,开展数据安全教育,规范工作人员管理方式,保障数据安全。根据《数据安全法》第 29 条、第 30 条的规定,当平台处理数据信息时,应当加强风险监测,并定期做好风险评估,如果发现数据异常或者数据的安全缺陷、漏洞等风险,应当及时向有关主管部门报告并采取补救措施。

二、依法依规处理 NFT 数据

根据《数据安全法》的相关规定,平台作为数据的处理者,应当依法收集、使用、存储、加工、传播数据,不得窃取或者是以其他非法方法获取数据。若平台在处理数据时,需要与境外的机构进行合作、传输我国境内数据资料时,应当依法向国家网信部门及其他有关部门进行报备,并在取得批准后,再办理相关的出境手续。在与境外机构进行合作时,平台需要发挥好监管角色,避免境外的机构利用我国的数据信息进行犯罪活动。

第四节　数据安全保障要求

数字藏品的发展有赖于数据安全运转,平台作为数字藏品主要的管理者和提供者,需要建立自身的数据安全保障系统,针对平台在运营数字藏品时可能会出现的风险做好评估,并采取相关措施进行预防。

一、建立健全平台数据安全保障系统

(一)建立并完善平台的安全管理措施

首先,平台企业在内部数据处理方面要建立完备的安全管理系统,制定数据管理制度,落实个人责任制;其次,企业内部要定期开展数据安全教育培训,使其员工意识到数据安全的重要性;最后,企业在数据管理的过程中要定期做好风险评估,及时报告有关主管部门。企业在外部可以引入第三方监督机构,对数据使用是否合规进行监督,并将情况及时对外公布,以便外界监督;此外,平台还需要建立用户投诉制度,负责处理用户的投诉意见,改善平台存在的数据合规问题。

(二)规范平台数据合规技术的使用

平台在日常处理用户数据信息时要按照合规的数据处理方式进行。首先,企业需

要建立并完善自身的数据安全，做好网络防火墙，防止不法人员通过木马、网络攻击等技术入侵平台安全系统；其次，平台在处理数据时，需要做好记录，填写相关的数据报表，保证处理数据过程可追溯；最后，平台在储存数据时需要采取严格的安全保护措施，防止外界未经授权访问并窃取用户的数据信息。

（三）完善数据泄露后的补救措施

《数据安全法》第 29 条规定，数据处理者开展数据处理活动应当加强风险监测，发现数据安全缺陷、漏洞等风险时，应当立即采取补救措施；发生数据安全事件时，应当立即采取处置措施，按照规定及时告知用户并向有关主管部门报告。

二、做好数字藏品运营中的风险预防

（一）NFT 铸造中的数字藏品内容侵权

在铸造 NFT 的过程中创作方需要向平台提供该作品的权益归属证明，以证明自己是该作品的权利人。但实践中可能存在他人未经原权利人的同意将其作品利用 NFT 技术进行铸造并在平台进行发售的情形，这种行为侵犯了原权利人的发行权、复制权以及信息网络传播权等相关的权利。

为预防违法违规风险，平台可以采取如下措施：

首先，平台在与创作方进行合作时，可在协议中要求发行方提供该作品的草稿、权利证书或者其他相关方面的证据来证明该作品的原创性，并在协议中约定，若出现侵权的情况，由创作方承担侵权责任。

其次，平台需要认真审查发行方交付有关作品的相关资料，并综合线上和线下的相关资料审查其是否存在侵犯他人的著作权的情形。

最后，平台应履行平台通知—删除义务的责任。根据《民法典》第 1195 条的规定，数字产品平台应履行一般网络服务提供者的通知删除义务，当权利人发现平台存在侵犯其合法权益的数字藏品时，有权通知网络服务提供者采取删除、屏蔽、断开链接等必要措施。平台接收到有关用户的投诉，在审查用户所提供的初步证据之后，可以暂时对该数字藏品进行下架，并及时通知该数字产品的创作方，要求其提供相关的权益证明。若该数字藏品确实存在侵权事实，平台应当对该侵权的数字藏品采取删除、断开链接、打入地址黑洞等必要措施。

（二）NFT 发行环节中，涉及平台非法集资、非法经营风险

各平台在发行数字产品时，该 NFT 的创作方或者平台对数字产品进行宣传时，向不特定的用户承诺，若持有该数字藏品将在一定期限内获得高利润的回报，以吸引消费者购买该数字藏品。若平台的行为满足以上条件，向不特定的用户进行公开宣传，并具备一定的利诱要件，平台即可能构成非法集资。此外，如果 NFT 平台在经营数字藏品时相互串通，扰乱数字藏品的价格，或者散播价格涨停等方面的信息，损害消费者或者

其他平台的合法权益时,情节严重的,还可能会面临构成非法经营罪的风险。

为预防风险,平台在运营数字藏品时,需要获得相关的资质,保证平台自身的合规经营,防止和第三方串通,损害公众利益。在发行时,平台应避免使用"高利润回报""持有即收益"等广告宣传语,避免非法集资风险发生。

(三)NFT 流转环节中,涉及投机炒作、虚拟货币以及洗钱风险

1. 投机炒作风险

由于我国的法律规定暂未对 NFT 进行明确定义,不少的投机分子对 NFT 进行炒作,集中交易,哄抬价格从而获取利益。我国的监管部门对于投机炒作行为持严格的监管态度,发布了一系列的监管文件,包括国务院《关于清理整顿各类交易场所切实防范金融风险的决定》以及《关于进一步防范和处置虚拟货币交易炒作风险的通知》等,提醒相关主体注意投机炒作风险。

首先,建议平台在发行数字产品时,在相关页面的用户协议中向用户告知禁止数字产品的炒作,若发现数字藏品在平台上进行炒作,应当采取对该产品进行下架等必要措施,并对相关人员进行处理。

其次,建议平台在对外发行 NFT 数字藏品时不开放二级市场,并且对于数字产品的二次流通给予一定的限制,从而减少数字产品的流通次数和难度,避免炒作行为的出现。例如鲸探中规定转赠条件:"支持持有数字藏品 90 天之后,无偿转赠给符合条件的支付宝实名好友。"

最后,除了平台自身的监管外,还可以引入第三方评估机构对数字藏品的价值属性、权力来源等进行评估,给平台提供合理的交易价格以便辅助交易的进行。

2. 虚拟货币的风险

NFT 数字藏品的英文表述(Non-Fungible Token)本身含有代币的形式"token",便说明其与虚拟货币有着一定的联系。而我国法律及政策对虚拟货币持否定态度,禁止虚拟货币在市场上流通。基于此,平台应当严格依照法律的规定在对 NFT 结算时使用法定货币,禁止使用虚拟货币、或者 NFT 本身进行交易结算,并且在对于 NFT 数字藏品的页面进行描述时,尽量避免使用"代币""币"等描述文字。

3. 洗钱等违法犯罪活动风险

在 NFT 数字藏品进行交易的过程中,如果平台采用了虚拟货币进行交易,可能会给洗钱等违法犯罪活动提供一定的空间。例如,犯罪分子可能假借 NFT 交易之名,通过 NFT 交易的方式为犯罪活动输入资金,或者犯罪分子利用黑钱购买 NFT,再对 NFT 进行转卖,利用转卖的价钱兑换成合法货币,从而规避法律的制裁。

基于此,平台要落实用户的实名制管理,对于交易双方的相关信息进行审查和监督,确保其资金来源的合法性,避免洗钱。

NFT 数字藏品的出现,对我国的社会、经济、文化等领域产生了一定的冲击,使很多行业迎来了数字时代的新发展。NFT 依据其自身的独特性、不可分割性以及所有权数据性实现了新时代下数据所有权的交替变更、实时追踪和价值维护。

当平台在对 NFT 技术进行运用时，也需要审慎地进行评估和调研，遵守相关的法律法规，配备相关的运营资质，做好备案许可；在收集用户数据信息时，依法依规处理数据，建立并完善相应的安全保障制度。只有在合法的界限内运营数字藏品，才能真正迎来数字藏品发展的春天。

本章小结

●NFT 即非同质化代币，是基于 NFT 技术发行的特定代币，在该数字代币上附加一定的数据，即可以指向特定的数字藏品。在我国，NFT 主要以数字藏品的形式进入市场。

●数字藏品在市场的交易模式类似于互联网上虚拟商品的交易模式。平台在对数字藏品运营时，需要遵守相关法律法规，做好数字藏品的数据合规。

●平台应结合《个人信息法》等法律法规对用户的信息保护做好合规，主要体现在保证用户的知情权、同意权并依法合规使用、储存并删除用户信息。

●数字藏品平台要依规建立并完善数据安全保障制度，依法依规处理 NFT 数据，避免数据被违法使用。

●在数据安全保障方面，平台应建立健全平台数据安全保障系统，落实个人责任制，保证数字藏品的数据合规制度落实到位。并做好运营中的风险预防，对数字藏品铸造、发行、流转等环节可能存在的风险进行预防和规制。

第二十章　社交和社区平台数据保护

第一节　社交和社区平台隐私政策存在的问题和风险

一、个人信息存储情况说明不完善

《网络安全法》第37条规定关键信息基础设施的运营者在我国境内运营中收集和产生的个人信息和重要数据应当在境内存储，因业务需要，确需向境外提供的，应当进行安全评估。[①] 部分社交和社区平台隐私政策未清楚说明存储的个人信息内容，缺乏对用户存储信息安全性的保证及保护方式的说明。目前我国社交和社区平台的隐私政策中对个人信息存储时限、地域的说明较为完备，但在存储内容、标准和存储方式方面有所欠缺。

二、未明示向个人信息收集使用以及向第三方提供的规则

根据《违规使用认定办法》第5点的规定，“既未经用户同意，也未做匿名化处理，数据传输至App后台服务器后，向第三方提供其收集的个人信息”可被认定为“未经同意向他人提供个人信息”。经分析，市面上主流社交和社区软件的隐私政策，只有部分提及了向第三方提供个人信息时的匿名化处理。《网络安全法》明确规定了网络运营者未经被收集者同意，不得向

---

① 《网络安全法》第37条规定：“关键信息基础设施的运营者在中华人民共和国境内运营中收集和产生的个人信息和重要数据应当在境内存储。因业务需要，确需向境外提供的，应当按照国家网信部门会同国务院有关部门制定的办法进行安全评估；法律、行政法规另有规定的，依照其规定。”

他人提供个人信息，但是经过处理无法识别特定个人且不能复原的除外，“无法识别”“不能复原”即为数据流通和交易环节匿名化的标准。

部分社交和社区平台未明确告知个人信息的特殊用途及征求用户同意；没有明确承诺为用户严格保密；在“信息的第三方获取”中存在未标明第三方对象，不告知须用户授权同意方可实施或推卸自身责任的问题。各应用普遍对个人信息共享、转让与公开披露的情形和征求用户同意方面提供了说明，但对遵守相关法律法规及所使用的技术方式则有遗漏，在所调查的社交应用中超过1/4的社交应用没有说明其会遵守相关的法律法规，超过半数的社交应用没有提供信息共享、转让与公开披露时需要使用的技术方式的说明，而且在说明无须征得个人同意的相关情形时没有引用法律原文，说明的内容不够全面。

三、个人信息的删除

社交和社区平台是集中展示个人信息的地方，而在当今社会，基于先进的大数据技术，海量的个人信息在网络上被记载，虽然有些个人信息不涉及个人隐私，但是每个人都希望和自己有关的信息，尤其是负面信息不要在网络上保留太长时间。否则其将会对个人的生活和工作造成不必要的困扰。“被遗忘权的提出正是为了解决网络环境下的忘却困境”，①即在符合《个人信息保护法》第47条②规定的情形时，个人信息处理者应当主动删除个人信息，个人也有权请求个人信息处理者删除。如果法律、行政法规规定的保存期限未届满，或者删除个人信息从技术上难以实现的，个人不得行使删除权，但是个人信息处理者应当停止除储存和采取必要的安全保护措施之外的处理。

第二节　社交和社区平台数据合规建议

一、完善内部数据存储和访问制度③

数据泄露的主要原因主要有黑客入侵、公开数据库、非授权访问、数据库配置错误

---

① 王义坤、刘金祥：《被遗忘权本土化的路径选择与规范重塑——以〈个人信息保护法〉第47条为中心》，载《财经法学》2022年第3期。

② 《个人信息保护法》第47条规定：“有下列情形之一的，个人信息处理者应当主动删除个人信息；个人信息处理者未删除的，个人有权请求删除：（一）处理目的已实现、无法实现或者为实现处理目的不再必要；（二）个人信息处理者停止提供产品或者服务，或者保存期限已届满；（三）个人撤回同意；（四）个人信息处理者违反法律、行政法规或者违反约定处理个人信息；（五）法律、行政法规规定的其他情形。法律、行政法规规定的保存期限未届满，或者删除个人信息从技术上难以实现的，个人信息处理者应当停止除存储和采取必要的安全保护措施之外的处理。”

③ 《电信和互联网用户个人信息保护规定》第8条规定：“……（二）建立用户个人信息收集、使用及其相关活动的工作流程和安全管理制度。”

等,我国《网络安全法》第 42 条对个人信息存储提出了原则性要求,《网络安全法》第 64 条规定违反个人信息存储要求的后果,①《电信和互联网用户个人信息保护规定》从岗位责任、管理制度、权限管理、存储介质、信息系统、操作记录、安全防护等方面,明确了电信业务经营者、互联网信息服务提供者应当采取的防止用户个人信息泄露、毁损、篡改或者丢失的措施,规定了对用户个人信息保护情况自查和培训等制度。

社交和社区软件是人们日常生活中最常使用的工具,收集了大量的个人信息,其中包括敏感信息。因此社交和社区软件更应当加强个人信息的存储、保护和内部管理,在存储期限、存储位置、分类分级存储、去标识化技术等方面完善存储设施,在个人信息的使用中,防止非授权访问,防止因内部员工的疏漏可能导致的信息泄露。

二、提高隐私政策可获取性和可读性

可获取性低表现为有些政策仅在安装注册时容易看到,而在使用中查找就有困难,有些在手机和不同浏览器中的链接有效性和显示的信息不完全相同,有些同一公司的系列政策未集中提供。

可读性表现为专业术语过多、文本内容过长,儿童政策晦涩难懂,照搬照抄成年用户政策,阅读友好性不足。工信部《关于 2022 年第一季度电信服务质量的通告》提到要优化隐私政策和权限调用展示方式,形成服务提质与感知提升良性互动。可获取性和可读性低的隐私政策可被认定为“未公开收集使用规则”。②

因此社交和社区平台的隐私政策应从用户情境角度设计政策获取路径,保证政策内容的多终端适配度和统一性,提供图像、链接跳转、重点标注、表格等形式,采用通俗易懂的语言进行政策阐释。

三、用户被遗忘权保护

《个人信息保护法》并未对“删除”的内涵进行界定。《信息安全技术　个人信息安

---

① 《网络安全法》第 64 条规定:“网络运营者、网络产品或者服务的提供者违反本法第二十二条第三款、第四十一条至第四十三条规定,侵害个人信息依法得到保护的权利的,由有关主管部门责令改正,可以根据情节单处或者并处警告、没收违法所得、处违法所得一倍以上十倍以下罚款,没有违法所得的,处一百万元以下罚款,对直接负责的主管人员和其他直接责任人员处一万元以上十万元以下罚款;情节严重的,并可以责令暂停相关业务、停业整顿、关闭网站、吊销相关业务许可证或者吊销营业执照。违反本法第四十四条规定,窃取或者以其他非法方式获取、非法出售或者非法向他人提供个人信息,尚不构成犯罪的,由公安机关没收违法所得,并处违法所得一倍以上十倍以下罚款,没有违法所得的,处一百万元以下罚款。”

② 《App 违法违规收集使用个人信息行为认定方法》第 1 条规定:“以下行为可被认定为‘未公开收集使用规则’:1. 在 App 中没有隐私政策,或者隐私政策中没有收集使用个人信息规则;2. 在 App 首次运行时未通过弹窗等明显方式提示用户阅读隐私政策等收集使用规则;3. 隐私政策等收集使用规则难以访问,如进入 App 主界面后,需多于 4 次点击等操作才能访问到;4. 隐私政策等收集使用规则难以阅读,如文字过小过密、颜色过淡、模糊不清,或未提供简体中文版等。”

全规范》第3.10条将“删除”界定为“在实现日常业务功能所涉及的系统中去除个人信息的行为，使其保持不可被检索、访问的状态”。当存在《个人信息保护法》第47条第1款规定的情形之一，处理者主动删除个人信息的，应当将其删除个人信息这一情况告知个人。《儿童个人信息网络保护规定》第23条规定：“网络运营者停止运营产品或者服务的，应当立即停止收集儿童个人信息的活动，删除其持有的儿童个人信息，并将停止运营的通知及时告知儿童监护人。”

社交和社区平台应当主动删除个人信息的时间是指从个人信息处理者发现存在法律规定的应当主动删除的个人信息时起，毫不迟延地删除个人信息的时间。如果个人请求处理者删除，则应当自处理者接到删除的请求时起毫不迟延地删除个人信息，并将其删除个人信息这一情况告知个人。

本章小结

●社交和社区软件更应当加强个人信息的存储、保护和内部管理。在存储期限、存储位置、分类分级存储、去标识化技术等方面完善存储设施，在个人信息的使用中，防止非授权访问，防止因内部员工的疏漏可能导致的信息泄露。

●社交和社区平台的隐私政策应从用户情境角度设计政策获取路径，保证政策内容的多终端适配度和统一性，提供图像、链接跳转、重点标注、表格等形式，采用通俗易懂的语言进行政策阐释。

●社交和社区平台应当在法律规定的情形下主动或应个人请求毫不迟延的删除个人信息。

第二十一章　自动化决策与算法合规

算法在技术层面是指以计算机为载体的运算过程和公式，其外在表现包括自然语言、流程图、伪代码、编程语言等，是一种思维模式与技术实现的组合。随着大数据、人工智能、云计算等信息技术的发展，算法在企业的经营管理中被广泛应用，尤其体现在企业的自动化决策和算法推荐服务中。

自动化决策是指通过计算机程序自动分析、评估个人的行为习惯、兴趣爱好或者经济、健康、信用状况等，并进行决策的活动。[①] 自动化决策以算法为依托、以用户画像[②]为基础进行，先分析评估而后以此为基础进行决策，二者缺一不可。算法推荐服务也是企业算法应用的具体体现之一，意在利用算法为用户提供个性化、精准化、智能化的信息服务，在加速互联网信息传播、繁荣数字经济、促进社会发展等方面发挥了重要作用。[③]

算法的“善恶”不在于算法技术是否中立，而在于算法的开

---

① 《个人信息保护法》第73条规定：“本法下列用语的含义：……(二)自动化决策，是指通过计算机程序自动分析、评估个人的行为习惯、兴趣爱好或者经济、健康、信用状况等，并进行决策的活动。”

② 用户画像通常利用用户的基本信息、互联网行为数据、操作记录等形成日志信息并进行技术处理，进而形成反映个体或群体行为的用户画像。系统可以根据用户自己提交的信息知道他们的性别、年龄；通过用户的搜索信息猜测用户的短期意图，分析用户的历史行为推测他们的长期兴趣爱好；用户的购买行为可以映射用户的购买偏好和消费能力。用户相关数据越多，对这些数据分析得越深入，机器就越能更准确地刻画用户的特征。参见《财经》商业治理研究院、中国社科院大学互联网法治研究中心《个性化广告合规发展研究报告》，2022年6月20日联合发布。

③ 参见《国家互联网信息办公室等九部门关于印发〈关于加强互联网信息服务算法综合治理的指导意见〉的通知》，国信办发文〔2021〕7号，2021年9月17日发布。

发者或使用者持有怎样的价值取向。[1] 算法在企业内的合法合规应用顺应了企业精细化运营的趋势，满足了对业务决策更高质量的要求，有助于解决新时代日益复杂的生产、生活问题，助力企业提质降本增效，为实现企业收益最大化提供了有效支撑。但如果算法在企业内被违法违规应用于算法歧视[2]、"大数据杀熟"、信息茧房[3]、诱导沉迷等，则其不仅会对企业正常经营造成负面影响；也将影响正常的传播秩序、市场秩序和社会秩序，给维护意识形态安全、社会公平公正和网民合法权益带来挑战。[4]

因此企业在利用算法的过程中，应依法履行消费者权益保护、个人信息保护等方面的义务，注意开展算法合规管理，提升自身算法合规管理水平。本章将以算法在企业中的主要应用，即自动化决策和算法推荐服务为例，对企业开展算法应用中的规范要求加以具体介绍，并提出相应的合规建议。

第一节　自动化决策的规范要求与合规建议

一、自动化决策的规范要求

正如上文所介绍的，自动化决策是企业算法应用的具体体现之一，但自动化决策也存在合规风险。因为自动化决策依托算法构建出一个"黑箱"[5]，外界难以知晓决策的依据，这成为透明度最大的障碍。尽管人们不断尝试从技术的角度打开人工神经网络所构筑的"黑箱"，但各种努力的结果仍然让人不够满意。[6]

---

① 参见张丹：《数据合规之算法合规（上）——概念、应用及合规问题》，载微信公众号"锦天城律师事务所"2021 年 8 月 23 日，https://mp. weixin. qq. com/s/2dnYMQohPwK4dAwtuFkjJA。

② 是指依据算法所作出自动决策实施的直接或间接的歧视行为。虽然算法生成的自动化决策不像人类决策那样具有主观性，但算法极易受到程序员所设置的规则影响，从而生成歧视性结果。因此，算法歧视若是被预先人为设置的，那么它造成的影响将是规模化、持续性的。参见《财经》商业治理研究院、中国社科院大学互联网法治研究中心《个性化广告合规发展研究报告》，2022 年 6 月 20 日联合发布。

③ "信息茧房"概念是由美国学者凯斯·桑斯坦在 2006 年出版的著作《信息乌托邦》中提出的。在网络信息传播中，因公众自身的信息需求并非全方位的，公众只注意自己选择的东西和使自己愉悦的通信领域。"信息茧房"让用户长期处于同质化信息的包裹中，自身的观念因与外界隔离而逐渐固化。久而久之，用户接收信息局限于"用户画像"中，丧失自由选择和理性思考的能力。参见《财经》商业治理研究院、中国社科院大学互联网法治研究中心《个性化广告合规发展研究报告》，2022 年 6 月 20 日联合发布。

④ 参见《国家互联网信息办公室等九部门关于印发〈关于加强互联网信息服务算法综合治理的指导意见〉的通知》，国信办发文〔2021〕7 号，2021 年 9 月 17 日发布。

⑤ 黑箱理论源于控制论，黑箱通常是一种隐喻，指的是"为人不知的、既不能打开又不能从外部直接观察其内部状态的系统"，算法黑箱通常指的是不透明、难解释的内部系统。由于算法模型通常以代码存在，互联网平台企业通常将其认为属于商业秘密的范畴加以保密。但算法运行却对平台难以数计的用户产生影响。参见《财经》商业治理研究院、中国社科院大学互联网法治研究中心《个性化广告合规发展研究报告》，2022 年 6 月 20 日联合发布。

⑥ 史宇航：《〈个人信息保护法〉来了，自动化决策怎么做》，载微信公众号"汇业法律观察"2021 年 8 月 21 日，https://mp. weixin. qq. com/s/eEzNHMOm1f7f2vh2KEb2Nw。

目前已有多部法律法规或规范草案对算法及自动化决策、用户画像等类似技术在不同场景下的应用提出了规范要求。相关具体内容见表21－1：

表21－1　具体场景应用规范要求梳理

序号	文件名称	发布部门	时间	条文内容
1	《个人信息保护法》	全国人大常委会	中华人民共和国主席令第91号 2021年8月20日发布 2021年11月1日实施	第24条　个人信息处理者利用个人信息进行自动化决策，应当保证决策的透明度和结果公平、公正，不得对个人在交易价格等交易条件上实行不合理的差别待遇。 通过自动化决策方式向个人进行信息推送、商业营销，应当同时提供不针对其个人特征的选项，或者向个人提供便捷的拒绝方式。 通过自动化决策方式作出对个人权益有重大影响的决定，个人有权要求个人信息处理者予以说明，并有权拒绝个人信息处理者仅通过自动化决策的方式作出决定。 第55条　有下列情形之一的，个人信息处理者应当事前进行个人信息保护影响评估，并对处理情况进行记录： (1)处理敏感个人信息； (2)利用个人信息进行自动化决策； (3)委托处理个人信息、向其他个人信息处理者提供个人信息、公开个人信息； (4)向境外提供个人信息； (5)其他对个人权益有重大影响的个人信息处理活动。 第56条　个人信息保护影响评估应当包括下列内容： (1)个人信息的处理目的、处理方式等是否合法、正当、必要； (2)对个人权益的影响及安全风险； (3)所采取的保护措施是否合法、有效并与风险程度相适应。 个人信息保护影响评估报告和处理情况记录应当至少保存三年
2	《电子商务法》	全国人大常委会	中华人民共和国主席令第7号 2018年8月31日发布 2019年1月1日实施	第18条第1款　电子商务经营者根据消费者的兴趣爱好、消费习惯等特征向其提供商品或者服务的搜索结果的，应当同时向该消费者提供不针对其个人特征的选项，尊重和平等保护消费者合法权益

续表

序号	文件名称	发布部门	时间	条文内容
3	《中共中央、国务院关于构建数据基础制度更好发挥数据要素作用的意见》	中共中央委员会国务院	2022年12月2日公布并实施	(十五)压实企业的数据治理责任。坚持“宽进严管”原则、牢固树立企业的责任意识和自律意识……企业应严格遵守反垄断法等相关法律规定,不得利用数据、算法等优势和技术手段排除限制竞争,实施不正当竞争
4	《关于平台经济领域的反垄断指南》	国务院反垄断委员会	国反垄发〔2021〕1号 2021年2月7日发布 2021年2月7日实施	第14条　拒绝交易 具有市场支配地位的平台经济领域经营者,可能滥用其市场支配地位,无正当理由拒绝与交易相对人进行交易,排除、限制市场竞争。分析是否构成拒绝交易,可以考虑以下因素: (1)停止、拖延、中断与交易相对人的现有交易; (2)拒绝与交易相对人开展新的交易; (3)实质性削减与交易相对人的现有交易数量; (4)在平台规则、算法、技术、流量分配等方面设置不合理的限制和障碍,使交易相对人难以开展交易; (5)控制平台经济领域必需设施的经营者拒绝与交易相对人以合理条件进行交易。 第15条　限定交易 具有市场支配地位的平台经济领域经营者,可能滥用市场支配地位,无正当理由对交易相对人进行限定交易,排除、限制市场竞争。分析是否构成限定交易行为,可以考虑以下因素: (1)要求平台内经营者在竞争性平台间进行“二选一”,或者限定交易相对人与其进行独家交易的其他行为; (2)限定交易相对人只能与其指定的经营者进行交易,或者通过其指定渠道等限定方式进行交易; (3)限定交易相对人不得与特定经营者进行交易。 上述限定可能通过书面协议的方式实现,也可能通过电话、口头方式与交易相对人商定的方式实现,还可能通过平台规则、数据、算法、技术等方面的实际设置限制或者障碍的方式实现。 第17条　差别待遇 具有市场支配地位的平台经济领域经营者,可能滥用市场支配地位,无正当理由对交易条件相同的交易相对人实施差别待遇,排除、限制市场竞争。分析是否构成差别待遇,可以考虑以下因素: (1)基于大数据和算法,根据交易相对人的支付能力、消费偏好、使用习惯等,实行差异性交易价格或者其他交易条件; (2)实行差异性标准、规则、算法; (3)实行差异性付款条件和交易方式

续表

序号	文件名称	发布部门	时间	条文内容
5	《关于加强车联网网络安全和数据安全工作的通知》	工业和信息化部	工信部网安〔2021〕134号 2021年9月15日发布 2021年9月15日实施	(15)规范数据开发利用和共享使用。智能网联汽车生产企业、车联网服务平台运营企业要合理开发利用数据资源,防范在使用自动化决策技术处理数据时,侵犯用户隐私权和知情权。明确数据共享和开发利用的安全管理和责任要求,对数据合作方数据安全保护能力进行审核评估,对数据共享使用情况进行监督管理
6	《工业和信息化领域数据安全管理办法(试行)》	工业和信息化部	工信部网安〔2022〕166号 2022年12月8日公布 2023年1月1日实施	第16条　工业和信息化领域数据处理者利用数据进行自动化决策的,应当保证决策的透明度和结果公正合理
7	《数据安全管理办法(征求意见稿)》	国家网信办	2019年5月28日发布 2019年6月28日截止	第32条　网络运营者分析利用所掌握的数据资源,发布市场预测、统计信息、个人和企业信用等信息,不得影响国家安全、经济运行、社会稳定,不得损害他人合法权益
8	《在线旅游经营服务管理暂行规定》	文化和旅游部	中华人民共和国文化和旅游部令第4号 2020年8月20日发布 2020年10月1日实施	第15条　在线旅游经营者不得滥用大数据分析等技术手段,基于旅游者消费记录、旅游偏好等设置不公平的交易条件,侵犯旅游者合法权益

续表

序号	文件名称	发布部门	时间	条文内容
9	《价格违法行为行政处罚规定》(修订征求意见稿)	市场监管总局	2021年7月2日发布 2021年8月2日截止	第13条　违反价格法第14条规定,有下列情形之一的,给予警告,可以并处上一年度销售总额1‰以上5‰以下的罚款,有违法所得的,没收违法所得;情节严重的,责令停业整顿,或者吊销营业执照: (1)电子商务平台经营者利用大数据分析、算法等技术手段,根据消费者或者其他经营者的偏好、交易习惯等特征,基于成本或正当营销策略之外的因素,对同一商品或服务在同等交易条件下设置不同价格的; (2)为了排挤竞争对手或者独占市场,尚不具有市场支配地位的电子商务平台经营者通过补贴等形式以低于成本的价格倾销,扰乱正常的生产经营秩序,损害国家利益或者其他经营者的合法权益的。 (3)行政法规、部门规章规定的电子商务平台竞争者的其他不正当价格行为
10	《禁止网络不正当竞争行为规定(公开征求意见稿)》	市场监管总局	2021年8月17日发布 2021年9月15日截止	第21条　经营者不得利用数据、算法等技术手段,通过收集、分析交易相对方的交易信息、浏览内容及次数、交易时使用的终端设备的品牌及价值等方式,对交易条件相同的交易相对方不合理地提供不同的交易信息,侵害交易相对方的知情权、选择权、公平交易权等,扰乱市场公平交易秩序。 交易信息包括交易历史、支付意愿、消费习惯、个体偏好、支付能力、依赖程度、信用状况等
11	《深圳经济特区数据条例》	深圳市人大(含常委会)	深圳市第七届人民代表大会常务委员会公告第10号 2021年7月6日发布 2022年1月1日实施	第29条　数据处理者基于提升产品或者服务质量的目的,对自然人进行用户画像的,应当向其明示用户画像的具体用途和主要规则。 自然人可以拒绝数据处理者根据前款规定对其进行用户画像或者基于用户画像推荐个性化产品或者服务,数据处理者应当以易获取的方式向其提供拒绝的有效途径。 第30条　数据处理者不得基于用户画像向未满十四周岁的未成年人推荐个性化产品或者服务。但是,为了维护其合法权益并征得其监护人明示同意的除外

续表

序号	文件名称	发布部门	时间	条文内容
12	《上海市数据条例》	上海市人大(含常委会	上海市人民代表大会常务委员会公告〔15届〕第94号 2021年11月25日发布 2022年1月1日实施	第24条　利用个人信息进行自动化决策,应当遵循合法、正当、必要、诚信的原则,保证决策的透明度和结果的公平、公正,不得对个人在交易价格等交易条件上实行不合理的差别待遇。 通过自动化决策方式向个人进行信息推送、商业营销的,应当同时提供不针对其个人特征的选项,或者向个人提供便捷的拒绝方式。 通过自动化决策方式作出对个人权益有重大影响的决定,个人有权要求处理者予以说明,并有权拒绝处理者仅通过自动化决策的方式作出决定
13	《浙江省电子商务条例》	浙江省人大(含常委会)	浙江省第十三届人民代表大会常务委员会公告第57号 2021年9月30日发布 2022年3月1日实施	第14条　电子商务经营者不得利用大数据分析、算法等技术手段,对交易条件相同的消费者在交易价格等方面实行不合理差别待遇。 下列情形不认定为不合理差别待遇: (1)根据消费者的实际需求,且符合正当的交易习惯和行业惯例,实行不同交易条件的; (2)针对新用户在合理期限内开展优惠活动的; (3)基于公平、合理、非歧视规则实施随机性交易的; (4)能够证明行为具有正当性的其他情形。 本条所称交易条件相同,是指消费者在交易安全、交易成本、信用状况、交易环节、交易方式、交易持续时间等方面不存在实质性差别。 第27条　电子商务经营者违反本条例第十四条规定,对交易条件相同的消费者实行不合理差别待遇的,由市场监督管理部门依照《中华人民共和国个人信息保护法》的规定进行处罚。 电子商务经营者违反本条例第十四条规定,构成滥用市场支配地位行为的,依照反垄断有关法律、行政法规规定处罚

续表

序号	文件名称	发布部门	时间	条文内容
14	《上海市网络交易平台网络营销活动算法应用指引(试行)》	上海市市场监督管理局	沪市监网监〔2021〕576号 2021年11月12日发布 2021年11月12日实施	第2条　(基本概念) 本指引所称的网络营销活动算法应用是指通过互联网等信息网络销售商品或者提供服务时,应用算法技术实施各类自动化决策,包括向消费者个人进行信息推送或商业营销、提供搜索结果、开展交易等。 第6条　(决策结果的公平公正) 网络交易平台经营者利用消费者个人信息开展网络营销活动算法应用,应当符合《个人信息保护法》的规定,保证算法应用结果的公平、公正。下列因素可能会对算法应用结果的公平、公正产生影响: (1)参数设置是否科学、合理; (2)消费者画像是否公正、客观、真实; (3)决策规则设计是否科学、合理。 第8条　(消费者画像) 网络交易平台经营者利用消费者个人信息进行用户画像时,应当符合《个人信息保护法》《消费者权益保护法》等法律法规的规定,确保消费者画像依据来源合法,尊重消费者人格尊严,避免使用有违社会公德、歧视性、偏见性用户标签,发现消费者画像存在错误的,有必要及时进行修改。 网络交易平台经营者使用含有下列内容的用户标签对消费者进行画像,可能会侵犯消费者的人格尊严,影响消费者画像的公正、客观性: (1)使用含有淫秽、色情、赌博、迷信、恐怖、暴力的内容; (2)使用含有表达对民族、种族、宗教、残疾、疾病、性别歧视的内容; (3)使用含有其他有违公序良俗的歧视性、侮辱性文字的内容
15	《广州市国资委监管企业数据安全合规管理指南(试行2021年版)》	广州市人民政府国有资产监督管理委员会	穗国资法〔2021〕13号 2021年12月20日发布 2021年12月20日实施	第44条　梳理内部进行个人信息处理的各类场景,对于向他人提供企业处理的个人信息,利用个人信息进行自动化决策,在公共场所安装图像采集、个人身份识别设备、针对法定要求需取得个人单独同意的情形,等情形,应依据相关法律法规的要求,明确处理流程并制定规范要求

续表

序号	文件名称	发布部门	时间	条文内容
16	《互联网个人信息安全保护指南》	公安部	2019年4月10日发布 2019年4月10日实施	6.3 应用 …… c)完全依靠自动化处理的用户画像技术应用于精准营销、搜索结果排序、个性化推送新闻、定向投放广告等增值应用,可事先不经用户明确授权,但应确保用户有反对或者拒绝的权利;如应用于征信服务、行政司法决策等可能对用户带来法律后果的增值应用,或跨网络运营者使用,应经用户明确授权方可使用其数据
17	《网络安全实践指南—移动互联网应用基本业务功能必要信息规范》	全国信息安全标准化技术委员会秘书处	2019年6月1日发布 2019年6月1日实施	移动互联网应用通常还会因为保障网络安全和处理用户纠纷,实现个性化推荐、提高用户体验和改善服务质量等目的收集个人上网记录,收集个人上网记录需考虑以下几点: …… d)使用个人上网记录用于分析用户画像进行个性化展示和推荐时,告知用户使用目的,并提供用户退出定向推送模式选项
18	《信息安全技术 个人信息安全规范》(GB/T 35273—2020)	市场监管总局 国家标准化管理委员会	2020年3月6日发布 2020年10月1日实施	7.4 用户画像的使用限制 对个人信息控制者的要求包括: a)用户画像中对个人信息主体的特征描述,不应: 1)包含淫秽、色情、赌博、迷信、恐怖、暴力的内容; 2)表达对民族、种族、宗教、残疾、疾病歧视的内容。 b)在业务运营或对外业务合作中使用用户画像的,不应: 1)侵害公民、法人和其他组织的合法权益; 2)危害国家安全、荣誉和利益,煽动颠覆国家政权、推翻社会主义制度,煽动分裂国家、破坏国家统一,宣扬恐怖主义、极端主义,宣扬民族仇恨、民族歧视,传播暴力、淫秽色情信息,编造、传播虚假信息扰乱经济秩序和社会秩序。 c)除为实现个人信息主体授权同意的使用目的所必需外,使用个人信息时应消除明确身份指向性,避免精确定位到特定个人。例如,为准确评价个人信用状况,可使用直接用户画像,而用于推送商业广告目的时,则宜使用间接用户画像。

续表

序号	文件名称	发布部门	时间	条文内容
		市场监管总局国家标准化管理委员会	2020年3月6日发布 2020年10月1日实施	7.5 个性化展示的使用 对个人信息控制者的要求包括： a)在向个人信息主体提供业务功能的过程中使用个性化展示的，应显著区分个性化展示的内容和非个性化展示的内容。 注1：显著区分的方式包括但不限于：标明“定推”等字样，或通过不同的栏目、版块、页面分别展示等。 b)在向个人信息主体提供电子商务服务的过程中，根据消费者的兴趣爱好、消费习惯等特征向其提供商品或者服务搜索结果的个性化展示的，应当同时向该消费者提供不针对其个人特征的选项。 注2：基于个人信息主体所选择的特定地理位置进行展示、搜索结果排序，且不因个人信息主体身份不同展示不一样的内容和搜索结果排序，则属于不针对其个人特征的选项。 c)在向个人信息主体推送新闻信息服务的过程中使用个性化展示的，应： 1)为个人信息主体提供简单直观的退出或关闭个性化展示模式的选项； 2)当个人信息主体选择退出或关闭个性化展示模式时，向个人信息主体提供删除或匿名化定向推送活动所基于的个人信息的选项。 d)在向个人信息主体提供业务功能的过程中使用个性化展示的，宜建立个人信息主体对个性化展示所依赖的个人信息(如标签、画像维度等)的自主控制机制，保障个人信息主体调控个性化展示相关性程度的能力。 7.7 信息系统自动决策机制的使用 个人信息控制者业务运营所使用的信息系统，具备自动决策机制且能对个人信息主体权益造成显著影响的(例如，自动决定个人征信及贷款额度，或用于面试人员的自动化筛选等)，应： a)在规划设计阶段或首次使用前开展个人信息安全影响评估，并依评估结果采取有效的保护个人信息主体的措施； b)在使用过程中定期(至少每年一次)开展个人信息安全影响评估，并依评估结果改进保护个人信息主体的措施； c)向个人信息主体提供针对自动决策结果的投诉渠道，并支持对自动决策结果的人工复核

二、自动化决策的合规建议

对于企业而言,自动化决策已经成为其经营管理中不可或缺的一环,企业中大量的决策依托于各类算法进行。企业在享受自动化决策带来的便利的同时,也需要遵守上述规范要求,加强自身合规管理,提升自身合规管理水平,以保障消费者合法权益、维护公平竞争的市场秩序、促进市场健康发展。根据上述规范的要求,企业在自动化决策行为中应当满足以下合规要求。

(一)原则性要求

企业开展自动化决策,应当遵守法律法规,依法履行消费者权益保护、个人信息保护等方面的义务,遵循平等公平、公开透明、诚实信用、科学合理、安全可靠的原则,同时不得危害国家安全、社会公共利益,不得侵害公民、法人和其他组织的合法权益。

(二)自动化决策前

根据上文介绍,自动化决策以算法为依托、以用户画像为基础进行,先分析评估而后以此为基础进行决策。进行自动化决策前,在数据处理和用户画像作为自动化决策的基础的阶段,企业也应履行一定的合规义务。

企业开展自动化决策前,应当确保决策依据来源合法,依法实施收集、使用、加工等数据处理活动,并采取适当措施保障数据主体的合法权益及数据安全。虽然自动化决策只是数据生命周期中的一个环节,但企业的数据合规工作需要面向数据的整个生命周期进行部署。从为自动化决策而进行的信息收集阶段直至自动化决策完毕后信息的销毁阶段,企业均需要对数据合规加以考量。

此外,若企业收集、使用、加工等的数据涉及个人信息,应当符合《个人信息保护法》有关个人信息处理的规定,利用个人信息开展自动化决策的,应当依法在事前进行个人信息保护影响评估,根据评估情况采取相应处理措施并进行记录。根据《个人信息保护法》的规定,个人信息保护影响评估应当包括下列内容:(1)个人信息的处理目的、处理方式等是否合法、正当、必要;(2)对个人权益的影响及安全风险;(3)所采取的保护措施是否合法、有效并与风险程度相适应。个人信息保护影响评估报告和处理情况记录应当至少保存3年。

企业需要进行用户画像的,应当向用户明示用户画像的具体用途和主要规则。用户可以拒绝企业对其进行用户画像或者基于用户画像推荐个性化产品或者服务,企业应当以易获取的方式向其提供拒绝的有效途径。此外,企业应注意对用户的特征描述,尊重用户人格尊严,避免使用有违社会公德或具有歧视性、偏见性的用户标签①,发现用户画像存在错误的,有必要及时进行修改。若用户为自然人,除为实现个人信息主体授权同意的使用目的所必需外,使用个人信息时应消除具有明确身份指向性的内容,避免精确定位到特定个人。

(三)自动化决策中

根据上文介绍,企业自动化决策特征之一就是依托算法构建出一个"黑箱",让外界难以知晓决策的依据,因此企业应当保证自动化决策过程中的透明度,遵循公开透明原则,在进行自动化决策时应使决策过程公开,能够被他人知悉。②

企业通过自动化决策方式向用户进行信息推送、商业营销,应当保证用户的选择权,同时提供不针对其个人特征的选项,或者向个人提供便捷的拒绝方式。《信息安全技术　个人信息安全规范》对"用户选择权"的问题进行了解释,即基于用户所选择的特定地理位置进行展示、搜索结果排序,且不因用户身份不同展示不一样的内容和搜索结果排序,则属于不针对其个人特征的选项。因此,如企业在进行自动化决策时,同时提供了地理位置这一选项,且不同用户在同一地理位置可以获得相同的内容,那么可以视为提供了不针对其个人特征的选项。除此之外,企业在对用户进行个性化推荐时能够使用户自主选择想要看到的内容,也可以视为赋予用户选择权。例如用户在外卖平台搜索店铺时,平台除向其提供个性化推荐内容,还同时提供销量、距离、好评等设置选项,使用户可以选择想要看到的内容。

提供便捷的拒绝方式则要求企业不仅是在隐私政策中进行文字提示,还需要设置明确的关闭功能,例如用户可以自行在 App 内设置关闭。同时,拒绝不得以剥夺用户其他权益为代价,如剥夺其使用基础功能的权利、设置障碍、收取费用或设定有效期限等。③

(四)自动化决策后

企业自动化决策应当保证结果的公平公正,《电子商务法》规定了使用自动化决策应当尊重和平等保护消费者合法权益;《个人信息保护法》在此之上做了进一步细化,要求决策结果的公平、公正,不得对个人在交易条件上实行不合理的差别待遇。企业应当设置科学、合理的自动化决策参数及决策规则,确保消费者画像公正、客观、真实。

---

① 如不应包含淫秽、色情、赌博、迷信、恐怖、暴力的内容;表达对民族、种族、宗教、残疾、疾病歧视的内容。参见国家市场监督管理总局、国家标准化管理委员会《信息安全技术 个人信息安全规范》,GB/T 35273-2020,7.4 用户画像的使用限制的相关规定。

② 参见杨立新、赵鑫:《利用个人信息自动化决策的知情同意规则及保障——以个性化广告为视角解读〈个人信息保护法〉第 24 条规定》,载《法律适用》2021 年第 10 期。

③ 参见张昌倩、王皓钰:《个保法背景下,企业自动化决策的合规问题》,载微信公众号"广悦律师事务所"2021 年 10 月 29 日,https://mp.weixin.qq.com/s/-HO6BrtT8IxiXC9OQM02oA。

此外,企业应当向用户提供针对自动决策结果的投诉渠道,并支持对自动化决策结果的人工复核。例如在对个人权益有重大影响的决定的场景下①,如信贷、健康咨询、劳动、教育等,企业应当充分保障用户的知情权,同时对自动化决策的结果引入人工审核。

第二节 算法推荐服务的合规建议

企业依托算法开展的算法推荐服务也有潜在的风险,甚至可能造成非常严重的后果。例如最高人民检察院第三十五批指导性案例中,北京某公司开发运营的一款知名短视频应用类软件(以下简称某 App)②在未以显著、清晰的方式告知并征得儿童监护人明示同意的情况下,允许儿童注册账号,并收集、存储儿童网络账户、位置、联系方式,以及儿童面部识别特征、声音识别特征等个人敏感信息。在未再次征得儿童监护人明示同意的情况下,运用后台算法,向具有浏览儿童内容视频喜好的用户直接推送含有儿童个人信息的短视频。2018 年 1 月至 2019 年 5 月,徐某某收到该 App 后台推送的含有儿童个人信息的短视频,通过其私信功能联系多名儿童,并对其中 3 名儿童实施猥亵犯罪。

该 App 的开发运营公司违法违规收集、使用儿童个人信息,并应用算法推荐技术违法违规提供互联网信息服务,最终侵害了未成年人的合法权益,自身也遭到法律严厉的处罚。

在该类案件的推动下,为规范互联网算法推荐服务、维护国家安全和社会公共利益,国家网信办等四部门于 2021 年 12 月 31 日联合发布《互联网信息服务算法推荐管理规定》(以下简称《算法推荐管理规定》),该规定已于 2022 年 3 月 1 日施行。这是我国第一部以算法作为专门规制对象的部门规章,“立足于中国数字经济实践与产业特色,向世界提供了算法治理的中国方案,建构了具有中国特色的算法治理制度,对保障信息内容安全、维护市场竞争秩序、保护公民权益等均具有至关重要的作用”,③其出台标志着我国互联网治理进入算法合规的时代。④ 本节将参考《算法推荐管理规定》,剖

---

① 但何为“对个人权益有重大影响的决定”目前仍缺乏统一的解释,《信息安全技术 个人信息安全规范》7.7 列举了“自动决定个人征信及贷款额度,或用于面试人员的自动化筛选等”情形。此外,《互联网个人信息安全保护指南》(公安部 2019 年 4 月 10 日发布)6.3c)规定,完全依靠自动化处理的用户画像技术如应用于征信服务、行政司法决策等可能对用户带来法律后果的增值应用,或跨网络运营者使用,应经用户明确授权方可使用其数据。按照上述规定,“对个人权益有重大影响的决定”可能包括个人征信、行政司法决策、面试求职等情况。

② 浙江省杭州市余杭区人民检察院对北京某公司侵犯儿童个人信息权益提起民事公益诉讼北京市人民检察院督促保护儿童个人信息权益行政公益诉讼案,最高人民检察院指导性案例 141 号(2022 年)。

③ 张凌寒:《平台算法治理制度的中国方案——〈互联网信息服务算法推荐管理规定〉解读》,载中国网信网,http://www.cac.gov.cn/2022-01/05/c_1642983970927235.htm。

④ 参见王渝伟、陈刚:《〈互联网信息服务算法推荐管理规定〉解读》,载微信公众号“数据法律观察”2022 年 3 月 10 日,https://mp.weixin.qq.com/s/gQ-zCVb6j3az1gSIWtzmWw。

析算法推荐服务的定义，并为企业提供算法推荐服务中的合规建议。

一、算法推荐服务的定义

算法推荐服务，是指企业应用算法推荐技术提供的互联网信息服务。算法推荐技术，根据《算法推荐管理规定》中的不完全列举，包括利用生成合成类、个性化推送类、排序精选类、检索过滤类、调度决策类等算法技术。此种列举方式为将来技术发展可能诞生的新型算法技术留下解释空间。

结合现有企业实践，对《算法推荐管理规定》列举的五类重点算法技术之适用场景及其示例进行梳理，见表 21－2 重点算法技术适用场景及其示例梳理①。企业可结合表格中的内容判断自身是否在经营管理过程中采用了算法推荐技术。

表 21－2　重点算法技术适用场景及其示例梳理

序号	类型	适用场景	示例
1	生成合成类	利用深度学习、虚拟现实等技术，制作文本、图像、音频、视频、虚拟场景等信息，被广泛应用于内容聚合、内容自动化生成及内容合成服务	· 写稿机器人、聊天机器人 · AI 换脸、图像修复 · 语音合成、自动编曲 · 视频自动剪辑、合成 · 游戏、VR、虚拟主播、元宇宙
2	个性化推送类	基于用户画像，以用户标签作为算法中的核心变量，针对不同用户需求分发不同内容或提供决策支持，被广泛运用于内容、商品或服务的个性化推荐服务	· 信息内容自动推送 · 广告自动推送 · 电商平台的商品推荐
3	排序精选类	根据指定标准对序列里的数据进行排序，被广泛应用于内容服务提供者的版面页面管理，如首屏、热搜、精选、榜单、弹窗等	· 搜索结果排序 · 热点精选
4	检索过滤类	对大容量数据进行查找，或以特定标准从大容量数据中过滤出某一特定数据，被广泛应用于搜索引擎、内容检索、内容干预等服务或行为	· 关联推荐 · 不良信息过滤 · 敏感字词识别
5	调度决策类	根据一定策略分配有限系统资源，在不确定条件下作出最优决策，被广泛应用于资源匹配、工作调度服务	· 资源调度 · 订单分派 · 驾驶决策

① 陈际红、陈煜烺：《算法推荐新规生效：五大视角厘清算法治理新格局》，载微信公众号“中伦视界”2022 年 3 月 1 日，https://mp.weixin.qq.com/s/p4mdveA6ZOZTnIlpVZEm1w。

二、算法推荐服务的合规建议

在明确算法推荐服务的定义后，根据相关规范要求，企业在开展算法推荐服务过程中应履行如下合规义务。

（一）价值取向

企业在提供算法推荐服务的过程中，应当遵守法律法规，尊重社会公德和伦理，遵守商业道德和职业道德，遵循公正公平、公开透明、科学合理和诚实信用的原则。企业不得利用算法推荐服务从事危害国家安全和社会公共利益、扰乱经济秩序和社会秩序、侵犯他人合法权益等法律、行政法规禁止的活动，不得利用算法推荐服务传播法律、行政法规禁止的信息，应当采取措施防范和抵制传播不良信息。

此外，正如上文中所介绍的，算法的"善恶"取决于算法的开发者或使用者持有怎样的价值取向。因此企业在利用算法提供推荐服务时，应当坚持算法透明、安全、公平、向善，[①]坚持正确的价值导向，充分发挥算法服务正能量传播的作用。这在《网络安全法》[②]、《数据安全法》[③]、《个人信息保护法》[④]、《算法推荐管理规定》[⑤]、《关于加强互联网信息服务算法综合治理的指导意见》[⑥]等规范中均得以秉持和贯彻。

（二）保障算法用户权益

企业在提供算法推荐服务时应注意保护算法用户的相关权益，从算法应用的透明性、自决性、可解释性以及可问责性等层面推导出算法用户的知情权、自主选择权、获得

---

① 参见对外经济贸易大学数字经济与法律创新研究中心、中国人民大学数字经济研究中心和蚂蚁集团研究院《算法应用的用户感知调查与分析报告(2021)》，2022年5月发布。

② 《网络安全法》第6条规定："国家倡导诚实守信、健康文明的网络行为，推动传播社会主义核心价值观，采取措施提高全社会的网络安全意识和水平，形成全社会共同参与促进网络安全的良好环境。"

③ 《数据安全法》第8条规定："开展数据处理活动，应当遵守法律、法规，尊重社会公德和伦理，遵守商业道德和职业道德，诚实守信，履行数据安全保护义务，承担社会责任，不得危害国家安全、公共利益，不得损害个人、组织的合法权益。"

④ 《个人信息保护法》第5条规定："处理个人信息应当遵循合法、正当、必要和诚信原则，不得通过误导、欺诈、胁迫等方式处理个人信息。"第6条规定："处理个人信息应当具有明确、合理的目的，并应当与处理目的直接相关，采取对个人权益影响最小的方式。收集个人信息，应当限于实现处理目的的最小范围，不得过度收集个人信息。"第7条规定："处理个人信息应当遵循公开、透明原则，公开个人信息处理规则，明示处理的目的、方式和范围。"

⑤ 《互联网信息服务算法推荐管理规定》第4条规定："提供算法推荐服务，应当遵守法律法规，尊重社会公德和伦理，遵守商业道德和职业道德，遵循公正公平、公开透明、科学合理和诚实信用的原则。"第6条规定："算法推荐服务提供者应当坚持主流价值导向，优化算法推荐服务机制，积极传播正能量，促进算法应用向上向善。"

⑥ 《关于加强互联网信息服务算法综合治理的指导意见》指出"……（二）基本原则 坚持正确导向，强化科技伦理意识、安全意识和底线思维，充分发挥算法服务正能量传播作用，营造风清气正的网络空间……坚持权益保障，引导算法应用公平公正、透明可释，充分保障网民合法权益；坚持技术创新，大力推进我国算法创新研究工作，保护算法知识产权，强化自研算法的部署和推广，提升我国算法的核心竞争力。"

说明和救济权等四大权益。

1. 透明性推导出用户的知情权。企业应当告知提供算法推荐服务的情况,并公示算法的基本原理、目的意图和主要运行机制。①

2. 自决性推导出用户的自主选择权。企业应当为用户提供自主选择的权利,包括对算法应用的结果性选择和过程性选择。结果性选择是指用户可选择直接关闭算法推荐服务(如未向用户提供不针对其个人的选项);如用户选择关闭,则企业应当终止提供服务。过程性选择是指用户可选择或者删除针对其个人特征的用户标签;如用户选择或删除,企业不可再继续针对此等标签提供服务,但仍可能基于其他标签对该用户提供算法推荐服务。且上述两种选择模式并非择一提供即可,企业需要向用户并行提供两种选择模式。据此,企业应当评估自身是否已涵盖上述两种模式,若发现缺失应当尽快予以落实和部署。②

3. 可解释性推导出用户的获得说明权。由于普通公众不清楚算法的设计理念与目标,也无从获悉数据的挖掘方式与确证情况,更无法确定算法责任归属及对算法进行监督评估。另外,数据驱动的算法主要采用深度神经网络技术,算法核心部分是通过对数据进行自动学习而自动生成,并非人工设计,人难以知晓具体的学习过程,对算法结果"知其然而不知其所以然"。③ 考虑到算法内部复杂的工作机制较难为外部所理解,相比于处于信息不对称地位的用户,企业通常对算法的背后逻辑及可产生的效果更为清楚,因此企业应对其算法应用场景主动进行风险评估和识别,进而对处于信息不对称地位的用户予以说明,以保障其知情权。

4. 可问责性推导出用户的救济权。企业应当为用户设定算法推荐相关救济机制,包括便捷有效的用户申诉和公众投诉、举报入口,并明确处理流程和反馈时限。

(三)对特定群体的针对性保护机制

以人民为中心的发展思想要求企业在提供算法推荐服务时,应当对未成年人身心健康、老年人合法权益、劳动者基本保障给予重点关注。

对未成年人,一方面企业可通过开发适合未成年人使用的模式、提供适合未成年人特点的服务等方式,以便未成年人获取有益身心健康的信息。另一方面企业不得向未成年人推送可能引发未成年人模仿的不安全行为和违反社会公德行为、诱导未成年人形成不良嗜好等可能影响未成年人身心健康的信息,且不得利用算法推荐服务诱导未

---

① 但目前相关规定对于算法透明性的要求并未要求披露技术细节,因此企业不必过于担心因对代码、技术方案、核心经营模式等可能涉商业秘密的细节披露不充分而受到监管处罚。

② 参见陈际红、陈煜烺:《算法推荐新规生效:五大视角厘清算法治理新格局》,载微信公众号"中伦视界"2022 年 3 月 1 日,https://mp. weixin. qq. com/s/p4mdveA6ZOZTnIlpVZEm1w。

③ 参见《财经》商业治理研究院、中国社科院大学互联网法治研究中心《个性化广告合规发展研究报告》,2022 年 6 月 20 日联合发布。

成年人沉迷网络。

对老年人，企业应当提供智能化适老服务，企业可参考《互联网应用适老化及无障碍改造专项行动方案》等规定，针对老年人特殊需求进行产品和服务研发、设计或调整，如利用算法面向老年人提供易于阅读的简洁界面和简易的操作环境等。同时老年人因缺乏相应知识，更容易遭受电信网络诈骗等，企业应依法开展涉电信网络诈骗信息的监测、识别和处置，便利老年人安全使用算法推荐服务。

对劳动者，主要是指企业利用算法提供工作调度服务时，应当完善平台订单分配、报酬构成及支付、工作时间、奖惩等相关算法，以充分保护劳动者包括取得劳动报酬、休息休假在内的合法权益。企业可结合《关于维护新就业形态劳动者劳动保障权益的指导意见》与《关于落实网络餐饮平台责任切实维护外卖送餐员权益的指导意见》对自身相关义务加以考量。

（四）落实算法安全责任

《算法推荐管理规定》第 7 条①与《关于加强互联网信息服务算法综合治理的指导意见》第 4 部分②一脉相承，要求企业强化责任意识，落实算法安全主体责任，包括建立健全相关管理制度和技术措施，制定并公开算法推荐服务相关规则，配备与算法推荐服务规模相适应的专业人员和技术支撑。

为落实上述算法安全责任，"首先，企业应当主动开展科技伦理审查、用户注册、信息发布审核、数据安全和个人信息保护、反电信网络诈骗、安全评估监测、安全事件应急处置等内部控制措施和外部防范措施；其次，企业应盘点和梳理算法应用的机制机理、模型、数据和应用结果并撰写说明文档，识别和评估风险，为算法的可解释性和透明性打下基础；最后，企业应组建专业团队提供技术支撑，确保包括应用过程、应用结果在内的算法运行生态的整体安全"。③

本章小结

●算法在企业的经营管理中被广泛应用，尤其体现在企业的自动化决策和算法推

---

① 《互联网信息服务算法推荐管理规定》第 7 条规定："算法推荐服务提供者应当落实算法安全主体责任，建立健全算法机制机理审核、科技伦理审查、用户注册、信息发布审核、数据安全和个人信息保护、反电信网络诈骗、安全评估监测、安全事件应急处置等管理制度和技术措施，制定并公开算法推荐服务相关规则，配备与算法推荐服务规模相适应的专业人员和技术支撑。"

② 《关于加强互联网信息服务算法综合治理的指导意见》指出"……（四）强化企业主体责任。企业应建立算法安全责任制度和科技伦理审查制度，健全算法安全管理组织机构，加强风险防控和隐患排查治理，提升应对算法安全突发事件的能力和水平。企业应强化责任意识，对算法应用产生的结果负主体责任"。

③ 陈际红、陈煜烺：《算法推荐新规生效：五大视角厘清算法治理新格局》，载微信公众号"中伦视界"2022 年 3 月 1 日，https://mp.weixin.qq.com/s/p4mdveA6ZOZTnIlpVZEm1w。

荐服务中。算法在企业内的合法合规应用顺应了企业精细化运营的趋势，满足了对业务决策更高质量的要求，有助于解决新时代日益复杂的生产、生活问题，助力企业提质降本增效，为实现企业收益最大化提供了有效支撑。但企业在利用算法的过程中，也应注意开展算法合规管理，依法履行消费者权益保护、个人信息保护等方面的义务，提升自身算法合规管理水平。

●自动化决策依托算法构建出一个“黑箱”，让外界难以知晓决策的依据，这成为透明度最大的障碍。尽管人们不断尝试从技术的角度打开人工神经网络所构筑的“黑箱”，但各种努力仍然让人不够满意。

●企业开展自动化决策，应当遵守法律法规，依法履行消费者权益保护、个人信息保护等方面的义务，遵循平等公平、公开透明、诚实信用、科学合理、安全可靠的原则。同时不得危害国家安全、社会公共利益，不得侵害公民、法人和其他组织的合法权益。

●算法推荐服务，是指企业应用算法推荐技术提供的互联网信息服务。算法推荐技术，根据《算法推荐管理规定》中的不完全列举，包括利用生成合成类、个性化推送类、排序精选类、检索过滤类、调度决策类等算法技术。此种列举方式为将来技术发展可能诞生的新型算法技术留下解释空间。